JN209058

NSCA スポーツ栄養 ガイド

編者
Bill I. Campbell
Marie A. Spano

監修
辰田 和佳子

NSCA's Guide to Sport and Exercise Nutrition

Book House HD, Ltd., Tokyo

NSCA's guide to sport and exercise nutrition / National Strength and Conditioning Association; Bill I. Campbell, Marie A. Spano, editors.

Original English edition published by Human Kinetics, P.O. Box 5076, Champain, IL 61825-5076, U.S.A.

English edition: Copyright(c) 2011 by National Strength and Conditioning Association

Japanese translation rights arranged with Human Kinetics through Japan UNI Agency, Tokyo.

目次

イントロダクション

スポーツ栄養学とは何だろうか？　この質問を10人にしてみると、おそらく10通りの答えが返ってくるだろう。最も基本的なレベルでは、スポーツ栄養学は、ある特定の時点において適切な量の栄養を摂取し、運動あるいはスポーツのパフォーマンスを改善させていく実践であるといえよう。スポーツパフォーマンスを向上させることは、ある人にとっては目標であるが、競争的な活動を行っていない多くの人たちにとってはむしろ、身体組成や5kmのタイム、ベンチプレスの最大挙上量などに関心がある。スポーツ栄養の興味深い側面は、一流アスリートから、初めてパーソナルトレーナーを雇う人まで同じ原則が適用されるという点である。本書の主な目的の1つは、このようなフィットネス愛好家から競技性の高いアスリートまで幅広い人々に、実践的で科学的な情報を届けることである。

スポーツ栄養学の領域の科学的な探求は、この数十年にわたって着実に増加してきた。実際に、1990年代には、スポーツ栄養学の分野においてピアレビューされた科学的文献は、飛躍的に増加した。運動科学と栄養の科学的ジャーナルでは、ほとんど毎号、少なくともスポーツ栄養の総合的なレビューが含まれている。この研究は多くの疑問に答えているが、栄養素摂取やサプリメントの摂取、運動パフォーマンスの基本的な側面について未解決の疑問があったり、意見が分かれている

こともある。たとえば、トレーニング適応を最大限にするようなタンパク質の摂取や、クレアチンサプリメントの安全性、パフォーマンス改善のためのサプリメントの最高の組み合わせなどである。スポーツ栄養学研究が発展する原動力となっているのが、このような未解決の疑問や異なる意見である。この研究は多くの複数の競技を行う10代の子どもたちの母親から、特定の動作パターンを専門とするオリンピック選手まで多くの人々に関連する。

本書は、食事とスポーツサプリメントが身体の生物学的機能にどのように相互作用するかについて述べる。特定の栄養素の摂取により、運動およびスポーツのパフォーマンスが改善したことに注目した、適切な研究が引用されている。各章では、選手の栄養状態を評価し、その評価に基づいて計画を立てるための情報も示している。全体として、本書は、どのように食べ物が代謝され、貯蔵され、酸化されてエネルギーになるかについてのよりよい理解を、読者にもたらすだろう。それら栄養素の正しい選択により、パフォーマンスが改善しうることが研究で示されている。

本書は12の章に分かれている。最初の章は栄養摂取がどのようにトレーニングやパフォーマンスに影響を与えているかについて、概略を述べている。次の章では、主要栄養素（炭水化物、タンパク質、脂質）、とくにこれ

らがどのように代謝あるいは貯蔵され、エネルギーのために酸化されるか、また有酸素性、無酸素性、ストレングストレーニングのパフォーマンスの改善における科学に基づく摂取の際の推奨について述べている。第5章では水分について述べており、これには有酸素的持久力系や筋力系の選手における水分の必要性や、不適切な摂取あるいは過剰摂取における一般的な問題の概要が含まれる。第6章では、微量栄養素と、代謝および運動におけるその役割について考える。それ以降のいくつかの章では、特定の栄養素摂取方法と、有酸素的持久力、筋力、パワーのパフォーマンスを改善することが示されている栄養学的なエルゴジェニックエイドについて、また栄養素摂取方法と共に、身体組成の改善を助けるエルゴジェニックエイドについて述べる。最後の2つの章は、栄養状態の評価についての重要な情報を提供し、評価に基づく総合的な計画立案について述べている。

スポーツ栄養学とは、大量の情報を網羅する包括的な言葉である。本書を通じて、読者が食事やスポーツサプリメントについて、またそれらがどのように身体の生物学的な仕組みと相互作用し、運動とスポーツパフォーマンスを促進するかについて理解を深めていただけたならば、それが私たちの望みである。

謝辞

私たちは、スポーツ栄養学の分野を拓き、ドアを開けたすべての人に感謝したい。あなた方の奮闘や献身、知見が後に続く私たちに機会を与えてくれた。とくに、Richard Kreider博士、Jose Antonio博士、Jeff Stout博士のメンターシップ、リーダーシップ、スポーツ栄養学における大きな功績に感謝する。

1

Foods and Fluids for Training and Sport Performance

トレーニングおよびスポーツのパフォーマンスのための食品と飲料

Bill I. Campbell, PhD, CSCS, FISSN

Marie A. Spano, MS, RD, LD, CSCS, CSSD, FISSN

多くの修正可能な要因が、アスリートの成功に貢献している。最も重要なのは、完璧なストレングス＆コンディショニングプログラムやスポーツ心理学、種目特異的なトレーニング、栄養学、サプリメント摂取、休息、回復である。それらの要因は、長期的なトレーニングと、それに続くパフォーマンスに影響を与えるだけでなく、1つの試合においても重要な役割を果たす。

栄養とパフォーマンスの科学（栄養と身体的な変化でもある）は、飛躍的に成長している。研究が広がり、それらのアスリートと身体に影響を与える要因についてより詳細に科学者が探求するとともに、スポーツ栄養を実践する人のニーズも高まってきている。大学レベルとプロフェッショナルレベルの両方で、スポーツ栄養士は科学的研究を用いて、アスリートに推奨を提供する。彼らは、しばしば選手の支援を第一の目的とする総合的なチームの一員として、コーチやストレングス＆コンディショニング専門職、トレーナーたちとともに仕事をする。スポーツ栄養士は、競技選手の食事摂取をよりよく変化させ、栄養素摂取タイミングのテクニックを適用し、サプリメント摂取方法を変え、サプリメントに関するすべての情報の理解を助ける。また、スポーツ栄養士は健康的なトレーニングテーブルの作成や、身体組成や骨密度の測定、食料品店をナビゲートし、健康的な食事を準備する基本を教え、摂食障害の選手に対する治療計画を専門家と共に作成するといったことも行う。

栄養研究の新しい発展

アスリートの食事に関連して、最もホットな領域は何だろうか？　主要栄養素から電解質バランス、疲労を軽減するサプリメントに至るまで、多面的なスポーツ栄養研究が行われている。主要栄養素については、摂取タイミングは、特定の主要栄養素摂取と同様に重要である。**栄養摂取タイミング**は、トレーニングやパフォーマンス後速やかに、一定の時間内に特定の栄養素を摂取することは、体格の変化、グリコーゲン補充、筋タンパク合成、パフォーマンスに影響を与える。

炭水化物摂取は、多くの競技選手に大きな影響力を持つ栄養タイミングの一領域である。20年前、炭水化物研究の多くは、有酸素性持久力系競技選手に注目していた。しかしながら、当時の研究はレジスタンストレーニングのためのグリコーゲンの枯渇を補充する手段として運動前後の炭水化物摂取の重要性（Robergs et al. 1991; Tesch et al., 1998）や、ホルモン分泌および筋タンパク質合成に影響を与える手段（Volek 2004）を検証するものであった。それに加えて、摂取された炭水化物の種類が重要な役割を果たしており、グルコース（ブドウ糖）とフルクトース（果糖）を加えた飲料が、水分を保つ上で最良の手段であり（Jeukendrup and Moseley 2010）、運動中、内因性の炭水化物の代わりとなる可能性がある（Currell and Jeukendrup 2008）。

大麦のアミロペクチンからつくられる、分子量の高いデンプンで構成される独特な炭水化物は、単糖類や二糖類といった分子量の低い炭水化物よりも、グリコーゲン補充を期待するうえで望ましいだろう（Stephens et al., 2008）。

タンパク質の研究は、さまざまなタンパク質源におけるアミノ酸特性（**PDCAAS**: protein digestibility—corrected amino acid score。タンパク質消化吸収率補正アミノ酸スコア）から、栄養摂取タイミングや減量において役割を果たすかもしれないタンパク質の種類（すなわちホエイ）にまで展開されている（Lockwood et al. 2008）。加えて、BCAA（分岐鎖アミノ酸）が筋タンパク質合成をどの程度増加させるかについても検討されている（Borsheim et al. 2002; Norton and Layman 2006; Shimomura et al. 2006; Tipton et al. 1999）。主要栄養素で最後となる脂質については、健康全般において重要な役割を果たしていると考えられ、さらに共役リノール酸（CLA: conjugated linoleic acid）や中鎖脂肪酸といったいくつかの種類では、運動パフォーマンス改善や減量の促進における潜在的な役割について継続して強い関心が寄せられている。

RDI（摂取推奨量）を上回る**微量栄養素**の摂取によってパフォーマンスが促進されることは示されていないにもかかわらず、集団ベースの研究では、多くの人々がある栄養素のRDIを満たしておらず、1つ以上の微量栄

▶ 栄養摂取タイミング──望ましい結果に到達するために、トレーニングやパフォーマンス後速やかに、一定の時間内に特定の栄養素を摂取すること。

▶ PDCAAS（タンパク質消化吸収率補正アミノ酸スコア）──タンパク質の質を、人のアミノ酸要求と消化のしやすさに基づいて評価する方法。主に100%が最高値（100を超える際には切り捨て）、0が最低値として用いられる（Schaafsma 2000）。

養素が不足していることが明らかとなっている。食事による微量栄養素の摂取不足を補うことで、直接的・間接的にパフォーマンスを促進する可能性がある。たとえば、食事で十分な鉄を摂取している場合、さらに鉄を摂取してもパフォーマンスの助けとはならないだろう。しかしながら、鉄が不足している人では、サプリメント摂取を通じて不足が修正されると、疲労度と競技パフォーマンスの改善に差がつくはずである。特定の微量栄養素に関しては、特定のグループの人々は他のグループより欠乏症を経験する可能性が高い（たとえば、女性においては男性と比較してカルシウムと鉄が不足しやすい）。いくつかのケースでは、微量栄養素の不足を修正することで、直接的にパフォーマンスが改善するかもしれない（たとえば、鉄欠乏性貧血）。そのほかに健康全般に寄与することで、ケガや病気の予防（ビタミンD）、あるいは回復の過程を速める（ナトリウムによって口渇が促進され、それにより水分補給を促す）。第6章では、さまざまな微量栄養素について深い分析と運動パフォーマンスに対する重要性について説明する。

　アスリートの間で最もホットなトピックは、おそらくサプリメントだろう。「魔法の弾丸」を見つけることに魅了された社会では、競技選手たちは、より強く、速く、よりやせる、おそらくより集中することすら助けるようなものを探し求めている。その結果として、店の棚や、アクティブな個人の戸棚はさまざまなスポーツサプリメントでいっぱいになっている。幸運なことに、これらエルゴジェニックエイド（パフォーマンスの助けとなるよう

な物質）とされるもののいくつかのマーケティングの宣伝文句を実証する科学的研究が存在する。現在広く研究されているサプリメントの中には、クレアチン、プロテイン、カフェイン、アミノ酸、電解質補給スポーツ飲料、高分子量のデンプンを原料にした炭水化物がある（これらは第7章、第8章でより深く解説される）。

栄養とパフォーマンスにおけるトピックス

　アスリートの食事の研究において、スポーツ栄養士の上位3つの分野は、主要栄養素、水分補給、エルゴジェニックエイドである。主要栄養素の種類と量は、摂取タイミングと同様に、パフォーマンスや回復、全般的な健康に大きな影響を与える可能性がある。また、摂取された主要栄養素の種類や、いつ摂取されたか、その摂取量といった主要栄養素摂取に関する変数の変化が、競技選手の気分に直接的な影響を及ぼすことがよくみられる。水分補給は、単に身体を冷やす以上のものが含まれており、電解質の状態や栄養素の運搬にも影響を与える。最後に、エルゴジェニックエイドは、試合において優位性を探し求めるアスリートの間では非常に人気である。エルゴジェニックエイドは、サプリメントの中で非常に大きなカテゴリであり、効果的なものからそうでないものまで、また使用目的に対して危険なものから安全なものまで、多岐にわたっている。

▶微量栄養素——人体に少量必要な物質。すべてのビタミンとミネラルは微量栄養素である。

主要栄養素

主要栄養素（炭水化物、タンパク質、脂質）の摂取は、構造的・機能的インテグリティ（全体性）を含む、さまざまな生命維持活動に不可欠である。主要栄養素は主に、エネルギー産生と、それに続く筋力発揮を増強するためにトレーニングまたは刺激され得る骨格筋を構築する役割について議論される（表1.1）。とくに、炭水化物と脂質は、エネルギー産生において主となり、タンパク質は総エネルギーに占める使用割合はわずかである（Lemon and Nagle 1981, van Loon et al. 1999）。

アデノシン三リン酸（ATP）は細胞内のエネルギー通貨であり、化学的エネルギーを力学的エネルギーに変換することができる。食物中のエネルギー（化学エネルギー）は、生物学的な仕事（biologic work）のために直接的に細胞へと送られるのではない。「主要栄養素のエネルギー」は、エネルギー豊富なATPを介して送られる（McArdle, Katch, and Katch 2008）。この過程は、2つの段階にまとめられる。すなわち（1）主要栄養素からの化学的エネルギーの抽出およびATPの結合への移行。（2）骨格筋の収縮といった生物学的仕事の燃料へとATPの化学的エ

ネルギーを抽出し、移行させる（McArdle, Katch, and Katch 2008）。これら3つの主要栄養素は、いずれも運動中に酸化されてエネルギーとなる。栄養状態、運動強度、トレーニング状態を含むいくつかの要因により、主要栄養素のうち、どの栄養素がどの程度酸化されるかは調整される。以下は、活動の際のエネルギー源と、除脂肪体重を増加させるという主要栄養素の大きな役割についての簡単な説明である。

有酸素性および無酸素性運動のためのエネルギー源

炭水化物と脂質（脂肪酸の形として）は、骨格筋によって酸化され、長く続く運動時にエネルギーを供給する2つの主な基質である。運動強度が高くなるにつれて、エネルギー源に占める炭水化物の割合が増加する。$\dot{V}O_2max$の100%付近では、徐々により多くの炭水化物を利用し、脂質の利用はより少なくなる（Mittendorfer and Klein 2003; van Loon et al. 1999）。しかしながら、運動の継続時間が長くなるにつれて、脂質代謝は増加し、炭水化物の代謝は減少する（Jeukendrup 2003）。主な炭水化物源は、筋や肝臓のグリコーゲンであり、肝臓での糖新生（炭水化物以外からの炭水化物合成）と摂取した炭水化

表1.1　運動パフォーマンスに関連した主要栄養素の主な役割

主要栄養素	役割
炭水化物	エネルギー産生（高強度）
脂質	エネルギー産生（低強度）
タンパク質	除脂肪組織の増加および維持

▶ 主要栄養素——身体にとって多くの量を必要とする物質である。炭水化物（糖質）、タンパク質、脂質はいずれも主要栄養素である。

物である。炭水化物と脂質は、有酸素性運動中の主なエネルギー源であるが、着実に有酸素性トレーニングを行ってきた競技選手は主要栄養素からのエネルギーの寄与の配分が変化する。全身熱量測定では、有酸素的持久力トレーニングが、ある強度で運動中の、総脂質酸化の増加および炭水化物の酸化の減少をもたらすことを明確に示している（Coggan et al. 1990; Friedlander et al. 1997; Hurley et al. 1986）。アミノ酸はエネルギー産生において主に寄与するわけではないが、いくつかの臨床的研究により、有酸素性運動のエネルギー産生への寄与は運動強度と線形関係があることが示されている（Brooks 1987; Lemon and Nagle 1981; Wagenmakers 1998）。

　短時間で高強度の無酸素性運動を行う際のエネルギーは、既存のATP-PCr（ATPクレアチンリン酸）の貯蔵および解糖を通じた炭水化物酸化による（炭水化物の代謝と糖新生の詳細な議論については、第2章を参照）（Maughan et al. 1997）。実際に、主要栄養素からの嫌気性エネルギー変換は、解糖反応の中で炭水化物が分解することによってのみ起こる（McArdle, Katch, and Katch 2008）。また、炭水化物の異化（分解）は、ATP再合成において最も速い供給源である。その反応速度と量により、炭水化物は約7秒から1分間にわたって続く最大運動時のATP再合成の主な供給源となっている（Balsom et al. 1999; Mougios 2006）。

除脂肪体重のタンパク質

　短時間で高強度の運動中において、総エネルギー産生量に対するアミノ酸の酸化の寄与は無視できるほど小さい。その寄与は3〜

6％であるが、長時間にわたる運動中は、総ATP供給のうち最大で10％であると報告されている。（Hargreaves and Spriet 2006; Phillips et al. 1993; Brooks 1987）。運動中におけるタンパク質のエネルギー基質としての役割は、主に分岐鎖アミノ酸とアラニン（アミノ酸）が利用できるかによって決まる（Lemon and Nagle 1981）。エネルギー産生においてタンパク質の役割は限られる。すなわち、主な役割は除脂肪体重の増加と維持である。運動を行う個人のための最適なタンパク質摂取量を決定する際には、多くの要因を考慮する必要がある。それらの要因には、タンパク質の質や、摂取エネルギー、炭水化物の摂取、運動様式および強度、タンパク質摂取のタイミングが含まれる（Lemon 2000）。さまざまな種類のタンパク質および特定のタンパク質の推奨摂取量についてのより詳細な議論については、第3章を参照いただきたい。一日あたり1.5〜2.0g/kgのタンパク質摂取は、活動的な個人にとって、安全なだけでなく、運動トレーニングへの適応を改善するかもしれない（Campbell et al. 2007）。

水分補給

　水分補給は、体内の水分の補充のためだけでなく、電解質や糖、アミノ酸を輸送するための手段でもある。脱水および低ナトリウム血症（血中ナトリウムが低いことであり、ナトリウムを含まない水分の過剰な補給によってしばしば生じる）は、「ウィークエンドウォリアー」（訳注：週末だけ試合に出る人）や、経験豊富な選手のような人であっても影響を受ける。さらに、脱水は深部体温の上昇によって熱中症を引き起こす可能性もある

(Greenleaf and Castle 1971)。しかしながら、より一般的な軽度の脱水でさえ、筋力や有酸素性持久力の低下やそれに続く競技パフォーマンスの低下を招く可能性がある（Bigard et al. 2001; Schoffstall et al. 2001; Walsh et al. 1994)。若年者および高齢者は、熱痙攣や熱疲労、熱中症を含む暑熱関連疾患の最もリスクの高い2つのグループである（Wexler 2002)。若年競技選手にとって、2つの要因がリスクとなる。すなわち、（1）彼らは成人と同じように汗をかくことができない（汗により熱は放出される）、（2）体重に対して相対的に表面積が大きいため、周囲の温度が上昇したときに環境から受け取る熱が大きくなる（Delamarche et al. 1990, Drinkwater et al. 1977)。

高齢者においては、加齢に伴う口渇感および体温調整の変化が脱水に寄与する。高齢者は、血液量の減少、腎臓の水分保持能力の低下、水分および電解質のバランス障害の応答として口渇感を減少させる（Kenney and Chiu 2001)。処方薬のいくつかは、心血管疾患（米国では死因の第1位）と同様に、水分のホメオスタシス（訳注：恒常性、体温など一定の範囲内に保とうとする働き）に障害をきたすことがある（Naitoh and Burrell 1998)。

水分補給の促進についての探求は、グリセロールのような過水和物質の研究につながった。それに加えて、栄養学者たちは、水分状態の改善と筋損傷軽減のためにスポーツ飲料および通常の電解質補給飲料にアミノ酸を添加することの効果を調査した。幸運なことに、飲料企業はこの製品の有効性に関する研究を継続的に支援しており、このことは水分補給や健康、パフォーマンスに対する注目が継続されていることを示す。そのような研究を行う企業は、バイアスを避け、しっかりとデザインされた臨床試験（クリニカルトライアル）を行うために、企業自体から経済的な利益を得ることのない独立した研究室と契約すべきである。

エルゴジェニックエイド

今日のオリンピックアスリートは、2軍（Bチーム）をつくろうとする高校バスケットボールチームのアスリートとの違いはない――両者とも、競技パフォーマンスを改善させる方法を探している。当然ながら、パフォーマンスを改善しようとするアスリートは、継続的にトレーニング方法を変更する。トレーニングの方法論に注目するとともに、パフォーマンスを向上させるためのエルゴジェニックエイドの使用にも、しばしば同じように関心が寄せられる。**エルゴジェニックエイド**は、運動あるいはスポーツのパフォーマンスを向上させることを意図した、栄養学的、身体的、力学的、生理学的、薬理的な手続きあるいは手段のことである。その定義から、エルゴジェニックエイドはパフォーマンスを高めると信じられている、仕事量を増強させる物質あるいはデバイス（用具）である（McNaughton 1986)。そのためエルゴジェニックエイドは有酸素性持久力系競技選手におけるカフェイ

▶ エルゴジェニックエイド――パフォーマンスを向上すると信じられている仕事量を増強させる物質あるいはデバイス（用具）。その例には、運動あるいはスポーツのパフォーマンスを改善させる栄養学的、身体的、力学的、生理学的、薬理的な手続きあるいは助けとなるものが含まれる。

ンから、スキーヤーやスノーボーダーのアイウェア（サングラスなど）まで、広い範囲にわたるだろう。栄養学的なエルゴジェニックエイドは、選手やスポーツパフォーマンス産業から多くの注目を浴びている。それらは特定の身体システムの生理学的能力に直接的な影響を及ぼす可能性があり、したがって、パフォーマンスを改善あるいは練習や試合からの回復スピードを高める可能性がある。

主要栄養素とスポーツサプリメント

　栄養学的なエルゴジェニックエイドは、2つの大きなカテゴリに分けることができる。すなわち、主要栄養素摂取の操作（カーボローディング、レジスタンストレーニングの筋肥大期におけるタンパク質の摂取量増加など）、そしてダイエタリーサプリメントの摂取である。ダイエタリーサプリメントは、食事をより完璧なものにすることを意図した製品であり、ビタミンやミネラル、アミノ酸、ハーブその他の植物の成分のうち1つまたは2つ以上を含んでいる。食事に含まれる物質は、特定の主要栄養素の総摂取量あるいは総カロリーを増やすことによって食事を補うことを意図している。形状は液体やカプセル、粉末、ソフトゲル、ジェルキャップ（訳注：ゼラチン製のカプセル剤）であり、前述のように、摂取を意図した、濃縮成分、代謝産物、構成成分、抽出成分、それらの組み合わせである従来の食品ではない、あるいは食事の1つのアイテムとなるものである（Antonio and Stout 2001; U.S. Food and Drug Administration [FDA] 1994）。ビタミンやミネラルのような、一般的に用いられるサプリメントは、その選手の不足を改善する場合にのみ、エルゴジェニックエイドである

と考えられる。それ以外のエルゴジェニックエイドは、とくに不足を改善するのではなく、非常に限られたメリットのためである。たとえば、ホッケー選手は長時間にわたって放出される β-アラニンのサプリメントを、プレシーズンの練習のために4～6週間にわたって摂取することで、練習や回復のある特定の構成要素を一定の範囲内に保つ、すなわち疲労の緩衝である。スポーツサプリメントと栄養学的なエルゴジェニックエイドは、ダイエタリーサプリメントに分類される。しばしば、スポーツサプリメントは、通常の生理学的また生化学的な過程における構成要素（クレアチンモノハイドレート、αケトグルタル酸など）である物質を提供する。それ以外の栄養学的エルゴジェニックエイドは、エネルギー産生を促進するための生理学的あるいは生体エネルギー的経路（例：クレアチンモノハイドレート、カフェイン）あるいは骨格筋の質量を増やすもの（クレアチンモノハイドレート、ロイシンなど）である。表1.2には、一般的なスポーツサプリメントと、健康およびパフォーマンスに関連して提唱されている利点を挙げている。

エルゴジェニックエイド使用の普及

　歴史を通して、競技選手は栄養学的なエルゴジェニックエイドをパフォーマンス向上のために試してきた。適切な食事とサプリメント摂取によって、試合において差をつけられるかを熟考したのは、おそらく古代ギリシャ人が最初だろう（Antonio and Stout 2001）。紀元前5世紀から、ギリシャの戦士たちは、エルゴジェニックな目的のために幻覚を引き起こすキノコや、シカの肝臓を用いていたことが報告されている（Applegate and

表1.2　一般的なスポーツサプリメントの提唱されている利点

スポーツサプリメント	利点
BCAA（分岐鎖アミノ酸）	タンパク質合成速度を増加させる
カフェイン	有酸素性持久力パフォーマンスおよび心理的覚醒を改善する
クレアチン	筋力および筋量を増加させる
必須脂肪酸（EFA）	全般的健康、体重減少
エナジードリンク	覚醒および代謝を高める
グリセロール	水分保持
HMB（β-ヒドロキシ-β-メチル酪酸）	筋力および筋量を増加させる。抗異化作用
水分補給用飲料	有酸素性持久力パフォーマンスを向上。水分状態を改善
中鎖脂肪酸	有酸素性持久力パフォーマンスを向上
マルチビタミンおよびマルチミネラル	全般的健康
一酸化窒素ブースター	活動筋の血流を増加させる
タンパク質	筋力および筋量を増加させる。回復
特許取得済みの高分子量炭水化物ポリマー	有酸素性持久力パフォーマンスを向上。回復

Grivetti 1997; McArdle, Katch, and Katch 2008）。古代の競技選手における食事の実践についての総合的なレビューは、Grivetti and Applegate 1997、Grandjean 1997 を参照していただきたい。

　過去の栄養学的サプリメント摂取の実践をみると、さまざまな文明において一流競技選手が栄養学的エルゴジェニックエイドを摂取してきたということがわかる。現代では、栄養学的エルゴジェニックエイドを摂取する個人における広がりの大きさとタイプにおいて、変化がみられる。高校生アスリートに対する統計では、この変化の徴候がみられる（Hoffman et al. 2008）。米国の第8から第12学年の約3000名（男女の分布はほぼ同数）の生徒にダイエタリーサプリメント摂取についての自己記入式の調査が行われた。その結果、71.2%の青年が少なくとも1つのサプリ

メントを用いていることを報告した。最も一般的に用いられているサプリメントは、マルチビタミンおよびハイエナジードリンクであった。体重および筋力の増加のためのサプリメント（例：クレアチン、プロテインパウダー、体重増加製剤）摂取は、各学年を通して増えており、男性のほうが女性よりも割合が高かった。筆者らは、このことは驚くべきことではなく、栄養学的サプリメントやエルゴジェニックエイドに頼ることは青年期を通して増加していると結論づけている。これ以外の調査に基づく研究でも、同様の結果が得られている（Bell et al. 2004; O'Dea 2003）。

　若年者および高校生競技選手において、栄養学的エルゴジェニックエイドを摂取する人数が増えるにつれ、彼らのコーチやアスレティックトレーナー、パーソナルトレーナー、医師、保護者らは知識基盤を必要とする。ウ

ィークエンドウォリアーや母親らは、高校生の子どもたちにおけるクレアチンの長期的な影響について興味を持っており、よりやせた身体を追求するフィットネス愛好家——彼らは皆、栄養素とエルゴジェニックエイドにつ

いて、またそれらがどのように人体の生理に影響を及ぼすかについての有効な知識を持っておくべきである。スポーツ栄養の研究が盛んに行われると、このような情報をより利用できるようになるだろう。

専門的実践

競技選手やコーチ、ストレングス＆コンディショニング専門職、ストレングスコーチ、アスレティックトレーナー、サポートスタッフの間で、正確な栄養およびサプリメントの情報のニーズがあることは明らかである。GNKQ（General Nutrition Knowledge Questionnaire、一般的栄養知識調査票）やEAT-26（Eating Attitude Test、摂食態度調査票）などを含むさまざまな調査が、競技選手の栄養的知識を評価するために用いられた（Raymond-Barker, Petroczi, and Quested 2007）。これらの調査のほとんどが、競技選手の知識の限界を示した。研究によると、正式な栄養分野あるいは関連性の高い科目の教育を受けたことは、栄養的知識に影響を与えなかったことがわかっている（Raymond-Barker, Petroczi, and Quested 2007）。それに加えて、栄養的知識は、女性アスリートの三主徴のリスクとなる摂食態度に必ずしも影響を与えないこと（Raymond-Barker, Petroczi, and Quested 2007）、また青年期の女性は栄養的に誤った知識を持っている可能性があること（Cupisti 2002）、一般的な大学生アスリートはすべての主要栄養素の摂取推奨量がど

のくらいかを示すことができず、また人体におけるビタミンの役割について知らないものが多かったこと（Jacobson, Sobonya, and Ransone 2001）、が示された。加えて、コーチはしばしばスポーツ栄養学的知識のレベルが低い（Zinn, Schofield, and Wall 2006）。

スポーツ栄養学的知識のギャップを埋めるには、評価と教育が必要となる。競技選手の身体組成と骨密度を評価し、食事記録や主観的データ（エネルギーレベル、選手がどのように感じるか、など）を分析した後、実践家はその結果を教育のスタート地点として用いることができる。それに加えて、競技選手との１対１の面談は、関連する質問を選手それぞれに尋ねるうえで絶好の機会となっている。スポーツ栄養士の現在の研究についての知識と、それがどのように競技選手に対して適用されるかを知っていることは、競技選手がパフォーマンスを改善するという目標に到達するのを手助けするうえで必要不可欠である。スポーツ栄養士は、この知識を用いて競技選手のための計画を立てて実行し、適切な推奨を行い、摂食障害のある競技選手には治療計画を立てる手助けを行う。

まとめ

- スポーツ栄養士は、コーチやストレングス＆コンディショニング専門職、アスレティックトレーナー、スポーツ心理学者、チームドクター、理学療法士とともにアスレティックトレーニングチームの不可欠な部分を担っている。

- 炭水化物と脂質は、競技選手にエネルギーを供給する2つの栄養素である。

- 主な炭水化物源は、筋や肝臓のグリコーゲンであり、肝臓の糖新生（炭水化物以外から炭水化物を合成すること）と摂取した炭水化物である。

- 有酸素的持久力トレーニングは、ある強度で運動中、総合的な脂質酸化の増加と、炭水化物の酸化の減少を導くことが明確に示されている。

- 酸化速度と酸化量により、炭水化物は約7秒から1分間にわたって続く最大運動時のATP再合成の主な供給源となっている。

- タンパク質の主な役割は、除脂肪体重の増加と維持である。

- 一日あたり1.5 ～ 2.0g/kgのタンパク質摂取は、身体的に活発な個人にとって、安全なだけでなく、運動トレーニングへの適応を改善するかもしれない。

- 脱水は、深部体温の上昇によって熱中症を引き起こし得る。軽度の脱水であっても、筋力や有酸素性持久力の低下やそれに続く競技パフォーマンスの低下につながる可能性がある。

- 若年者および高齢者は、熱痙攣や熱疲労、熱中症を含む暑熱関連疾患の最もリスクの高い2つのグループである。

- RDI（摂取推奨量）を上回る微量栄養素の摂取によってパフォーマンスが向上することは示されていないにもかかわらず、集団ベースの研究によって、多くの人々がある栄養素のRDIを満たしていないことが明らかとなっている。加えて、多くの人において1つ以上の微量栄養素が不足していることが明らかとなっている。微量栄養素の摂取不足を補うことで、直接的・間接的にパフォーマンスに影響を及ぼす可能性がある。

- 現在広く研究されているサプリメントの中には、クレアチン、プロテイン、カフェイン、アミノ酸、電解質補給スポーツ飲料、高分子量のデンプンを原料にした炭水化物がある（これらは第7章、第8章でより深く探求される）。

2

Carbohydrate

炭水化物

Donovan L. Fogt, PhD

炭水化物は、3 種類の原子、すなわち炭素、水素、酸素から構成される。一例として、グルコース（ブドウ糖、血糖として血中に存在する糖）の化学式は、$C_6H_{12}O_6$ である。人体における炭水化物のほとんどは、食事による植物性由来のものである。しかしながら、動物性製品の中に、いくつかの食事性炭水化物が含まれ、また肝臓でも、特定のアミノ酸やグリセロールなどの脂質化合物を用いて炭水化物を合成することができる。

炭水化物は、身体全体のさまざまな機能において用いられる。エネルギー代謝と運動パフォーマンスについては、炭水化物はさまざまな組織において4つの重要な機能を担っている。

- 神経細胞や赤血球の代謝におけるエネルギー源となる。
- 骨格筋、とくに運動している筋の代謝におけるエネルギー源となる。
- 炭水化物が代謝される際、脂質がクレブス回路（TCA回路）に入るための炭素のプライマー（訳注：化学反応における開始物質）として働く。
- 運動中や高強度トレーニング中、エネルギー源として使われないようにタンパク質を温存する。

炭水化物の主な役割は、神経細胞および赤血球の代謝的なエネルギー源である。神経組織は、ごくわずかに代替的な代謝的エネルギー源を用いることができるが、赤血球はグルコースのみを用いる。通常の条件では、脳は血中のグルコースをほぼ独占的に使い、身体は脳が機能するよう、血中グルコースレベルを一定の範囲内に維持する。神経や赤血球は、適切な心血管機能や、筋動員、酸素運搬のために解剖学的・生理学的な基盤を提供しているにもかかわらず、運動の代謝という文脈においては考慮されないことが一般的である。炭水化物の身体における 2 つ目の役割は、骨格筋を収縮する際のエネルギー源であ

る。異化作用、すなわち分解に由来するエネルギーは、ほかの生物学的過程と同様に、最終的には筋の収縮要素を駆動する。したがって、骨格筋の炭水化物というエネルギー源への依存は、安静から高強度運動まで、強度が高くなるにつれ増加していく（本章で後に議論する）。炭水化物は、平滑筋においても収縮時に酸化される。炭水化物の3つ目の役割は、脂質がクレブス回路（トリカルボン酸回路としても知られる）に入るための、炭素のプライマーとして働くことである。脂肪酸由来の2炭素のアセチルCoA（アセチル補酵素A）が、クレブス回路で炭水化物の誘導体と結合し、これによって脂肪の酸化が起こる。適切なクレブス回路のプライマーが存在しないと、最適に脂肪を代謝することができなくなる。最終的に、炭水化物がエネルギー源として代謝されることで、タンパク質の分解によるATP産生を防ぎ、組織の構造の維持や修復、成長といったタンパク質の主な役割を果たす手助けとなる。

炭水化物の種類

すべての種類の炭水化物が同じ形態や機能、運動およびスポーツパフォーマンスへの影響を持つわけではない。すべての炭水化物の基本となる単分子の単位は、単糖類である。人間に吸収される単糖類はすべて、6つの炭素を持つ（訳注：6炭糖と呼ばれる）。それらの化学的配置の違いはわずかであるが、そのわずかな違いが代謝において重要な意味を持つことになる。

炭水化物の分類において基礎となるのは、結合している単糖類の数であり、また結合し

ている単糖類の数によって体内における炭水化物の機能性が促進される。「糖」という用語は、一般的に単糖類と、二糖類（テーブルシュガーとしても知られるスクロース、すなわちショ糖など）を指す。「複合炭水化物」と「デンプン」という用語は、植物や、穀物、パン、シリアル、野菜、米などの植物性の食品にみられる、単糖類がつながってできた長い鎖を持つポリマー（高分子）を指す。以下のセクションでは、これらやその他の種類の食事中の糖の用語について説明する。競技選手にとって、さまざまな種類の炭水化物について理解することと、身体においてこれらがどのように機能するかを理解すること——どの種類の炭水化物が素早く筋グリコーゲンを補充するか、あるいは試合中の血糖値を維持するか（力の発揮を維持するのに不可欠）、健康全般を促進するか（すなわち心臓血管系の健康）——は重要である。

単糖類

ヒトにおいては、食事に含まれる3つの単糖類は、ヘキソース（6炭素）の分子が同じような配置であり、化学式は$C_6H_{12}O_6$である。これらの糖は、グルコース（ブドウ糖）、フルクトース（果糖）、ガラクトースである（図2.1）。グルコースは、デキストロース（D型グルコース）あるいは血糖としても知られており、人間にとって最も重要な単糖類であり、ヒトの細胞においてよく使われる。この単糖類は、食事から容易に吸収され、体内で消化されて分解され、あるいは別の単糖類から変換されたり、デンプンやグリコーゲンといった多糖類から切り離されて遊離する。それに加えて、肝臓における**糖新生**の過程において、

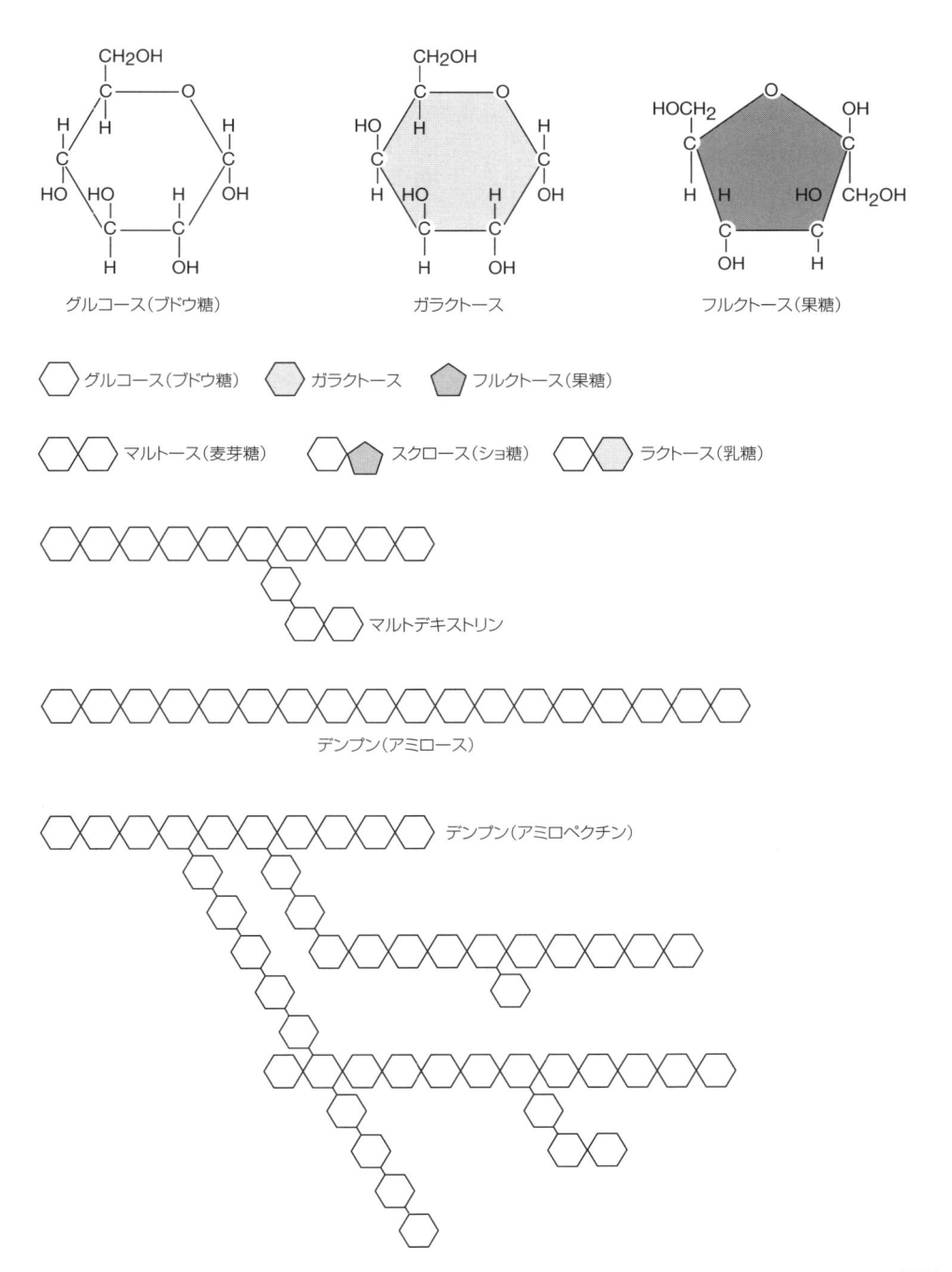

図2.1 炭水化物分子の化学的構造。グルコース、ガラクトース、フルクトースは単糖類である。
単糖類がペアとなって、マルトースやスクロース、ラクトースといった二糖類ができる。より長くつながると、マルトデキストリンやアミロース、アミロペクチンなどの複雑な多糖類ができる。
A. Jeukendrup and M. Gleeson, 2010, (Champaign, IL: Human Kinetics), 4. より許可を得て転載。

グルコースは他の化合物（アミノ酸やグリセロール、ピルビン酸、乳酸など）の炭素残基からつくり出される（訳注：残基とは、主鎖以外の切り離された部分のこと）。

　食事中のグルコースは、消化された後、小腸で血液へと吸収され、細胞の代謝のエネルギー源、また細胞内に貯蔵されるグリコーゲン（主に肝臓および骨格筋）、あるいは限られているが肝臓で脂質へと変換される。フルクトースとガラクトースは、炭素や水素、酸素の結合がグルコースとはわずかに異なる。フルクトースは、レブロース（左旋糖）あるいは果糖としても知られ、最も甘く感じる糖であり、果物やハチミツに含まれる。食事中のフルクトースは小腸で血液へと吸収され、グルコースへ変換するために肝臓へと運ばれる。ガラクトースは、自然界ではグルコースと結合した状態でのみ存在し、2炭糖のラクトースを形づくる。これは授乳を行うための乳腺を持つヒトおよび動物のみに存在する。食事中のガラクトースは、フルクトースと同様に、肝臓でグルコースへと変換される。これら3つの単糖類の中で、とくに激しい身体活動を行う人やトレーニングを行う競技選手にとってグルコースが最も重要である。フルクトースおよびガラクトースは、小腸で吸収されると、肝臓でグルコースへと変換しなければならず、時間がかかる。対照的に、消化されたグルコースは働いている筋において直ちに利用することができる。

オリゴ糖

　オリゴ糖（ギリシャ語の「少しの」を意味するoligoに由来する）は、2〜10の単糖類が結合し構成されている。自然界でみられるオリゴ糖の大部分は、2つの単糖類によって構成される二糖類である。これら「ダブルの糖」は、グルコース分子が化学的にフルクトースと結合してスクロースを、またガラクトースと結合してラクトースを、もう1つのグルコースと結合してマルトースをそれぞれ形成する。スクロース、すなわち「テーブルシュガー」は、食事で摂取する二糖類の中で最も一般的であり、米国におけるカロリー摂取の1/4に達する（Liebman 1998）。スクロースは、ほとんどの炭水化物の食品において多く含まれるが、高度に加工された食品においてとくに多い。乳糖、すなわちラクトースは二単糖の中で最も甘さが少ない。マルトースは麦芽糖とも呼ばれ、シリアルや種子類といった穀物製品に含まれる。マルトースは2つのグルコースで構成されているが、食事における炭水化物の割合としてはわずかである。まとめると、単糖類と二糖類は、simple sugarとして知られる。これらの糖は、さまざまな名前で市販されている。ブラウンシュガー、コーンシロップ、フルーツシロップ、糖蜜、大麦モルト、転化糖、ハチミツ、天然甘味料は、すべてsimple sugarである。米国では、多くの食品や飲料は、安価で入手しやすい高フルクトースのコーンシロップを甘味料として用いている。高フルクトースのコーンシロップは、主にグルコースで構成されているが、製品の「甘さ」をビート（サトウダイコン）やサトウキビのスクロースと同等レベルにするために十分なフルクトースを含んでいる。

▶ 糖新生——炭水化物でないものから、グルコースをつくること。

多糖類

　「多糖類」とは、10から数千の単糖が化学的に結合したものを指す用語である。植物性および動物性の食品の両方に、このような大きな糖鎖が含まれる。デンプンと食物繊維が植物性の多糖類であり、ヒトや動物の組織においては、グルコースは多糖類のグリコーゲンとして貯蔵されている。

デンプン

　デンプンは、植物におけるグルコース貯蔵の形態であり、種子類やトウモロコシ、（パンやシリアル、パスタ、菓子パンの材料となる）さまざまな穀類のほか、エンドウマメ、豆類、ジャガイモ、根菜といった野菜に高い割合で含まれる。この多糖類は、米国の食事で摂取している炭水化物の50%を占める（Liebman 1998）。デンプンは2つの形態で存在している。すなわち（1）長くまっすぐなグルコースが連なって鎖となり、螺旋状のコイルとなっているアミロースと、（2）多くの枝分かれを持ち、単糖類の巨大分子構造となっているアミロペクチンである。特定の植物性食品におけるデンプンの各形態の相対的な割合は、その「消化のしやすさ」（摂取された食品が身体にどのくらいの割合で吸収されるか）を含む、食事特性を決定づける。アミロペクチンの相対的な割合が高いデンプンは消化がよく、小腸ですぐに吸収されるが、アミロースの割合の高い食品は消化が悪く、したがって遊離糖が血中に現れる速度も遅くなる。複合炭水化物という用語は、一般的にデンプンのことを指す。

食物繊維

　食物繊維は、構造としてデンプンではない多糖類に分類される。米国国立科学アカデミーは、ヒトの摂取する食物繊維について3つの用語を用いている（National Academy of Sciences 2002）。

- 食物繊維は、難消化性のデンプンを含む非消化性の炭水化物と、植物にみられるリグニンで構成される。
- 機能性食物繊維は、特定の単離された非消化性で、ヒトにおいて有用な炭水化物で構成される（水溶性食物繊維のいくつかは、腸内細菌による発酵により、短鎖脂肪酸を産生することができ、吸収されて小腸の上皮細胞や白血球により利用される）（D'Adamo 1990; Roediger 1989）。機能性食物繊維は、最近の新しい食物繊維の分類である。機能性食物繊維という用語は、食物繊維の健康増進効果に関して用いられる。機能性食物繊維は、食品由来の非消化性植物源食物繊維のみではなく、炭水化物に由来する商品も含まれる。
- 総食物繊維は、食物繊維と機能性食物繊維の両方を合わせたものである。

　食物繊維は、物理的および化学的な性質、生理学的な作用が大きく異なる。葉や幹、根、種、果実の皮の細胞壁には、異なる種類の炭水化物の食物繊維（セルロース、ヘミセルロース、ペクチン）が含まれている。セルロースは地球上で最も大量にある有機的（炭素が含まれている）分子である。食物繊維は、水溶性または不溶性であるが、これらの繊維タイプのいくつかは食物から単離および抽出され、機能性食物繊維として市販されている。不溶

性の食物繊維には、セルロースおよびヘミセルロースが含まれる。小麦ブラン（ふすま）は、一般的に広く消費されているセルロースが豊富な製品である。水溶性食物繊維の例には、サイリウム（オオバコの種皮）、β-グルカン、ペクチン、グアーガムがあり、オーツ麦やマメ類、玄米、エンドウマメ、ニンジン、トウモロコシの外皮、多くの果物に含まれる。食物繊維は、相当量の水分を含むことができ、腸管を通る食べ物の残りかすの容積を大きくする。不溶性の食物繊維は、腸壁の細胞を脱落させるように働くことによって胃腸機能や胃腸の健康を助けるが、水溶性の食物繊維は、食物の残りかすが消化管を通過するのに必要な時間を短縮する。カコミ記事において、水溶性および不溶性の食物繊維の例を列挙している。典型的な米国人の食事には、1日あたり12～15gの食物繊維が含まれる（Lupton and Trumbo 2006）。この量は、米国科学アカデミーの食品栄養委員会による推奨量、男性38g/日、女性25g/日（50歳以上ではそれぞれ30gおよび21g）よりも不足している（National Academy of Sciences 2002）。

食物繊維は、研究者や一般誌（マスコミ）からかなり注目を集めている。この関心のほとんどは、高食物繊維、とくに全粒粉穀物シリアルの繊維を多く摂取することと、心臓および末梢の血管障害、脂質異常症（高脂血症）、糖尿病、胃腸のガンを含む消化器障害の発生率が低いことが高い相関を示した研究が発端となっている（Marlett, McBurney, and Slavin 2002）。

食物繊維を適切に摂取することは、競技パフォーマンスに直接影響するよりむしろ、一般的な健康と慢性疾患の予防を支える。

グリコーゲン

グリコーゲンは、グルコースが結合した、分岐した大きな鎖を持つ高分子であり、炭水化物の貯蔵形態として機能している。この多糖類高分子は不規則な形をしており、多くの分岐鎖を持ち、数百から数千のグルコースが互いに結合した高密度の顆粒である。グリコーゲン巨大分子は、合成や分解に関わる酵素も含んでおり、酵素のいくつかはそれらの過程を調節する。グリコーゲンが存在すること

食物繊維の種類と含まれる食品

水溶性食物繊維
　サイリウム（オオバコの種皮）、　β-グルカン、　ペクチン、　グアーガム

水溶性食物繊維を多く含む食品
　オーツ麦、　玄米、　野菜、　果物

不溶性食物繊維
　セルロース、　ヘミセルロース、　リグニン、　キチン

不溶性食物繊維を多く含む食品
　小麦ブラン（ふすま）、　全粒小麦粉、　野菜、　全粒穀物

で、食事と食事の間や、筋収縮時にすぐに利用できる炭水化物の量が大きく増加する。

グリコーゲンが貯蔵される2つの主な部位は、肝臓と骨格筋である。グリコーゲンの濃度が高いのは肝臓であるが、総量としては骨格筋のほうが多い（約400gのグリコーゲン［70mmol/kg筋、あるいは12g/kg筋］）（Essen and Henriksson 1974）。骨格筋におけるグリコーゲン代謝は、膵臓ホルモンの**インスリン**によって制御される血中グルコースのホメオスタシス（恒常性）において大きな役割を果たす。インスリンは、血中グルコース濃度を調節する最も重要な制御因子である。インスリンは、骨格筋における血流を促進し、グルコースの取り込みや解糖、骨格筋におけるグリコーゲン合成を刺激する。解糖とは、ATPを産生するために炭水化物（グルコース）が分解される過程のことである。グリコーゲン貯蔵量を最大化することは、有酸素性持久力系競技選手だけでなく、高強度トレーニングに関わる選手にとって非常に重要である。第9章では、疲労困憊するような運動後にグリコーゲン再合成を最大化する栄養的な実践について詳しく述べる。

グリセミック指数

グリセミック指数（GI）は、ある炭水化物を50g摂取したときの血糖値の上昇速度を示す（Burke, Collier, and Hargreaves 1998）。ある食品のグリセミック指数は、摂取された炭水化物が小腸で酵素を利用してどれほど素早く加水分解されるか、それに続いてどれほど吸収できるかによってほぼ決まる。次に、胃の通過時間と、糖もしくはデンプンを物理的に利用できるかどうかが、食品の腸における吸収速度を決定づける。

玄米や全粒粉パスタ、複数の穀物を用いたパンといった食品は、吸収速度が遅く、グリセミック指数が低い。精製されたテーブルシュガー（スクロース）などの高GI（グリセミック指数の高い）食品は、多くのスポーツドリンクや「ダイエット」を表示していないソフトドリンクに含まれており、精製された白米、パスタ、マッシュポテトは顕著だが一時的な血中グルコースの上昇と、インスリン産生の上昇を引き起こす。複合炭水化物のグリセミック反応が、単糖の食品よりも必ずしも低いわけではない。なぜなら、調理方法によってデンプン顆粒の性質が変化し、GIがより高くなる場合があるためである。同様に、グリセミック指数を推測する場合に、炭水化物源が液体か固体かの違いを考慮する必要がある（Coleman 1994）。

食事における炭水化物は、運動の準備やパフォーマンス、回復における重要な構成要素であり、トレーニングは繰り返されるという特徴があるため、多くの競技選手にとって炭水化物の必要量は増加する（Costill 1988）。強度の高いトレーニング期の間、競技選手における炭水化物の1日の必要摂取量は体重1kgあたり10gを超えるだろう。競技選手は、パフォーマンスを最適化するうえで、高グリセミックおよび低グリセミックの炭水化物食品のどちらの利点も用いることができる。たとえば、高グリセミックの炭水化物を摂取す

▶ インスリン——血中グルコースおよびアミノ酸の濃度の上昇に対する応答として、膵臓から放出されるホルモンである。インスリンは、組織においてこれら2つの取り込みを増加させる。

ることは、長時間にわたる有酸素性持久力運動中に血中グルコースレベルを維持するうえで非常に重要であり（Jeukendrup and Jentjens 2000; Jeukendrup 2004）、また運動直後に素早く筋グリコーゲンを回復させるうえでも重要である。しかしながら、筋の炭水化物の貯蔵を最適化するうえで、運動と運動の間に、よりゆっくりと吸収される未精製の複合炭水化物を摂取することができる（Ivy 2001）。運動を行った筋において、血中グルコースが低い状態が長時間にわたって続いた場合、その後の長時間にわたる回復中に低GIの炭水化物を摂取することによって、血中グルコースの劇的な変動を抑制することができる。

次のセクションでは、血中グルコースの維持やグリコーゲン合成、分解、有酸素性および嫌気性解糖を含めた、体内における炭水化物の調節について議論する。

体内における
炭水化物の調節

炭水化物は、身体において必要不可欠だが限られたエネルギー源である。安静状態において、さまざまな身体組織の炭水化物のエネルギー需要に合わせるために、肝臓や膵臓、その他の臓器が血中グルコースのレベルを一定範囲内に維持する手助けをしている。骨格筋におけるグリコーゲン貯蔵量は限られており、筋の収縮中に重要なエネルギー源となるため、この炭水化物のエネルギー源は、安静時においては節約して用いられる。食事後、身体は炭水化物をできるだけグリコーゲンの形で貯蔵しようとする一方で、血中グルコー

スレベルを通常まで下げるのを助けるためにエネルギー源としての炭水化物の利用を刺激する。飢餓状態においては、身体は肝臓での糖新生のためにグルコース前駆体を動員し、炭水化物をエネルギー源として温存するために脂質の酸化を促進する。

運動およびパフォーマンスを行う間、身体は炭水化物および脂質の両方の利用を増加させ、血中グルコースレベルを維持するために、肝臓は糖新生の速度を高める。運動中における炭水化物と脂質の利用のレベルは、多数の要因によって決まるが、主な要因は運動そのものの特性である（例：用いられる筋量と筋収縮の強度）。

血中グルコースの維持

成人における総血液量は平均で約5Lである。この、成人における5Lの血液には、約5gのグルコースが含まれている。食品からの炭水化物や、肝臓でのグリコーゲン分解（肝グリコーゲン分解）、糖新生のいずれも、血中グルコースレベルを維持するのに役立つ。飢餓状態においては、後者の過程は、血中グルコースレベルに対してより貢献する。安静状態においては、筋グルコースおよびグリコーゲンの利用は非常に少ない。血漿ホルモンであるグルカゴンとインスリンのバランスは、安静時の血中グルコースおよびグリコーゲン利用に対して最も大きな影響をもたらす。血糖値が通常よりも下がったとき、膵臓のα細胞が炭水化物を動員するグルカゴンを分泌する。グルカゴンは、糖新生と肝臓におけるグリコーゲン分解の経路を刺激し、血中グルコースレベルを正常へと戻す（図2.2）。食後に血中グルコースレベルが正常を上回ると、膵

臓の β 細胞がインスリンを分泌する。インスリンは、インスリン感受性のある組織（主に骨格筋と脂肪細胞）の血流を増加させ、糖分子をそれらの細胞へと拡散させることで、血中のグルコースを細胞へと移動させる。インスリンは、細胞の炭水化物からのエネルギー代謝も刺激し、グリコーゲンとしてのグルコース貯蔵を促進し、肝臓および骨格筋におけるグリコーゲン分解および肝臓での糖新生を抑制する。実践的な見地から、これらの各系が適切に働くことが重要である。なぜなら、血中グルコースレベルが低下するとともに有酸素性持久力パフォーマンスは低下するためである。

グリコーゲン合成

グリコーゲンは、骨格筋と肝臓の両方で貯蔵されている。筋グリコーゲンは、高強度の無酸素性あるいは有酸素性運動におけるエネルギー源として非常に重要である。肝グリコーゲンは、グルコースへと分解され、血液へと運搬される。これは有酸素性運動中の血中グルコースレベルの維持に役立つ。このセクションでは、グリコーゲンがどのように合成されるかについて説明する。

グリコーゲン合成において、細胞内のグルコースはウリジン二リン酸グルコース（UDP-グルコース）を産生するために、いくつかの化学的修飾を受ける（Leloir 1971）。この反応は、以下の３つの段階で起こる。

1. 細胞内グルコースは、細胞に入るとヘキソキナーゼによって**リン酸化**され、グルコース-6-リン酸を生成する。
2. 次に、グルコース-6-リン酸はグルコース-1-リン酸へと変換される（ホスホグルコムターゼによる）。
3. UDP-グルコースは、UDP-グルコースピロホスホリラーゼによって触媒される反応により、グルコース-1-リン酸およびウリジン三リン酸から合成される。

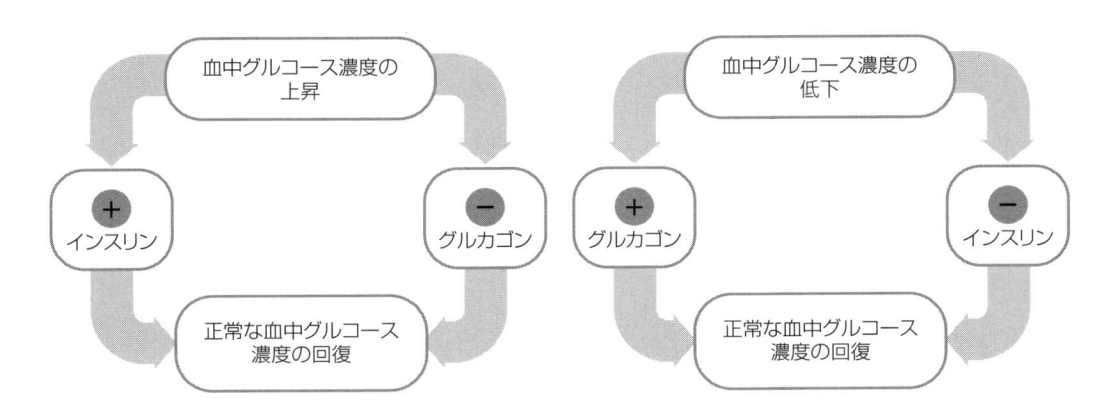

図2.2　膵臓のホルモンであるインスリンとグルカゴンが血中グルコースの維持において果たす役割。

▶ リン酸化──リン酸基に別の分子を付加する過程である。リン酸化によって、多くのタンパク質酵素のオンとオフを切り替える。

　こうしてつくられたUDP-グルコースは、伸長しているグリコーゲン分子に付加される。この反応は、グリコーゲン合成酵素によって触媒され、多糖鎖がすでに4つ以上の残基を持っている場合に限ってグルコース残基を付加することができる。グリコーゲンは、単純にグルコース分子が繰り返しつながってできた長い紐ではない。すなわち、多くの分岐を持つポリマー（高分子）である。分岐は、グリコーゲンの水溶性を高めるため、重要である。分岐はまた、迅速な合成および分解を促す（とくに高強度運動中にエネルギー産生のために解糖へと入ることのできるグルコースを供給するうえで不可欠である）。

グリコーゲン分解

　グリコーゲンが運動中に分解を受けているとき、身体は骨格筋の収縮のためのエネルギー源として**ATP**が必要であることを示している。グリコーゲン分解の目的は、グルコース（とくにグルコース-1-リン酸）分子を放出し、解糖系へ取り込み、迅速にATP産生を得ることである。

　グリコーゲン分解の複雑な過程において、個々のグルコース分子は、グリコーゲンからグルコース-1-リン酸の形で切り離される（酵素のグリコーゲンホスホリラーゼによる異化）。ホスホリラーゼは、グリコーゲン分子の非還元末端からグリコシル残基を連続的に切り離す。加リン酸分解により、グリコーゲンから切断されて生じたグルコース-1-リン酸は、ホスホグルコムターゼによってグル

コース-6-リン酸へと変換される。骨格筋において、グリコーゲンから遊離したグルコース-6-リン酸はグルコース-6-リン酸と結合し、解糖酵素による過程を経て血液から細胞へと入り、代謝的なエネルギー源となる。肝臓と、量は限られているものの腎臓の両方において、グリコーゲンから遊離したグルコース-6-リン酸の脱リン酸化と血中へのグルコースの放出が行われる。細胞のグルコース代謝（すなわちグリコーゲン合成および分解）において、中間体のグルコース-6-リン酸は、グルコース貯蔵および酸化の間のさまざまな変換において中心的な役割を担う。

解糖

　運動や高強度トレーニング、スポーツパフォーマンスを行う中で、素早いエネルギー産生のためにATPが必要となる。ATPが産生される最も速い過程の1つが、解糖である。一般的に、解糖はATPを産生するための炭水化物（グルコースなど）の分解である。解糖は筋線維の細胞質で起こる。解糖において鍵となる生理学的な結果は、筋収縮で用いるための、相対的に迅速なATP産生である。図2.4にみられるように、解糖とは1つの6炭糖のグルコースに始まり、10の酵素的に制御され2つの3炭素のピルビン酸分子で終わる一連の化学反応である。

　解糖の最後で産生されるピルビン酸は、2つのどちらかの運命をたどる可能性がある。すなわち、乳酸へと変換される、あるいは**ミトコンドリア**に入る、のどちらかである。次

▶ ATP——細胞によって合成および利用され、細胞が働くエネルギーを放出するための高エネルギーリン酸化合物である。

のセクションでは、乳酸の産生について述べる。ピルビン酸はミトコンドリアに入る前に、アセチルCoAへと変換され、クレブス回路として知られる過程に入る。クレブス回路ではさらに、一連の酵素による異化の化学反応により、ピルビン酸－アセチルCoA化合物が代謝される。最後に、クレブス回路におけるこれらの反応により、NADHおよびFADH2化合物がつくられる。これらはミトコンドリアの電子伝達系において取り込まれる電子を運ぶ。電子伝達系は、筋収縮のエネルギー源となるATP産生をより促進するが、このATP産生は解糖によるATP産生と比較して遅い。解糖のATP産生は速く、高強度の運動あるいはトレーニングにおいて必要と

なることを理解することが重要である。このATPは、主にグルコースの酸化（分解）によって生み出されるため、練習あるいは試合中の高強度運動においてエネルギー源とするためには、食事における適切な炭水化物の摂取が重要であることを認識しやすい。

乳酸の産生と除去

すでに述べたように、解糖の最終産物はピルビン酸である。ピルビン酸は、アセチルCoAに変換されて、ミトコンドリアのクレブス回路に入るか、あるいは乳酸へと変換される。ピルビン酸が乳酸（lactic acid）に変換される場合、その過程は嫌気性解糖と呼ばれ

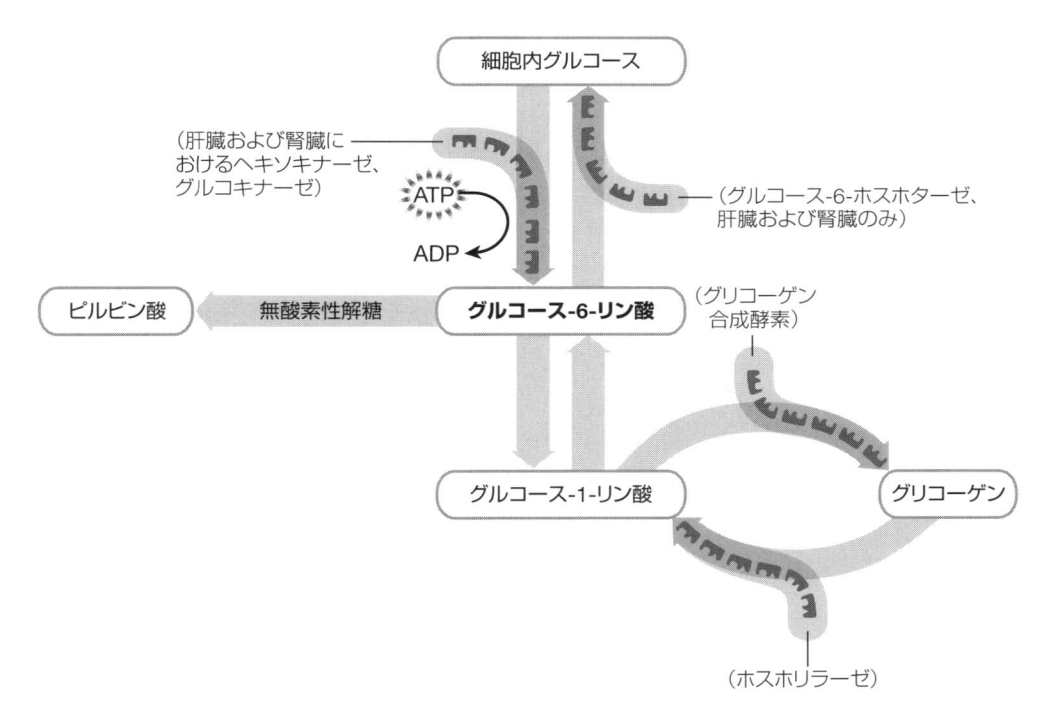

図2.3 細胞内におけるグルコース-6-リン酸が、骨格筋や肝臓、腎臓における解糖、グリコーゲン貯蔵、糖新生で果たす中心的な役割。

▶ミトコンドリア──細胞において、酸素を用いたATP産生を担う部分であり、クレブス回路や電子伝達系、脂肪酸回路のための酵素を含んでいる。

る。細胞内に乳酸ができるとすぐに水素イオンが放出されてイオン化し、**筋形質**のpHを低下させる。そのイオン化されたままの分子が乳酸塩（lactate）である。乳酸の産生が増加すると、細胞内pHの低下によって、さまざまな代謝および収縮の過程に大きな悪影響が生じる。したがって、細胞内の酸はすぐに緩衝されるか、細胞外で緩衝するために細胞から排出される必要がある。安静時および低強度の運動時に産生される乳酸の量は少なく、その酸のほとんどは細胞内で容易に緩衝され、一部は細胞外へと排出され、急速に無害化される。血漿ヘモグロビンタンパク質は、細胞外緩衝において最も主要な役割を果たしている。すなわち、血漿中の重炭酸塩もまた、効果的な細胞外の化学的緩衝をもたらしている。持続的で強度の高い筋収縮における筋の痛みや、「焼けつくような」感覚は、主に筋細胞外の自由神経終末が低いpHにより刺激されることによって起こる。残存する3炭素の乳酸分子は、運動していない筋や心臓、運動している筋自身においてすら、潜在的なエネルギー源として用いられることがある（Van Hall 2000）。中程度から高強度運動の間に対応する**無酸素性閾値**が存在し、これは（運動強度が高まるとともに）乳酸の産生が細胞内の緩衝能を上回るようになり、過剰な乳酸が細胞外へと排出されるという閾値である。運動強度が高くなるにつれ、血中乳酸レベルは指数関数的に増加する。より高い強度の運動中に増加した乳酸の産生は、筋のパフォーマンスに有害な影響を及ぼす。しかしながら、

この代謝副産物の生成は、短い時間での炭水化物から無酸素的なATP産生加速を促進するうえで助けとなる。

疲労は、短時間で高強度の無酸素性運動中に求められるパワー出力あるいは運動強度を維持できなくなることと定義されており、その一部は、活動している筋における乳酸の蓄積によるものである（pH低下をもたらす）。継続する、より高い強度の筋収縮によって、活動している筋のグリコーゲンが急速に枯渇することがある。細胞内における解糖の**基質**の減少と、血中グルコースを利用できる速度は限られていることから、無酸素性の素早いATP再合成能力が急激に低下するにつれて急速に筋疲労が引き起こされる。有酸素的に産生されたATPは、筋活動において必要となるATPの総量に対してより大きく寄与するため、筋収縮は継続するかもしれないが、その強度は低くなる。

乳酸の蓄積は疲労と相関しているものの、高強度運動中に乳酸濃度を減少させることを手助けするための栄養的実践というものは存在しない。むしろ適切なコンディショニングによって、競技選手はより高い強度の運動を、より低い乳酸レベルで行うことができる。大まかな表現をするなら、競技選手は適切な量の炭水化物を含む食事を摂取し、高強度トレーニングの実施を可能にすることで、エネルギー源（脂質など）から酸化によるエネルギー産生を促進する適応が起こることが重要である。

身体におけるエネルギー利用は、炭水化物

▶ 筋形質（サルコプラズム）──筋線維の細胞質。
▶ 無酸素性閾値──一般的に、血中乳酸濃度が急速かつ系統的に増加する酸素消費レベルを指す用語である。
▶ 基質──酵素が作用する分子のこと。

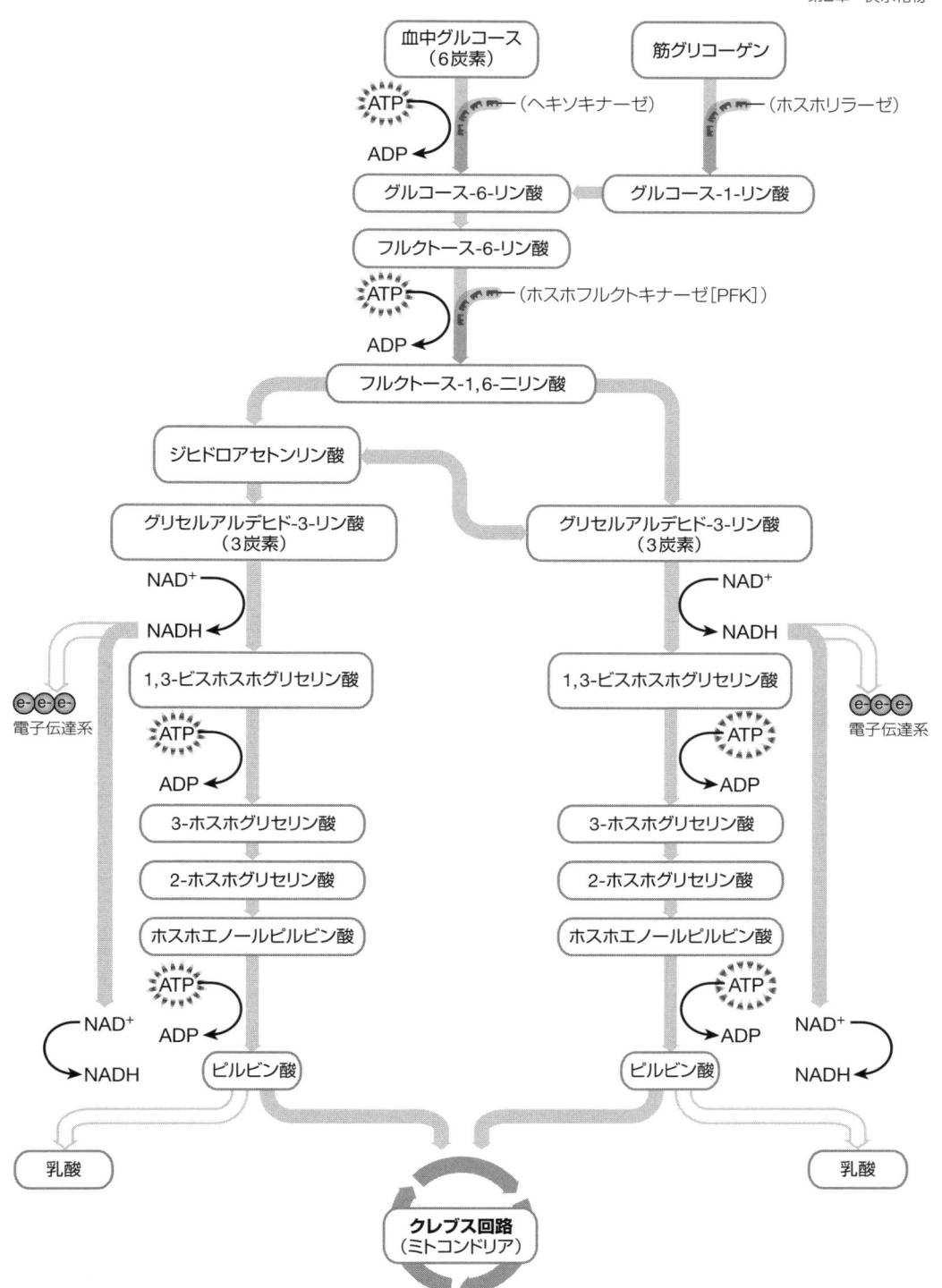

図2.4　血中グルコースまたはグリコーゲンからの嫌気性解糖は、ATPを用い、補酵素（コエンザイム）NADを必要とする。嫌気性解糖の生成物には、ATP、水、ピルビン酸、乳酸、NADHが含まれる。

NSCA, 2008, Bioenergy of exercise and training, by J.T. Cramer In 3rd ed., edited by T.R Baechle and R.W. Earle (Champaign, IL: Human Kinetics), 25. より許可を得て再掲。

の利用能によって制御される。血中グルコース濃度は、肝臓のグルコース出力のフィードバック調節の役割を果たしており、血中グルコース増加は、運動中の肝臓によるグルコース放出を抑制している。炭水化物の利用能は、脂肪酸の動員と細胞内の酸化を減少させることによって、脂質の代謝の制限を手助けする可能性がある（Spriet 1998）。このことは、脂肪酸の酸化はATPの必要量を供給するには遅く、ミトコンドリアのNADHおよびアセチルCoA濃度を高めるのみとなり、無酸素性解糖を持続させるうえでさらに乳酸産生が必要となるという代謝的な意味があることが直観的にわかる。

炭水化物とパフォーマンス

　以下のセクションでは、さまざまな種類の運動トレーニング中やスポーツパフォーマンスにおける炭水化物の役割について述べる。主に有酸素性の種目を行う競技選手もいれば、練習や試合において主に無酸素性の身体活動を行う競技選手もいる。どのような種類であっても、すべての競技選手や活発に身体活動を行う人は、レジスタンスエクササイズを実施することでパフォーマンスを改善することができる。したがってここでは、ストレングストレーニングにおける炭水化物の役割とともに、有酸素性および無酸素性運動やパフォーマンスと関連した事柄について述べる。

有酸素性運動

　安静時および運動中、血中グルコース濃度を100mg/dl（5.5 mmol/L）に維持するため

に肝臓はグルコースを産生している（Kjaer 1998）。血中グルコースは、活動する筋で必要となるエネルギー源全体の30%を占めることがあり、貯蔵されている筋グリコーゲンから炭水化物のエネルギー源が引き出され続ける（Coyle 1995）。長時間にわたる高強度運動では、活動する骨格筋が利用可能な血中グルコースを継続して利用するため、血中グルコース濃度は、肝グリコーゲンが枯渇することによって最終的に正常レベルを下回る。

　1時間の高強度有酸素性運動により、肝グリコーゲンは約55%減少し、2時間の高強度有酸素性運動では、肝臓とともに活動する骨格筋でも、ほとんど枯渇する。この枯渇は、長時間にわたって食事をとらなかった時間帯の後（たとえば早朝や、ウォームアップ期間後）にとくに懸念され、競技選手は最適レベルを下回るグリコーゲンレベルでトレーニングセッションや試合を始めなければならないという結果となる。食事において炭水化物が不足している人は、肝グリコーゲンの貯蔵が低下し、骨格筋のグリコーゲンレベルは枯渇に近くなる。このような食事は、運動強度が非常に低い場合以外ではパフォーマンスに悪影響を与えるようである。カロリー摂取がより低い場合は、一般に低炭水化物であり、理論的には脂肪の減少を促すが、日常的に行う中程度の強度で継続時間の長い有酸素性運動を行うことは非常に難しくなる。

　運動中の筋グリコーゲンレベルの低下は、その後の運動において、活動している筋の炭水化物源として血中グルコースへの依存を高めることになる。炭水化物を摂取しなければ、肝臓および活動している筋のグリコーゲンが枯渇した後、急速に低血糖（＜45 mg/dl、2.5 mmol/L）が生じる（Shulman and Rothman 2001; Tsintzas and Williams 1998)。これが最終的には運動パフォーマンスを損ね、長時間にわたる運動に伴う中枢神経系の疲労に寄与することがある。

長時間にわたる有酸素性運動の際の疲労は、主に活動する筋における炭水化物の貯蔵が枯渇することによって引き起こされる（Rauch et al. 2005）。筋への十分な酸素の供給と、脂質というほぼ無尽蔵な貯蔵エネルギーがあるにもかかわらず、疲労は生じる。有酸素性持久力系の運動選手は、共通してこの種の疲労を「壁にぶつかる」と呼んでいる。血中グルコースが減少した際の症状には、脱力感、めまい、モチベーションの低下が含まれる。筋グリコーゲンの低下は、自覚的な疲労を招き、さらに低下し枯渇すると運動の終了、または運動強度の有意な減少を必要とする（Ahlborg et al. 1967; Bergström et al. 1967）。したがって、最適な有酸素性持久力パフォーマンスが直接的に最初の筋グリコーゲン貯蔵と関連していることは驚くべきことではない（Ahlborg et al. 1967; Hultman 1967）。

運動前の筋グリコーゲン貯蔵を最適化することで（すなわち、筋1kgあたり150mmol超）、疲労困憊に達するまでの時間が20％増加し、ある作業負荷を完了するのにかかる時間が短縮されることで、有酸素性持久力パフォーマンスが増加する（Hawley et al. 1997）。しかしながら、科学的文献では、運動パフォーマンスにおいて利益がみられるまでには、90分以上の継続した運動が必要となることが示唆されている。炭水化物の食事について注意深く計画された補給戦略によって得られる利益の1つに、炭水化物の貯蔵の増加がある。45分以上の運動中、炭水化物の摂取（例：0.5〜2g／分、あるいは30〜120g／時）により、運動時の血中グルコースレベルおよび酸化を維持するのを助け（Coyle et al. 1986）、有酸素性持久力の能力およびパフォーマンスが改善することが示されている（Coyle et al. 1986; Jeukendrup et al. 1997）。この実践が低強度運動中にグリコーゲン合成を促進するかどうか（Keizer, Kuipers, and van Kranenburg 1987）、あるいは筋グリコーゲンの利用をある程度相殺するかどうかは議論の余地があり、さまざまな研究によって、多様な結果が示されている（Bosch, Dennis, and Noakes 1994; Coyle et al. 1986; Jeukendrup et al. 1999; Tsintzas et al. 1995）。運動中の1分あたり0.5〜2gの炭水化物は、中程度の有酸素性運動における炭水化物の酸化の速度とつりあっており、同様に、薄い炭水化物溶液の胃腸を通過する速度とつりあっている（例：6〜8％の炭水化物スポーツドリンク）。長時間にわたる運動後、筋グリコーゲンを通常範囲へと再補充することは、リカバリー（回復）の過程において必要不可欠である（Hargreaves 2000）。本質的に、この運動後の回復期は次に行う運動に向けた最初の「準備」であると考えられる（Ivy 2001）。

エクササイズあるいはトレーニングセッションの開始前に最適な筋グリコーゲンレベルであること、そして運動後にグリコーゲンを急速に補充することの重要性は、今では明らかになっている。第8章では、パフォーマンスを最大にするための特定の炭水化物補給戦略について概説する。しかしながら、一般的には有酸素性持久力系の競技選手において、炭水化物は総カロリー摂取の約55〜65％を占めるべきである（McArdle, Katch, and

Katch 2009)。この種のトレーニングに向けて通常推奨される炭水化物摂取量は、健康的な個人に向けた推奨量と大きく変わることはない（総カロリーの45〜65％）。しかしながら、覚えておいていただきたいのは、同じようなパーセンテージであったとしても、推奨される絶対的な量（グラム）は、総摂取カロリーにより非常に大きく異なるということである。

無酸素性運動

骨格筋のグリコーゲンは、活動している筋にとって、すぐに利用できるエネルギー源である。安静時の筋グリコーゲンレベルは、約65〜90mmol/kg筋である。どのような速度でグリコーゲンが利用されるかは、運動強度に大きく依存する。運動強度が上がるにつれ（すなわち、無酸素性閾値あるいは$\dot{V}O_2$maxの70〜80％超）、ミトコンドリアでの炭水化物および脂質の酸化が加速されても、筋のエネルギー要求に追いつくことができなくなっていく。収縮性機構によるATPの急速な利用に合わせるうえで無酸素的なATP産生が必要となるため、筋グリコーゲンは最も重要なエネルギー基質となる。運動によって筋グリコーゲンが枯渇すると（<30mmol/kg筋まで達すると）、炭水化物の供給源として、相対的に遅い過程である血中グルコースの取り込みへの依存が高まっていく。筋グリコーゲンの量にかかわらず、高強度運動時の疲労は、乳酸の産生（pH低下を導く）と、それに伴って起こる活動している筋内および周囲における（乳酸の）蓄積の結果であるようだ。したがって、運動パフォーマンスに関する筋の炭水化物の貯蔵は、運動の継続時間がより長く（>2分）、間欠的で高強度な場合（例：ドリルやウインドスプリント）でより重要であるようだ。

高強度間欠的運動は、さまざまな種類のエクササイズトレーニングセッションや、チーム競技の試合において実施される数多くの身体活動に含まれる。間欠的運動の間のわずかな休息の中で、筋は乳酸の一部を除去あるいは緩衝（またその両方）を行う時間を持ち、この副産物の潜在的な有害作用を緩和する。加えて、非常に高強度で短時間（<10秒）の運動は、主に「即時の」つまり「クレアチンリン酸」を通じたATP供給に依存する。しかしながら、こういった「バースト（訳注：焼けつくような感じ）」の運動を行う際、短い回復期で多くのセット数にわたって高強度の繰り返しを行うときに、筋グリコーゲンは筋内ATP量を維持するうえで重要な役割を果たす。

無酸素性の身体活動において炭水化物は重要であるにもかかわらず、そういった競技選手のための炭水化物の一般的な推奨量は、より有酸素性持久力運動を行う競技選手と比較してやや少ない。炭水化物は両方の運動において重要であり、炭水化物利用の速度およびこれに伴うグリコーゲン枯渇の速度は、運動強度と直接的に関連する。より強度が低い有酸素性運動中、グリコーゲン枯渇と関連した疲労はエクササイズセッションの後半において生じるが、高強度の無酸素性運動中に起こるグリコーゲン枯渇と関連した疲労は、より早期に生じる。したがって、運動前に筋グリコーゲンレベルを最適化することと、以前に運動をした筋においてグリコーゲンを素早く補充することは、無酸素性のトレーニングや試合中でも重要である。運動前の筋グリコー

ゲンレベルは、有酸素性および無酸素性の競技選手の間で同等であり、また1日あたりの炭水化物の推奨摂取量も55 〜 65％を占めるべきである。具体的には、練習や試合を日常的に行っている無酸素性運動の競技選手は、毎日体重1kgあたり5 〜 7gの炭水化物を摂取すべきである。

筋力トレーニング

　筋力や筋持久力、筋パワーを向上させるためのトレーニングと同様に、筋力のパフォーマンスは高強度で相対的に短い休息間隔でのトレーニングの繰り返しから構成される。したがって、炭水化物はレジスタンストレーニングのようなエクササイズセッションにおいて主となるエネルギー源である。無酸素性運動と同様に、トレーニングの強度によって速筋線維の動員レベルが決定づけられ、レジスタンストレーニングのような運動における筋あるいは筋群のパフォーマンス能力の大部分が決定づけられる。高強度（＞60％ 1RM、訳注：RMはrepetition maximunの略で、繰り返し挙上できる回数を意味し、1RMは1回だけ挙上することのできる重量のこと）のレジスタンスエクササイズの間、速筋線維は激しく動員され、その筋グリコーゲンが利用されると急速に疲労する。驚くべきことではないが、速筋のタイプIIx線維（かつてはタイプIIbと呼ばれていた）は、伸張性（エキセントリック）で高スピードの収縮中に動員が増加する（Nardone, Romano, and Schieppati 1989; Tesch, Colliander, and Kaiser 1986）。しかしながら、いくつかの研究では、中程度の強度（60％ 1RM; Tesch et al. 1998）また低強度（20-40％ 1RM;

Gollnick et al. 1974; Robergs et al. 1991）の筋収縮においてすら、速筋線維が動員されていることが示されている。

　これらの知見は、多くの個人競技やチーム競技のトレーニングセッションや試合で行われる筋持久力型運動に伴う疲労が、動員される速筋線維における最初のグリコーゲン量および枯渇の速度によって制限され得ることを示唆している。多くの筋力およびパワー系の競技選手は、週に数回の高強度トレーニングを行うため、長期にわたってトレーニングされている筋においてグリコーゲンの段階的な枯渇を防ぐうえで適切な炭水化物を摂取することが必要不可欠である。さらに、レジスタンストレーニング中に使われるグリコーゲン量も、達成する総仕事量とレジスタンストレーニングの継続時間に関連しているようである。

　レジスタンストレーニングを積んだ筋における、ワークアウト中あるいは試合中、ウォーミングアップ、ストレッチング、クールダウンのセッション中にグリコーゲンが累積的に利用されるため、食事でのより高いレベルの炭水化物摂取は、これらの身体活動における筋パフォーマンスを改善することが示唆されている（Balsom et al. 1999; Casey et al. 1996; Maughan et al. 1997; Robergs et al. 1991; Rockwell, Rankin, and Dixon 2003; Tesch, Colliander, and Kaiser 1986）。しかしながら、研究では、特定の炭水化物の栄養実践や短期的なストレングストレーニングのパフォーマンスに関して多様な結果が示されている（Haff et al. 1999, 2000; Kulik et al. 2008; Robergs et al. 1991）。

　高炭水化物食の摂取、あるいはウェイトリフティングを行う前の炭水化物の摂取につい

てのコンセンサス（共通見解）は示されていないにもかかわらず、レジスタンスエクササイズのような運動において、骨格筋の炭水化物源が主なエネルギー源として働くことによって、レジスタンストレーニングの全般的なパフォーマンスを促進することは明らかである。このことは、多くの個別の筋あるいは筋群を疲労（グリコーゲン枯渇の可能性を含む）に達するまで働かせるウェイトトレーニングセッション全体を行う際、とくに避けることができないものであり、これに伴って運動後のエネルギーを消費する筋のリカバリー期間が長期化する。このため、炭水化物の摂取が適切でない場合、全般的なトレーニング計画の成果（例：筋力やパワーの増加）は負の影響を受けるだろう。

　レジスタンストレーニング中あるいは前後の期間における炭水化物の摂取に関連して考慮すべきもう1つの要因として、インスリン増加のもたらす影響がある。炭水化物の摂取（とくに高グリセミックのもの）は、内因性のインスリン分泌を劇的に増加させる。インスリンというホルモンは、レジスタンスエクササイズによって生み出される同化の刺激を促進する。とくに、インスリンは活動した筋において強力な同化ホルモンとして作用し、それには以下の方法が含まれる。

- タンパク質の合成を促進する。
- タンパク質の分解を減少させる。
- グルコースの取り込みを刺激する。
- グリコーゲンの貯蔵を刺激する（Biolo et al. 1999; Tipton et al. 2001）。

　インスリン放出の2つの効果——タンパク質合成の増加とタンパク質分解の減少——により、とくに各レジスタンスエクササイズ中あるいはその前後の時間帯でインスリンが上昇すると、長期的な同化の適応が改善される。これと関連して、エクササイズの前・中・後における炭水化物溶液の摂取によって、より素早い回復と除脂肪体重の増加が促進される（Haff et al. 2003）。第9章では、この栄養タイミングの概念と、炭水化物摂取が内因性のインスリン分泌やそのような実践に伴う運動パフォーマンスの改善に及ぼす影響について展開する。

専門的実践

　競技選手は、摂取できる炭水化物の種類を含めたさまざまな観点からの知識に基づき、十分に情報を得たうえで炭水化物の利用について決断を下すことができる。すなわち、摂取された炭水化物が身体でどのように調節され利用されるか、また摂取された炭水化物が、有酸素性および無酸素性トレーニング、筋力トレーニングにどのように影響を及ぼすかである。決断の1つは、高強度運動または継続時間の長い運動によって枯渇した骨格筋のグリコーゲンを最も回復させる食品の選択である。

　たとえば、もしサッカー選手が1日の中で複数の試合に出場した場合（トーナメント戦のように）、グリコーゲンレベルの枯渇によってその後の試合で疲労を招くことのないように、できるだけ早く（数時間以内に）グリコーゲンを回復させることが必要不可欠であ

る。このケースでは、急速に骨格筋のグリコーゲンを回復させることが示されていることから、この選手が高グリセミックな炭水化物の食品を選ぶことが重要である。レジスタンスエクササイズが主なトレーニング様式となっている競技選手にとって、毎日の食習慣の中で低グリセミックな炭水化物源が推奨されるが、運動後の最適な筋グリコーゲン補充とインスリン応答のためには、高グリセミックな食品が推奨される（Conley and Stone 1996）。

摂取した炭水化物は、グリコーゲン合成および分解、解糖という生理学的過程で用いられる。これらの過程により、高強度運動中の素早いATP産生（グリコーゲン分解と解糖）が可能となり、また将来のトレーニングやコンディショニングのために骨格筋や肝臓におけるグリコーゲン貯蔵（グリコーゲン合成）が可能となる。

有酸素性持久力系競技選手、たとえば長距離ランナーは、炭水化物の貯蔵が最適以下となることを避けるため、総摂取カロリーのうち約55〜60％を炭水化物により取り入れる（McArdle, Katch, and Katch 2009）。この推奨は、炭水化物摂取の一般的な範囲を示すが、タンパク質や脂質と比較して炭水化物摂取の絶対的な量（グラム）は、総摂取カロリーや身体活動レベルにより非常に大きく異なるだろう。一般的なガイドとして、練習や試合を日常的に行っている競技選手は、体重1kgあたり5〜7gの炭水化物を摂取すべきであり、もしトレーニングセッションのレベルが激し

くなったら、この量を8〜10gに増やすことを考慮すべきである。

これと比較して、無酸素性運動の競技選手では、1日に体重1kgあたり5〜7g以上の炭水化物は必要ないだろう。無酸素性運動の競技選手が継続的に高強度のトレーニングを行ったとしても、そのような運動における継続時間は、有酸素性持久力系競技選手よりも比較的短い。

レジスタンストレーニングプログラムを毎日実施している競技選手は、同じ年齢の非活動的で健康な人よりも必要となる総エネルギー量は多い。総カロリーの55〜65％を炭水化物から得ることで、レジスタンスまたはパワートレーニングの競技選手は最適に近いエネルギーを確実に得ることができる。1日あたり3500kcalの食事を摂る競技選手は、摂取カロリーの65％を炭水化物にしようとすると、約570gの炭水化物を毎日摂取することを目指すことになる（70kgの人の場合、約8g/kg体重）。対照的に、1日あたり2500kcal、炭水化物が55％を占める非活動的な成人は、毎日の炭水化物摂取を少なくする（例：340g）必要があるかもしれない（約5g/kg、体重70kgの人の場合）。

競技選手のタイプやエネルギー消費量に基づく一般的な炭水化物の処方は、競技選手の栄養プログラムにおいて1日あたりのカロリー摂取に注意を払う必要性について説明する大まかなガイドラインにすぎない。第8章では、パフォーマンスを最適化するための特定の炭水化物の摂取戦略の推奨について述べる。

まとめ

- 炭水化物は、有酸素性および無酸素性運動において重要なエネルギー源となる。
- 運動中における身体の炭水化物源の減少により、運動パフォーマンスが低下し、さらなる疲労が生じる。
- 毎日、適切な量（例：総カロリーの55〜65%）の炭水化物を摂取することは、最適な競技パフォーマンスのためには非常に重要である。
- 食事における炭水化物は、運動の準備やパフォーマンス、回復における重要な構成要素である。したがって、競技選手はトレーニングを繰り返し行うことから、炭水化物の必要量は増加する。
- 強度の高いトレーニング期の間、競技選手における炭水化物の1日の必要摂取量は体重1kgあたり10gに達することがある。
- 競技選手は、パフォーマンスを最適化するうえで、高グリセミックおよび低グリセミック食品のどちらの利点も用いることができる。長時間にわたる運動中、あるいは運動直後に高グリセミック指数の食品を摂取することは、競技選手がパフォーマンスをピークにするうえで、またリカバリーを行ううえで推奨される、非常に重要な戦略である。
- 運動を行った筋において、血中グルコースが低い状態が長時間にわたって続いた場合、低GIの炭水化物を摂取することによって、血中グルコースの劇的な変動を抑制することができる。したがって、トレーニングセッション間に低グリセミックな食品を通常の食事の一部として摂取することは有用である。
- 炭水化物摂取のスケジュールを計画することによって、競技選手はエクササイズあるいはトレーニングセッションの最初に炭水化物を供給し、運動後やその次のパフォーマンスの前にグリコーゲンの急速な補充を行い、筋グリコーゲンレベルの貯蔵を最適なものとすることができる。

3

Protein

タンパク質

Richard B. Kreider, PhD, FACSM, FISSN

　タンパク質は、遺伝的に決定されたアミノ酸配列によって構成される（タンパク質を建物だとすると、アミノ酸は建物のレンガのような役割を果たす）有機化合物である。アミノ酸（図3.1）は、カルボキシル基およびアミノ基の間でお互いにペプチド結合している。このため、アミノ酸の配列の小さいもの（結合したアミノ酸の数が少ないもの）は、**ペプチド**と呼ばれる。タンパク質は、身体のすべての細胞でみられ、成長の促進や、細胞や組織の損傷の修復とともに、代謝およびホルモンの活動に必要である。たとえば、いくつかのタンパク質は、身体内で同化という生化学的反応を触媒する酵素として働いている。ホルモンはまた、さまざまな組織における代謝活動に影響を与えるタンパク質でもある。その他のタンパク質は、細胞のシグナル伝達の過程で重要であるが、免疫にも影響がある。ほとんどのタンパク質は、筋タンパク質（例：アクチンとミオシン）の形で貯蔵されている。

体内のタンパク質

　タンパク質は、22種類のアミノ酸で構成されている（カコミ欄に列挙した）。この中には、

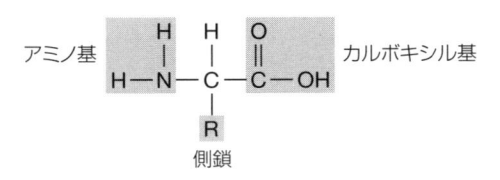

図3.1　アミノ酸の構造

▶ ペプチド —— 2つ以上のアミノ酸から構成される物質。

必須、条件つき必須、非必須アミノ酸

必須アミノ酸

イソロイシン、 ロイシン、 リジン、 メチオニン、
フェニルアラニン、 スレオニン、 トリプトファン、 バリン

条件つき必須アミノ酸

アルギニン、 システイン (シスチン)、 グルタミン、 ヒスチジン、
プロリン、 タウリン、 チロシン

非必須アミノ酸

アラニン、 アスパラギン、 アスパラギン酸、 シトルリン、
グルタミン酸、 グリシン、 セリン

身体では合成できないため食事から摂取する必要がある必須アミノ酸が8つ（幼児においては9つ）含まれている。食事におけるタンパク質は、これらの必須アミノ酸（EAA）が供給されるようにすべきである。必須アミノ酸源がない場合、身体はその必要性に応じて自らが貯蔵しているタンパク質（筋など）を異化しなければならない。また、条件つき必須アミノ酸も7つ存在する。それらは身体で効率的に合成することができず、十分な量を得るには一般的に食事から摂取することが必要となるため、条件つき必須アミノ酸と呼ばれる。残りのアミノ酸は体内でかなり容易に合成できることから、非必須アミノ酸であると考えられる。食品に含まれるタンパク質は、適切な量の必須アミノ酸を含んでいるかどうかによって完全、あるいは不完全のどちらかに分類される。動物性タンパク質にはすべての必須アミノ酸が含まれているため、完全なタンパク質源であると考えられるが、植物性タンパク質の多くは、必須アミノ酸のいくつかが欠けている（すなわち不完全なタンパク質源である）。タンパク質の質は、それ

ぞれのアミノ酸特性によって異なる。必須アミノ酸をより多く含む完全なタンパク質源は、一般的により良質のタンパク質である。

タンパク質を消化する目的は、摂取したタンパク質からアミノ酸を遊離させることである（Berdanier 2000）。消化の過程の中で、プロテアーゼという酵素によって加水分解が生じ、タンパク質はその構成要素であるアミノ酸、ジペプチド、トリペプチドへと分解される。炭水化物および脂質の消化経路が唾液中のアミラーゼや舌リパーゼによって始まるのとは対照的に、タンパク質の消化経路は食物が胃に到達し、胃酸で酸性化されるまで始まらない（Berdanier 2000）。胃を通過すると、アミノ酸は小腸壁を通して吸収され、血液へと移行し、門脈を通って肝臓へと運ばれる。タンパク質の消化には数時間かかるが、アミノ酸が一度血流に入れば、5～10分以内に除去される（Williams 2002）。

アミノ酸の継続的な相互交換が血液中や肝臓、身体の各組織で起こり、アミノ酸の代謝において肝臓は中心的な役割を果たす。これら身体の構成要素におけるアミノ酸の貯蔵は、

遊離アミノ酸プールと呼ばれる。肝臓は身体の組織からの多様なタンパク質要求に応えるために、バランスのとれたアミノ酸の混合物を継続的に合成している（Williams 2002）。アミノ酸は肝臓から血液へと分泌され、遊離アミノ酸あるいは血漿タンパク質（アルブミンや免疫グロブリン）として運搬される。アミノ酸代謝は、下記を含む形態で終わりとなる。

- 骨格筋の形態で、構造タンパク質として。
- 酵素など、機能的タンパク質として。
- ホルモンなど、シグナル伝達タンパク質として。

　身体の細胞は、そのタンパク質のニーズに合致するように、必要とする量のみのアミノ酸を使うことに注意することが重要である。身体内のアミノ酸プールにおけるアミノ酸は、タンパク質合成に用いられるだけでなく、脱アミノ反応（アミノ基［NH_2］が取り去られること）により代謝的に重要な中間体を合成するために用いられる。また炭素骨格は酸化してエネルギー源として利用されたり、グルコースや脂肪酸合成のためにも利用される（Berdanier 2000）。脱アミノ反応において、窒素を含むアミノ基（NH_2）はアミノ酸から除去され、残った炭素基質は、α-ケト酸として知られている。放出されたα-ケト酸は、以下のような最終産物となる（Williams 2002）。

- エネルギー放出のために酸化される。

- ほかのアミノ基を受け入れ、アミノ酸へと再構成される。
- 炭水化物や脂質の代謝経路へと入る。

　脱アミノ化でできたアミノ基は、身体から排出される必要がある（Williams 2002）。この過程は肝臓で起こり、アミノ基（NH_2）はアンモニア（NH_3）へと変換される。次に、アンモニアは尿素へと変換され、血液を通じて最終的には腎臓で尿へと排出される。

　歴史的に、食事におけるタンパク質の妥当性は、窒素出納法を用いて評価されてきた。**窒素出納**は、窒素の摂取および排出量が注意深く定量化され、全体の差が算出されるという実験手法である。ちょうどつりあったとき（摂取が排出と等しいとき）に食事のタンパク質必要量であると考えられる（Lemon 2001）。食事で摂取したタンパク質の種類によって、組織の修復や成長の促進、酵素やホルモン、細胞の合成に必要なアミノ酸の利用能（利用できるかどうか）が決定づけられる。タンパク質の栄養推奨量（RDA）は、11〜14歳の小児では体重1kgあたり1.0g、15〜18歳では0.8〜0.9g、成人では0.8gである（Campbell et al. 2007）。しかしながら、高強度運動によってタンパク質の必要量は増加する（Campbell et al. 2007）。一般的なフィットネスプログラムに参加する人は、通常は体重1kgあたり0.8〜1.0gの摂取でタンパク質の要求量を満たす。しかしながら、競技選手あるいは高強度トレーニングを行っている人は、トレーニングによってもたらされる刺激に対して適切に反応するために、これより

▶ 窒素出納──窒素の摂取と排出の差によって測定される。

も多くのタンパク質を必要とする。

　競技選手が適切なタンパク質を確保するために、一般的に、体重1kgあたり1.5 〜 2.0gのタンパク質を摂取することが推奨されている。中等度の強度のトレーニングを実施している競技選手は、下限のレベル（体重80kgの競技選手で1日あたり120 〜 140g）を摂取すべきであるが、量が多く高強度のトレーニングを実施している競技選手では上限レベル（体重80kgの競技選手で1日あたり140 〜 160g）を摂取すべきである（Kreider et al. 2009）。本章の後半のセクションでは、有酸素性および無酸素性トレーニングを行う競技選手に対する、より具体的な推奨について示す。

タンパク質の種類

　タンパク質の質について、一般的に次の2つのうちどちらかの方法で分類される。1つ目の方法は、タンパク質効率（PER）である。これは、基準となるタンパク質（卵白）と比較して、特定のタンパク質を与えた成長期ラットの体重増加を評価し、決定される。より高いPER値を持つタンパク質は、良質であると考えられる。2つ目の方法は、タンパク質消化吸収率補正アミノ酸スコア（PDCAAS）と呼ばれるものである。この方法は、ヒトにとってタンパク質源を比較するうえで最適な方法であると国際的に認知されている。PDCAASが1.0であるということは、そのタンパク質が身体の必須アミノ酸の必要量に達していることを示し、したがって良質なタンパク質である。PDCAASの値が高いほど、より良質なタンパク質である。表3.1

には、食品およびサプリメントに含まれるタンパク質の種類と、PERあるいはPDCAASの分類方法のどちらかまたは両方で決定されたタンパク質の質について列挙している。ゼラチン（コラーゲン）タンパク質と小麦タンパク質は、相対的に質の低いタンパク質源である。肉と魚は、適度に良質なタンパク質源である。大豆（ソイ）、卵、牛乳、ホエイ（乳清）、ウシ初乳（bovine colostrum）は、良質なタンパク質に分類される。

牛乳

　牛乳は種類によって、主に脂質含有量と総カロリーが異なる。ミネラル含有量やビタミン含有量（とくに脂溶性ビタミン）、アミノ酸特性についてもやや異なる。1カップ（約237ml）の牛乳には、8gのタンパク質が含まれる。このタンパク質のうち、約80％はカゼインであり、残りはホエイである。牛乳は、必須および条件つき必須アミノ酸のかなり良質な供給源となる。したがって、牛乳は、2.8という相対的に高いタンパク質効率を有する（ホエイタンパク質は約3.2）。スキムミルク（脱脂乳）も炭水化物：タンパク質比において非常によい割合である（約1.5から1）。その結果、もし乳糖不耐症でなければ、タンパク質だけでなく炭水化物のよい供給源となる。

　いくつかの研究では、運動前または運動中（あるいはその両方）において、牛乳が効果的なスポーツドリンクとしての役割を果たし得ることが示されている（Roy 2008; Watson et al. 2008）。運動後の牛乳摂取は、タンパク質合成を促進する（Williams 2002; Watson et al. 2008; Bucci and Unlu 2000; Florisa et al. 2003）。タンパク質合成に加え、

表3.1　食品およびサプリメントにおけるタンパク質の種類とその質（概算）

タンパク質	PDCAAS	PER	コメント
ゼラチン（コラーゲン）	0.08	–	安価だが、質の低いタンパク質であり、1970〜80年代に人気があった。ゼラチンは現在も液体のタンパク質サプリメントにおいてみられる。
小麦	0.43	1.5	小麦タンパク質は、相対的に質が低い。しかしながら、グルタミンペプチド（グルタミンを多く含むタンパク質加水分解物）をつくるうえで出発物質としての役割を果たす。
牛肉、鶏肉、魚	0.8-0.92	2.0-2.3	かなりよいタンパク質源である。しかしながら、動物の肉の中には、相対的に多くの脂質を含むことがあり、その場合には食事の中でタンパク質を得るための主な手段としての有用性は低下する。
大豆	1.00	1.8-2.3	アミノ酸のメチオニンが欠落しているにもかかわらず、大豆からつくられる大豆タンパク質は、優れたタンパク質源である。大豆タンパク質濃縮物（70%がタンパク質）や、抽出したもの（90%がタンパク質）は、ベジタリアンにとってとくに優れたタンパク質源となる。大豆タンパク質は、健康によい可能性のあるイソフラボングルコシドも含んでいる。
卵白アルブミン	1.00	2.8	卵白由来のタンパク質は、タンパク質の質を比較する際に基準として用いられる。卵タンパク質の粉はサプリメントのタンパク質源として最高であるとかつては考えられていた。しかし、卵タンパク質はこれ以外の質の高いタンパク質と比較してかなり高価であり、したがってそのサプリメントにおける使用は減少している。
乳タンパク質	1.00	2.8	乳タンパク質には、約80%のカゼインと、約20%のホエイが含まれている。乳タンパク質は濃縮物または抽出物となっており、約90%がタンパク質である。乳タンパク質は相対的に低コストのサプリメントであるため、広く用いられている。
カゼイン	1.00	2.9	カゼイン塩は、スキムミルク（脱脂乳）からカゼインナトリウムや、カゼインカリウム、カゼインカルシウムの形で抽出される。カゼインのタンパク質の質は良質で、比較的安価である。アミノ酸の放出は一般的にホエイタンパク質よりも時間がかかる。

（次頁に続く）

表3.1（前頁から続き）

タンパク質	PDCAAS	PER	コメント
ウシ初乳（bovine colostrum、BC）	1.00	3.0	タンパク質のサプリメントとして現在利用可能な最高の質のタンパク質源の2つのうちの1つであり、それ以外の形態のタンパク質と比較して、成長因子や免疫グロブリン、抗菌作用のある化合物が高濃度であることから、利益が付加されるかもしれない。ブランドによって採取の方法が異なる。すなわち、Intactブランドでは生理活性タンパク質が損なわれない低温法が用いられる。多くのタンパク質サプリメントよりもコストが高いが、予備的なエビデンスにより、ウシ初乳が、ホエイタンパク質と比較して、トレーニング中の筋力および筋量増加を促進することが示されている。明確な結論を得るには、さらなる研究が必要となる。
ホエイ	1.00	3.0-3.2	タンパク質のサプリメントとして現在利用可能な最高の質のタンパク質源の2つのうちの1つである。ホエイタンパク質は急速に消化され、素早いアミノ酸の取り込みが可能となる。ホエイはホエイタンパク質の加水分解、またイオン交換による単離、クロスフローマイクロフィルターにより単離される。これらはアミノ酸構成や脂質の含有量、ラクトース含有量、グルタミン残基の保存におけるわずかな差をもたらす。このようなわずかな違いがトレーニング適応に何らかの影響を及ぼすかどうかは明確ではない。ホエイタンパク質は良質なタンパク質の中でより高価ではあるが、レジスタンストレーニングを行う競技選手に用いられる、最も人気のあるタンパク質サプリメントとなっている。

Kreider and Kleiner 2000 に基づく。

低脂肪牛乳は運動後の水分補給に効果的な飲料である（Shirreffs, Watson, and Maughan, 2007）。以下のセクションでは、牛乳に含まれる2種類のタンパク質、ホエイおよびカゼインに注目する。

ホエイ

　ホエイタンパク質は、栄養的サプリメント、とくにスポーツ栄養のマーケットにおいて使用される中で、現在最も人気のあるタンパク質である。ホエイタンパク質は、濃縮物、単離物、加水分解物が利用可能である。これらの形態による主な違いは、製造過程の差であり、それに加えて脂質およびラクトースの含有量、アミノ酸特性、グルタミン残基の保存にわずかな差がある。たとえば、濃縮ホエイタンパク質（30 ～ 90％のタンパク質）は、液体のホエイから清澄

（clarification）、限外濾過（ultrafiltration）、透析濾過（diafiltration）、乾燥の過程を経てつくられる（Bucci and Unlu 2000）。単離ホエイタンパク質（≧90%タンパク質）は、イオン交換法（IE）またはクロスフローマイクロフィルター法（CFM）によってつくられるのが一般的である。加水分解ホエイタンパク質（約90%がタンパク質）は、酸とともに加熱することで、あるいはタンパク質分解酵素での処理後に精製および濾過によってつくられるのが一般的である。

　この製造方法の違いは、抗酸化、抗ガン、抗高血圧、抗高脂血、抗菌、抗ウイルスといった特性を持つと報告されているホエイタンパク質サブタイプおよびペプチド（たとえばβ-ラクトグロブリン、α-ラクトアルブミン、免疫グロブリン、アルブミン、ラクトフェリン、ラクトペルオキシダーゼ、ペプチド、グリコマクロペプチド、プロテオース-ペプトン）の濃度に影響を及ぼす（Florisa et al. 2003; Toba et al. 2001; Badger, Ronis, and Hakkak 2001; FitzGerald and Meisel 2000; Wong et al. 1997; Horton 1995）。これらタンパク質およびペプチドのうちいくつかは、ビタミンやミネラルと結合し、これによって栄養代謝に重要な役割を果たす。タンパク質とペプチドは、消化を促進することも示されている（Pelligrini 2003; Korhonen and Pihlanto 2003）。理論的には、これら生物学的活性タンパク質およびペプチドの食事の利用可能性を高めることは、全般的な健康を促進する可能性がある。しかしながら、ホエイタンパク質の1つの形態のわずかな違いによって、ほかのものより優れた性質を持つかは不明である。

　ほかの種類のタンパク質と比較して、ホエイタンパク質はより速く消化され、またより混合しやすい性質があり、しばしばより良質のタンパク質であると認識されている。研究では、ホエイタンパク質摂取後の血中アミノ酸レベルの急速な増加が、カゼインよりも強くタンパク質合成を刺激することが示されている（Tipton et al. 2004; Boirie et al. 1997; Fruhbeck 1998）。理論的には、ホエイタンパク質を一日中、頻繁に摂取した人は、タンパク質合成が最適化されるかもしれない（Tipton et al. 2004; Willoughby, Stout, and Wilborn 2007; Tipton et al. 2007; Tang et al. 2007; Andersen et al. 2005; Borsheim, Aarsland, and Wolfe 2004）。また、ホエイタンパク質は、カゼインと比較して、免疫の亢進（Di Pasquale 2000; Gattas et al. 1992）や、抗発ガン性（Di Pasquale 2000; Gattas 1990; Puntis et al. 1989）を含む多くの健康上の利益があるかもしれない（カゼインについて述べた次のセクションを参照）。たとえば、Landsら（1999）は、ホエイタンパク質を含む（20g／日）サプリメントを12週間のトレーニング中に摂取すると、カゼインを摂取するよりも免疫機能やパフォーマンス、身体組成が改善されることを報告している。これらの知見は、ホエイタンパク質が優れたタンパク質として位置づけることを助けた。

カゼイン

　カゼイン塩は、スキムミルクからホエイとカゼインを分離し（再可溶化）、その後乾燥し製造される。市販のサプリメントとして用いられるカゼイン塩は、通常、カゼインナトリウム塩、カゼインカリウム、カゼインカルシウム、カゼイン加水分解物として入手可能である。どの製造方法が用いられたかにより、

アミノ酸構成やα、β、γ、κといったカゼインのサブタイプにわずかな違いが生じる。カゼインの利点は、比較的、安価なタンパク質源であるということである。カゼインは、質、味、混合する際の特徴など、さまざまな範囲の中から選ぶことができる（Bucci and Unlu 2000）。カゼインの主な欠点は、酸性の液体に混ぜた場合に固まりやすく、十分に混ざらないことである。また、ほかの形態のタンパク質よりも消化が遅いこともある。研究データにより、摂取カロリーや、摂取したタンパク質の量および質、食事に対するインスリン応答、食品の消化のしやすさといったタンパク質合成に影響を及ぼすいくつかの要因が示されている（Beaufrere, Dangin, and Boirie 2000）。

アミノ酸が血中に放出される際の時間的推移は、食品の消化速度の影響を受ける。消化速度の速いタンパク質を含む食品（例：ホエイ）は、一般的に、より短い時間でより多くのアミノ酸が血中に放出される。消化速度が遅いタンパク質（例：カゼイン）を含む食品は、一般的に、アミノ酸の放出はより少ないものの、より長く継続する（Di Pasquale 2000）。結果として、カゼインタンパク質は、ホエイタンパク質よりも抗異化作用を持つ傾向にあるようだ（Boirie et al. 1997）。骨格筋の**異化**とは、筋の分解の過程を意味する。タンパク質の合成（肥大）とタンパク質の分解（異化）は、お互いに独立したメカニズムで制御されているため、抗異化（骨格筋の分解を減少させること）として作用する栄養素は、運動からの回復を促進し、運動やトレー

ニング刺激に対する適応を加速する可能性がある。

卵

卵タンパク質は、さまざまな抽出方法および乾燥方法を通じて卵白（卵白アルブミン）または全卵から得られるのが一般的である。卵白は、他の種類のタンパク質と比較する際の参照タンパク質として認識されている。卵タンパク質のPERおよびPDCAASは牛乳タンパク質と類似しており、カゼインやホエイ、ウシ初乳タンパク質よりやや低い。多くの研究において、卵タンパク質が窒素の保持およびトレーニングに対する生理学的適応に及ぼす影響について、他の種類のタンパク質と比較して評価されている。これらの研究結果では、一般的に卵タンパク質は窒素保持の促進において牛乳、カゼイン、ホエイと同様に効果的であることが示されている（Gattas et al. 1992; Gattas 1990; Puntis et al. 1989）。窒素保持は、窒素出納において鍵となる概念である（以前に議論した）。とくに、窒素が保持された場合には窒素出納は正となり、窒素は除脂肪組織を構成するのに用いられていることの指標である。

大豆

大豆は、良質の、完全なタンパク質である。大豆タンパク質のPERおよびPDCAASは肉や魚のタンパク質と類似しており、卵や牛乳、カゼイン、ウシ初乳、ホエイタンパク質より

▶ 異化──組織の分解、とくに除脂肪量におけるタンパク質の分解のことである。

やや低い。結果として、大豆は優良なタンパク質源であり、とくにベジタリアンにとっては優良である（Messina 1999）。

　研究では、健康に対する潜在的な利益も示されている。大豆は低脂肪の植物性タンパク質であり、食事に加えることで、本質的に、また飽和脂肪やコレステロールの高い食品を置き換えることによってコレステロールレベルを下げることに貢献する。したがって、大豆の割合の高い食事は、コレステロールを減少させるのを手助けする可能性がある（Dewell, Hollenbeck, and Bruce 2002; Jenkins et al. 2000; Potter 1995; Takatsuka et al. 2000）。大豆もまた、イソフラボン植物性エストロゲン（例：ダイゼイン、ゲニステイン）のよい供給源である。イソフラボンは、エストロゲン受容体と結合し、エストロゲンに類似した特性を持っている（Allred et al. 2001; Kurzer 2002; Messina and Messina 2000; Nicholls et al. 2002; Pino et al. 2000; Tikkanen and Adlercreutz 2000）。大豆タンパク質のイソフラボン植物性エストロゲンレベルは高いため、女性において大豆がホルモン療法あるいはイプリフラボン療法（またはその両方）に代わる栄養学的な役割を果たすかどうかに関心が寄せられている。

　しかしながら、身体組成を評価したレジスタンストレーニング研究において、大豆とホエイを比較すると、大豆タンパク質はホエイタンパク質と同様の効果であることが示された（Kalman et al. 2007; Brown et al. 2004; Candow et al. 2006）。大豆タンパク質を摂取した男性において、トレーニング適応についての否定的な結果を示したレジスタンストレーニング研究はほとんどない。そのような研究が存在しないこと、研究者の支持によ

り（Kalman et al. 2007; Brown et al. 2004; Candow et al. 2006; Drăgan et al. 1992）、男性の競技選手において、大豆タンパク質のサプリメント摂取は価値ある選択であるようだ。

ウシ初乳

　ウシ初乳は、出産後24〜48時間にウシの乳腺から分泌される、前乳液（premilk liquid）である（Mero et al. 1997; Baumrucker, Green, and Blum 1994; Tomas et al. 1992）。生のウシ初乳を販売する生産者（酪農家）は少ないため、入手できるのは主にサプリメントとしてである。ウシ初乳は、伝統的な（従来の）牛乳よりも栄養密度が高く、質が高い。たとえば、ウシ初乳のPERは約3.0であり、牛肉や魚、鶏肉（2.0〜2.3）、大豆（1.8〜2.3）より高く、卵（2.8）、乳タンパク質（2.8）、カゼイン（2.9）、ホエイタンパク質（3.0〜3.2）と比較して引けを取らない。ウシ初乳には、ほかのタンパク質源ではみられない、相対的に高い濃度のインスリン様成長因子（IGF）-Iや、成長因子（IGF-II、トランスフォーミング増殖因子［TGF］β）、免疫グロブリン（IgG、IgA、IgM）、抗菌成分（ラクトペルオキシダーゼ、リゾチーム、ラクトフェリン）が含まれる（Mero et al. 1997; Baumrucker, Green, and Blum 1994; Tomas et al. 1992）。これらの生理活性物質は、免疫システムを強化したり、成長を促進する可能性がある。この理由により、ウシ初乳はさまざまな食品（例：乳児用調整ミルク、タンパク質サプリメント）の中でも良質なタンパク質や成長因子、免疫促進物質を摂取するうえで類をみない優れた摂取源であるとしてマーケティングされて

きた。

ゼラチン

ゼラチンは、動物の皮や腱、靭帯を煮沸することで得られる。ゼラチンには、タンパク質やコラーゲン（関節や軟骨、爪の主成分）、さまざまなアミノ酸が含まれる。アミノ酸のトリプトファンを含まないので、不完全タンパク質に分類される。ゼラチンは通常、食品においては安定剤として用いられ、また医薬産業においてはカプセル剤の材料として用いられる（Hendler and Rorvik 2001）。ゼラチンは、コラーゲン中に含まれるいくつかのアミノ酸（プロリン、ヒドロキシプロリン、グリシン）を含むため、骨や関節の健康をサポートするとしてマーケティングされることがよくある。

栄養製品において、どの種類のタンパク質が最適であるかを特定することは難しい。別々の種類のタンパク質が、ターゲット層や求める結果に応じて、その他のものより特定の利点を提供するかもしれない。たとえば、大豆タンパク質は、ベジタリアンや食品中のイソフラボン利用能を増やすことに関心がある人、低脂肪の食事を維持したい人にとっては最高の選択となるだろう。卵タンパク質は、消費者の間で一般的によく受け入れられており、ラクト-オボ（乳製品と卵は食べる）ベジタリアンにとっては魅力的な代替となる。乳タンパク質は安価であり、乳糖不耐症でない人において質の高いカゼインおよびホエイタンパク質源の役割を果たす。カゼインは、食事と食事の間が長いとき、また低カロリーの食事を維持しているときにタンパク質の異化を最小限にするときのタンパク質源

としてよいかもしれない。一方で、ホエイタンパク質の頻繁な摂取によって、タンパク質の合成や免疫機能が最適化されるかもしれない。そして最後に、ウシ初乳はトレーニング適応を促進する、質の高いタンパク質であるようだが、他の形態のタンパク質と比較して高価である。

タンパク質とパフォーマンス

タンパク質を適切に摂取することは、トレーニングによってもたらされる適応や、とくに筋力向上を最大化するうえで必要不可欠である。また、タンパク質はエネルギーを得るために代謝されることがあるため、適切なタンパク質摂取は、トライアスロンやマラソンといったエネルギーを必要とする有酸素性持久力系競技において、とくに重要である。次のセクションでは、さまざまな種目の競技選手や身体活動特性——有酸素性・無酸素性・筋力トレーニング——を持つ人におけるタンパク質摂取についてのさまざまな側面に注目する。

有酸素性運動

継続時間の長い運動に対するタンパク質の寄与は5〜15％であり、運動の強度と継続時間によって決まるというのが一般的な理解である（Antonio and Stout 2001; Mero 1999）。この理由により、有酸素性持久力系競技選手は、トレーニングを積んでいない者よりも、食事におけるタンパク質の量を多くする必要はないと考えられていた。しかし

ながら、消費エネルギーとタンパク質バランスを評価する、高度な方法を用いた研究では、有酸素性持久力系競技選手のタンパク質の必要性は、一般的な人よりもわずかに高い（たとえば体重1kgあたり1日あたり1.2～1.4g）ことを示している（Lemon 2001）。Tarnopolskyら（1988）による画期的な研究では、長距離ランナーと座位行動中心の人にそれぞれ2つの異なるタンパク質量を摂取させて比較し、窒素出納に及ぼす影響について調査が行われた。両群の男性被験者において、10日間の通常の量のタンパク質摂取に続いて10日間の別の量のタンパク質を摂取させた。窒素出納のデータによって、有酸素性持久力系競技選手は、座位行動中心の人よりも毎日1.67倍のタンパク質が必要であることが明らかとなった。有酸素性持久力系競技選手は、1日の尿素総量が、ボディビルダーやコントロール群よりも多かった。この研究の著者らは、有酸素性持久力系競技選手は、有酸素性運動中のタンパク質の異化のニーズに合わせるために、座位行動中心の人よりも1日のタンパク質摂取量を多く必要とする、と結論づけた。

　このタンパク質摂取係数を用いて、Friedman and Lemon（1989）は、5人の十分にトレーニングを積んだ長距離ランナーに各6日間、2種類の異なる食事を摂取するよう指示した。6日間の介入期間の一方において、ランナーは推奨量（RDA）のタンパク質を摂取した（体重1kgあたり1日あたり約0.8g）。もう一方の6日間において、ランナーは1.7倍のタンパク質を摂取した（体重1kgあたり1日あたり約1.5g）。各試行の間、ランナーらはいつものトレーニングプログラムに従った（毎日11～16km［7～10マイル］

のランニング）。全身の窒素保持（タンパク質の合成と分解の指標）は、尿および汗による窒素損失から推定された。窒素排出量とタンパク質摂取量を組み合わせた測定値の差から、2つの異なるタンパク質量摂取間における全身の窒素保持量に有意差が示された。具体的には、窒素保持量は、高タンパク質摂取において正のままであったが、低タンパク質摂取においては、有意に低下した。この研究の著者らは、現在のタンパク質のRDA（体重1kgあたり1日あたり0.8g）は、慢性的に高強度な有酸素性持久力運動を行っている競技選手には不適切かもしれないと述べている。この競技選手群において、タンパク質摂取が体重1kgあたり1日あたり約1.5gの場合に窒素保持は正であったことから、このトレーニング様式を行う競技選手はこの量のタンパク質を摂取するよう努力すべきである。

　この量のタンパク質を食事から摂取することは容易ではあるが、有酸素性持久力系競技選手においてトレーニングへの適応を最適化するうえでタンパク質摂取の時間を合わせることが有利となり得る（Kerksick et al. 2008）。たとえば、複数の研究において、運動後にタンパク質（0.5g/kg）を炭水化物（1.5g/kg）とともに摂取すると、炭水化物のみを摂取するよりも、グリコーゲン保持を促進するうえでより効率的であることが示されている（Zawadzki, Yaspelkis, and Ivy 1992）。さらに、クレアチン（3つのアミノ酸が結合したもの）を炭水化物とともに摂取すると、炭水化物のみを摂取するよりもグリコーゲン貯蔵をより大きく促進することが報告されている（Green et al. 1996）。また、カーボローディングの前にクレアチンローディングを行うと、グリコーゲンの超回復を促進することが報告

されている（Nelson et al. 2001）。

　運動後に、必須アミノ酸とタンパク質を炭水化物とともに摂取することによって、タンパク質合成が促進されることも（Borsheim et al. 2002; Tipton et al. 1999）、そして高強度運動における免疫促進を仲介するのを助けることが報告されている（Gleeson, Lancaster, and Bishop 2001）。最後に、いくつかのエビデンスによって、運動中に分岐鎖アミノ酸を炭水化物とともに摂取すると、運動の異化作用を減少させるのを助けることが示されている（Mero 1999; Coombes and McNaughton 2000; Bigard et al. 1996; Carli et al. 1992; Rowlands et al. 2008）。結果として、有酸素性持久力系競技選手にとって、窒素出納を維持するうえで、食事において十分なタンパク質を摂取することは重要である。競技選手がトレーニングに耐えることが容易になるよう、わずかな量のタンパク質またはアミノ酸を運動前・中・後に摂取することは、いくらか有利となるかもしれない（Kerksick et al. 2008）。栄養摂取のタイミングについては、第9章を参照いただきたい。

無酸素性運動

　ここまで議論してきたように、タンパク質は長時間の運動中のエネルギー代謝に顕著な貢献をしないことが、長年にわたり考えられてきた。このため、無酸素性運動のエネルギー需要に対するタンパク質あるいはアミノ酸の寄与は最小限であると考えられていた。最近の文献では、高強度運動の1回のエクサ

サイズですらタンパク質が分解されること（Bloomer et al. 2007, 2005）、またトレーニングがタンパク質代謝に関わる酵素の量に影響することが支持されている（Howarth et al. 2007）。1回のレジスタンスエクササイズでも、タンパク質合成に関わる遺伝子発現が刺激される（Hulmi et al. 2009）。たくさんのスプリントを行ったり、高強度運動を連続的に行うことにより、タンパク質の分解と酸化が促進される（De Feo et al. 2003）。さらに、グリコーゲンが枯渇した状態でエクササイズを行うことで、代謝エネルギー源としてのタンパク質の分解と利用がより促進された（Wagenmakers 1998）。

　炭水化物は高強度運動における主なエネルギー源であるのは変わらないが、タンパク質は、高強度で間欠的な、継続時間の長いエクササイズ時においてエネルギー源としての役割を果たす。このため、運動中に使われてしまうアミノ酸を補充し、リカバリーを最適化するために、タンパク質またはアミノ酸（あるいはその両方）を炭水化物と一緒に運動前・中・後に摂取することが重要である（Kerksick et al. 2008）。一般的に、無酸素性運動に参加する競技選手は、1日あたり体重1kgあたり1.5〜2.0gのタンパク質を摂取すべきである。

ストレングストレーニング

　レジスタンストレーニングを積んだ競技選手は、正の窒素出納と同化を維持するために十分な量のタンパク質を食事で摂取する必

▶ 同化──栄養素から身体の細胞と基質をつくること。とくにタンパク質や筋量を高めることを指す。

要があることが、研究によって確立されている（Lemon 2001）。さまざまな研究によって、高強度運動の前・中・後（あるいはこれらのうち1つ以上）に、タンパク質またはアミノ酸を摂取することが、タンパク質合成の経路に影響を及ぼす可能性があることも示されている（Willoughby, Stout, and Wilborn 2007; Esmarck et al. 2001; Tipton and Ferrando 2008; Tipton et al. 2001）。いくつかの疑問が依然として残る。

- タンパク質サプリメント摂取は、トレーニング中の筋肥大を促進するか？
- 異なる種類のタンパク質が、トレーニング適応をより促進するか？
- 栄養タイミングがトレーニング応答に影響を及ぼすか？

最初の疑問については、食事にタンパク質を補助することによって、同等のエネルギーの炭水化物を摂取するよりもレジスタンストレーニング中のトレーニング適応が大きくなるということが、多くの研究で示されてきた（Andersen et al. 2005; Hulmi et al. 2008; Kalman et al. 2007; Hayes and Cribb 2008; Kerksick et al. 2007, 2006; Kraemer et al. 2006）。さらに、異なる種類のタンパク質（炭水化物やクレアチン、HMBといったその他の栄養素と組み合わせること）は付加的な利益をもたらす可能性がある（Willoughby, Stout, and Wilborn 2007; Rowlands et al. 2008; Hulmi et al. 2008; Kalman et al. 2007; Solerte et al. 2008; Kendrick et al. 2008; Candow et al. 2008; Cribb, Williams, and Hayes 2007）。したがって、ストレングストレーニングを行う競技選手は、1日あたり1.5

～2.0g/kgの上限の量のタンパク質を摂取すべきであり、またタンパク質あるいはアミノ酸を運動前・中・後（この3つのうち1つ以上）に摂取すべきであるということが、ますます多くのエビデンスによって示されている（Campbell et al. 2007; Kerksick et al. 2008; Lemon 2001）。

複数の研究において、アミノ酸と炭水化物を組み合わせたサプリメントを、同じ時間的枠組み（タイムフレーム）で摂取することについて検証が行われたが、レジスタンスエクササイズ後にインタクト（天然の、加工していない）タンパク質のサプリメント摂取（例：ホエイやカゼイン）と、それによる窒素出納に及ぼす影響をみた研究はわずかである。Tiptonら（2004）は、カゼインおよびホエイタンパク質の摂取と、それがレジスタンスエクササイズ後の筋の同化に及ぼす影響について研究した。彼らは、レジスタンスエクササイズ後にホエイとカゼインを摂取することは、血中アミノ酸応答のパターンは異なっていたとしても（ホエイタンパク質は血漿中アミノ酸応答が速く、カゼインタンパク質は応答がより長く継続する）、筋タンパク質の正味のバランスと正味の筋合成量は、同様に増加すると結論づけた。同様の研究で、Tiptonら（2007）は、運動前に全タンパク質を摂取することで、運動後に摂取するのと比較してよりよい応答を刺激するかどうかをみた。彼らは、両方の時点でホエイタンパク質を摂取することで、正味のアミノ酸バランスが負から正へと切り替わることを報告した。タンパク質の摂取とレジスタンスエクササイズのタイミングの重要性についてのさらなる具体的な情報については、第9章を参照いただきたい。

専門的実践

脂質や炭水化物と異なり、タンパク質はエクササイズ中や身体活動中に酸化される主な代謝のエネルギー源ではない。むしろ、競技や運動パフォーマンスに関連したタンパク質の主な役割は、運動およびトレーニング刺激への応答として筋量および機能的筋力を高めることである。この理解により、タンパク質に関して2つのよくある疑問が導かれる。

- どの種類のタンパク質を摂取するのがよいか？
- 一日の中で、どのくらいの量のタンパク質を摂取するのがよいか？

最高のタンパク質の種類については、動物性のタンパク質（牛肉、鶏肉、牛乳、卵）が、植物性のタンパク質よりも優れている。動物性のタンパク質は、すべての必須アミノ酸を含んでおり、したがって完全なタンパク質源であると考えられるが、植物性のタンパク質の多くは、必須アミノ酸のいくつかが欠けている（すなわち、不完全である）。タンパク質の質は、アミノ酸の特性によって決まり、それらはタンパク質の種類により異なる。より多くの量の必須アミノ酸を含む完全タンパク質源は、一般的により良質のタンパク質である。とくに、PDCAAS（タンパク質消化吸収率補正アミノ酸スコア）として知られるタンパク質の評価システムによると、卵、牛乳、ホエイ、ウシ初乳に由来するタンパク質は、良質のタンパク質に分類される。植物性タンパク質の大豆も、このランキングシステムによると良質のタンパク質として分類される。鶏胸肉やローストターキー（七面鳥のロースト）、ツナ（マグロ）などの低脂肪の肉や、スキムミルク（脱脂乳）は、比較的高タンパク質、低脂質であり、タンパク質の優れた選択肢となる。

タンパク質サプリメントも、良質のタンパク質を得るうえでよい方法である。競技選手向けにマーケティングが行われているタンパク質サプリメント製品のほとんどは、ホエイ、カゼイン、卵、大豆をもとにしたタンパク質である。タンパク質サプリメントは良質のタンパク質を提供し、移動中に比較的簡単に準備できる。これが、タンパク質サプリメントの重要な利点——利便性——であり、とくにタンパク質を含む食品は購入や準備あるいは調理してから、おそらく冷蔵する必要があることを考慮すると妥当である。

タンパク質の推奨摂取量については、スポーツ栄養の現場で長年にわたって話題となってきたトピックである。体重1kgあたり1.5〜2gのタンパク質を摂取することが、競技選手および活動的な人に向けて推奨されている。91kg（200ポンド）の人にとっては、1日あたり約135〜180gのタンパク質となる。54kg（120ポンド）の人にとっては、1日あたり約80〜110gのタンパク質となる。タンパク質は、毎食でほぼ等しい量を摂取すべきである。91kg（200ポンド）の人が、1日に約5回食べるとすると、一食ごとに30gのタンパク質を摂取すべきである（54kg［120ポンド］の競技選手では一食あたり20g）。良質のタンパク質を、一日を通して規則的に摂取することによって、同化における部品（アミノ酸、訳注：原文ではbuilding blocks「建物のレンガ」と表現している）を骨格筋が保持し、除脂肪組織を増加させるのを確実なものとする。エクササイズトレーニングと身体運動に関連して、いつタンパク質を摂取するかという考え方については、「タンパク質タイミング」と呼ばれる。このトピックのより詳細については第9章で網羅される。

まとめ

- 食品に含まれるタンパク質は、適切な量の必須アミノ酸を含んでいるかどうかによって完全、あるいは不完全のどちらかに分類される。

- 動物性のタンパク質は、すべての必須アミノ酸を含んでおり、したがって完全なタンパク質源であると考えられるが、植物性のタンパク質の多くは、必須アミノ酸のいくつかが欠けている（すなわち、不完全である）。

- 競技選手が適切なタンパク質を確実に摂取するために、一般的に、体重1kgあたり1.5 〜 2.0gのタンパク質を摂取することが推奨されている。

- 牛乳（ホエイおよびカゼイン）、卵、大豆、ウシ初乳に由来するタンパク質は、良質のタンパク質に分類される。

- 適切なタンパク質の摂取は、トレーニングによってもたらされる適応や、とくに筋力向上を最大化するうえで必要不可欠である。

- 良質のタンパク質を、一日を通して規則的に摂取することによって、同化における部品（アミノ酸）を骨格筋が保持し、除脂肪組織の増加が確実なものとなる。

4

Fat

脂質

Lonnie Lowery, PhD, RD, LD

　人間にとって、「デフォルト（初期設定として決まっている）の燃料」として、脂肪（トリアシルグリセロール）は身体に豊富にある。体脂肪率が15%の比較的やせている競技選手は、脂肪組織に約1万g（10kg）、すなわち9万kcalのエネルギーを供給するトリアシルグリセロールを保持している。これは複数のマラソンを完走し、さらに多くのレジスタンスエクササイズセッションを行うのに十分なエネルギーである。さらに、約300g（2700kcal）のトリアシルグリセロールが筋内の脂肪滴中に存在する。

　しかしながら、脂質は単に燃料であるだけでなく、それ以上の存在である。**脂肪酸**の構造や**グリセロール**骨格の配置といったさまざまな違いによって、数多くの種類の脂質が存在する。これらの差異により、生物学的シス

テムに影響を及ぼす、医薬品のような効果が生じうる。これらの医薬品のような効果の多く（すべてではない）は、競技選手が摂取する脂肪が細胞膜に取り込まれ、生化学的な過程や細胞の物理的な性質に影響を及ぼすために生じる。その結果には、抗炎症、抗うつ、抗異化、その他の効果を含むことがあり、激しいトレーニングを行う競技選手にとって関心の高いものである（Lowery 2004）。多様な脂肪酸の種類とその生理機能については多くの文献が存在するが、競技選手への特異的な適用を行うことはまだ初期段階である。「食事性脂質とパフォーマンス」のセクションでは、脂質と競技パフォーマンス間の関係について、詳細が述べられる。

▶ 脂肪酸──身体でエネルギーや組織をつくるのに用いられる、脂肪の主成分。
▶ グリセロール──トリグリセリドの構造の中心的な要素としての役割を果たす、3炭素を含む基質。

脂質の消化と吸収

脂質がエネルギー源として、あるいは「ニュートラシューティカルズ（健康に有用な科学的根拠を持つ食品）」として、利点があるというのはもちろんであるが、競技選手は脂質を消化し、体内に吸収する必要がある。脂質の消化は、舌リパーゼと呼ばれる酵素により、口の中に入ったときから始まり、胃および膵臓のリパーゼによりさらに分解される。胆汁（肝臓でつくられた後に胆嚢に貯蔵され、必要に応じて分泌される）は、近位小腸で部分的に消化された脂質と混合されることで乳化が起こる。その後、奇妙なことに、分解された脂肪酸とグリセロールは、小腸の細胞でカイロミクロン（血清リポタンパク質）の形となって再結合し、リンパ系に入る。最終的には、吸収されたリポタンパク質は血液に入り、組織の毛細血管床にある酵素のリポタ

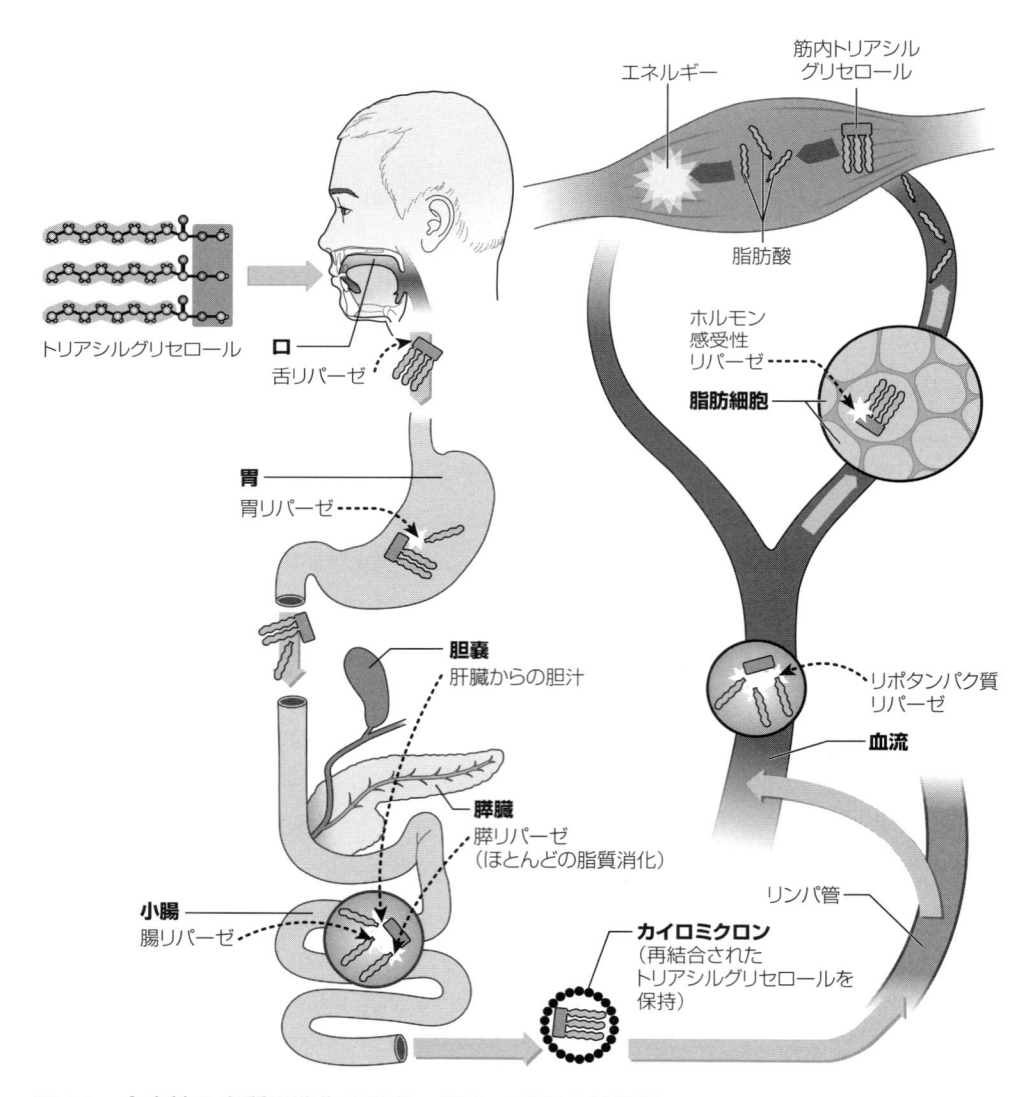

図4.1　食事性の脂質の消化や吸収、輸送、利用の各段階

ンパク質リパーゼによって内容物が抽出される。脂肪細胞や働いている筋細胞へ構成脂肪酸が運ばれるのは、この段階になってからである。これらがいったん筋に入ると、ミトコンドリアの「かまど」（炉）に燃料として入ることができる（図4.1）。栄養が供給されていない時期には、そのシナリオは多少変更される。このとき、ほとんどの場合にアドレナリンとホルモンに感受性を持つリパーゼの影響のもと、脂肪細胞の貯蔵から「遊離」脂肪酸が引き出される。動員された遊離脂肪酸は、アルブミンタンパク質が随伴して活動筋への循環が可能となる。

脂質の種類

　脂質は3つの元素（炭素、水素、酸素）で構成されるが、お互いの結合の方法とその数によって、分類と機能がさまざまに分かれる。以下では、これらの違いについて扱う。この違いを理解することで、競技選手は健康とパフォーマンスを最適化するうえで適切な種類の脂質を選ぶことができる。

各種の脂質の化学的な違い

　脂肪は2つの主な種類、すなわち飽和および不飽和に分けることができるが、さらにこれ以上に深く区別することが重要である。図4.2を見ることで、これらの違いの理解に役立つ。過去20年間にわたって、栄養科学者らは、これらの多くの違いが競技選手の生理的機能になぜ影響を及ぼすのかについて認識を深めてきた。実際に、研究者らは運動パフォーマンスを促進し、健康的な体重増加を提供

し、体脂肪の減少を導き、炎症症状や感情面の状態を制御するために、異なる種類の脂肪を扱った。それでは、それらの違いとは、どのようなものだろうか？

- 飽和の程度…炭素二重結合の数。
- 炭素二重結合の位置…脂肪酸鎖のそれぞれの端から数えたときの二重結合の配置。
- 鎖の長さ…脂肪鎖を構成する炭素鎖の長さ。
- 脂肪酸の位置。脂肪鎖が脂肪分子のグリセロールの「主鎖」のどこに結合する（あるいは結合していない）かの違い。潜在的なエルゴジェニックな効果を生み出すために、食品化学者らはこれらについて操作することができる。

飽和の程度

　脂肪酸は、脂肪（トリアシルグリセロール）の分子の「先端」であることに気がつくだろう。脂肪酸鎖は、エネルギー源の大部分を占めており、最も医薬品のような効果を持つ。これは不飽和度（炭素二重結合の数）によるものであり、したがってその大元のトリアシルグリセロール分子の飽和、一価不飽和、多価不飽和の名称が決まる。つまり、脂肪酸はそれぞれ、ゼロ、あるいは1、さらに多数といった炭素二重結合を含むことがある（図4.2を参照）。炭素二重結合の数が多くなるほど、水素原子による「飽和」は少なくなる。

　二重結合がゼロの脂肪酸鎖である飽和脂肪酸（カプリン酸およびステアリン酸の脂肪鎖、図4.2のa、bを参照）は、肝臓の低密度リポタンパク質（LDL）コレステロール受容体に悪影響を及ぼし、血清LDLコレステロールを増加させる（それにより心臓疾患のリスクとなる）と言われてきた。1970年代の教育

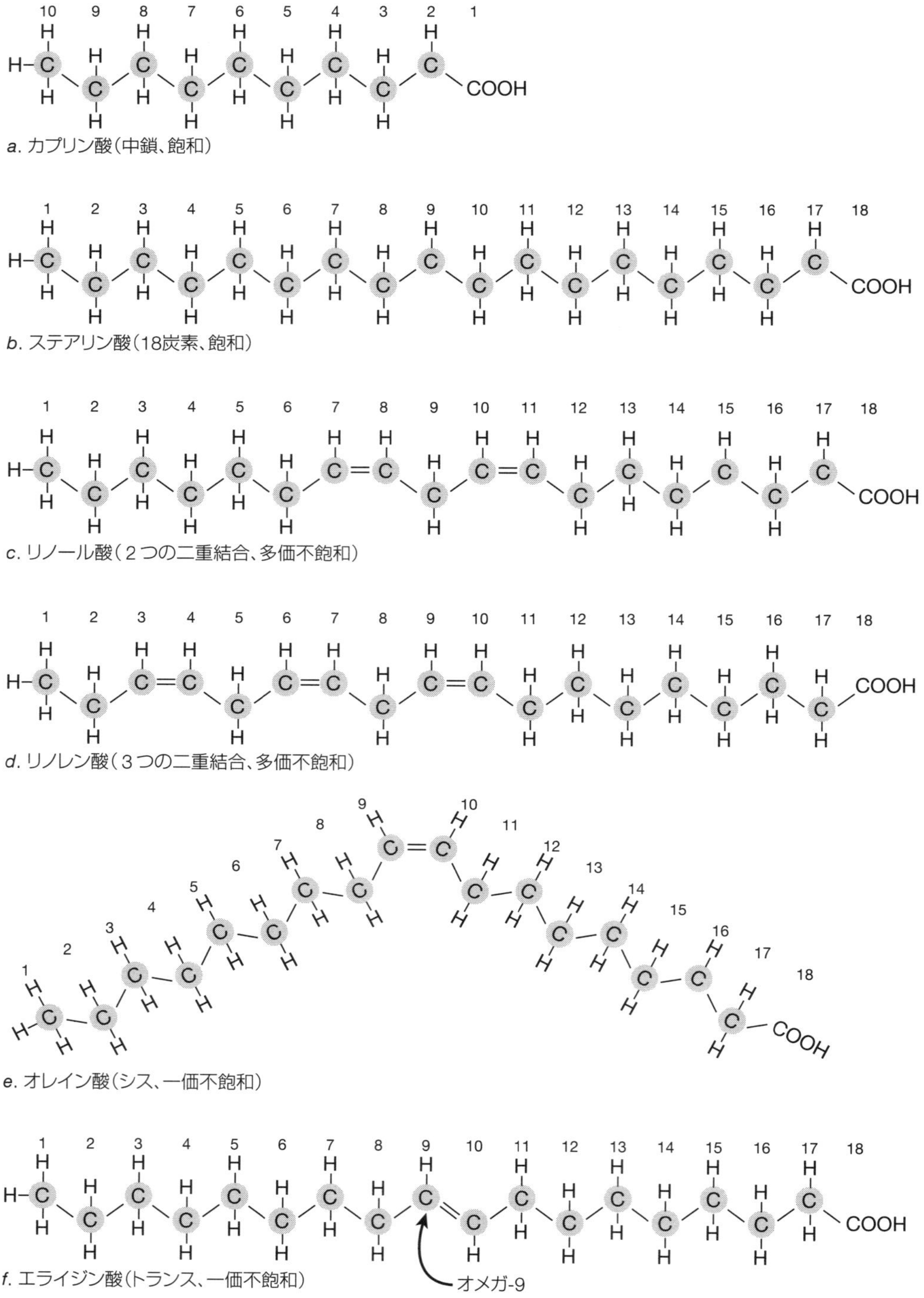

a. カプリン酸（中鎖、飽和）

b. ステアリン酸（18炭素、飽和）

c. リノール酸（2つの二重結合、多価不飽和）

d. リノレン酸（3つの二重結合、多価不飽和）

e. オレイン酸（シス、一価不飽和）

f. エライジン酸（トランス、一価不飽和）

オメガ-9

図4.2　6つの異なるトリアシルグリセロール分子において、二重結合の数や位置、鎖の長さの違いを示す。また、分子の形がシス型とトランス型で異なることを、エライジン酸およびオレイン酸を例に示す。

用資料においては、こういった観察が含まれているが、より最近の研究では、飽和脂肪酸の中でも違いがあることが示されている。たとえば、18炭素の脂肪酸であるステアリン酸（図4.2b）は、ほかの脂肪酸のようにアテローム生成の作用を示さないことが明らかになっている（Mensink 2005）。さらに、最近の研究では実際にストレングストレーニングを行う人の中で、血清コレステロール濃度の高い人にとって助けとなる働きがあることが示唆されており、本章で後に議論する。

　一価不飽和脂肪酸は、栄養士の間でより積極的に受け入れられている。たとえば、オリーブオイルに多く含まれるオレイン酸（図4.2e）は、寿命の延伸と、罹患率の低下に関連している。この有益な効果は、地中海式の食事がオリーブオイルを多く使うこと、この食事を摂取する人々がほかの人々よりも長生きをする傾向があることをみても明らかである。コントロールされた研究（対照研究）において、炭水化物あるいは多価不飽和脂肪酸の多い食事と比較して、一価不飽和脂肪酸の多い油が血圧とグルコース代謝を改善することが示されている（Park et al. 1997; Rasmussen et al. 1995; Thomsen et al. 1995）。キャノーラオイル（菜種油）もまた、オレイン酸を多く含んでおり、より安価で、やや広い用途の代替品となる選択肢を提供する。ナッツ類やピーナッツ、ナッツバターも、オレイン酸の優れた供給源である。

　多価不飽和脂肪（すなわち、元となる脂肪分子により名称が決まる多価不飽和脂肪酸）は、2つ以上の炭素二重結合を持つ。とくに注目すべきは、これらはリノール酸（2つの二重結合、図4.2c）を含んでおり、西洋文化においてはよく消費されるものである。リノレン酸（3つの二重結合、図4.2d）は、西洋文化ではあまり消費されておらず、また、エイコサペンタエン酸（EPA、5つの二重結合）やドコサヘキサエン酸（DHA、6つの二重結合）も西洋文化ではあまり使用されない。これら後者の脂肪酸は、二重結合の数が多いことから、高度不飽和脂肪酸（HUFA、highly unsaturated fatty acids）と呼ばれることがある。これらの脂肪酸は体内で相反する働きを持つことがあるため、さまざまな多価不飽和脂肪酸のバランスが重要である。つまり、リノール酸をあまりに多く含む食事は、西洋文化で広がっている心臓血管系疾患、糖尿病、その他の慢性疾患と関連する悪性度の低い炎症性疾患を増加させる（Boudreau et al. 1991; Calder 2006; Kapoor and Huang 2006; Simopoulos 2002）。また、高強度運動によって引き起こされる炎症状態は、摂取したリノレン酸やリノール酸の量によって改善あるいは悪化する。とくに、抗炎症作用を持つEPAやDHAを摂取すると、高強度運動によってもたらされる軽い炎症を打ち消すことができる（EPAやDHAについてのさらなる情報は、「必須脂肪酸」のセクションを参照のこと）。魚油由来の脂肪酸をさらに摂取すると、その効果は緩和される。残念なことに、リノール酸による炎症が滑液包炎や腱炎のように競技コンディションを悪化させるかどうかについて、現時点で存在する情報は非常に少ない。

炭素二重結合の位置

　炭素二重結合について説明することなく多価不飽和脂肪酸について完全に議論を終えることはできない。ここが、オメガ3やオメガ6というカテゴリ（分類）が意味を持つよ

うになるところである（一価不飽和脂肪酸はオメガ9カテゴリであり、あまり注目されないようだ）。「オメガ」はメチル末端から数えて炭素二重結合の最初の位置を意味する（図4.2）。これは、薬理的な効果と関連して重要である。たとえば、魚油はオメガ3脂肪酸を含んでおり、これは抗炎症作用を持つが、ほとんどの植物性油に含まれるオメガ6脂肪酸は、炎症を促す作用をもつ。典型的には、2つの「規則的な」炭素結合（二重結合ではない1つの結合）が多価不飽和脂肪酸分子では珍しい炭素二重結合に分かれる。これらの二重結合も、「デルタ」すなわちカルボキシル末端（脂肪分子全体が形成されたときにグリセロールに結合している側）から数えて命名される。したがって、亜麻仁（アマニ）やクルミといった供給源からもたらされるリノレン酸は、鎖の両端から数えることで、完全に説明することができる。つまり、オメガ3,「デルタ」9, 12不飽和脂肪酸である。人気のある脂質のサプリメントは、牛肉や乳製品に含まれる共役リノール酸（CLA）である。これは二重結合が、通常のものよりもお互いに近い。たとえば、CLAの1つは、オメガ-7, デルタ-9, 11脂肪酸である。「競技選手のための脂質サプリメント」のセクションでは、特定のサプリメントの脂質について、より詳細に議論する。

炭素二重結合のその他の位置の違いに関して、その脂肪酸鎖における数についての位置は重要ではない。それよりもむしろ問題となるのは、二重結合の局所的な種類である。これはシス（cis）とトランス（trans）と呼ばれるものである。ほとんどの「自然な」脂肪酸の立体配置はシス型である。これらの脂肪において、炭素二重結合は脂肪酸と同じ側で水素原子を欠いている。その結果、「ヘアピン」の形となることが図4.2eのオレイン酸の例で明らかである。反対に、食品製造業者によって**水素添加**と呼ばれる過程でつくりだされるトランス型の立体配置を持つ脂肪酸（**トランス脂肪**）は、欠けている水素を鎖の反対側に添加し、エライジン酸のようなまっすぐな形にする（図4.2f）。実際のところ、パンやクラッカー、フライドチキン、フレンチフライ（フライドポテト）に含まれている人工のトランス脂肪による、代謝的・物理的にもたらされる有害作用は、それら飽和脂肪に起因するものとよく似ている（例：心臓血管系の疾患）。たとえば、3つの非常にまっすぐな鎖がグリセロールの「骨格」に付着しているトリアシルグリセロールは、「曲がった」脂肪酸を持つトリアシルグリセロールと比較して、より強固に細胞膜の脂質と一体化（pack）する。

鎖の長さ

不飽和度よりも深いレベルで、鎖の長さという物理的な事実も重要である。脂肪酸鎖の長さは炭素が4〜22と大きく差がある

▶ 水素添加——食品産業で用いられる、水素ガスの泡を高温の油に通し、トランス脂肪酸をつくるもので、もとの油よりも保存期間を延長し、または塗り広げやすくする（あるいはその両方）。水素添加油は、食品の仕上げに用いた場合に「口当たり」がよくなるという特性を持つ。

▶ トランス脂肪——トランス脂肪酸としても知られており、工業的な過程を経てつくられた脂肪を指すのが一般的である。これらはドーナツやパン、クラッカー、ポテトチップ、クッキーなどの焼いたり揚げたりといった調理を行うものや、マーガリンやサラダドレッシングなどの加工食品に多く使われている。

が、より一般的なのは、炭素が16 〜 22の長さである。（より珍しい）短鎖脂肪酸（炭素数6未満）の例として、腸内バクテリアによって食物繊維からつくられるものや、乳牛のバターに存在するものがある。（やはり珍しい）中鎖脂肪酸（炭素数6 〜 12）の例は、熱帯性の植物油からつくられるカプリン酸とラウリン酸であり、スポーツサプリメントとして販売されている。長鎖脂肪酸（炭素数16 〜 22）は、最も一般的で、これまで述べた一価および多価不飽和脂肪酸のすべてが含まれ、例としてリノール酸（オメガ6、シス型、炭素数18）、リノレン酸（オメガ3、シス型、炭素数18）、オレイン酸（オメガ9、シス型、炭素数18）、エライジン酸（オメガ9、トランス型、炭素数18）、EPA（オメガ3、シス型、炭素数20）、DHA（オメガ3、シス型、炭素数22）がある。表4.1を参照のこと。中鎖脂肪酸に分類される脂肪酸（炭素数6 〜 12）は、有酸素性持久力運動のパフォーマンス向上の観点から研究されてきた。これらの中鎖トリグリセリド（MCT）を摂取する理論的な根拠は、筋グリコーゲンを温存し、有酸素性持久力パフォーマンスを向上させるかもしれないということである。残念なことに、MCT摂取におけるこの側面について調べた研究の大部分は、有酸素性持久力パフォーマンスの改善を支持していない。しかしながら、

表4.1　食事における脂質の種類

種類および例	炭素原子の数：炭素二重結合の数	食事における供給源	推奨摂取量[†]
飽和脂肪酸			
酪酸（ブタン酸）	4:0	乳牛のバター	–
中鎖に分類されるさまざまなもの（例：カプリン酸やラウリン酸）	6-12:0	熱帯性の植物油、栄養補助食品および医薬品	腸の不調を避けるため、一食あたり30g未満
パルミチン酸	16:0	動物性脂質、パーム油	脂質摂取のうち飽和脂肪酸は33%未満、カロリー摂取のうち10%未満
ステアリン酸	18:0	動物性脂質、ココアバター	脂質摂取のうち飽和脂肪酸は33%未満、カロリー摂取のうち10%未満
一価不飽和脂肪酸			
（シス、n-9）オレイン酸	18:1	オリーブ、キャノーラ（アブラナ）、ピーナツ油	脂質摂取のうち33%未満、カロリー摂取のうち約10%
（トランス、n-9）エライジン酸	18:1	部分的に水素添加された油、すなわちマーガリンやパン、クラッカー、フライドチキン、フレンチフライ	最小限

（次頁に続く）

表4.1（前頁から続き）

種類および例	炭素原子の数：炭素二重結合の数	食事における供給源	推奨摂取量[†]
多価不飽和脂肪酸			
（すべてシス、n-6）リノール酸*	18:2	ほとんどの植物性油脂。すなわち、スナック食品、コーン油や綿実油、サフラワー（ベニバナ）油など	適切な摂取量：1日あたり男性で17g、女性で12g
（シス型とトランス型、n-7またはn-6）共役リノール酸**	18:2	牛肉と乳製品、サプリメント	研究での用量は3.0-7.5g、通常の摂取量は1日あたり250mg未満
（すべてシス型、n-3）*	18:3	クルミ、アマニ（亜麻仁）製品、キャノーラ（アブラナ）油、ダイズ油（いくつか）	目安量：1日あたり男性では1.6g、女性では1.1g
（すべてシス型）ガンマリノール酸	18:3	プリムローズ油、ルリジサ（borage）およびクロフサスグリ（black currant）油、サプリメント、ほかの脂肪酸から体内でつくられる	1日あたり約500mg、研究での用量
（すべてシス型）エイコサペンタエン酸（EPA）	20:5	サケ、イワシ、ニシン、サプリメント	用量-反応効果（用量がより多いと効果も大きい）の上限は、1日あたり160mg（推定）。一日あたりEPA＋DHAの合計で3.0g未満
（すべてシス型）ドコサヘキサエン酸（DHA）	22:6	サケ、イワシ、ニシン、サプリメント	用量-反応効果（用量がより多いと効果も大きい）の上限は、1日あたり160mg（推定）。一日あたりEPA＋DHAの合計で3.0g未満
一般的でないトリアシルグリセロール（2または3脂肪酸＋グリセロール）			
構造化トリアシルグリセロール	–	研究および医学的試薬	10g（経口）、研究時の用量
ジアシルグリセロール	–	Enova油（商標名）	テーブルスプーン（大さじ、15cc）あたり14g

[†] 推奨の方法には、違いがあることがある。USDA、一日あたりの値、目安量（AI）、介入および観察研究、筆者によるコンピュータ推定の推奨に基づき、摂取カロリーに対するパーセンテージ、総脂肪摂取量に対するパーセンテージ、gあるいはmgである。
* 必須脂肪酸
** 共役リノール酸は、実際には複数の脂肪酸であり、一般的にシス-9、トランス-11、シス-12がある。

「中鎖脂肪酸」のセクションで述べたように、この種の脂質を摂取することについて、別の利益があるかもしれない。

脂肪酸の位置

　脂肪酸の位置は、最後の違いであり、操作することもできる。すなわち、食品化学者らはグリセロールの「主鎖」のトリアシルグリセロール分子から脂肪酸を変化させたり外すことができる。その結果、構造化トリアシルグリセロールとして知られるもの（グリセロール分子の脂肪酸を注意深く変化させる）、あるいはジアシルグリセロール（中間の sn-2 脂肪酸を外す）をつくることができる。これらの操作は、おそらく、競技選手のための脂質に関する技術の最先端であり、本章では後に「食事における脂質とパフォーマンス」のセクションで議論される。

必須脂肪酸

　さまざまな脂肪酸における強力で多岐にわたる生理学的な効果は、欠乏症を予防するためにヒトが摂取しなければならないという事実によっておそらく最も実証されるだろう。その2つの栄養学的な必須脂肪酸は、**リノール酸**（オメガ6）および**リノレン酸**（オメガ3）である。ヒトにはデルタ12およびデルタ15不飽和化酵素（脱飽和酵素）が欠如しているため、これらの脂肪酸を摂取することが必要である。これら細胞酵素は、脂肪合成で鎖

がつくられているとき、12および15の位置で炭素二重結合を（不飽和のところで）付加する。繰り返すが、リノレン酸は二重結合をデルタ（カルボキシル基）から数えて9、12、15の位置で持つ（必須の）オメガ3脂肪酸であることに注意すること。こういった二重結合、したがってそのような脂肪酸が供給されないと、脊椎動物（例：ヒト）は成長遅滞、皮膚炎、腎障害といった症状が起こり、死に至ることもある。これは、一部には、摂取されたリノール酸やリノレン酸が、より長く生理的に重要な脂肪酸につくり変えられ、これが細胞膜の一部となったり、エイコサノイドとなったりするためである（訳注：エイコサノイドとは、炭素数20の脂肪酸に関連した物質のこと）。エイコサノイドは必須脂肪酸から導き出されるものであり、多くの身体のシステムに影響を与え、炎症や免疫において鍵となる役割を果たす。

　オメガ3脂肪酸で追加的な興味深い例は、ドコサヘキサエン酸（DHA）である。これも細胞膜に影響を及ぼす脂肪酸であり、エイコサノイドの産生（例：プロスタグランジン）や、遺伝子相互作用を持ち、DHA も有用な生理学的効果を生み出す（Arterburn, Hall, and Oken 2006）。実際に、これらの効果は単に有用なもの以上であるため、DHA を正式な必須脂肪として認識するかについて議論される場合もある。疫学的に、動物とヒトにおける介入研究では、発育中の幼児において、DHA によって神経学的機能および視機能が

▶ リノール酸——2つの必須脂肪酸のうちの1つ。炭素数18で、2つの炭素二重結合を持ち、オメガ6脂肪酸とも呼ばれる。ほとんどの西洋式の食事において、この脂肪酸はリノレン酸（オメガ3）と比較して相対的に多く摂取されている。

▶ リノレン酸——2つの必須脂肪酸のうちの1つ。炭素数18で、3つの炭素二重結合を持ち、オメガ3脂肪酸とも呼ばれる。ほとんどの西洋式の食事において、この脂肪酸の摂取量は相対的に少ない。

改善したことが示されている（Innis 2008; Hoffman et al. 2004; Weisinger, Vingrys, and Sinclair 1996）。DHAは、大脳灰白質の主な構成要素の1つである。魚油サプリメントの一部としてDHAが供給されることによって、気分が改善し、心理的なうつ状態に対して有用となるかもしれない（Logan 2003; Su et al. 2003）。

DHAのもたらす利点は、脳や眼のみに留まらない。DHAを含むn-3脂肪酸は、いくつかの慢性病の炎症をより軽減させる（Browning 2003; Calder 2006）。1日あたり1.1gのEPAおよび0.7gのDHAを含む魚油サプリメントによって、ストレスに対するコルチゾール応答が低下したことが示されている（Delarue et al. 2003）。DHAをEPAとともに補給することで、総血清トリアシルグリセロール濃度や血圧、血小板凝集、炎症が減少し、不整脈による心臓死が低下した（Breslow 2006; Richter 2003）。実際に、（必須、オメガ3）リノレン酸の効果のいくつかは、DHAによってより強力に示されることが、研究により示唆されている（Breslow 2006; Calder 2006; Ehringer et al. 1990; Su et al. 1999）。これらの理由により、DHAは3つ目の必須脂肪酸のとして議論されている（Muskiet et al. 2004）。

しかし、DHAやEPA、あるいはそれらの組み合わせのうち、どれが心臓血管系その他において最高の利点をもたらすかについて解明するには、さらなる研究が必要であることに注意しなければならない（Breslow 2006）。これはとくに男性の競技選手における関連について分析が行われており、テストステロン濃度がより高い人においてDHAの組織レベルが抑制される（Childs et al. 2008）。用

量については、Arterburnら（2006）が、DHAを毎日大量に摂取する（2g）ことによって、1カ月で血漿中濃度が最大化したと報告している。表4.1に、個別の脂肪酸の推奨摂取量を示す。DHAは、体内でEPAへと変換することは可能であるが、その逆は生じないことにも注意すべきである（Arterburn, Hall, and Oken 2006）。多くの天然由来の供給源およびサプリメントには、DHAおよびEPA（混合されたオメガ3）が混合されて含まれており、これらを組み合わせた用量は1日あたり3.0gを推奨する研究者もいる（Morcos and Camilo 2001）。

しかしながら、必須脂肪酸についての議論において、食事に含まれる脂質が健康に及ぼす影響を強調することは適切ではない。「バランスのとれた食事」という概念の文脈においては、西洋社会が脂質摂取についてはバランスのとれたものではないことを自覚することが有用である。米国医学研究所（IOM; Institute of Medicine）によると、オメガ6脂肪酸に対するオメガ3脂肪酸の摂取割合は、約7：1（オメガ6：オメガ3）にすべきであるとしている（Institute of Medicine 2002）。研究者や栄養士の中には、これより低い割合を示唆する者もいる。生理学的、また古栄養学的（paleonutritional）、そしてそれ以外のエビデンスに基づいたこれらの推奨は、西洋の人々が実際に実際に摂取している17：1近くという比率とは大きく異なっている（Simopoulos 2002）。別の言い方をすると、アメリカ人やイギリス人、オーストラリア人といった西洋の人々は、オメガ6脂肪酸の摂取が非常に多く、オメガ3脂肪酸の摂取は非常に少ない（Simopoulos 2002; Mann et al. 1995; Meyer et al. 2003）。これらの種

類の脂質は、細胞膜への取り込みやプロスタグランジンの産生、サイトカイン濃度、遺伝子への相互作用、その他の効果に関して競合することにより、炎症や血栓症、その他の生理学的異常に対する処方薬として用いられている。また、バランスという概念と結びつけるならば、オリーブオイルを使うことを強調した地中海式の食事の健康への利点もよく知られている。このオメガ9脂肪酸（オレイン酸）を豊富に含むことも、地中海式の食事が健康的だと考えられている理由の1つである（Perez-Jimenez, Lopez-Miranda, and Mata 2002）。抗炎症薬と比較すると、オレイン酸は炎症に対して相対的により「中立」であると考えられるが、もし食事中の脂肪をオメガ6へと置き換えた場合にも（炎症の）オメガ6：オメガ3の比率は変化しない。

　必須脂肪酸と競技パフォーマンスについての科学的研究は、まだ始まったばかりである。必須脂肪酸の摂取が健康へもたらす利点については明らかであるが、パフォーマンス研究は欠如している。しかしながら、最近の研究では、若いレスリング選手（18歳）において、オメガ3サプリメントが強度の高いレジスタンストレーニング中の肺機能に及ぼす影響について調べた。そのレスリング選手らは、週に3回、12週間にわたってレスリングの練習に参加する間、1日あたりオメガ3を1000mg（180mgのEPAおよび120mgのDHA）含むカプセルを摂取した。この研究の著者らは、12週間の研究の最後に、オメガ3サプリメントを摂取したレスリング選手は、同じ練習および肺機能検査を行ったプラセボ群と比較して、肺機能が顕著に改善したことを報告している。必須脂肪酸についてよく知られるようになり、注目を受けるようになるにつれて、必須脂肪酸とパフォーマンスについての研究も増えているようだ。

コレステロール

　コレステロールは、食事性脂質としては分類されないが、重要な脂質である。ほとんどのアメリカ人にとってネガティブな意味合いがあるかもしれないが、食事に含まれるコレステロールは議論の余地のある物質である。まず、その有害作用の解釈がアメリカとカナダで異なっている。カナダの関連省庁では、実際の血清コレステロール濃度と心臓血管系リスクに及ぼす影響について重要視しておらず（McDonald 2004）、また、カナダの食事摂取ガイドラインに組み込むために、アメリカで一般的な1日あたりのコレステロール摂取を300mg未満に制限する推奨を考慮していない。このことは、カナダ人は循環コレステロールが心臓血管系リスクに対する影響がないとみなしているのではなく、食事性コレステロールは、血中コレステロールレベルや、おそらく心臓血管系疾患に対して、影響力が比較的小さいという見解であろう。

　次に、食事性コレステロールは、筋力系の競技選手（strength athlete）において、まだ認識されていない役割を果たす可能性がある。ある意味で、食事性コレステロールが実際のところ有利である可能性がある。Riechmanら（2007）による初期の研究では、

▶ コレステロール——体内で多くの重要な機能を持つ、複雑な脂肪性物質である。体内でつくられ、また動物由来の食物を通じて供給される。

高齢者（60〜69歳）のレジスタンストレーニングを行う人において、コレステロール摂取と除脂肪量、また筋力増加との間に相関があることを示唆している。因果関係ではないが、除脂肪量との間の関係は有意であり（R^2 = 0.27）、レジスタンストレーニング中に観察された除脂肪量増加のうち1/4以上の変化において食事性コレステロールが寄与していることを示唆している。興味深いことに、これによって、筋力トレーニングを行う競技選手は全卵や牛肉を大量に摂取すべきであるというコーチらによる経験的で非科学的な示唆に対してある程度の信用が付与されることとなった。より若い人たちにおいては、さらなる研究が必要となる。このコレステロール研究は、非常に初期の段階であり、潜在的な利点と、議論の余地のある血管の健康に対する潜在的な有害作用の間で、どのようにして最良の一致点を見出すか明確ではない。

食事性脂質と
パフォーマンス

あるいくつかの例から、臨床的な環境における競技選手や座位行動中心で健康な人と患者の間で、どのように脂質の影響が異なるかについての示唆を得ることができる。たとえば、フィジカルトレーニングは、体内の組織における脂肪酸の比率に望ましい変化を引き起こし得る（Andersson et al. 2000; Helge et al. 2001）。この利点となる、より多いオメガ3含有量に対する非食事性の変化は、エクササイズを行わない人にはみられなかった。それに加えて、競技選手がしばしば追い求める低脂肪の食事は、組織における脂肪酸の比率を好ましく変化させる（Raatz et al. 2001）。これは少なくとも部分的にはオメガ6脂肪酸が少ないこと（そしてそれによって競合が少ないこと）による。多くの競技選手が、単に食事性の脂質摂取を減少させることによって組織におけるオメガ6に対するオメガ3の比率を低下させられることを理解していない。

しかしながら、極端な食事は問題となる。一例として、数人の研究者らによると、非常に低脂肪で食物繊維の多い食事は競技選手にとっては避けたい変化を引き起こすことが示唆されている。たとえば、そのような摂取によるテストステロン濃度の低下（Dorgan et al. 1996; Hamalainen et al. 1983; Reed et al. 1987）は、アンドロゲン依存性前立腺ガンのリスクに対して有益であるかもしれないが、循環テストステロンを10〜15%増加させたい競技選手にとっては有益ではないかもしれない。ほとんどの競技選手は、競技のリカバリーや筋力増加においてテストステロンが有利となることを認識している。

その他の広く知られている、ときに極端な食事の推奨も、摂取カロリーを低下させたものであり、これらも競技選手にとって問題となることがある。トレーニングではしばしば大きなカロリーを消費し、また除脂肪量を増加させる際にはカロリーの要求が高まるため、進歩の原動力となるまさにそのエネルギーを制限することは、競技選手にとって有利にはならないであろう。すべてを考えあわせて、食事における脂質の割合が総摂取カロリーのうち20〜40%の範囲に収まる場合に、筋力のパフォーマンスに影響を及ぼさない（Van Zant, Conway, and Seale 2002）。

運動の燃料としての脂質

食事性脂質の、競技選手に対する長時間にわたる影響を考慮するだけでなく、より急性の問題についても理解することが重要である。運動中の燃料としての食事性脂質については、主に2つの現象があり、「代謝的クロスオーバー効果」（表4.2）および「継続時間効果」または「脂質シフト」（表4.3）である。前者は安静時および低強度での脂質酸化から、高強度での炭水化物の利用へとクロスオーバー（交代）することである。つまり、脂質の「燃焼」（呼吸交換比によって測定される）と運動強度（心拍数または$\dot{V}O_2$maxによって測定される）の間に、逆の関係が存在する（Brooks 1997; Klein, Coyle, and Wolfe 1994; Sidossis et al. 1997）。生化学的な制御と、エネルギーがすぐに必要であることがこのクロスオーバーの理由である。高度にトレーニングを積んだ有酸素性持久力系競技選手ですら、脂質を酸化する能力が促進され、最終的には炭水化物の利用へと「クロスオーバー」する

が、そのクロスオーバーは有酸素的な適応が低い人よりも高強度で生じる。

しかしながら、継続時間の効果は、逆の関係となる。運動の継続時間は、脂質の利用と正の相関関係にある（Lowery 2004）。長時間にわたって継続する低強度運動（30分以上）の間、その活動の燃料としての炭水化物の利用は、徐々に脂質利用への依存にシフト（移行）する。脂質への依存度が大きくなることは、血中グリセロールレベルの測定によって示される。トリグリセリド分子は、グリセロール分子と3つの脂肪酸で構成されていることを思い出していただきたい。もし脂質を身体活動のための燃料として利用する場合、トリグリセリド分子を、遊離グリセロール分子と3つの遊離脂肪酸に分解（化学者はこの反応を呼ぶ際に「加水分解」という用語を用いる）する必要がある。グリセロールと脂肪酸が「遊離」と呼ばれるのは、トリグリセリドの形で、これらがお互いに結合していないためである。運動の継続時間が長くなるにつれ、血中グリセロールレベルの上昇が起こり

表4.2　空腹時の異なる強度での運動における、脂質 vs. 炭水化物の酸化

運動強度*	呼吸交換比（RER）**	燃料の種類	生化学***
低強度（$\dot{V}O_2$maxの25%未満）	0.70	脂質	$C_{16}H_{32}O_2 + 23O_2 \rightarrow 16CO_2 + 16H_2O$
中程度（$\dot{V}O_2$maxの50%）	0.85	脂質＋炭水化物（炭水化物が増加してくる）	パルミチン酸とグルコースの混合利用
高強度（$\dot{V}O_2$maxの100%）	1.00	炭水化物	$C_6H_{12}O_6 + 6O_2 \rightarrow 6CO_2 + 6H_2O$

*　低強度運動は、非常に長時間にわたることがあり（数時間）、中程度の強度の運動はいくらか短く（おそらく1〜4時間）、高強度運動ではわずか数分である。

**　呼吸交換比（RER）は、代謝カート（毎分生じたCO_2の量／毎分消費されたO_2の量）で評価され、しばしば呼吸商と互いに交換可能である。これは技術的には細胞の呼吸の用語である。RERの測定は、この表の右端の生化学の部分の確認となる。

***　RER測定で、パルミチン酸の「燃焼」では、CO_2産生/O_2消費＝16/23＝0.70となるが、強度が高まるにつれてグルコース利用が高まり、6/6＝1.00に向けて上昇する。

表4.3　空腹時の異なる継続時間での運動中の脂質の動態

運動の継続時間	血清グリセロール[†]
長時間にわたる、＞60分間	より高い
中程度、30〜60分間	中程度
短時間、＜30分間	より低い

[†] 血清グリセロール濃度（脂質の分解と動員）は、長時間の絶食中に高く（例：休息中であっても）、低強度から中程度の強度の長時間にわたる運動時にも高い。一般的に、運動中における脂質の動員は、脂質酸化とより大きく関連している。

（表4.3）、これはトリグリセリドが分解されていること、また脂肪酸が低強度運動の燃料として用いられていることを示す。

　体脂肪を減少させるための2つのポイントは、ここで繰り返す価値があるだろう。まず、すべての体脂肪が必ずしも脂肪細胞に蓄えられるわけではない。相当な割合となる約300gが筋中に貯蔵されたトリアシルグリセロールに由来する。研究では、これらの筋内の脂肪滴は、代謝的なカートシステムの利用に伴ってみられる酸化脂肪の一部であることが明らかになっている。第二に、クロスオーバーと継続時間効果の現象は、体脂肪の減少が空腹状態で低強度から中程度の強度で長時間にわたって運動を継続することによってのみ直接的に達成されることを必ずしも示唆するものではない。実際に、高強度運動を繰り返し行うことは、ミトコンドリア新生を刺激し、競技選手の一日を通した脂質利用を促進するだろう。さらに、高強度運動は、摂取された炭水化物により補充されるグリコーゲン貯蔵を減らす。炭水化物は、補充に用いられなければ体脂肪に変換され、貯蔵される栄養素である（これらは、多くのパワー系競技選手が非常に体脂肪が少ない主な理由である）。そのため、運動強度や継続時間は、部分的には競技選手の有酸素的なコンディショニングのニーズと、休息およびオーバートレーニング（病的なもの）の予防との間で決定される。

ファットローディング

　フィジカル・トレーニングの適応をより大きく、また支えるために、競技選手らは食事性の脂質に工夫をこらすことを探求してきた。これには、食品の工夫とサプリメントの活用の両方が含まれる。より多くの脂質を摂取すること——「ファットローディング」と呼ぶことすらある——がその食事の工夫であり、これにより、筋内に蓄えられたトリアシルグリセロールの濃度が高まり、「脂肪燃焼」酵素の活性が高まるという事実によるものである。約300gの筋内トリアシルグリセロールの増加は、単に燃料供給という点のみについては有益であるように思われる。筋細胞の内部を見ると、脂肪滴がミトコンドリアの炉（furnaces）のそばに隣接しており、これによって有酸素性持久力パフォーマンスが行われることから、こういったアクセスしやすい燃料貯蔵庫を増やすということに興味が導かれる。このことは、有酸素性持久力系競技選手が、非運動群と比較して、このような脂

肪滴を貯える能力が高いことを考えると、とくに当てはまる（van Loon et al. 2004）（興味深いことに、細胞内の脂肪蓄積は糖尿病のメカニズムの一部であるが、競技選手においては有害ではない）。しかしながら、食事性脂質をより多く摂取することが、単純に筋内の「ガソリンタンク」の容量を増やすということにはならない。より脂質の多く含まれた食事へと適応することによって、競技選手は貯蔵された脂質をより利用できるようになる（Fleming et al. 2003; Zderic et al. 2004）。そこで、大会（イベント）前の食事として工夫する戦略が、1～2週間にわたって脂質を貯蔵し、（脂質酸化）酵素の促進をもたらすというものである。

　残念なことに、ファットローディングについての研究の初期段階の知見では、自覚的運動強度（RPE）の（減少よりもむしろ）増加、パフォーマンス全般で一貫性のなさ（不安定さ）が明らかとなった。いくつかの研究では、ファットローディング後に疲労困憊までの時間が長くなったこと（これはよいことである）、有酸素性パワーの促進を伴わないのに努力感が増加する（Fleming et al. 2003; Hargreaves, Hawley, and Jeukendrup 2004; Stepto 2002）ことにより、多くの研究者やコーチはファットローディング戦略について放棄したり修正することとなった。単に筋内の脂肪あるいは脂肪酸化の促進は、よりよいパフォーマンスと等しいわけではないことは明らかである。このことは、ファットローディング法に続いて運動前および運動中の豊富な炭水化物の摂取を行う方法へと、研究者らの挑戦を促した。しかしながら、これらの研究では、燃料の代謝において顕著で望ましいと思われる変化があったにもかかわらず、実

際のパフォーマンスについてははっきりしないままであった（Williams 2005）。

競技選手のための脂質サプリメント

　西洋における食事を通した供給は比較的まれであるが、2つの生物学的な事実により、特色のある脂質サプリメントが注目されている。まず、細胞膜は一般的に新たに摂取した脂質を取り込むが、このことはかなり広範囲に起こる現象である。たとえば、EPAおよびDHAは相対的に大量に、細胞膜においてより炎症性のアラキドン酸（すべてシス型、n-6、20：4）と置換され、細胞のプロスタグランジンのカスケード反応を変化させることが可能である（Boudreau et al. 1991）。水風船のアナロジー（たとえ話）を用いて、細胞を示すなら、これは風船の「ゴム」が変化することを意味する——単に内容だけでなく、炭水化物の摂取において当てはまる。さらに、その細胞膜は長期にわたって変化を維持できる。魚の油脂を用いたいくつかの研究では、ウォッシュアウト期間が10～18週間であると報告している（Endres et al. 1989; Kremer et al. 1987）。第二に、一般的でない種類の脂質が燃料として供給されたときに、細胞の内容と働きが変化する。たとえば、次に議論するように、中鎖トリアシルグリセロールサプリメント（不飽和というよりむしろ脂肪酸鎖の長さで区別される）は、細胞内でより容易に吸収されやすく、「燃焼」（酸化）されやすい。

魚油（フィッシュオイル）

　特色のある脂質サプリメントの中で、最も

普及している種類は、おそらく魚油（フィッシュオイル）である。これらの（ゲル）カプセルの内容物のうち、EPAおよびDHAの両方で約50％が占められており、通常はEPAのほうが多い。濃度の高い商品では、ときどきエクストラストレングス（超強力）フィッシュオイルと呼ばれており、多くの「活性化成分」のEPAおよびDHAを含み、DHAに対する割合は多少変えられている。魚油の愛好家が、単に魚油の総量だけでなく製品中のEPAとDHAの量を追い求めるのは、このためである。一方で、脂質の食品は、さまざまな脂肪酸を幅広く混合したものがあったり、1つの成分のみを中心にするといった傾向がある。

典型的には、複数の有益な効果があると謳っているスポーツサプリメントについての主張は、誇張されたり、意図的にミスリードな（誤解を招く）ものであるが、EPA-DHAサプリメント摂取の効果は、よりエビデンスに基づいたものであり、このことによってこれらのサプリメントは非常に一般的になってきている。ウォッシュアウト期間が長いのには理由がある（このことは否定的にも肯定的にもなり得るものである）。単純な事実は、オメガ3脂肪は西洋式の文化において摂取が少なく、このことが相対的な不足や不均衡状態を引き起こしている。この相対的不足が、本章で前述したさまざまな生理学的影響の根底にある。たとえば、Archerら（1998）は、米国人、とくに中西部の人々は魚の脂質の摂取が心臓疾患を予防する効果を得るには少なすぎることを報告した。これにより、サプリメントで補うということに関心が集まった。魚油サプリメントへの関心が高まる要因には、ほかにも海産食物と比較して重金属

（水銀）が含まれることへの低レベルの懸念や（Lowery 2004）、ある特定の人においてサプリメント摂取が必要かもしれないという米国心臓学会からの推奨が出たことが挙げられる（Breslow 2006）。原則として、栄養士は、適切に摂取されている栄養素のサプリメントを過剰に摂取するよりも、不足を修正するほうがより信頼でき、潜在的により広く正の効果がもたらされるということを認識している。

EPAやDHAが競技選手においてどれほど有益なのかについてのレビューはほとんどなく、特定集団での研究が不足しているために憶測の要素が含まれる。しかしながら、健康な人や競技でケガをした人、問題を抱えている人に対する研究は存在する。Lowery（2004）によるレビューでは、これらオメガ3脂肪酸の抗炎症および抗うつ（気分を高める）効果により、激しい練習をしていたり、オーバートレーニングとなっている競技選手には有益かもしれないということが示唆されている。Simopoulos（2007）によるその後の研究でも、抗炎症作用は競技選手にとって有益であることが示されており、1日あたり1〜2gのEPA＋DHA摂取が示唆されている。

腱炎や滑液包炎、変形性関節症といった症状、またオーバートレーニング症候群（例：うつ）さえも、競技選手に特有の疾患であり、オメガ3の補給により改善されるかもしれない。たとえば関節炎症状といった軟骨障害に対する保護作用（Curtis et al. 2000）は、骨への保護作用（Fernandes, Lawrence, and Sun 2003）と同様に、競技選手の選手生命にとって有益かもしれないが、競技により特異的な研究が必要である。運動に関連した気管支収縮に対する有益性についても報告され

ている（Mickleborough et al. 2003）。さらに、新しく始まった研究においては、オメガ3脂肪が体脂肪の減少において果たす役割について示唆されている。このことは、肥満の炎症という知られている性質、とくに内臓型肥満（例：サイトカイン、Bastard et al. 2006）におけるその性質と、魚油の抗炎症作用による、確かな研究基盤を有する。しかしながら、それらの研究は初期段階であり、（身体組成に関連した）推奨に必要な十分な量のエビデンスがいまだに提供されていない。最後に、オメガ3脂肪と筋の回復、運動による痛みの関係についての研究はさまざまであり、その摂取量と年齢に関連しているようである（Cannon et al. 1995; Lenn et al. 2002; Phillips et al. 2003）。

共役リノール酸

競技選手の間で、次によく知られている脂肪酸サプリメントは、実質的に位置**異性体**である共役リノール酸（CLA）である（訳注：位置異性体とは、分子を構成する原子の数や種類は同じで、構造が異なる物質のことを指す用語である）。共役リノール酸に関する最初の国際カンファレンスが2001年に開催されたものの、研究者らは、マウスのような動物と比較してヒトにおいて「低レスポンダー（反応が低い）」と理解した。ある意味で、動物において共役リノール酸が劇的な抗異化作用および体脂肪低減の作用を示すことによってもたらされた不運である（Pariza, Park, and Cook 2001; Park et al. 1997）。シス-9、トランス-11異性体（成長を促進）に対するトランス-10、シス-12異性体（抗脂質合成また

は脂質分解、またその両方）のそれぞれの性質に起因するため、第2世代の動物研究が行われている（Pariza, Park, and Cook 2001）。しかしながら、ヒトに対して、またとくに競技選手に対して一貫した利点があるかどうかについて、まだ解明されていない。ヒトを対象とした研究では異なる投与方法を含める（ヒト研究では、しばしば一日あたり3gを用いるのに対して、動物研究では食物の総重量あるいは総摂取カロリーの0.5～1.0％を用いる）のが相対的に非効率であること、また、研究期間や種差が理由である。人間と比較して、げっ歯類の代謝率が高いことや、成長曲線が急峻であることも交絡因子となるようだ。

人間が乳製品や肉類から摂取する共役リノール酸は、一日あたり女性で151mg、男性で212mgであり、ほとんどすべてシス-9、トランス-11型であったと報告されている（Terpstra 2004）。非常に限られたヒト研究では、サプリメント摂取により、筋力あるいは除脂肪量の増加が示唆されている（Lowery 1999; Terpstra 2004）が、その他のデータでは体脂肪の減少が示唆されている（Williams 2005）。しかしながら、ヒト研究において、筋力と身体組成のプロトコルが標準化されておらず、したがって明確な利点があることは実証されていない。身体組成に関する肯定的な知見はわずかであるため、インスリン感受性や脂肪肝によって潜在的に妨害されていること（Ahrén et al. 2009; Wang and Jones 2004）や、ヒトやブタにおける体重および脂肪減少について印象に残る効果がないこと（Wang and Jones 2004）が懸念される。したがって、ヒト研究は、動物研究と比較し

▶ 異性体——同一の分子式であるが、原子の結合の性質や順序が異なる化合物のことである。

て乏しいままであり、それが今も続いている。1つのメタアナリシスによって、ヒトにおいて12週間で約1kg（22ポンド）という中程度で変動し得る体脂肪低減効果が示されている（Whigham, Watras, and Schoeller 2007）が、現時点では共役リノール酸の異性体がほかの脂肪酸と同様にヒトにおいて有益であることは明らかになってはいない。

中鎖脂肪酸

　前述したように、スポーツ栄養における脂肪酸の選択のもう1つの重要な側面は、脂肪酸の長さである。短、中、長の脂肪酸は、それぞれ異なる生理学的作用を発揮する。たとえば、本章の「炭素二重結合の位置」のセクションで述べたEPAとDHAは、その長さにも大きな違いがある。これらは一般的な脂肪酸より長く、したがって単にオメガ3二重結合が存在するかどうかだけでなく、鎖の長さによって区別される。EPAやDHAの約半分の長さであるのが中鎖脂肪酸のカプリン酸（炭素数10、図4.2a）やラウリン酸（炭素数12）であり、典型的にはココナッツやパームカーネル（ヤシの実の核）油に由来する。中鎖トリグリセリド（MCT）において、脂肪酸鎖が相対的に短いことで、体内での挙動が大きく異なる。

　一般的な炭素数16や18の脂肪酸と比較して、MCTは血液中に直接吸収されるのに十分な水溶性（水への溶けやすさ）があり、リンパ管を必要としないことが典型的である（図4.1を参照）。いったん血流に入り、肝臓や骨格筋などの組織に到達すると、通常は必要となるカルニチントランスフェラーゼという酵素を用いることなく、MCTが細胞内のミトコンドリアの炉へと取り込まれる。し

たがって、1980年代にはMCTを即時のパフォーマンスの燃料源として試すことに大きな関心が向けられた。残念なことに、この研究では約25〜30gのMCTを運動前に、そして時々炭水化物も一緒に摂取しており、パフォーマンスの向上あるいは運動中のグリコーゲンの温存に利益がないことが明らかとなった（Horowitz et al. 2000; Vistisen et al. 2003; Zderic et al. 2004）。そこで、より多くの利益をもたらすためには、より多くの量が必要となるかもしれないという憶測もあるが、胃腸の不快感が多くの被験者においてすでに問題となっていた。MCTが71〜85gという大きな用量での研究が行われたが、痙攣や下痢といった症状がここでも問題となった（Calabrese et al. 1999; Jeukendrup et al. 1998）。

　しかしながら、論理的には、MCTのエルゴジェニック効果への興味は、競技選手に対するほかの潜在的な利益についての話題へと移ってしまったかもしれない。スポーツ栄養は、体重増加と身体組成の修正に、かなり深い関わりを持っている。このことは、MCTに対して将来的に興味をもたらす道すじとなるかもしれない。中鎖トリグリセリドは、素早く肝臓へ運ばれるために（これは脂肪酸のβ酸化とケトン形成のためである）、生化学的に脂肪として貯蔵されにくいようであり、長鎖トリアシルグリセロールと比較して、熱産生が増加する（Aoyama, Nosaka, and Kasai 2007）。実際に、新たな研究では、MCT摂取の期間を通して、体脂肪の減少が示唆されている（Aoyama, Nosaka, and Kasai 2007; Takeuchi et al. 2008）。研究者らは、追加的な脂肪やカロリーは一般的に栄養不良の競技選手にとって利益があり（Horvath et al.

2000; Lowery 2004; Venkatraman, Feng, and Pendergast 2001; Venkatraman, Leddy, and Pendergast 2000)、またMCTや同様の栄養素を彼らに与えることは有用かもしれない。

構造化トリグリセリド

中鎖脂肪酸も再び注目を集めており、その一部は「構造化トリグリセリド」についての刷新された研究による（実際には継続的研究）。構造化トリグリセリドは、特殊なトリアシルグリセロール分子であり、エステル化として知られる化学的過程を経て形成される。この過程の間、とくに選ばれた脂肪酸が、グリセロールの主鎖に配置される。初期の研究では、構造化トリアシルグリセロールの体脂肪を減少させる性質について示されており、また中鎖および長鎖脂肪酸の混合物を含む構造化トリアシルグリセロールは腸の不快感を起こさないことが示唆されている（Aoyama, Nosaka, and Kasai 2007; Takeuchi et al. 2008）。さらに、標的とする中間のsn-2位に脂肪酸を持つ構造化トリアシルグリセロールは、身体に脂肪酸を運びや

すい性質を持つ可能性がある。臨床的な状況において、構造化トリアシルグリセロールは、さまざまな脂質の単純な物理的な混合よりも高い窒素保持と少ない肝臓ストレスが得られる（Lindgren et al. 2001; Piper 2008）。とはいえ、技術やコストといった障壁により、スポーツ栄養におけるそれらの広がりは妨げられてきた。

構造化トリグリセリド（構造化トリアシルグリセロールとしても知られる）のほか、脂質全般を調整する際の主なものに、ジアシルグリセロールを用いることが挙げられる。これらの分子は、1999年に食用油として日本で導入され、後に米国でも利用可能となった（Flickinger and Matsuo 2003）。トリアシルグリセロールのグリセロール骨格において中央部（sn-2）の脂肪酸が取り去られたものが、ジアシルグリセロールの元となる。これらの油は、一般的な油と置き換えたときに、（身体に貯蔵されるよりも）容易に酸化される（Flickinger and Matsuo 2003）。このメカニズムには、消化において2-モノアシルグリセロールが欠如していることが関わっており、これによって吸収や代謝に影響が生じる。

競技選手の食事における脂質推奨量はどのくらいだろうか？　残念なことに、適切な脂質摂取についての明確な基準は存在しない。主要栄養素の中で脂質の割合として許容される範囲は、摂取エネルギー比で20～35%である（Institute of Medicine 2005）。脂質の摂取が総摂取カロリーの30%である場合、米国人のための食事ガイドライン（U.S. Department of Health and Human Services

and U.S. Department of Agriculture 2005）では、脂肪酸からのエネルギー摂取のうち10%を飽和脂肪酸、10%を多価不飽和脂肪酸、10%を一価不飽和脂肪酸とし、それらは必須脂肪酸に由来するものとすることを勧めている。一般的に、競技選手の平均的な脂質摂取は、総カロリーのうち35%であると報告されている（Hawley et al. 1995）。ほとんどの競技選手において計画すべき分野は、どの種

類の脂質をどのような割合で摂取するかである。飽和脂肪、多価不飽和脂肪、一価不飽和脂肪を等しいバランスで摂取するということが、偶然に起こるということはめったにないだろう。飽和脂肪酸は、典型的な米国人の食事においては豊富に含まれており、牛肉や家禽類（鶏肉）のもも肉といった動物性脂質においてみられる。一価不飽和脂肪酸は、オリーブ油やキャノーラ油、ピーナッツバターといった植物油にみられる。多価不飽和脂肪酸は、ナッツやチーズ、魚にみられる。競技選手は、さまざまな種類の脂質の中で推奨されるバランスにするために、多様な食品を選ぶように気をつける必要がある。

　研究は限られているが、総摂取カロリーに占める脂質摂取の割合は変化させることができ、そうした変化は運動パフォーマンスには影響を及ぼさないようだ。中程度にトレーニングを行った男性において、脂質摂取が総摂取カロリーの20％である場合と40％である場合を比較すると、エクササイズトレーニングあるいはストレングスエクササイズのパフォーマンスに影響を及ぼすことはなかった（Van Zant, Conway, and Seale 2002）。有酸素性運動については、スイスの研究者ら（Vogt et al. 2003）が11名の男性デュアスロン選手（デュアスロンはランと自転車で構成される）を対象に53％の脂質を含む食事と、17％のみの脂質を含む食事を摂取した場合の影響について比較した。被験者は高脂質食または低脂質食を5週間にわたって摂取した後、ハーフマラソンを走るのに要した時間あるいは自転車エルゴメータでの20分間オールアウトタイムトライアル中の総仕事量において、差はみられなかった。

　これらの研究から、総摂取カロリーに占める脂質のパーセンテージは、運動および競技パフォーマンスに大きな影響を及ぼすことは

ないということが明らかとなった。しかし、これはほとんどの状況において当てはまることから、競技選手は極端な方向へ——脂質を摂取しすぎたり、あまりに摂取量を少なくしすぎたり——進むことがないようにすべきである。脂質を摂取しすぎることは、総摂取カロリーが過多となることにつながり、体脂肪の形で体重増加を導くこととなる。脂肪組織は動作に対して貢献しないので、「デッドウェイト」（訳注：機能に貢献しない重荷）として働き、相対的な力の産生が減少することになる。物理的なサイズがより大きいことが有利となる競技では、この問題が起こりやすいかもしれない。たとえば、アメリカンフットボールのラインマンは、カロリー摂取が過多となり、ほかのポジションよりも過体重あるいは肥満と分類される傾向がより高くなる（Mathews and Wagner 2008）。

　一方で、もし脂質摂取が少なすぎると、パフォーマンスが低下することがある。体操やフィギュアスケート、体重階級制の種目（例：レスリング）の競技選手は、脂肪摂取が少なすぎる傾向にある。Horvathらは、男女の有酸素性持久力系競技選手に、カロリーは同等で含まれる脂質はさまざまな食事を摂取した後に、有酸素性持久力パフォーマンスを評価した（Horvath et al. 2000）。4週間にわたって、カロリーは同等で脂質は16％、31％、44％含む食事を摂取し、80% $\dot{V}O_2$max で疲労困憊までランニングを行った。この著者らは、31％の脂質食は、16％脂質食と比較して有酸素性持久力パフォーマンスは有意に改善したという結果であったと報告した。しかし、31％脂肪食群と44％脂肪食群の間には、有酸素性持久力パフォーマンスに有意差はみられなかった。

　競技選手は、約30％の脂質を含む、いつもの慣れた食事をとることが推奨される。そ

の30%の中で、10%は多価不飽和脂肪、10%を一価不飽和脂肪とすべきである。これらの脂質摂取の示唆に従うことで、食事による脂質摂取が少なすぎたり多すぎたりといった極端な食事実践を避けることにつながる。

まとめ

- 脂質の分類には、飽和の程度（炭素二重結合の数）、炭素二重結合の位置（脂肪酸鎖のそれぞれの端から数えたときの二重結合の位置）、鎖の長さ（脂肪酸を形成する炭素鎖の長さ）、脂肪鎖の位置（脂肪酸鎖がグリセロール骨格のどこに付着しているか、あるいは欠如しているかの違い）が含まれる。これらの違いを理解することで、競技選手が健康とパフォーマンスを最適化するために適切な種類の脂質を選ぶことが可能となる。
- 脂質は、安静時と低強度運動中において主な燃料（エネルギー源）である。
- 脂質には幅広い種類があり、いくつかは必須であり、それにはアマニ（亜麻仁）やクルミ由来のリノレン酸（オメガ3、多価不飽和脂肪酸）、魚由来のEPAやDHA（オメガ3、多価不飽和脂肪酸）、オリーブやキャノーラ油由来のオレイン酸（オメガ9、一価不飽和脂肪酸）が含まれる。
- 脂質は、性ホルモンの維持を助けたり、潜在的に気分を高めることや炎症の低減、体脂肪の制御を含む栄養補助的な利点をもたらす。
- 競技選手は、約30%の脂質を含む、いつもの慣れた食事を摂ることが推奨される。その30%の中で、10%は飽和脂肪、10%を多価不飽和脂肪、10%を一価不飽和脂肪とすべきである。
- 脂質が少なすぎる食事は、テストステロン濃度および運動パフォーマンスの低下と関連している。
- 脂質を摂取しすぎることは、総摂取カロリーが過多となることにつながり、体脂肪の形で体重増加を導くこととなる。
- 運動パフォーマンスの改善において、脂質サプリメント（共役リノール酸、中鎖脂肪酸、構造化トリグリセリド）による一貫した改善は示されていない。

5

Fluids

水分

Bob Seebohar, MS, RD, CSCS, CSSD

水は、人体にとって最も重要な栄養素である。平均して体重の約60%が水分で構成されており、45〜75%までの変動が生じることがある（Dunford and Doyle 2008）。人の身体に含まれる水の量は、年齢や性別、身体組成、全体的な身体のサイズといった要因によって決まる。水は、脂肪や骨、筋、血漿といったさまざまなところに貯蔵されている（Dunford and Doyle 2008）。良好な水分状態（euhydration）とは、水分の量が身体の生理学的な要求に合致し、適切な状態であるということであり、活動的な人が目指すべき目標である。水分過剰（hyperhydration）というのは水分量が超過しているということであり、また水分不足（hypohydration、しばしば脱水［dehydration］と呼ばれる）は水分量が十分でないということであり、これら両極端な水分摂取は危険なこともある。

体内の水分は、2つの異なる区分に分けられる。すなわち、身体の総水分量のうち65%を占める細胞内液（ICF）と、35%を占める細胞外液（ECF）である。細胞外液は、さらに細胞間の隙間に存在する間質液と、血管内の血液中の水分、脳脊髄液といったその他の場所の液体に分類することができる。各区画を隔てる障壁があるにもかかわらず、水分は極めて容易に細胞の内外へと移動する。細胞外液は、水分が細胞内へと入るための通路として作用する（Sawka, Wenger, and Pandolf 1996）。

細胞内液と細胞外液は、類似した物質で構成されているが、濃度が大きく異なる。細胞外液では、主な**陽イオン（カチオン）**はナトリウムであり、主な**陰イオン（アニオン）**は塩化物と重炭酸塩である。細胞外液にみられる、これら以外の物質には、カリウムとタ

▶ カチオン（陽イオン）——正の電子を帯びたイオン
▶ アニオン（陰イオン）——負の電子を帯びたイオン

ンパク質がある。細胞内液の組成は全く異なる。主な陽イオンはカリウムであり、主な陰イオンはリン酸とタンパク質である。ナトリウムは存在するが、濃度は低い。細胞外液と細胞内液の間のこのような組成の違いは、水分および電解質の細胞膜を通過する輸送において重要である。ナトリウムは細胞の内側へと「漏れ」て入ってこようとする圧力が、またカリウムは細胞の外側へと「漏れ」出そうとする圧力が常に加わっており、これらの

濃度は、細胞膜にあるナトリウム-カリウムポンプで調整される（Sawka, Wenger, and Pandolf 1996）。図5.1 を参照。

　これら２つの区画の組成には違いがあるが、溶質の総濃度（浸透圧）は等しい。もし区画ごとに濃度に違いがあると、シフト（移動）が起こる。激しく発汗しているとき、水分は失われ、血漿量は変化し、血漿中のナトリウム濃度が上昇するという結果となる。水分が細胞外に出るとともに、細胞の体積は小さく

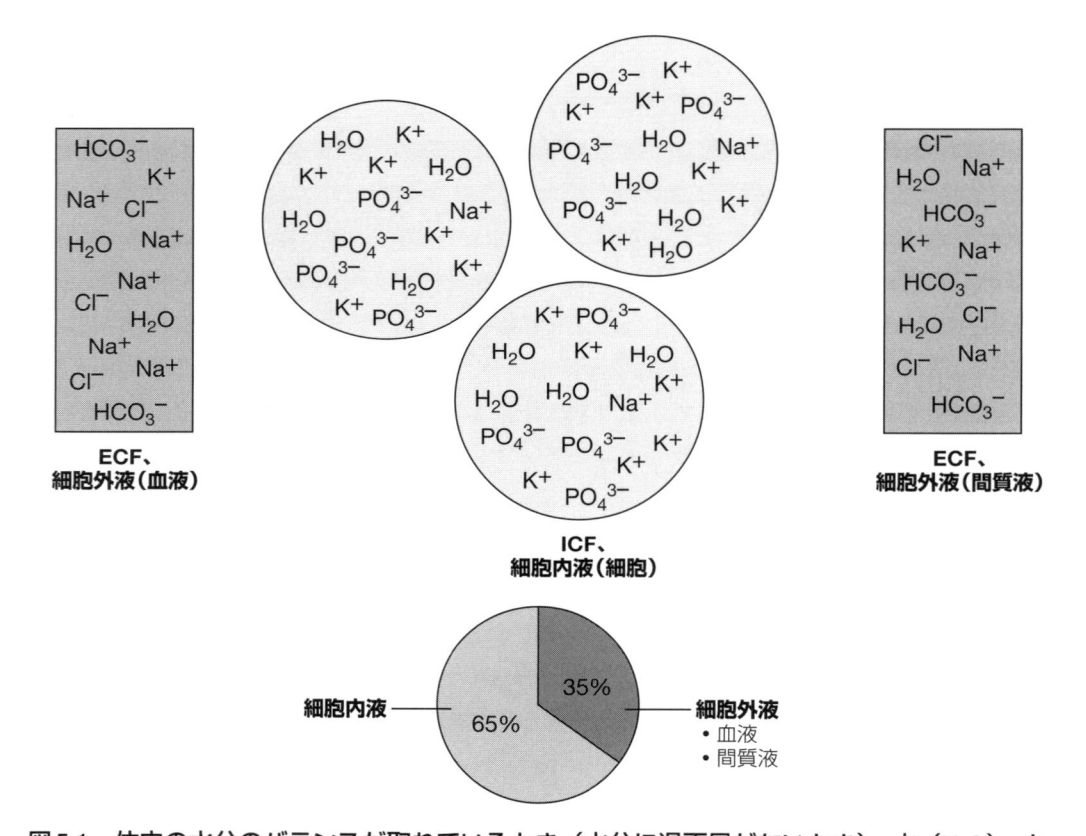

図5.1　体内の水分のバランスが取れているとき（水分に過不足がないとき）、水（H_2O）、カリウム（K^+）、リン酸（PO_4^{3-}）の大部分は細胞内液（ICF）に存在し、ナトリウム（Na^+）、塩化物（Cl^-）、重炭酸（HCO_3^-）の大部分は細胞外液（ECF）に存在する。これら２つの空間に存在する化合物の種類は異なるものの、溶質の総濃度（浸透圧）は等しい。もしこれら２つの総濃度に違いがあると、身体は水を一方からもう一方へと移動させてバランスを維持する。

M. Dunford, 2010, (Champaign, IL: Human Kinetics), 114.より許可を得て転載。
M. Dunford, 2009, version 2.0 (Champaign, IL: Human Kinetics), 33. より許可を得て転載。

▶ 浸透圧──溶液の濃度のこと。

なる。身体はホメオスタシス（恒常性。平衡やバランスを意味する）を維持することが非常に効率的であり、したがって逆もまた成り立つ。すなわち、細胞外液におけるナトリウムの濃度が低いと、浸透圧は細胞内液より低くなり、身体は水分を細胞内へと移動させるだろう（Sawka, Wenger, and Pandolf 1996）。

溶液（飲料）の含む総容積濃度が、血液の総容積濃度と等しいとき、その溶液は等張性（アイソトニック）であると考えられる。水分は等張性であるときに身体に最も吸収される。**低張性飲料**は、浸透圧が身体よりも低く、より早く胃を空にする（通過時間が短い）。**高張性飲料**は、浸透圧が正常な身体よりも高く、胃を空にするまでの時間がより長くかかる（通過時間が長い）。たとえば、多くのスポーツドリンクは**等張性飲料**であるが、純粋な甘いジュースは高張性飲料であり、スポーツドリンクに比べると胃が空になるまでに時間がかかる（Rehrer et al. 1990）。

運動中の水分バランス

運動中、深部体温が上昇することにより、皮膚への血流が増加し、身体を冷やそうとして汗が失われる。運動中に熱を喪失するための主な方法が蒸発であり、より温熱環境においては蒸発はかなりのものとなる（Sawka et al. 2007）。体重や遺伝的素因、暑熱順化の状態といった個人の特性が、活動における発汗率に影響を及ぼす（Yamamoto et al. 2008）。したがって、発汗および電解質の損失の幅は、同じ競技をしている個々人、また異なる競技や異なるポジションにより非常に広い。汗の喪失は、体内の総水分（細胞内液および細胞外液）に大きな影響を及ぼす。

水分喪失は、適切な水分および電解質が摂取されれば、8 〜 24時間をかけ、体重の0.2 〜 0.5％の範囲内で、体内の水分量を戻すことができる（Cheuvront et al. 2004）。十分にトレーニングを積んだ競技選手は、相対的に体内の総水分量が高くなることがあり、これは除脂肪体重が大きいためである。体内の水分に影響を及ぼすその他の因子に、グリコーゲンがある。グリコーゲン貯蔵量が多いほど、体内の総水分量は多くなる。なぜなら、貯蔵されたグリコーゲン1 gあたり3 〜 4 gの水が結合しているからである（Olsson and Saltin 2008）。このことは、レスリングやウェイトリフティング、ボクシング、体操、テコンドー、フィギュアスケートといった体重階級制あるいはアクロバティックスポーツにおいて重要な考慮事項である。グリコーゲン貯蔵を「最大限に」保つことは重要であるが、高炭水化物食を計量前の数日間に摂取することは、競技選手の出場する階級を変更させることにつながりかねない。多くの審美系競技や、体重階級制競技に参加する競技選手は、体格や体重のニーズに見合った食事をとるべきである。

▶ 低張性飲料——浸透圧が身体よりも低い溶液のことで、より早く胃を空にする。
▶ 高張性飲料——正常な身体よりも浸透圧が高い溶液のことで、胃を空にするまでの時間がより長くかかる。
▶ 等張性飲料——浸透圧が身体と等しい溶液でできている飲料。溶液が等張性であると、液体の適切な吸収が起こる。

脱水

　正常な水分補給は、競技パフォーマンスだけでなく、命に関わる重要なものである。より重要なこととして、心臓血管系および体温調節の機能を正常に保つうえで、水分バランスが決定的に大きな役割を果たしている（Petrie, Stover, and Horswill 2004）。脱水は、潜在的に命に関わる心臓発作を引き起こすリスクを高める。脱水とそれに続く熱中症のリスクは、暑く湿度の高い環境や、高所においてより高まる。2300m（8200フィート）を超える高所で運動を行う競技選手は、運動によるもの以上に水分を失う傾向にある（McArdle, Katch, and Katch 2006）。

　体重の2％を超える脱水は、競技パフォーマンスを低下させることがある（Sawka et al. 2007）。競技選手の脱水の主な原因は、水分補給により補うことができていない汗の損失である。環境条件や衣服の種類、着用している装具（防具）、代謝率、体表面積によって、競技選手はそれぞれ発汗率が異なる。また、発汗開始は運動強度や体重に大きく依存する競技選手の代謝率や深部体温によってほとんどが決定される（Godek et al. 2008）。

　このような要因が発汗による水分喪失に影響を及ぼすことを考慮すると、特定の競技における、特定のポジションの競技選手が、仲間の競技選手と比較してより大きなリスクを抱えている場合もあることが明らかとなる。アメリカンフットボール選手やホッケー選手、レスリング選手はすべて、運動に関係しないさまざまな要因による脱水のリスクが高い。体表面積が大きいこと、またアメリカンフットボールでは防具を着用することが脱水のリスクを高めている。アメリカンフットボールのチームの中では、ラインマンにおいて体表面積が大きいことが、脱水のリスクをより高めている（Godek et al. 2008）。ホッケー選手においても、防具を着用することでリスクがより高くなる（Noonan, Mack, and Stachenfeld 2007）。レスリング選手も、体重の階級に合わせるために脱水などの危険な減量練習を行うことがあることから、リスクが高い（Kiningham and Gorenflo 2001）。

低ナトリウム血症

　運動に伴う低ナトリウム血症、すなわち血中のナトリウム濃度の低下は、有酸素性持久力系競技選手において非常に一般的であり、1980年代に最初の報告が行われている。正確なメカニズムは不明であるが、低ナトリウム血症と関連する要因には、以下が含まれる。

- 低張性飲料の過剰摂取
- 汗による過剰なナトリウム喪失
- 過度な発汗と、低ナトリウム飲料の摂取

　一般的に、4時間以内のイベントにおいて症状を有する低ナトリウム血症には、水分の過剰摂取とナトリウムの摂取不足が寄与している（Laursen et al. 2006）。**低ナトリウム血症の徴候と症状には、見当識障害や混乱、頭**

▶ 低ナトリウム血症——血中ナトリウムレベルが低下し、危険な状態。低ナトリウム血症は、さまざまな要因が組み合わさって生じる。しかし競技選手においては、長時間にわたる運動と、水のみを摂取することの組み合わせで生じることが典型的である。

痛、吐き気、嘔吐、筋の弱化が含まれる。もし治療をしないままだと、この症状は素早く進行し、痙攣や脳の浮腫、昏睡、肺水腫、心肺停止を引き起こす（Montain 2008）。

　女性は、より長時間にわたる有酸素性持久力系種目において、低ナトリウム血症を進行させるリスクが高い可能性があり、それはおそらく多くの心理社会的および生物学的要因による（Swaka et al. 2007）。興味深いことに、女性のための水分摂取の推奨は男性の発汗データに基づいている場合が多く、ほとんどの女性で体内の水分貯蔵量が少ないため、体内においてナトリウムの希釈を導く可能性がある（Speedy, Noakes, and Schneider 2001）。

　低ナトリウム血症の経験のある競技選手は、血中ナトリウム濃度が130mmol/Lに達すると出現する早期の徴候および症状を認識しないかもしれない（Speedy, Noakes, and Schneider 2001）。徴候や症状には、腹部膨満感や腫脹、吐き気、嘔吐、頭痛が含まれる（Hew-Butler et al. 2005）。低ナトリウム血症の重症度は、血中ナトリウム濃度が125mmol/Lを下回ると悪化し、精神状態の変化（例：混乱、見当識障害、不穏）、痙攣、呼吸困難（肺浮腫のため）、不応答などを含む深刻な徴候および症状が生じる。低ナトリウム血症は最終的には非常に危険となる場合があり、昏睡や死に至ることもある（Hew-Butler et al. 2005）。

　水のみあるいはナトリウムの少ない、または全く含まない食品や飲料を選ぶことで、競技選手は低ナトリウム血症や脱水になることは容易である。発汗率が高い、または汗のナトリウム濃度が高い人にとっては、市販されているスポーツドリンクは低ナトリウム血症を防ぐうえでナトリウムが不十分かもしれない。一般的に、最低でも飲料1Lあたり20mEq（460mg、食塩相当量では1.1〜1.2g）のナトリウムを含むスポーツドリンクが推奨される。

　運動前の電解質摂取については、具体的な推奨は存在しないが、多くの競技選手が低ナトリウム血症を防ぐために塩味の強い食品や飲料を事前に摂取している。とくに汗の塩分が多い人にとっては、適切な量の食塩を日々摂取することが推奨される。いくつかのケースでは、運動中に塩タブレットを摂取することが、水分と電解質のバランスを維持するうえで必要となる場合がある。活動的な人は、水分摂取を、脱水を防ぐのに必要な分だけに制限すべきであり、また、飲み過ぎを防ぎ低ナトリウム血症を進行させるリスクを限定するために、2時間を超える運動中にはナトリウムを多く含む食品や飲料を摂取すべきである（Speedy, Noakes, and Schneider 2001）。

水分状態の測定

　練習中と休憩時の両方で適切な水分補給を確実なものとするために、競技選手の水分状態（十分に水分を補給しているかどうか）は、練習中に評価すべきである。理想的には、水分状態の測定方法は総水分量が体重の2〜3％変化するのを十分に検出できるような感度と正確性を備えているべきである。水分状態を現場で測定するには、時間やコスト、技術といった観点から考えて実践的であるべきである。**尿比重**（USG）は、定量化できる現場での測定法（フィールドテスト）であり、競技選手において運動前に水分状態を評価するうえで望ましい方法である。尿比重計は、

100ドル未満から300ドルと、広い範囲にわたっており、非常に簡単に持ち運びでき、フィールドにおいても使いやすい。

　個々人では、産生される尿の量を測ったり、尿の色を評価する、体重の変化を判断することで自らの水分状態を評価できる。これらの水分状態の測定のうち、単独での評価は、それぞれに限界があることから勧められない。尿の色は、主にウロクロームというヘモグロビンの分解産物の量によって決まる（Maughan and Shirreffs 2008）。大量の尿が排出されると、尿は薄まり、溶液の濃度はより低くなる。このため、尿の色は薄くなる。もし排出される尿の量が少ないと、尿はより濃縮される。このため、尿の色はより濃くなる（Maughan and Shirreffs 2008）。尿のカラーチャートでは、8つの色が尺度で示されており、尿の色と比重や浸透圧との間の線形関係を反映したものとなっている（Armstrong et al. 1994）。ビタミンB複合体、β-カロテン、β-シアニン、いくつかの人工着色料、医薬品といった摂取したものに含まれる化合物によって、尿の色がより濃く見えることがあることを覚えておくことは重要である（Maughan and Shirreffs 2008）。競技選手は、水分状態を考慮する際に尿の色を頻繁に用いる場合、これらの要因にとりわけ注意を払う必要がある。

　競技選手は水分補給が十分である場合には尿の色が薄くなり、尿の量は多くなるはずであるが、排尿までの1時間以内にマルチビタミンあるいはB群ビタミンを摂取していると、濃く、鮮やかに見えることに注意しなければならない。一般的に、尿は薄いレモネードの

色と同じとなるべきである。もしそれより尿の色が濃く、濃縮されている場合、競技選手は脱水している。もし尿の色がオレンジや茶色であったら、すぐに医師の診察を受けることが必須である。

　体重も、水分状態を調べるうえでツールの1つとなる。エネルギーのバランスが取れていて、十分に水分補給されている人は、体重（朝、排尿後に測定）の変動は±1％に収まるべきである。朝の体重は、腸の動きの変化や食習慣の影響を受けることを覚えておくべきである。女性においては、月経周期におけるホルモン変動が体重に影響する。月経期の後半では、体重はやや増加し（Kirchengast and Gartner 2002）、月経の数日前、水分保持が増加し体重が増えることがある（Rosenfeld et al. 2008）。

　エクササイズセッションの前後で体重を測定することも、トレーニング中の水分の需要に合致しているかを考慮するうえで有用である。最も簡単なアプローチは、トレーニングセッション（できれば試合での強度が望ましい）の前および直後に衣服を着用せずに体重測定を行うことである。前後の体重の差から、水分喪失を推定することができ、それに伴い水分状態を維持するために摂取すべき水分量がわかる。女性においては月経周期のどの時点かによって水分の状態は変化する可能性があることに留意しなければならない。たとえば、セッション前に77.1kg（170ポンド）だった人が、セッション後に76.2kg（168ポンド）となったら、体重減少は0.9kg（2ポンド）である。再度水分補給をし直すには、減少した体重の150％の水分が必要となる（p._

▶ 尿比重——水分状態を測定するのに用いられるツールの1つ。

参照）ので、この競技選手は良好な水分状態を達成するうえで1120〜1420mL（40〜48液量オンス）の水分が必要となる。朝の尿の色、尿比重の評価、体重の変化を見ることで、水分バランスの変化を検出するうえで十分な情報が得られる（Sawka et al. 2007）。

水分補給とパフォーマンス

電解質バランスが変化した結果として、脱水や熱中症が生じる可能性が高まるため、競技選手は、有酸素的持久力運動において水分および電解質バランスに細心の注意を払うことは、とくに重要である。ランニングやサイクリング（長距離）という有酸素性持久力系のスポーツだけでなく、アメリカンフットボールやサッカー、ホッケー、その他さまざまな競技もまた、脱水や熱中症、低ナトリウム血症のリスクが高い。

水分バランスに対して有酸素性持久力系競技選手が払っている注意と比較すると、ストレングスおよびパワー系の競技選手においては、注意が向けられていないのが明らかである。もっともらしい説明は、長い有酸素性運動により脱水になりやすいというものであるが、多くのストレングスおよびパワー種目の継続時間は短いことに加えて、容易に水分補給できることから、脱水の懸念は少なくなる。

有酸素性持久力運動

水分および電解質のバランスを維持することは、有酸素性持久力運動を行う人にとっては非常に重要である。実際に、体重がわずか2％減少するにすぎない水分喪失により、暑熱環境と穏やかな環境のどちらでも運動パフォーマンスが低下することが示された（Maughan and Shirreffs 2008）。しかしながら、アイアンマンレースに出るトライアスロン選手についての研究では、大会中に体重が3％減少しても温度調節や体温に有害な影響はみられず（Institute of Medicine 2005）、このことは競技選手の中には熱の調節機能が優れていたり、異なる水分戦略を必要としている人がいるのかもしれないことを示している。

運動前

良好な水分状態で、また正常な電解質レベルで運動を始めることは重要である。一日を通した水分補給の実践をよりよいものとするには、水分摂取に集中することと、果物や野菜といった水分を多く含む食品を摂取することが、主な目標であるべきである。もし前回のエクササイズセッションから少なくとも8〜12時間経過し、効果的な水分摂取ができているのであれば、その人の水分状態は良好に近いはずである。一方で、水分の喪失が激しく、良好な水分状態を確立するには水分および電解質の補充が不足している人は、エクササイズ前に積極的に水分を補給するという手順（プロトコル）が妥当となる（Sawka et al. 2007）。

エクササイズの少なくとも4時間前に、競技選手は体重1kgあたり約5〜7mLの水分を摂取すべきである。もし尿が出ない、あるいは濃い（暗い）色である場合、運動の2時間前に体重1kgあたり約3〜5mLを、よりゆっくりと摂取すべきである（Sawka et al. 2007）。このとき、ナトリウムの多い食事を摂取することは、口渇感を刺激し、水分の再補充を促す。もしナトリウムを含む飲料を摂取

するなら、推奨される濃度は 1 L あたり 20 ～ 50mEq（460 ～ 1150mg、食塩相当量で 1.2 ～ 2.9g）である（Swaka et al. 2007）。

　イベント前の一般的な実践として、競技選手が水を多く摂取して水分過剰にしようとすることがある。このような実践は、試合中の排尿のリスクが高まり、また身体のナトリウム濃度を下げてしまう可能性があり、これらによって低ナトリウム血症のリスクが高まることから推奨されない（Laursen et al. 2006）。練習前や試合前に良好な水分状態を促すには、水分の飲みやすさ（おいしさ）が極めて重要である。飲みやすいか（おいしく飲めるか）否かは、運動前の水分補給戦略の実施に寄与し、またはそれを妨げる。飲料は、一般的には少し甘くすべきであり、ナトリウムを含み、温度は冷たくすべきである。

運動中

　運動中に水分を摂取する目的は、極端な脱水（水分が失われることによる体重減少が 2 ％を超える）と電解質バランスの極端な変化を防ぐことである（Sawka et al. 2007）。水分補給の戦略はそれぞれ高度に個別化されるが、競技選手においては、6 ～ 8 ％の炭水化物−電解質飲料を 90 ～ 240mL（3 ～ 8 液量オンス）、60 ～ 90 分よりも長く続く運動時には 10 ～ 20 分おきに飲むことを目指すべきである。これは、水分補給を助け、長時間の運動においてよりよいパフォーマンスを促す（Sawka et al. 2007; Jeukendrup, Jentjens, and Moseley 2005）。

　運動中に炭水化物を摂取することで、血中グルコースレベルが維持され、疲労を軽減することはよく知られている。スポーツドリンクには、一般的に以下が含まれている

（Institute of Medicine 2005; Jeukendrup, Jentjens, and Moseley 2005）。

- 1 L あたり 20 ～ 50mEq（460 ～ 1150mg、食塩相当量で 1.2 ～ 2.9g）のナトリウム
- 1 L あたり 2 ～ 5 mEq（78 ～ 195mg）のカリウム
- 約 6 ～ 8 ％の濃度の炭水化物

　個人のニーズや好みにより、エナジーバーやゲルその他の食品もまた、組み合わせることができる（Institute of Medicine 1994）。ナトリウム（飲料 1 L あたり 20 ～ 50mEq、460 ～ 1150mg）を含む飲料あるいはナトリウムを含む軽食を摂取することは、口渇感を刺激し、水の再補充を促す（Ray et al. 1998）。ナトリウムに加え、タンパク質を含むスポーツ飲料も水分保持を増加させる方法となるかもしれない。脱水（2.5 ％の体重減少）後の水分補給を調べた研究では、研究者らは、13 名の被験者らに、炭水化物＋タンパク質（それぞれ 6 ％と 1.5 ％）、炭水化物のみ（6 ％）、水のみ、のいずれかを減少した体重と同じ量を、リカバリー期の 3 時間にわたって与えた。水分保持は、炭水化物＋タンパク質群が、炭水化物群よりも有意に高かった。炭水化物＋タンパク質群と、炭水化物群のどちらも、水分の再補充が水のみの群よりも高かった。この著者らは、炭水化物＋タンパク質飲料の摂取は、炭水化物のみの飲料の摂取よりも 15 ％多く、水のみの摂取よりも 40 ％多かったと結論づけている（Seifert, Harmon, and DeClercq 2006）。

運動後

　運動後の目標は、エクササイズによる水分

および電解質の不足を完全に補充することである（Sawka et al. 2007）。競技選手は、正常な水分状態に戻すために、失った体重の150%の水分を運動後の6時間以内に摂取すべきである（Maughan and Shirreffs 2008）。したがって、実践的に述べるならば、トレーニング中に減少した体重0.45kgあたり600〜720mL（1ポンドあたり20〜24液量オンス。訳注：体重減少1kgあたり1300〜1600mL）の水分を摂取することが推奨される。味のない水は水分の再補充に効率的であるが、競技選手は失った電解質を補充するためにスポーツドリンクや水と共にナトリウムや塩化物を含む食品を摂取することを考慮すべきである（Dunford 2006）。

　いくつかの研究では、全体としてアルコールやカフェインを含む飲料には利尿作用があることが示されている。しかし、その作用は一時的であり、そういった飲料も一日の摂取推奨量を満たす際に含めることができる。しかしながら、もし素早い水分補充が運動後の目標であるなら、身体活動後の数時間はアルコールやカフェインを含む飲料を避けることが望ましい（Dunford 2006）。運動後の飲料として、素早い水分の再補充を促すものが選ばれるべきである。

　試合後やトレーニングセッション後に摂取する食品や飲料（ナトリウムを多く含むもの）が十分かどうかは、次のエクササイズセッションまでの時間によって決まる。ナトリウムは摂取した飲料の再補充を助け、口渇感を刺激するので、競技選手が運動後の時間に水分状態を戻すために摂取すべき、鍵となる栄養素の1つである。汗によるナトリウム喪失は個人により異なるため、この運動後の時間におけるナトリウムの処方については異なり、汗によるナトリウム喪失が大きい人には、食事や軽食に追加で塩を少々加えることがとくに有用である（Swaka et al. 2007）。

筋力およびパワーのパフォーマンス

　有酸素性持久力系競技選手における、水分摂取の推奨と水分状態の測定を行う研究は非常に多いが、水分補給が筋力およびパワーに及ぼす影響についての研究は少ない。まとめると、これらの研究ではさまざまな結果が出ている。すなわち、ある研究では中程度の脱水はパフォーマンスのある側面に影響を及ぼす可能性があることを示し、別の研究では激しい脱水ですら影響を及ぼさないことが示唆されている。結果に差が出るのは、一部には方法論や測定に違いがあるためである。

　ある研究では、科学者らは漸進的な脱水が筋力やパワーに及ぼす影響について、筋力やジャンプ能力、神経筋機能を測定することによって調べた。12名のレクリエーションレベルの活動を行っている男性が、暑熱環境でジョギングを行い、漸進的な脱水が引き起こされた状態で6回のレジスタンスエクササイズを行った。ジャンプ高および筋電図データ、120°/sで行う等速性のレッグエクステンションでは、変化はみられなかった。しかしながら、被験者が脱水により体重が1%減少したとき、等速性レッグエクステンションは顕著に低下した。脱水によって体重が2.6%減少したとき、30°/sで行う等速性のレッグエクステンションは顕著に低下した。アイソメトリック（等尺性）および等速性筋力の閾値である30°/sを除き、量−反応関係はみられなかった（Hayes and Morse 2010）。別の研究

では、良好な水分状態と漸進的な脱水（2.5%および5%の体重減少）を、垂直跳び、ジャンプスクワット、アイソメトリックバックスクワットで比較した。すべての測定において、試行間に差はみられなかった。しかしながら、脱水（2.5%および5%の体重減少の両方）において、6セットのバックスクワットプロトコル中、有意にレジスタンスエクササイズのパフォーマンスが低下した（Judelson et al. 2007b）。

　この研究とは対照的な別の研究では、筋力および筋持久力への絶対的な影響はなかったことが示されている。クロスオーバー研究の1つでは、7名の男性が間欠的なサウナ曝露を通して、脱水により体重が4%減少した後、アイソメトリック筋力と持久力を測定した。この研究の著者らは、有酸素性持久力の競技選手向けにしばしば推奨される重要なカットオフ値の2倍の脱水であっても影響がないことを観察した（Greiwe et al. 1998）。

　脱水および筋力、パワーについての研究では、まちまちな結果が出ているが、方法論的な違いの考慮を踏まえて研究者らはエビデンスをレビューし、水分補給が少ないと筋力が約2%、パワーが約3%、高強度持久力が10%、それぞれ低下することがわかった（Judelson et al. 2007a）。これまで述べたパフォーマンスの変化に加え、多くのスポーツは多面的であり、筋持久力や筋力、有酸素性持久力を必要とし、したがって水分補給の不足はそういったスポーツにおいてパフォーマンスに影響を及ぼすようだ。したがって、脱水は競技パフォーマンスに寄与する1つ以上の変数に影響を及ぼすようだ。たとえば、軽量級漕艇選手は、試合参加のために脱水するかもしれないが、その選手のパフォーマンスはよくても平均を下回るかもしれない（最高のパフォーマンスだとしても実際には低いかもしれない）。それに加えて、気候条件により、熱中症のリスクを高める可能性がある。

　脱水はその人の有酸素性能力および筋持久力を妨げ、熱中症のリスクを高める可能性に加えて、横紋筋融解症（骨格筋の非常に深刻な損傷であり、細胞の内容物が血漿中に漏出する）を進行させるリスクを高める可能性がある（Beetham 2000; Knochel 1992; Bergeron et al. 2005）。

ストレングストレーニング

　レジスタンスエクササイズは、独特の代謝要求と関連している。しかしながら、脱水がレジスタンストレーニングに及ぼす影響について評価した研究は非常に少なく、脱水によって筋パフォーマンスが低下するかどうかについては明らかなコンセンサス（見解の一致）は存在しない。代謝マーカーに及ぼす影響について調べた研究では、水分が不足した状態にすると（4.8%まで）、内分泌的および代謝的な内部環境がトレーニングの前後で変化することがデータによって示されている。とくに、異化ホルモンのコルチゾールやエピネフリン、ノルエピネフリンが増加し、運動後の同化応答を変化させる（Judelson et al. 2008）。これらのデータは、脱水状態によってレジスタンストレーニングセッションのストレスが促進され、トレーニングへの適応が妨げられるかもしれないということを示唆している。

　水分の補給不足が筋損傷に及ぼす影響について調べたその他の研究では、とくにミオグロビンとクレアチンキナーゼが測定され、そ

れら筋損傷マーカーは良好な水分状態、2.5%あるいは5.0%の水分補給が不足した状態のいずれも、有意な差がみられなかったことを示している。しかしながら、この著者らは、この知見は統計的に有意ではないものの、脱水した参加者らの総仕事量は少なかったと述べている（Yamamoto et al. 2008）。

まとめると、いくつかのデータはレジスタンストレーニングを行ううえで水分補給が利益をもたらすことを示すが、いまだに科学に基づく水分補給のプロトコルに沿っていない可能性がある。したがって、レジスタンストレーニングを行う競技選手は、トレーニングの前・中・後において、できるだけ水分が足りた状態であり続けるよう、一日を通して行う水分補給のテクニックを獲得するべきである。

年齢に関連した水分のニーズ

脱水と熱中症のリスクが高い2つの人口集団は、子どもと高齢者である。これら2つの集団は、水分補給に関連した問題を経験しやすく、さらに高齢者においては電解質バランスが変化するため、このような集団における問題に注意し、親やコーチも含めて教育を行うことは、スポーツ栄養士にとって急務である。

子ども

子どもにおける水分ニーズは、この年齢集団において入手可能な研究が少ないため、成人におけるニーズよりも挑戦的な課題となる。子どもにおける熱中症のリスクは、いくつかの要因によって増加する。子どもや青年は、体重あたりの熱の産生が成人よりも高い（Falk, Bar-Or, and MacDougall 1992）。それに加えて、子どもが一度脱水すると、深部体温の上昇の程度は成人よりも大きい（Unnithan and Goulopoulou 2004）。さらに、自発的脱水（運動中に勧められる水分を十分に摂取しないこと）は、子どもではよくみられる（Bar-Or et al. 1992）。子どもにおける熱中症のリスクを高めている要因には、さらに皮膚の単位面積あたりの、熱によって活動する汗腺が多いこと（Falk, Bar-Or, and MacDougall 1992）であるが、汗腺あたりの発汗の速度は成人よりも低く（Falk, Bar-Or, and MacDougall 1992; Bar-Or 1980）、環境からの熱をより蓄積させるようである（Petrie, Stover, and Horswill 2004）。加えて、発汗の閾値は子どもは成人よりも高く、汗によって失われるナトリウムと塩化物も多い（Meyer et al. 1992）。

子どもや青年期を対象とした数少ない研究では、1時間あたりの発汗率は510〜1260mL（17.2〜42.6液量オンス）であることが示されている（Ballauff, Kersting, and Manz 1988; Bar-Or 1989; Sawka and Pandolf 1990）。成人では体重の2％を脱水で失うと、仕事の能力が低下し、パフォーマンスも低下するが、子どもではわずか1％の脱水で同じ影響をもたらす（Kenney et al. 1990）。したがって、活動的な子どもに対しては、個別の水分補給の処方をできるだけ提供することが非常に重要である。暑いときの一般的な水分の推奨量は、子どもが喉の渇きを感じなくなるまで飲むことに加えて、さらに子どもと青年期でそれぞれ120および240mL（4および8液量オ

ンス）であることが含まれる（Unnithan and Goulopoulou 2004）。子どもは、身体活動の前に120 〜 480mL（4 〜 8 液量オンス）、また運動中に15分ごとに120mL、運動後には再補充を促すために少なくとも480mLを摂取すべきである（Bar-Or et al. 1997）。味は、子どものための飲料としては決定的に重要な要素である。軽く味をつけた、ナトリウムおよび炭水化物を含む飲料を用いることによって、少年（男子）においては口渇感を促進し、自発的脱水を低減したり、予防したりする。興味深いことに、少女（女子）においては、発汗率が低いために自発的脱水は少ない傾向にある（Bar-Or 1996）。しかしながら、適切な水分補給の戦略が、少女においても適用される。

高齢者

　加齢は、腎臓の適応や血流応答、発汗率、口渇感といったある種の生理学的な変化と関連しているため、水分および電解質のバランス不良が生じることが一般的であり、水分および電解質は体温調整に影響を及ぼす（Rosenbloom and Dunaway 2007）。腎機能の低下を含む年齢に関連した変化により、若年成人よりも、腎臓での水分排出が多く引き起こされることがある（Rolls and Phillips 1990）。加えて、加齢により血管の構造変化が起こり、熱を発散する手段としての皮膚への血流が低下する。実際に、高齢者においては一定の暑熱負荷において、皮膚の血流量が若い成人よりも25〜40%少なかった（Kenney et al. 1990）。最後に、高齢者においては、若

い成人よりも発汗率が低い可能性があり、またエクササイズセッションで発汗が始まるのが遅い可能性がある（Kenney and Fowler 1988）。これらの3つの変化により、とくに運動刺激が導入されたときに、高齢者は水分のバランス不良を生じやすい。生物学的加齢による追加的な腎臓の変化には、以下が含まれる。

- 糸球体濾過速度（GFR、腎臓機能の評価方法の1つで、腎臓によって濾過される血流の速度を示す）。
- 尿の濃縮能力の低下（Tarnopolsky 2008）
- ナトリウムを効率的に保持する能力の低下（Reaburn 2000）
- 大量の水を排出する能力の低下（Rolls and Phillips 1990）

　これらの変化はすべて、水分および電解質のホメオスタシス（恒常性）を低下させ、高齢者において血液量減少症や脱水を引き起こし得る（Rosenbloom and Dunaway 2007, Rolls and Phillips 1990）。

　高齢者には、**高ナトリウム血症**（血漿中のナトリウム濃度が145mEq/Lより高くなること）のリスクもある。これは、多尿症（過剰に尿が産生されること）、下痢、過剰な発汗、不適切な水分摂取によって引き起こされる。しかしながら、多くの高齢者にとって、加齢に関連した口渇感の低下が主な理由となるかもしれない（Epstein and Hollenberg 1976）。高齢者においてどのくらいの人が高ナトリウム血症になるかはよくわかっていないものの、水分の選択が好ましいものであ

▶ 高ナトリウム血症——脱水により典型的に引き起こされる、血中ナトリウム濃度の上昇。

り、また疾患がないのであれば、座位行動中心の条件において水分バランスを維持することに問題はない。高齢者において、多くの水分を摂取し、ナトリウムの少ない食事を摂取することは、ナトリウムを保持し水分を排出する能力が低下することにより、過剰な水分摂取を引き起こす可能性があるため、危険な組み合わせとなり得る（Crowe et al. 1987; Kenney and Chiu 2001; Thompson, Burd, and Baylis 1987）。

　高齢者は、水分が喪失したときや過剰なとき、体内の水分量を調整しにくくなる。そして、前述のように、尿の濃縮能力の低下（Tarnopolsky 2008; Seckl, Williams, and Lightman 1986; Burrell, Palmer, and Baylis 1992）とともに、大量の水を排出する能力が減少する（Phillips et al. 1993a）。研究の1つでは、健康な若い人と高齢者において脱水状態を比較し、高齢者群においては24時間の水分喪失状態で口渇感が減少したが、若

い人の群では強い口渇感の応答が示された（Tarnopolsky 2008）。高齢者群は、口内の乾燥や口渇感、口内の味覚の不快感の増加はみられなかった。これらのデータは、ほかの知見ととともに考え合わせると、高齢者は脱水になりやすくなることを示している（Phillips et al. 1993b）。

　高齢者においては、若い人たちと比較して、脱水を経験した後は水分再補充の期間をより長く取ることが推奨される（Epstein and Hollenberg 1976）。脱水が起こるのを防ぐために、水分摂取はエクササイズセッションの中でより早期に始めるべきである（Campbell and Geik 2004）。高齢者における正確な水分摂取戦略の基礎となるような、学術的に発表されたデータは存在しない。若い競技選手向けの水分補給のガイドラインは、マスターズの競技者向けの水分補給計画を立てるときに利用できる（Rosenbloom and Dunaway 2007）。

専門的実践

　水分状態と電解質バランスを注意深くモニターすることは、競技パフォーマンスだけでなく、熱中症や低ナトリウム血症を予防するうえで非常に重要である。したがって、スポーツ栄養士は、競技選手が水分補給や電解質の状態をモニターするのを助けるだけでなく、彼らが自分たちでどのようにそういったことを行うか、また脱水や熱中症、低ナトリウム血症の徴候にどのようにして気づくかについても教えることが重要である。

　競技選手は、自らの水分状態を評価するうえで、2つの簡単なことを行うことができる。1つ目は、排尿の頻度や尿の色、量に注意を

払うべきである。尿は薄い黄色で、量が多くあるべきである（ビタミンB複合体やマルチビタミンの形でのビタミンB群、あるいは機能性食品により、尿の色は明るくなったり暗くなったりする）。競技選手は、毎回のトレーニングセッション前後に体重測定を行うことも習慣にすべきである。もし、練習前後で体重が2％以上のマイナスであったら、練習前や練習中の水分補給を改善する必要がある。体重が0.45kg（1ポンド）減少するごとに、600〜720mL（20〜24液量オンス）の水分を摂取すべきであり、その際にはナトリウムレベルを維持するのを助けるためにスポ

ーツドリンクあるいはナトリウムが付加された飲料が望ましい。

　毎年、低ナトリウム血症による死亡例が発生する。マラソン選手はゴールするまでに長い時間（4〜5時間）がかかり、水しか摂取しないでいると、バスケットボール選手よりも低ナトリウム血症になりやすく、スポーツ栄養士は広い範囲の競技において低ナトリウム血症が生じる可能性があることに気をつけなければならない。その例として、40代のアルティメット競技の選手であるMikeは、土曜日の午後、トーナメントに出場し、プレー中にめまいと混乱を感じた。彼のチームメイトは、彼が倒れるまで問題があると認識していなかった。病院の救急救命室へと緊急搬送され、彼は数日間にわたって昏睡状態となった。彼の父親は、脳が腫れていると語った。Mikeはトーナメント中に水のみを摂取しており、食べ物には塩をかけず、加工食品（ナトリウムが多く含まれることがしばしばある）を多く食べなかったことが、彼にとって低ナトリウム血症のリスクを高めることとなった。彼は昏睡から完全に回復したものの、この状況は適切な教育によって防ぐことができただろう。

　脱水は、有酸素性持久力運動からスポーツに求められる爆発的なパワーの動作まで、ほとんどの種類の競技パフォーマンスの妨げとなり得る。脱水と熱中症について綿密にモニターされ、教育されるべき2つのグループは、子どもと高齢者である。以下に、競技選手向けの水分補給の一般的な推奨を示す。競技や個人ごとの個別ニーズに合致させるために変更して適用すべきである。

- 運動開始の少なくとも4時間前、競技選手は体重1kgあたり約5〜7mLの水分を、また運動の2時間前までに排尿がないまたは尿が濃い場合は体重1kgあたり約3〜5mLの水分を摂取する必要がある（Sawka et al. 2007）。
- 運動前に摂取する水分は、1Lあたり20〜50mEq（460〜1150mg）のナトリウムを含むべきである（Swaka et al. 2007）。
- 競技選手は、60〜90分間以上にわたって運動を継続するとき、6〜8％の炭水化物-電解質飲料を、10〜20分ごとに90〜240mL（3〜8液量オンス）摂取すべきである（Sawka et al. 2007; Jeukendrup, Jentjens, and Moseley 2005）。
- 競技選手は、運動中に摂取する飲料として1Lあたり20〜50mEq（460〜1150mg）のナトリウム、2〜5mEq（78〜195mg）のカリウム、約6〜8％の炭水化物濃度のスポーツドリンクを選ぶべきである（Institute of Medicine 2005; Jeukendrup, Jentjens, and Moseley 2005）。
- 発汗率が高かったり、汗のナトリウム濃度が高い人にとっては、市販のスポーツドリンクは低ナトリウム血症を防ぐうえでナトリウムが十分に含まれていないことがある。一般的に、競技選手は最低でも水分1Lあたり20mEq（460mg）のナトリウムを含むスポーツドリンクを選ぶことが推奨される。
- 競技選手は、練習後に体重が0.45kg（1ポンド）減少するごとに、600〜720mL（20〜24液量オンス）の水分を摂取すべきである。味のない水（水のみ）は、運動後にナトリウムを含む食品と組み合わせる場合にのみ飲用すべきである（Dunford 2006）。

まとめ

- スポーツに参加する人にとって、良好な健康およびパフォーマンスを維持するうえで水分は最も重要である。多くの変数が、水分補給のニーズおよび水分状態に影響を及ぼす。したがって、水分補給について精度の高い個別の処方を行ううえで、年間の練習を通して異なる水分補給および再補充戦略の適切なタイミングおよび実施が重要である。

- 正常な水分補給を行うことが、競技パフォーマンスにおいて、正常な心臓血管系および体温調整機能において必要不可欠である。体重の2％を超える脱水は、競技パフォーマンスを低下させることがある。また、脱水は熱中症のリスクも高める。

- 競技選手は、運動後の回復期間において、水分の再補充のためにタンパク質を含むスポーツドリンクを摂取したがるかもしれない（Seifert, Harmon, and DeClercq 2006）。

- 水分状態が低下した中で行うレジスタンストレーニングにおいて有意にパフォーマンスが低下するという決定的なエビデンスは存在しない。レジスタンストレーニングを行う競技選手は、トレーニングセッションの前後において、できるだけ水分が足りた状態であり続けるよう、一日を通して行う水分補給のテクニックを獲得するべきである。

- 低ナトリウム血症に関連する要因には、低浸透圧の飲料を飲みすぎる、発汗を通してナトリウムを過剰に喪失する、低ナトリウムの飲料を摂取して過度に発汗するといったことが含まれる。一般的に、4時間以内の種目における低ナトリウム血症は、イベントの前やイベント中、時にはイベント後の過度な水分摂取と、ナトリウム摂取が少なすぎることが寄与している（Laursen et al. 2006）。

- 競技選手は、水分摂取を、脱水を防ぐのに必要な分だけに制限すべきであり、また、飲み過ぎを防ぎ低ナトリウム血症を予防するために、2時間を超える運動中にはナトリウムを多く含む食品や飲料を摂取すべきである（Speedy, Noakes, and Schneider 2001）。

- 子ども向けの一般的な水分の推奨量は、子どもが喉の渇きを感じなくなることに加えて、さらに子どもと青年期でそれぞれ120および240mL（4および8液量オンス）である（Unnithan and Goulopoulou 2004）。子どもは、運動の前に120〜480mL（4〜8液量オンス）、また運動中に15分ごとに120mL、運動後には再補充を促すために少なくとも480mLを摂取すべきである（Bar-Or et al. 1997）。

- 高齢者における正確な水分摂取戦略の基礎となるような最近のデータは存在しない。若い競技選手向けの水分補給のガイドラインは、マスターズの競技者向けの水分補給計画を立てるときに利用できる（Rosenbloom and Dunaway 2007）。

6

Vitamins and Minerals

ビタミンとミネラル

Henry C. Lukaski, PhD, FACSM, FCASN

　食事と身体活動間の相乗効果に対する認識の高まりは、健康や身体パフォーマンスを高めるうえで**微量栄養素**（ビタミンとミネラル）が果たす役割への興味を刺激する。微量栄養素に依存するエネルギー産生代謝経路や、組織における生化学的適応、ターンオーバーの速度の増減についてのエビデンスにより、微量栄養素と身体活動の間の相互作用に対する関心が高まってきた（Rodriguez, DiMarco, and Langley 2009）。食品に含まれるビタミンやミネラルの量（マイクログラムμgからミリグラムmg）は、タンパク質や炭水化物、脂質（数百グラムgに達する）と比較して少ない。しかしながら、微量栄養素はタンパク質の構成要素のように強い生物学的影響力を発揮する。この力によって、微量栄養素は主要栄養素をフィジカルトレーニングや回復に本来備わっている生物学的過程に燃料を供給するための、潜在的なエネルギー利用に必要な複雑な反応を可能にする（Lukaski 2004; Volpe 2007）。

　DRIs（食事摂取基準；Dietary Reference Intakes）とは、健康と機能を損なう可能性のある栄養不足を予防するために推奨される摂取量のことである（Institute of Medicine, Food and Nutrition Board [IOM] 1997, 1998, 2000, 2001, 2005, 2003）。RDA（推奨量、Recommended Dietary Allowance）と

▶ 微量栄養素──たとえ非常にわずかな量であっても、成長や代謝に必要不可欠であるミネラルやビタミンその他の物質のこと。

商標および商品への言及は、米国農務省による商品に対する保証を意味するものではなく、適切であること、またその他の商品を排除することを承認することを示唆するものではない。
米国農務省や農業研究所、大平原北部地区は機会均等・アファーマティブアクションの雇用者であり、すべての行政サービスは差別なく利用できる。

は、健康な人の約98％の要求を満たすと考えられる値であり、AI（目安量、Adequate Intake）は、不足を防ぐための十分な値に設定されている。RDAは、厳密な科学的研究から導かれたデータに基づいて算出され、AI

は十分な科学的根拠が得られない場合に用いられる。重要なことは、身体的活動はわずか1/3の栄養素のDRIの決定要因であるとみなされている（表6.1および6.2）。

　本章では、ビタミンやミネラルが運動中の

表6.1　個人別（19-50歳）の各微量栄養素の運動に関連した機能およびRDA

栄養素	機能	男性	女性	身体活動に対する考慮	身体活動が必要量に及ぼす影響
ビタミン					
チアミン（B₁）、mg	エネルギー産生経路における反応	1.2	1.1	あり	限られたエビデンス[a]
リボフラビン（B₂）、mg	酸化的エネルギー産生における電子伝達	1.3	1.1	なし	わずかな影響[b]
ナイアシン、NE（ナイアシン当量）*	酸化的エネルギー産生における電子伝達	16	14	なし	–
ピリドキシン（B₆）、mg	アミノ酸とグリコーゲンの分解	1.3	1.3	あり	わずかな影響[c]
シアノコバラミン（B₁₂）、μg	葉酸の再利用とヘモグロビン合成	2.4	2.4	なし	–
葉酸、μg、食事性葉酸当量（DFE）*	細胞の再合成とヘモグロビン合成	400	400	なし	–
アスコルビン酸（ビタミンC）、mg	抗酸化物質	90	75	あり	影響は示されていない[d]
レチノール（ビタミンA）、μg、レチノール活性当量（RAE）*	抗酸化物質	900	700	なし	–
トコフェロール（ビタミンE）、mg	抗酸化物質	15	15	あり	–
ミネラル					
鉄、mg	有酸素性エネルギー産生	8	18	あり	要求量の増加[e]
マグネシウム、mg	有酸素性エネルギー産生	400	310	あり	限られた影響[f]
亜鉛、mg	エネルギー代謝とガス交換	11	8	なし	限られた影響[g]

表6.1（前頁から続き）

栄養素	機能	RDA		身体活動に対する考慮	身体活動が必要量に及ぼす影響
		男性	女性		
銅、μg	鉄の代謝、有酸素性エネルギー産生、抗酸化物質	900	900	なし	–
リン、mg	エネルギー代謝	700	700	なし	–
セレン、μg	抗酸化物質	55	55	なし	–
ヨウ素、μg	エネルギー代謝	150	150	なし	–
モリブデン、μg	不明	45	45	なし	–

* NE＝ナイアシン当量；DFE＝食事性葉酸当量（1μgの食事性の葉酸化合物、あるいは強化食品あるいはサプリメントでの0.6μgの葉酸）；RAE＝レチノール活性当量（1μgのレチノール＝12μgのβ-カロテン）（Institute of Medicine, Food and Nutrition Board 1998）。

[a] 長時間の運動で必要量が増加するというエビデンスは限られる。

[b] 低下している状態の被験者に対してB_2のサプリメントを投与することでパフォーマンスが向上した。それ以外は一致しない結果であった。

[c] 競技選手におけるB_6の低下に基づくものであり、要求量それ自体ではない。

[d] 身体活動とビタミンC状態に基づく。

[e] 規則的で、強度の高い運動（30～70%）において増加する。鉄が不足しているが貧血にはなっていない女性において有益な効果。

[f] マグネシウム不足が及ぼす影響について、いくつかのパフォーマンス測定において限られたエビデンスがある。

[g] 低亜鉛状態が及ぼす影響について、いくつかのパフォーマンス測定において限られたエビデンスがある。

表6.2　個人別（19-50歳）の各微量栄養素の運動に関連した機能およびAI

栄養素	機能	AI		身体活動に対する考慮	身体活動が必要量に及ぼす影響
		男性	女性		
ビタミン					
ビタミンD、μg	カルシウムの吸収および利用	5	5	なし	–
ビタミンK、μg	血液凝固および骨形成	120	90	なし	–
ビオチン、μg	糖新生	30	30	なし	–
パントテン酸、mg	グリコーゲン合成	5	5	なし	–
コリン、mg	アセチルコリン、クレアチン、レシチンの形成	550	425	あり	影響の可能性[a]
ミネラル					
カルシウム、mg	骨形成	1000	1000	あり	不十分なエビデンス
フッ化物、mg	不明	4	3	なし	–
クロム、μg	インスリン促進	35	25	なし	–
マンガン、mg	抗酸化物質	2.3	1.8	なし	–

（次頁に続く）

表6.2（前頁から続き）

栄養素	機能	RDA		身体活動に対する考慮	身体活動が必要量に及ぼす影響
		男性	女性		
ナトリウム、g	水分の調整、神経伝導、筋収縮	1.5	1.5	あり	–
カリウム、g	水分の調整、グルコース輸送、グリコーゲン貯蔵、ATP産生	4.7	4.7	なし	–
塩化物、g	水分の調整、神経伝導、筋収縮	2.3	2.3	あり	–

[a] 激しい運動により、血漿中コリン濃度が低下する。サプリメントによりパフォーマンスがやや向上する。

生理学的機能を補助する際に果たす役割について概略を述べ、微量栄養素状態がフィジカルパフォーマンスの測定値に及ぼす影響について注目する。本章では、微量栄養素が身体活動中の代謝において、どの時点で影響を及ぼすかを特定し、微量栄養素の摂取が減少した際の影響についてもまとめる。

競技選手のための
微量栄養素の要求量

微量栄養素には、**有機化合物**であるビタミンと、無機物の元素として存在するミネラルが含まれる。これらは身体内で十分に生成できないことから、食品や飲料から摂取しなければならない。微量栄養素は、一般にはタンパク質である生理活性物質を形成する。これらは直接的にエネルギー源となるわけではないが、炭水化物や脂質、タンパク質からのエネルギー産生および利用を促す。すなわち、酸素や二酸化炭素を輸送し、水分バランスを調整し、酸化的損傷から保護するのである。

図6.1に示すように、B群ビタミンの多く（チアミン、リボフラビン、ナイアシン、B_6［訳注：ピリドキシン］、パントテン酸）や、ミネラルのいくつか（鉄、マグネシウム、銅、亜鉛）は、炭水化物を筋のエネルギーに代謝させるために必要である。鉄や銅、B_6、B_{12}、葉酸は赤血球の形成や筋細胞への酸素の輸送に必要である。亜鉛は、働いている筋から二酸化炭素（CO_2）を除去し、乳酸からグルコースへと再利用するのに必要不可欠である。副腎では、脂肪組織から遊離脂肪酸を放出する際に作用するエピネフリンの産生にビタミンCが必要不可欠である。ナイアシンは、運動中の遊離脂肪酸の放出をブロックするかもしれない。ビタミンCおよびE、β-カロテン、またミネラルのいくつか（亜鉛、鉄、マンガン）は、活性酸素種（ROS）を中和し、筋その他の組織におけるフリーラジカルによる損傷を防ぐ。

最適なフィジカルパフォーマンスのための微量栄養素の評価は、栄養素の摂取の評価と栄養状態の生化学的測定を同時に行う必要がある（Lukaski 2004）。限られた数の調査

▶ 有機化合物——多くの炭素原子を含む化合物。

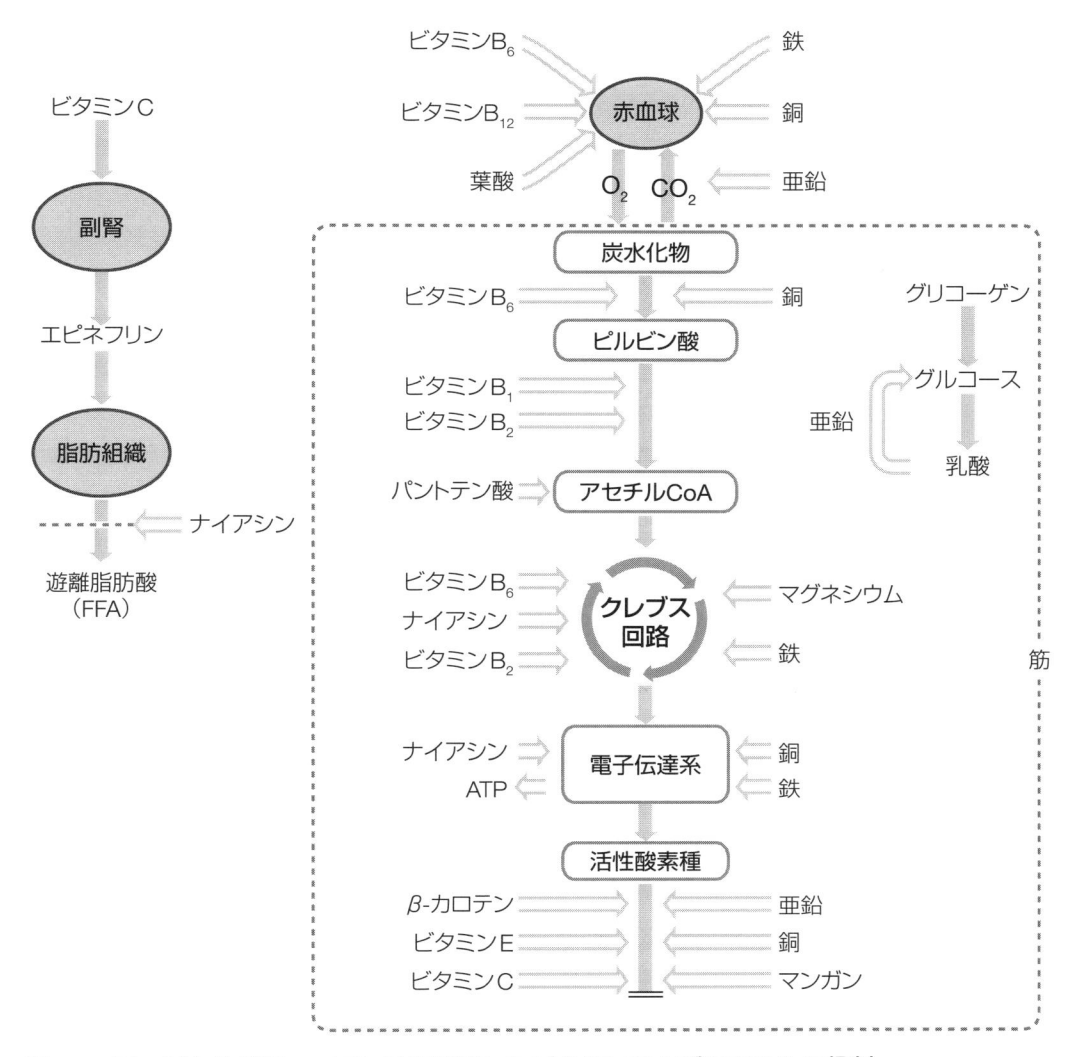

図6.1　フィジカルパフォーマンスに関連したビタミンおよびミネラルの役割。

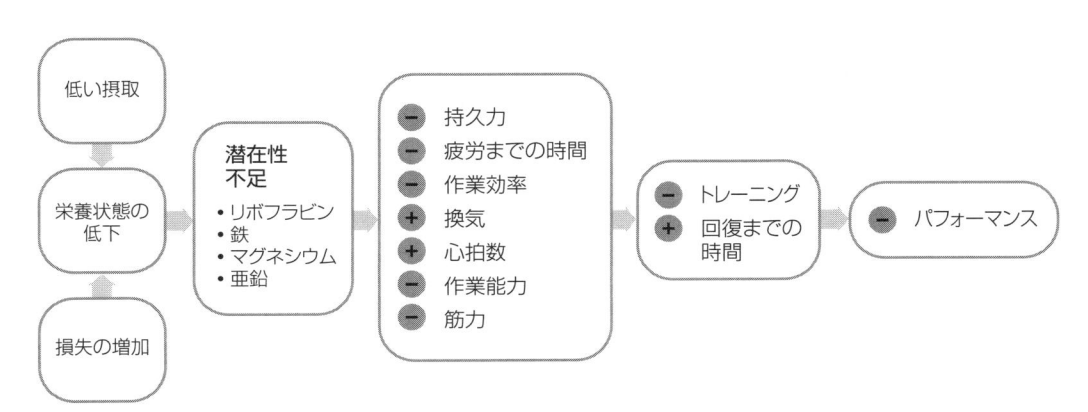

図6.2　フィジカルパフォーマンスの側面における微量栄養素の減少がもたらす影響についての概略。

のみが、これらの基準を満たしている。栄養状態を特徴づけるうえで自己報告のみに頼る調査は、食品摂取が通常、過少報告されるため、問題がある（Magkos and Yannakoulia 2003）。微量栄養素の摂取が適切であるかの評価は、適切な DRI（RDA あるいは AI）に基づいている（IOM 2003）。微量栄養素の摂取が少ない場合、一般的に、栄養状態に関する生化学的指標の低下や生理学的な機能の障害によって特徴づけられる、潜在性欠乏をもたらす。

　図6.2には、ミネラルのいくつか（亜鉛、鉄、リボフラビン、マグネシウム）の潜在性欠乏がどのように運動パフォーマンスやパフォーマンスのマーカーの低下を導くのかについての概略を示している。過度の損失や吸収阻害がない場合に明らかな欠乏、あるいは欠乏症が生じることは稀である（IOM 1997, 1998, 2000, 2001）。

ビタミンとパフォーマンス

　人間が生きていくうえで、13のビタミンが必要である。それらは、水溶性あるいは脂溶性として説明される。B群ビタミン（水溶性ビタミン）を適切に摂取することは、最適なエネルギー産生を確かなものとし、また筋組織の構築および修復において重要である（Woolf and Manore 2006）。ビタミンB複合体は、運動に直接に関連するいくつかの主要な機能——運動中のエネルギー産生と赤血球

の生成とともにタンパク質合成および組織修復の促進、中枢神経系を含めた維持——を持っている。このようにビタミンの持つ役割が重要であるにもかかわらず、ビタミンの摂取に関して、競技選手におけるエルゴジェニックな価値を直接的に示した研究はわずかである。しかしながら、いくつかのビタミンは、酸化的損傷をより低減させたり（ビタミンEおよびC）、厳しいトレーニング中に免疫システムを健康的に保つことを助けたり（ビタミンC）、あるいは両方の働きから、競技選手が厳しいトレーニングに耐えることを助けるかもしれない。以下のセクションでは、ビタミンが競技選手の食事やパフォーマンスの結果に果たす役割について、より詳細に述べる。

水溶性ビタミン

　水溶性ビタミンは9つある（8つのB群ビタミンとビタミンC）。水溶性という性質により、体内での貯蔵と保持される時間が限られる。サプリメントの形で水溶性ビタミンを過剰に摂取しても、過剰分は尿へと排出される。

チアミン

　チアミンは、ビタミン B_1 の一般名である。B_1 の**生物学的活性**形態はチアミンピロリン酸であり、炭水化物やタンパク質からエネルギーを生み出す代謝において**補酵素**として働く（IOM 1998）。これは、とくに運動中にクレ

▶ 水溶性——水に溶けるということを示す。
▶ 生物学的活性——生体細胞の代謝活動に影響を及ぼす特定の物質を指す。
▶ 補酵素（コエンザイム）——酵素が機能するうえで必要不可欠な小さな分子。

ブス回路（TCA回路）において、ピルビン酸をアセチルコエンザイムＡへと、α-ケトグルタル酸をサクシニル（スクシニル）コエンザイムＡへと変換し、酸化的なエネルギー産生を行う（表6.1）。また、筋におけるエネルギー産生に寄与する分岐鎖アミノ酸の脱炭酸（CO_2の除去）にも関与している。チアミンは全粒穀物や、栄養強化シリアルおよびパン、マメ類、緑色の濃い野菜、豚肉、ヒマワリ油、オレンジなどの食品に広く含まれている。

チアミンのRDAは、男性1.2mg／日、女性1.1mg／日とされており、エネルギー摂取との関係では1日あたり0.5mg/1000kcalである（IOM 1998）。研究によると、女性体操選手とレスリング選手はビタミンB_1の摂取がRDA基準レベル未満であった（Short and Short 1983; Loosli and Benson 1990; Economos, Bortz, and Nelson 1993）。したがって、体重基準を満たすために低エネルギーの食事を摂取している競技選手は、低チアミン状態のリスクがあることが明らかである。チアミン摂取が低いことによる悪影響についてのエビデンスは欠如している。古典的研究では、さまざまなチアミン含有量の食事（1日あたり、1000kcalあたり0.23、0.33、0.53、0.63mg）を摂取した若い男性において、筋力およびランニングパフォーマンスにおいて悪影響はみられなかったことが報告されている（Keys et al. 1943）。0.5mgおよび5mgのチアミンを摂取した男性は、チアミン状態を示す生化学的マーカーは低下した（赤血球トランスケトラーゼ活性の低下と、チアミンピロリン酸活性の上昇）ものの、有酸素性持久力の能力に変化はみられなかった（Wood et al. 1980）。その他の研究では、チアミンのサプリメントによって、チアミンの栄養状態は改善したものの、筋力あるいは運動パフォーマンスに対する利益を示すことができなかった（Fogelholm et al. 1993; Doyle, Webster, and Erdmann 1997; Webster 1998）。

リボフラビン

リボフラビンは、ビタミンB_2の一般名である。リボフラビンは、ミトコンドリアの電子伝達系において、補酵素であるフラビンモノヌクレオチド（FMN）やフラビンアデニンジヌクレオチド（FAD）として機能する。これらの酵素は、炭水化物や脂質が分解されてアデノシン三リン酸（ATP）が産生される際に電子を伝達する際に関与している。リボフラビンは、ビタミンB_6を活性化型に変換するうえでも必要不可欠である（IOM 1998）。リボフラビンの摂取源となる食品には、牛乳や乳製品、卵、全粒穀物およびシリアル、赤身肉、ブロッコリー、ヨーグルト、ホエイタンパク質、アーモンドがある。

リボフラビンのRDAは、1日あたり男性1.3mg、女性1.1mg、あるいは0.6mg/1000kcalである（IOM 1998）。競技選手では、女性体操選手を除いて、リボフラビン摂取量は一般的に適切である（Short and Short 1983; Loosli and Benson 1990; Economos, Bortz, and Nelson 1993; Beshgetoor and Nichols 2003; Kirchner, Lewis, and O'Connor 1995）。フィジカルトレーニングにより、成人のリボフラビン要求量は増加する。トレーニング中、競技選手はリボフラビン状態の低下を経験する（Fogelholm et al. 1993; Keith and Alt 1991）。女性に0.2mgと0.6mgのリボフラビンを12週間にわたって投与した代謝研究では、体重減少の有無にかかわらず、リボフラビン

状態の低下（赤血球グルタチオンレダクターゼ活性の低下）がみられた（Belko et al. 1984, 1985）。リボフラビンの摂取が適切な場合と比較して、ピーク酸素摂取量に違いはなかったが、この研究はパフォーマンスの差を検出するためにデザインされたものではなかった（Belko et al. 1984, 1985）。フィジカルトレーニングを行う若年競技選手のうち19%が、開始時点で低リボフラビン状態であったが、リボフラビンサプリメントの摂取（週に6日、1日あたり2mgを2カ月にわたって摂取）により状態は改善し、フィジカルフィットネスも改善した（Suboticanec et al. 1990）。この知見は、複数のB群ビタミンのサプリメント摂取後に有酸素性持久力パフォーマンスが改善したという過去の観察と一致するものであった（van der Beek et al. 1994）。

ナイアシン

ナイアシンは、ビタミンB_3の一般名である。このビタミンBは、ニコチン酸やニコチンアミドとして存在し、代謝されてニコチンアミドアデニンヌクレオチド（NAD）や、ニコチンアミドアデニンジヌクレオチドリン酸（NADP）の形となり、補酵素として働く。NADは、炭水化物や脂質、タンパク質、グリコーゲンを分解する際に電子を運び、ATPを産生する（IOM 1998）。またNADPはペントースリン酸回路において水素の供給源となる（IOM 1998）。タンパク質を多く含む食品は、ナイアシンの供給源となる。赤身肉、魚、家禽類（鶏肉）、全粒穀物製品、マメ類、ピーナッツ、栄養強化食品からは、十分なナイアシンが得られる。ナイアシンのRDAは、1日あたり女性14mg、男性16mgである（IOM 1998）。ナイアシンは、エネルギー代謝において必要不可欠な栄養素であるが、RDAを超過する投与量のサプリメント摂取によって、有用な影響があるというエビデンスは存在しない（Heath 2006）。50mgを超える量のナイアシン（RDAでは14〜16mg）を運動前に摂取することにより、脂肪の動員が抑制され、有酸素性持久力パフォーマンスが低下した（Pernow and Saltin 1971; Galbo et al. 1976; Murray et al. 1995）。

ビタミンB_6

ビタミンB_6も、ピリドキシンの一般名である。この用語には、生物学的に活性化型のビタミンである、ピリドキシン、ピリドキサール、ピリドキサミンが含まれ、さまざまな食品に広くみられる形である。ピリドキサールリン酸は、アミノ酸を変換する酵素の補助因子である。またこれは、糖新生と運動中のグリコーゲン分解の調整に関与するグリコーゲンホスホリラーゼ（リン酸化酵素）の補助因子としても働く（IOM 1998）。B_6が最も多く含まれる食品は、高タンパク質の食品（肉類、家禽類、魚類、小麦麦芽、全粒穀物製品、卵）にみられる。その他の供給源は、バナナ、大豆、生ニンジン、ブロッコリー、ホウレンソウ、アボカドである。

ビタミンB_6のRDAは1日あたり男性1.7mg、女性1.5mgである（IOM 1998）。女性の約1/3と男性競技選手の10%がRDAを満たしていない（Leklem 1990; Manore 2000）。エネルギー摂取が低いこと、乏しい食品選択が、ビタミンB_6摂取の減少に寄与する。身体活動を行う男女を対象とした調査では、5%から60%の競技選手がビタミンB_6状態の低下を示した（Fogelholm et al. 1993; Stacewicz-Sapuntzakis and Borthakur

2006)。9日間にわたってビタミンB$_6$を2.3mgあるいは22mg含む食事を摂取した男性において、有酸素性持久力は変化しなかった（Virk et al. 1999)。しかしながら、尿へのビタミンB$_6$の排出のデータに基づくと、有酸素性持久力トレーニングに参加している成人において、適切なビタミンB$_6$状態を維持するうえで、1.5〜2.3mgが必要となることが示唆されている（Fogelholm et al. 1993; Manore 2000)。

葉酸

葉酸の別名はビタミンB$_9$である。このビタミンBは、DNA合成やアミノ酸代謝に不可欠な、1つの炭素の変換を促進する多くの酵素の補酵素として働く。また細胞の修復や成長、赤血球形成にも働く（IOM 1998)。葉酸の供給源となる食品には、緑色の濃い野菜、栄養強化シリアル、穀類、ナッツ、マメ科植物、レバー、ビール酵母がある。すぐに食べられるシリアルやパン、その他の穀物製品は、葉酸のよい供給源である。

葉酸のRDAは1日あたり食事性葉酸当量（DFE）の400μgである。1μgのDFEは、栄養強化食品の0.6μgの葉酸と、また葉酸サプリメントの0.5μgに相当する（IOM 1998)。活動的な男性は、適切な葉酸を摂取しているが、女性は130〜364μg/日を摂取する傾向にある（Woolf and Manore 2006; Keith et al. 1989; Faber and Benade 1991)。有酸素性持久力系競技選手の女性のうち、8〜33％は、血漿中葉酸レベルが低い（Matter et al. 1987; Beals and Manore 1998)。血漿中葉酸濃度は、レクリエーション的な有酸素性持久力系競技選手（中央値は8.6ngl/mL）と、性別をマッチさせたコントロール群（8.3ngl/mL）

との間で差はみられなかった（Herrmann et al. 2005)。葉酸不足ではあるが、貧血ではない場合に葉酸サプリメントを投与しても、フィジカルパフォーマンスは改善しなかった。低血漿葉酸値（4.5ng/ml未満）の女性マラソン選手は、葉酸を含むサプリメント摂取（10週間にわたって5mg/日）によって、血液学的パラメータは上昇したが、プラセボ投与を受けた葉酸不足のコントロール群と比較してトレッドミルでのパフォーマンスや心肺機能、代謝応答に改善はみられなかった（Matter et al. 1987)。

ビタミンB$_{12}$

ビタミンB$_{12}$は、コバラミンとしても知られている。コバラミンは、コリノイドと呼ばれるコバルトを含有する分子のグループを指す一般名である。これは、DNAの形成において、メチル基の変換の際に補酵素として機能するほか、とくに葉酸とともにヘモグロビン形成に働く（IOM 1998)。ビタミンB$_{12}$は、肉類や家禽類、魚、卵、チーズ、牛乳といった動物性食品にのみ含まれる。

成人におけるRDAは2.4mg/日である。平均的な食事では5〜15mgが含まれる（IOM 1998)。女性の有酸素性持久力系競技選手におけるビタミンB$_{12}$摂取は低い（Keith et al. 1989)が、それ以外の男性および女性競技選手においては適切な摂取であった（Steen et al. 1995; Ziegler, Nelson, and Jonnalagadda 1999)。動物性食品を避けることは、ビタミンB$_{12}$の摂取量低下のリスクが高くなる。ビタミンB$_{12}$のサプリメント摂取に伴うパフォーマンス改善のエビデンスは欠如している。早期の研究では、ビタミンB$_{12}$のサプリメント摂取によりパフォーマンスは改善しないこ

とが明確に確立されている。青年男性がビタミンB$_{12}$のサプリメントを毎日50μg、7週間にわたって摂取したところ、ランニングパフォーマンスや仕事能力は改善しなかった（Montoye et al. 1955）。加えて、若年男性に対するそれ以外のサプリメントをさまざまな処方で投与したトライアル（1mgを週に3回、6週間にわたって注射［Tin-May-Than et al. 1978］、あるいは6週間にわたって0.5μg/日［Read and McGuffin 1983]）では、筋力または有酸素性持久力に有用な影響は示されなかった。

それ以外のB群ビタミン

　パントテン酸は、クレブス回路（表6.2）においてエネルギー産生を担う主な物質となるコエンザイムAの構成要素である。これは糖新生にも関わっている（IOM 1998）。ビオチンは、アミノ酸の代謝に関わる補酵素であり、糖新生の補酵素である（IOM 1998）。パントテン酸は、肉類や卵、マメ科植物、全粒穀物といった動物性および植物性の製品に含まれている。ビオチンの供給源には、卵黄、レバー、マメ科植物、緑色の濃い野菜、ナッツ、大豆がある。

　パントテン酸およびビオチンのRDAは、それぞれ5mgと30μgである（IOM 1998）。これらのビタミンBの通常の摂取量や生化学的指標についてのデータは欠如している。パントテン酸のサプリメント摂取（7日間にわたって1.8g/日）は、50kmのタイムトライアル中の代謝応答またはパフォーマンスに対して有用な影響を及ぼさなかった（Webster 1998）。ビオチンのサプリメント摂取がパフォーマンスに及ぼす影響について測定したデータは、入手することができなかった。

　コリンは、神経伝達物質（アセチルコリン）として、またクレアチンの生成においてメチル基の供給源として、そして脂質のトランスポーターとして（ホスファチジルコリン、あるいはレシチン）として機能する。運動は血漿中コリンレベルに異なる影響（例：強度と継続時間によって決まる）を及ぼすが、初期のエビデンスでは、長時間にわたって継続する運動中、定期的にコリンをサプリメント摂取することにより、パフォーマンスが改善する可能性が示唆されている（Deuster and Cooper 2006）。このパフォーマンスにおける改善が一貫したものであるか、また繰り返し起こるものかを考察するには、さらなる研究が必要である。

ビタミンB複合体

　B群ビタミンはエネルギー代謝に対して累積的に影響を及ぼすことが知られており、このことから複数のビタミンのサプリメント摂取がフィジカルパフォーマンスへ及ぼす影響に関する研究が行われた。トレーニングを積んだ男性自転車選手において、食事中のチアミンやリボフラビン、ビタミンB$_6$の制限を組み合わせるとピーク有酸素性能力の低下（約12％）、ピークパワーの低下（約10％）、OBLA（血中乳酸蓄積開始点）の早期化（7％）が起こった（van der Beek et al. 1994）。パフォーマンスの低下をもたらす単独のビタミンBは特定されていないが、この知見は最適なパフォーマンスにおいてB群ビタミンが必要不可欠であるという観点の必要性を強調するものである。

ビタミンC

　ビタミンCは、アスコルビン酸とも呼ばれ

る。このビタミンは、フィジカルパフォーマンスに影響を及ぼし得るさまざまな生物学的機能を持つ。これは酵素の作用に直接的に影響するわけではないが、エネルギーを生み出すために脂肪酸をミトコンドリアに運ぶカテコールアミンやカルニチンを合成するのに必要である。ビタミンCは腸内で吸収のために無機鉄を還元したり、酸化された副産物からビタミンEを再合成する強力な**抗酸化物質**として働く（IOM 2000）。ビタミンCを含む食品には、ブロッコリーやジャガイモ、トマト、イチゴといった果物と野菜がある（とくに柑橘類、色の濃い野菜）。

　アスコルビン酸のRDAは男性90mg、女性75mgである（IOM 2000）。生理学的なストレッサーにより、ビタミンCの要求は増加する。多くの競技選手は適切な量のビタミンCを摂取しているが、10〜30％の男性大学生競技選手と、女性有酸素性持久力系競技選手の摂取量は、RDAに満たない（Keith 2006）。最大で15％の競技選手が、血漿中ビタミンC濃度が不足していることが示されている（Telford et al. 1992）。古典的な研究では、低ビタミンC状態においてパフォーマンスが阻害されることが示されている。ビタミンCの少ない食事を摂取し、ビタミンCのサプリメントを摂取（4カ月にわたって100mg/日）することで、プラセボの低ビタミンCを投与されたコントロール群と比較して、仕事能力が48％改善し、コントロール群は12％のみの改善であった（Lemmel 1938）。

ビタミンC欠乏の成人は、ビタミンCのサプリメント摂取（2週間にわたって500mg/日、または8週間にわたってRDAレベル）によって、トレッドミル運動中の仕事効率および有酸素性パワーが増加した（van der Beek et al. 1990; Johnston, Swan, and Corte 1999）。

脂溶性ビタミン

　ビタミンA、D、E、Kは、食事性の脂質と関連しており、脂肪組織に貯蔵される（IOM 1997, 2000, 2001）。これらの**脂溶性**ビタミンは、エネルギー産生には直接的な役割を果たしていない（表6.1、6.2）。ビタミンAおよびEは、げっ歯類モデルにおいて加齢に伴うタンパク質合成の減少を元に戻す抗酸化物質として作用し（Marzani et al. 2008）、ビタミンD状態は、筋力に関係する可能性がある。ビタミンKがフィジカルパフォーマンスに関連するというエビデンスは存在しない。

ビタミンA

　ビタミンAの生理活性型はレチノールであり、プロビタミンのβ-カロテンから形成される。ビタミンAは上皮細胞を損傷から守り、また視覚においては重要な役割を果たし、免疫機能の維持を助ける（IOM 2001）。運動においては抗酸化物質としての役割を果たす。ビタミンAの食事における供給源は、レバーやバター、チーズ、卵、栄養強化乳製品があ

▶ 抗酸化物質──フリーラジカルによって引き起こされるダメージ（損傷）を予防する物質。フリーラジカルはしばしば酸素を含む反応性の高い化学物質である。それらは分子が分割され不対電子を持つ物質へと与えるときに生じる。この過程は酸化と呼ばれる。

▶ 脂溶性──脂肪に溶けるということ。

る。レチノールの前駆体である β-カロテンは、緑色の濃い野菜のほか、黄色からオレンジの野菜や果物に含まれる。

　ビタミンAのさまざまな化学的形態（レチノール、β-カロテン、その他のカロテノイド）は、RDAを満たすのに寄与し、レチノール当量（RE）として表現される。RDAは男性で900REあるいは4500IU、女性で700REあるいは3500IUである（IOM 2001）。競技選手のビタミンA摂取量は、RDAを上回っている。長距離ランナー（Peters et al. 1986）、プロのバレエダンサー（Cohen et al. 1985）、女性（Welch et al. 1987）、男性大学生競技選手（Guilland et al. 1989; Niekamp and Baer 1995）におけるビタミンA摂取は適切であった。青年および若年成人（レスリング選手 [Steen and McKinney 1986]、バレリーナ [Benson et al. 1985]、体操選手 [Loosli et al. 1986]）を調査したいくつかの研究では、ビタミンAのRDAのわずか30〜40%しか摂取していない傾向にあり、これは食事性の脂質を避けることに起因すると報告された。反対に、それ以外の研究では、青年の体操選手やバレエダンサーにおいて、ビタミンAの摂取量は適切であることが報告されている（Soric et al. 2008; Filaire and Lac 2002）。国際的な競技選手の調査においては、血漿レチノール値が低いというエビデンスはないが、その値は広範囲にわたっていることが示されている（Stacewicz-Sapuntzakis and Borthakur 2006）。ビタミンAのサプリメント摂取がフィジカルパフォーマンスに及ぼす影響についての研究は、あまり行われていない。初期の研究では、低ビタミンA食を6カ月、その後補充期間を6週間維持した男性のランニングパフォーマンスに変化がなか

ったことが報告されている（Wald, Brougha, and Johnson 1942）。

ビタミンE

　ビタミンEは、ときに α-トコフェロールと呼ばれることがあるが、これはビタミンEファミリー内の8つの異性体の1つにすぎない。一般名であるビタミンEは、自然発生するトコフェロールやトコトリエノールと名付けられた分子であり、中でも α-トコフェロールは、最も生物学的に活性化されたものであると考えられている。ビタミンEは細胞膜における抗酸化物質としての役割を果たしており、酸化ストレスの防御に働いている（IOM 2000）。ビタミンEの主な供給源には、野菜、ナッツ、全粒穀物、小麦胚芽、ピーナッツバターがある。

　ビタミンEの成人におけるRDAは、α-トコフェロールで15mgである（IOM 2001）。競技選手への調査では、ビタミンEの摂取量（食事およびサプリメント）は適切である（Economos, Bortz, and Nelson 1993）。しかしながら、食事性の供給源のみでは大学生競技選手の53%（Guilland et al. 1989）、青年の体操選手の50%（Loosli et al. 1986）、バレリーナの38%（Benson et al. 1985）はRDAの70%未満しか摂取していない。興味深いことに、競技選手のビタミンE摂取の平均はRDAの77%であり、これと比較して座位行動中心のコントロール群ではRDAの60%のみであり、身体活動の高い人と座位行動中心の人におけるビタミンE摂取は、同様に少ないことを示唆している（Guilland et al. 1989）。

　サプリメントでのビタミンE摂取がフィジカルパフォーマンスに及ぼす影響について

は、一致した見解が出ていない。毎日400mg のα-トコフェロールを6週間にわたって摂取した青年男性において、1マイル（1.6km）走や踏み台昇降テスト、400m泳テスト、運動フィットネステストのパフォーマンスに影響はなかった（Sharman, Down, and Sen 1971）。そして、ビタミンEを85日間にわたって1200IU投与された大学生男子水泳選手における作業能力および筋力（Shephard et al. 1974）、50日間にわたって毎日800mgを投与されたアイスホッケー選手におけるピーク酸素摂取量（Watt et al. 1974）、6カ月にわたって毎日600mgを投与された競泳選手における有酸素性持久力および血中乳酸の応答（Lawrence et al. 1975）、6週間にわたって毎日400mgを投与されたトレーニングを積んだ男女競泳選手における運動フィットネステスト、エルゴサイクルテスト中の心肺機能、400mの泳タイムにおいて（Sharman, Down, and Norgan 1976）、それぞれ、ビタミンEのサプリメント摂取は影響を及ぼさなかった。したがって、ビタミンEのサプリメント摂取によってパフォーマンスは向上しない。同様に、一流自転車選手において、5カ月間にわたってα-トコフェロール（400mg）をサプリメント摂取したところ、パフォーマンスは向上しなかった（Rokitzki et al. 1994）。対照的に、α-トコフェロール（10週間にわたって400mg）をサプリメント摂取した男性では、高地における運動中の乳酸レベルがプラセボ群と比較して低かった（Simon-Schnass and Pabst 1988）。ビタミンE単独もしくはビタミンCと組み合わせたサプリメント摂取の利点として、酸化ストレスの低減という可能性がある。これらの抗酸化物質の組み合わせがパフォーマンスに及ぼす影響については、結論に至っていない（Gaeini, Rahnama, and Hamedinia 2006; Aguilo et al. 2007; Ciocoiu, Badescu, and Paduraru 2007）。

ビタミンD

ビタミンDは、コレカルシフェロールと呼ばれることもある。ビタミンDの中心的な役割は、カルシウムの吸収と骨の代謝である（IOM 1997）が、疫学的データによるとビタミンがDが筋力において果たす役割についても示唆されている。ビタミンDの欠乏は、筋骨格系の痛みや神経筋系の機能不全と関連している（Plotnikoff and Quigley 2003; Hoogendijk et al. 2008）。ビタミンDの供給源となる食品は、栄養強化食品、卵、マグロ、サケ、ニシン、カキ（牡蠣）、エビ、サバである。さらに、ビタミンD合成は皮膚に日光を浴びることで促進される。

ビタミンDの適切な摂取量は、成人で5μg（200IU）である（IOM 1997）。ビタミンDの受容体が骨格筋に存在するという知見により、栄養とフィジカルパフォーマンスの相互作用に対する関心が高まることとなった（Pfeifer, Begerow, and Minne 2002）。競技パフォーマンスとビタミンDのレビューでは、著者らはフィジカルおよび競技パフォーマンスは季節により変動し、ビタミンDレベルがピークになったときにパフォーマンスもピークに達しており、ビタミンDレベルが減少したときにはパフォーマンスも減少し、ビタミンDレベルが最下点に達したときにパフォーマンスも同様となることを示した（Cannell et al. 2009）。この結果と一致して、日光への曝露を避けて屋内で練習および試合を行う競技選手は、一年のうちどの時期であっても、ビタ

ミンDレベルが低下するリスクが高まる（Cannell et al. 2009, 2008; Holick 2007）。血清中25-ハイドロキシビタミンD濃度が低い（40 nmol/L未満）高齢の男性においては、下半身の筋力が低かった（Pfeifer, Begerow, and Minne 2002; Bischoff-Ferrari et al. 2004）。低ビタミンD状態によって筋力が低下するかどうかについては、若い成人、青年、子どもにおいて測定が続いている。同様に、ビタミンDサプリメント摂取と筋力増加との関係についても、さらなる研究が必要である。

ミネラルとパフォーマンス

　ミネラルは、無機物の元素として存在している（IOM 1997, 2001, 2005）。ナトリウム、カリウム、塩素、カルシウム、リン、マグネシウム、硫黄が主要ミネラル（macromineral）として定められており、これらは、推奨摂取量が100mg／日以上で、人体に5g以上含まれている。人体の主要ミネラルの多くが、ホルモンによって調整される。鉄、銅、クロム、セレン、亜鉛は微量元素（trace element）として定められており、推奨摂取量が1日あたり100mg未満である。微量元素の細胞内の含有量は、吸収と排出の正確なメカニズムにより調節される。フッ化物、ホウ素、ヨウ素、マンガン、モリブデンは超微量元素であり、1日あたりの摂取量は5mg未満である（表6.1、6.2）。

　ビタミンとは対照的に、これらのミネラルの摂取が少ないことがフィジカルパフォーマンスに対して悪影響を及ぼすかについては、まだデータが出始めたところである。パフォーマンス、摂取量、銅やリン、セレン、ヨウ素、モリブデン、カリウムの各状態の相互作用についての研究は不足している。したがって、このセクションでは、鉄やマグネシウム、亜鉛、クロムに注目し、ミネラルのDRIの文献による知見に焦点を当てる。

主要ミネラル

　ミネラルは、主要ミネラルと微量ミネラルの2つのカテゴリに分けられる。体内に含まれるミネラルの総量は、体重の約4％である。体内の主要ミネラルは微量ミネラルよりも多く、これにはカルシウム、リン、マグネシウム、ナトリウム、塩素、カリウムがある。

ナトリウム、カリウム、塩素

　これらのミネラルは、主に体液中に電解質として存在する（IOM 2005）。ナトリウムは、細胞外の陽イオン（カチオン）であり、体液を保ち、酸-塩基バランスを維持するとともに、神経機能を維持する。カリウムは細胞内で大部分を占める陽イオンであり、水分バランスを調整したり、神経からのインパルスを筋へ伝達したり、筋細胞内のエネルギー利用、ATP産生において働く。塩素は、主な細胞外の陽イオンであり、水分バランスの維持や神経からのインパルスの伝達に関わっている。ナトリウムは、食品中において、塩素とともに広く含まれている。カリウムは、果物や野菜、乳製品、肉、魚に含まれている。

　ナトリウム、塩素、カリウムは、体内の水分区画内での水分交換を調節し、細胞とその外部の水分環境との間における栄養素や老廃物の調節された交換を可能にする。個人に合わせたナトリウム摂取の推奨量は、発汗率や運動中のナトリウム損失によって決まる。た

とえば、ディビジョンⅠの大学アメリカンフットボール選手たちが、練習合宿中の「二部練習」（1日に2回の練習）に参加している間、それぞれのナトリウム損失率は異なる。とくに、熱痙攣を起こした経験のある選手は、経験のない選手と比較して汗に含まれるナトリウムは2倍であった（Stofan et al. 2005）。ナトリウムの推奨摂取量（1.5g/日）は、熱痙攣経験のないほとんどの人が、ナトリウムバランスを維持するうえで適切である。

カルシウムとリン

これらのミネラルは、骨形成において重要な役割を担っており、90%以上が骨に存在する（IOM 1997）。カルシウムは神経伝達や筋収縮に必要であり、グリコーゲンの合成や分解にも必要である。リンは、すべての細胞においてDNAやATP、クレアチンリン酸として存在し、2,3-ジホスホグリセレート（2,3 DPG）は運動中の筋への酸素の放出を調節する。カルシウムとリンの供給源となる食品は、牛乳・乳製品、ブロッコリー、ケール、カブの葉、ナッツ、マメ科植物である。

成人におけるカルシウムの適切な摂取量は、1日あたり1000mgである。成人におけるリンのRDAは、男女ともに700mgである。競技選手における研究、カルシウムのサプリメント摂取を用いた臨床研究はほとんどなく、実施する場合には、実験参加者にはカルシウムやリンの適切な摂取量（AI）あるいは食事摂取基準（DRI）を上回る量が投与される。

このような研究の1つでは、体重1kgあたり35mgのカルシウムを4週間にわたって投与し、週に5回、1日あたり90分間の有酸素性持久力トレーニングを組み合わせた。研究者はカルシウムサプリメント摂取前後での高強度トレーニングルーティンへの応答における総および遊離テストステロン産生を評価した。4週間のエクササイズトレーニングとカルシウムサプリメント摂取による介入終了時、エクササイズのみを割り当てられた競技選手と、サプリメント摂取した群との間で総および遊離テストステロン産生に有意な差はみられなかった。リンのサプリメント摂取についての科学的データは集まりつつあるが、発表されている研究のほとんどは、有酸素性持久力運動パフォーマンスの改善を支持していない（Bredle et al. 1988; Kreider et al. 1990）。

マグネシウム

骨には、体内のマグネシウムのほぼ60%が含まれている。マグネシウムのうち、わずかな割合のみが300以上の酵素の構成要素として軟部組織に存在する（IOM 1997）。マグネシウムは、ATPアーゼや2,3 DPG、糖新生の構成要素としてエネルギー代謝を含む多くの生理学的過程を調節する。マグネシウムの供給源となる食品には、果物や野菜、ナッツ、魚介類、全粒穀物、乳製品がある。いくつかのボトルウォーターや硬水は、実践的なマグネシウムの供給源である。

RDAは、男性で400mg/日、女性で310mg/日である（IOM 1997）。競技選手の食事調査におけるマグネシウム摂取量は、男性競技選手ではRDAと等しいか上回っているが、女性競技選手ではRDAの60〜65%であることが明らかとなっている（Nielsen and Lukaski 2006）。性別にかかわらず、体重階級制のスポーツや審美的要素を含むスポーツに参加している競技選手は、食事におけるマグネシウム摂取が不足（RDAの55%未満）傾向にある（Hickson, Schrader, and

Trischler 1986)。しかしながら、競技選手らのマグネシウム摂取量は、トレーニングセンターという環境においてはRDAを上回ったと評価された（Fogelholm et al. 1992）。

負荷の高い運動後、身体からのマグネシウム損失は増加する。高強度無酸素性運動により、運動当日の尿中へのマグネシウム損失は、非運動条件の対照群と比較して21％増加し、その値は運動後、その日のうちに非運動のレベルへと戻る（Deuster et al. 1987）。尿中マグネシウムの量は、運動によって導かれる無酸素性の生合成の程度に関連しており、運動後酸素消費および血漿乳酸濃度によって変動する（Deuster et al. 1987）。したがって、マグネシウムの必要性は、解糖の代謝が優位になると高まる。

競争にさらされる競技選手において、マグネシウムのサプリメント摂取によって細胞の機能が高まり得る。女性の競技選手の中で、血漿マグネシウム濃度が正常値の下限の者もおり、女性が毎日マグネシウムをサプリメント摂取（3週間にわたって360mg/日）した場合に、プラセボ摂取群と比較して、トレーニング後の血清総クレアチンキナーゼが減少した（Golf, Bohmer, and Nowacki 1993）。初期の血清マグネシウム濃度が低い一流女性漕艇選手において、4週間にわたってマグネシウムサプリメント摂取（360mg/日）し、疲労困憊まで行うロウイングパフォーマンステストにおいて、プラセボ群と比較して、血清乳酸濃度と酸素摂取量が低下した（Golf, Bohmer, and Nowacki 1993）。若年男性のサプリメント付加（250mg）群（合計で8mg/kg）では、7週間のストレングストレーニングプログラムへの応答として、プラセボ群と比較して脚筋力がより増加した（Brilla

and Haley 1992）。

食事のマグネシウム量の違いは、マグネシウムの栄養状態およびパフォーマンスに影響を及ぼす（Lukaski and Nielsen 2002）。マグネシウム摂取を少なくコントロールした女性では、適切なマグネシウム摂取と比較して（180mg vs. 320mg）、その保持率（摂取－損失）は負となり、マグネシウム状態を示す指標（赤血球および筋のマグネシウム濃度）は低下する。低マグネシウム摂取では最大下運動中の心拍数は増加し（1分あたり10拍）、仕事の効率は低下した（10％）。

微量元素

微量元素の定義は、自然には土壌や植物、動物においてわずかな濃度で存在する化学的な構成成分である。要求量は主要ミネラルよりも少ないものの、微量元素は微量ミネラルとしても知られており、健康やパフォーマンスを最適なものとするために必要不可欠である。

鉄

この金属元素は、酸素の運搬や利用に必要となる分子の形成において、非常に重要である。ヘモグロビンは、鉄を含む主要な分子であり、酸素を細胞へと運搬する。細胞性鉄化合物には、ミオグロビン、シトクロム、クレブス回路（TCA回路）におけるいくつかの酵素（アコニターゼ、NADH脱水素酵素、コハク酸脱水素酵素）がある。鉄のうちほぼ30％が組織中に貯蔵され、70％が酸素の代謝に関連している（IOM 2001）。鉄の供給源となる食品には、動物の肉にみられるヘムタンパク質（ヘモグロビンとミオグロビン）が含

まれる。非ヘム鉄の供給源には、ドライフルーツや野菜、マメ科植物、全粒穀物製品、栄養強化シリアルが含まれる。ヘム鉄は非ヘム鉄よりもよく吸収され、利用される（10～35％ vs. 2～10％）（IOM 2001）。ヘム鉄の吸収は、食事の構成成分による有意な影響はみられない（Monsen 1988）が、非ヘム鉄は食事の構成成分による影響を受ける（IOM 2001; Hallberg, Hulten, and Gramatkovski 1997）。肉のタンパク質およびビタミンCの両方とも、非ヘム鉄の吸収を高め（IOM 2001; Siegenberg et al. 1991）、タンニン（茶やワインなどの食品にみられる）や、カルシウム、ポリフェノール、フィチン酸塩（全粒穀物にみられる）は非ヘム鉄の吸収を低下させる（IOM 2001; Siegenberg et al. 1991; Cook et al. 1997; Hallberg et al. 1991; South and Mille 1998）。

　鉄のRDAは、1日あたり男性で8mg、女性で18mgである（IOM 2001）。男性競技選手は一般的に適切な量の鉄を摂取しているが、有酸素性持久力スポーツ、あるいは低体重が求められる活動に参加している女性競技選手（例：バレリーナや体操選手）は、鉄の摂取量がRDA未満である傾向がある（Haymes 2006）。サプリメントを摂取している女性競技選手における鉄の摂取量は、RDAを上回っていた（Deuster et al. 1986）。鉄の摂取量が低いことは、女性における鉄欠乏の主な原因である。

　鉄欠乏は段階的に起こる。初期の組織鉄欠乏は、血清フェリチンが低いことに（12μg/L未満）特徴づけられ、総鉄結合能が増加し

（400μg/dL超）、女性のうち15～20％に、また女性競技選手の20～37％、少女の20～25％、若年女性競技選手の25～47％にみられる。血清フェリチンが12μg/L未満が臨床的カットオフとして認められているが、女性競技選手における鉄欠乏のカットオフは（少なくとも現場の環境においては）20～35μg/Lの範囲である。血清フェリチンが低いことは、鉄吸収を増加させるシグナルとなる。次に、赤血球の鉄含有量が減少する。すなわち、細胞におけるトランスフェリンレセプターの数が増加し、したがって血清中にこのレセプターの数が増加する。水溶性血清トランスフェリンレセプター（sTfR）濃度の上昇（8.5mg/L超）は、機能的鉄欠乏であることを示す。鉄欠乏の最終段階の前に起こるのが、ステージ2の非貧血性鉄欠乏（IDNA）である。鉄欠乏の最終段階は、ヘモグロビンの減少（男性で130g/L未満、女性で120g/L未満）を伴う**貧血**である。貧血の有病率は、女性で5％、女性競技選手で5～12％、スポーツ参加の有無にかかわらず少女で6％である（IOM 2001）。

　貧血によってピーク酸素摂取量が低下し、仕事能力および有酸素性持久力が低下し、血漿中乳酸濃度が増加することは十分に確立されており、これらの障害は、鉄サプリメント摂取によって回復する（Gardner et al. 1977; Edgerton et al. 1981）。しかしながら、IDNAがパフォーマンスや代謝に及ぼす影響については論議がある（Haas and Brownlie 2001）。IDNAを有する女性競技選手に、サプリメントを摂取させたトライア

▶ 貧血——赤血球数が減少し、組織へ運搬する酸素量が減少すること。

ルでは、血清フェリチンの増加と、パフォーマンスの改善はないが運動時の乳酸値の低下を示し（Matter et al. 1987; Schoene et al. 1983; Lukaski, Hall, and Siders 1991）、それ以外のIDNAを有する青年期の女性競技選手および女性を対象とした研究においては、有酸素性持久力パフォーマンスまたはピーク酸素摂取量の改善がみられた（Rowland et al. 1988）。これらの知見が一致していないことを説明する要因の1つは、循環中フェリチンレベルを低下させる炎症の交絡作用（confounding）である（McClung et al. 2006）。この問題を解決するためには、炎症による影響と、鉄の摂取が鉄状態のマーカーに及ぼす影響を区別する必要がある。

　鉄のサプリメント摂取が、IDNAを持つ個人に有用な影響を与えることを支持するエビデンスが蓄積されつつある。有酸素性トレーニングの間、鉄をサプリメント摂取（6週間にわたって1日あたり8mg）したIDNAを有する女性は、sTfRが有意に減少し、フェリチンは増加したがヘモグロビンは変化しなかった。両群ともサイクリング時間は改善したが、鉄のサプリメント摂取を行った女性は、プラセボ群の女性よりも15km自転車タイムトライアルが改善し、血漿中乳酸値は低下した（Hinton et al. 2000）。また、鉄サプリメントを摂取させ（10週にわたって1日あたり8mg）、自転車エルゴメータでトレーニングしたIDNAを有する女性（sTfRが8.5 mg/L超）は、プラセボ群の女性と比較して、シミュレートされた15kmタイムトライアルを完走するまでの時間が有意に短縮し、有意に高い仕事率であり、またより低い有酸素性能力の使用であった（Brownlie et al. 2004）。同様に、IDNAを有する女性において、鉄サプリメント摂取群（6週間にわたって1日あたり10mg）は、プラセボ群と比較して、膝伸筋の運動中の筋疲労が低下した（Brutsaert et al. 2003）。DRIパネル（評議会）は、日常的な有酸素性持久力トレーニングにより鉄の喪失が1日あたり最大で3mgに達するということを示す研究上の知見をまとめている（IOM 2001）。したがって、日常的に有酸素性持久力トレーニングを行っている人は、鉄の損失に適応するために鉄の摂取を30〜70％増加させるべきである。

銅

　銅は、金属酵素として機能し、非ヘム鉄の取り込みやヘモグロビン形成（セルロプラスミン）、ミトコンドリアにおけるエネルギー産生（シトクロムcオキシダーゼ）において、また抗酸化物質（スーパーオキシドジスムターゼ）として必要となる（IOM 2001）。これらのパフォーマンスに影響を及ぼす可能性があるにもかかわらず、銅の不適切な摂取によってパフォーマンスが阻害されるという明確なエビデンスは欠如している。銅はさまざまな食品に広く含まれており、認識可能な量が含まれているのはナッツやマメ類、全粒穀物製品、甲殻類、内臓（臓器）である。銅のRDAは、男女ともに1日あたり900μgである。

亜鉛

　亜鉛は100以上の金属酵素の構成要素として身体のすべての組織にみられる。亜鉛を含む酵素は、酸素−二酸化炭素の運搬（炭酸脱水素酵素）や乳酸代謝（乳酸脱水素酵素）を含むエネルギー代謝のいくつかの側面を調節するとともに、主要栄養素の分解および合成、発育発達、免疫機能、傷の治癒をコントロー

ルする（IOM 2001）。魚介類や肉、ライマメ、ササゲ、シロインゲンマメ、全粒穀物製品、栄養強化食品は亜鉛の供給源である。タンパク質の多い食事には、相当量の亜鉛が含まれる。食事に含まれる食物繊維やフィチン酸が多いと、亜鉛の利用能は低下する。

　活動的な成人は、一般的に亜鉛のRDAを満たしている（男性では1日あたり11mg、女性では8mg）（Lukaski 2006）。有酸素性持久力競技や体操の女性競技選手は、食事制限によって一部は摂取が少ない（Short and Short 1983）。亜鉛状態は、パフォーマンスの指標となる。血清亜鉛レベルは、男性長距離走選手の25％の人が正常値と比較して低く、トレーニング距離と負の相関関係にある（Dressendorfer and Sockolov 1980）。有酸素性持久力系競技選手およびランナーへの調査により、低亜鉛血症（血清中の亜鉛が低値を示す）の有病率は、性別をマッチさせたコントロール群の13％であるのに対し20〜25％であることが明らかとなった（Singh, Deuster, and Moser 1990; Lukaski et al. 1990）。

　蓄積されつつあるエビデンスでは、低亜鉛状態はフィジカルパフォーマンスに影響を及ぼすことが示されている。亜鉛は、in vitro（試験管レベルで、生体外で）での筋収縮を促進する（Isaacson and Sandow 1963; Richardson and Drake 1979）。中年女性において、亜鉛サプリメントの摂取により、プラセボ群と比較して筋力と持久力が増加した（Krotkiewski et al. 1982）。これらの筋機能は、収縮が速く（fast-twitch）解糖を行う筋線維の動員によるため、亜鉛のサプリメント摂取は、亜鉛依存酵素である乳酸脱水素酵素の活性を高める可能性がある。適切な量の亜鉛を含む食事と比較して、低亜鉛の食事（1日あたり12mg vs. 1mg）を摂取した男性被験者は、血清亜鉛濃度の保持率が減少し、同様に上肢および下肢筋力も減少した（Van Loan et al. 1999）。青年体操選手における血清亜鉛濃度は、年齢および性別をマッチさせた非競技選手のコントロール群よりも低く、競技選手の半分は無症状性の亜鉛欠乏であった。体操選手における血清中亜鉛は、内転筋力と正の相関を示した（Brun et al. 1995）。一流男性サッカー選手において、血清中亜鉛濃度が低い者は、正常の者よりもピークパワー出力が減少しており、また自転車エルゴメーターテスト中の血中乳酸値が増加した（Khaled et al. 1997）。やや低い（3〜4mg/日）亜鉛を含む自然食品（whole-food）食を摂取した男性被験者は、換気回数が増加し、継続的な最大下自転車エルゴメーター運動において酸素摂取量が減少、二酸化炭素排出量が減少し、呼吸交換比が低下した（Lukaski 2005）。低亜鉛食は、亜鉛状態（血清中亜鉛および亜鉛保持）の低下という結果をもたらした。低亜鉛食により赤血球における炭酸脱水酵素（亜鉛依存酵素）の活性が低下した。

セレン

　セレンは、セレンタンパク質として存在し、酸化による損傷から細胞を守るといった生物学的作用に働く（グルタチオンペルオキシダーゼ）。セレンは、ビタミンEとともに抗酸化物質として働く（IOM 2000）。セレンがパフォーマンスにおいて役割を果たすことを支持するエビデンスは欠如している。セレンは食事中のタンパク質と結合している。セレンを多く含む食品には、魚介類や肉、全粒穀物製品、レバー、小麦ブラン（ふすま）、いく

つかの野菜（ブロッコリー、カリフラワー）がある。セレンのRDAは、男女ともに1日あたり55μgである。

クロム

　クロムは、インスリン抵抗性を有する人において、細胞におけるインスリンの作用を促進することを示唆するエビデンスが増えている。クロムがフィジカルパフォーマンスを促進する役割については議論の余地がある（Short and Short 1983）。全粒穀物、チーズ、マメ類、キノコ類、カキ（牡蠣）、ワイン、リンゴ、豚肉、鶏肉、ビール酵母はクロムの供給源である。

　クロムは暫定的に必須であり、適切な摂取量は1日あたり男性35μg、女性25μgである（IOM 2001）。食事におけるクロムや、クロムの栄養状態について評価するには問題があり（Lukaski 1999）、これにより身体活動における重要性について評価することが制限される。クロムの役割として、グルコース代謝の調節と、潜在的には同化を調節すると推定される（Evans 1989）ことから、三価クロ

ム（一般的にピコリン酸クロム）のサプリメント摂取が筋力増加や身体組成の変化に及ぼす影響について検証する研究が数多く行われた。クロムのサプリメント摂取が、健康な男性および女性において、筋力増加や筋の増量、運動後のグリコーゲン合成に有用な効果を示す一貫した結果は欠如している（Vincent 2003; Volek et al. 2006; Lukaski 2007）。

その他のミネラル

　ホウ素、バナジウム、コバルト、フッ化物、ヨウ素、マンガン、モリブデンは生物学的機能が報告されており、摂取量が最適に満たない場合、理論的にはパフォーマンスに負の影響をもたらすだろう（IOM 1997, 2001）。しかしながら、それらのミネラルの摂取を制限することで実際にフィジカルパフォーマンスに負の影響を及ぼしたということを示す公表された研究は存在しない。さらに、バナジウムとマンガンは動物では炭水化物や脂質の代謝において役割を果たしているが、人間が食事で欠乏することはまれである。

専門的実践

　ビタミンやミネラルは、人体において代謝を調整する機能を果たし、運動やスポーツのパフォーマンスにおいて重要な多数の生理学的過程に影響を及ぼす。たとえば、多くのビタミンB複合体は、炭水化物や脂質のエネルギー産生の過程に関わっており、強度が異なるさまざまな運動において重要な考慮事項である（Williams 2004）。いくつかのB群ビタミンは、赤血球におけるヘモグロビン形成を助けるうえでも必須であり、このヘモグロビンは有酸素性運動中の筋への酸素運搬において

主要な決定因子である。加えて、ビタミンCおよびEは抗酸化物質として働き、エクササイズトレーニング中の細胞構造に対する酸化による損傷を防ぐのに重要であり、理論的には試合に向けた準備を最適化する（Williams 2004）。

　筋収縮や正常な心臓拍動リズム、神経インパルスの伝達、酸素運搬、酸化的リン酸化、酵素活性化、免疫機能、抗酸化作用、骨の健康、血液の酸-塩基バランスと関わっていることから、ミネラルは競技選手にとって重

要である（Williams 2005; Speich, Pineau, and Ballereau 2001）。これらの過程の多くが運動中に加速されるため、最適な機能のためには、適切な量のミネラルが必要となる。競技選手は、すべてのミネラルを適切な量、食事から得るべきである。なぜなら、ミネラル欠乏は健康を阻害する可能性があり、健康が阻害されることでスポーツパフォーマンスに悪影響を及ぼすためである（Williams 2005）。

ビタミンおよびミネラルは体内でつくり出すことができないため、食事から摂取しなければならず、競技選手や身体活動の高い人はバランスのとれた食事を摂取しなければならない。バランスのとれた食事とは、健康的な成長と身体活動に必要な、適切な量の栄養素を含んだ食事である。バランスのとれた食事を確保するために、競技選手は日常的に以下の種類の食品を摂取すべきである。

• 脂肪の少ない肉類（家禽類、魚、低脂肪の豚肉、低脂肪の牛肉など）
• 果物（リンゴ、バナナ、ブドウ、オレンジ、パイナップル、ブルーベリーなど）
• 野菜（ブロッコリー、ホウレンソウ、緑マメ、ニンジンなど）

これは競技選手が毎日のように摂取すべき食品の総合的なリストではないが、このような種類の食品は頻繁に、また継続して選択すべきものである。競技選手や活動的な人がこれらの種類の食品を食事の一部として摂取していない場合、欠乏を防ぐためのマルチビタミンを摂取することは賢明である。この推奨は米国医師会（AMA）によって提唱されたものである（Fletcher and Fairfield 2002）。食品の摂取を一貫して制限している競技選手は、栄養素欠乏のリスクがより高い。体操やバレエ、チアリーディング、レスリングに参加する競技選手は、食事摂取の制限とマルチビタミンのサプリメント摂取により恩恵を受ける典型である。

競技選手やコーチの中には、ビタミンおよびミネラルのサプリメント摂取が競技において有利になると信じている者もいるが、科学的な研究では、その考え方は支持されていない。たとえば、複数の研究でマルチビタミンおよびミネラルのサプリメントを長期にわたって投与された場合に、フィジカルパフォーマンスのラボテスト（研究室での測定）あるいは競技特異的なテストのどちらにおいても有意な効果を示さなかった（Williams 2004; Singh, Moses, and Deuster 1992; Weight, Myburgh, and Noakes 1998）。長期的研究では、Telfordら（1992）は、国内でランクに入るような競技選手を対象として7～10カ月のビタミンおよびミネラルサプリメント摂取（RDAの100～5000倍）が、AIS（オーストラリア国立スポーツ科学研究所）での練習における運動パフォーマンスに及ぼす影響について評価した。彼らは、サプリメント摂取のプロトコルは、通常の食事摂取によるビタミンやミネラルがRDAを満たしている競技選手と比較して、フィジカルパフォーマンス測定のいずれも有意な影響はみられなかったことを報告している（Williams 2004; Telford et al. 1992）。

まとめると、食事におけるそれらの栄養素が適切であれば、ビタミンやミネラルのサプリメントはパフォーマンスを改善しない。しかしながら、もしビタミンやミネラルの欠乏が存在するのであれば（体重を調整する競技ではよくみられるように）、ビタミンやミネラルのサプリメントの摂取によって欠乏を解消することにより、パフォーマンスが改善し得る。

まとめ

- ビタミンやミネラルは体内でつくり出すことができず、したがって食品や飲料から摂取しなければならない。
- 食品に含まれるビタミンやミネラルの量（マイクログラムからミリグラム）は、タンパク質や炭水化物、脂質（数百グラムに達する）と比較して小さい。
- ビタミンやミネラルは直接的にエネルギー源となるわけではないが、炭水化物や脂質、タンパク質からのエネルギー産生および利用を促す。すなわち、酸素や二酸化炭素を輸送し、水分バランスを調整し、酸化の損傷から守るのである。
- いくつかのビタミンやミネラルの無症候性

の欠乏は、活動的な個人において起こる。
- ビタミンは水溶性と脂溶性の2つの主なグループに特徴づけられる。水溶性ビタミンには、B群ビタミンやビタミンCが含まれる。脂溶性ビタミンは、ビタミンA、D、E、Kである。
- ミネラルは、主要ミネラルと微量ミネラルに分類される。主要ミネラルは、身体にとって必要な量が、1日あたり100mgを超えるものである。微量ミネラルは、1日あたり100mg未満の必要量である。
- ビタミンサプリメントは、バランスのとれた食事を摂取している競技選手には必要ないが、極端に低カロリーの食事を摂取している、あるいはほかの特別な食事の必要がある場合、健康に関わる専門職はそのようなサプリメントを推奨するかもしれない。

7

Strength and Power Supplements
筋力とパワーのサプリメント

Colin Wilborn, PhD, ATC, CSCS, FISSN
Bill I. Campbell, PhD, CSCS, FISSN

競技により、生体エネルギー機構への代謝的要求はそれぞれ異なり、その違いによって、さまざまなタイプの筋力およびパワー系競技に関わる競技選手の栄養的な要求も変化する。筋力およびパワー系競技の選手にとって、とくに重要なのは、

- 機能的な競技特異的筋力へと変換する除脂肪体重の増加や、
- 短距離におけるパワーとスピードの増加、
- 爆発力の増加、である。

筋力およびパワー系の競技選手にとってこれらの目標は、通常、トレーニング刺激を最大化するうえでトレーニングの方法論に関する多様な選択肢を探る原動力となる。高強度トレーニングに加えて、適切な栄養プログラムも、筋力およびパワー系競技選手のパフォーマンスを最大化するうえで責任がある。より具体的には、栄養補給を正確に行うことにより、除脂肪体重やパワー、スピード、爆発力を最大化する推進力を提供することができる。したがって、栄養的なプログラム（スポーツサプリメントの摂取を含む）は、除脂肪体重やパワー、スピード、爆発力を向上させ、適切なトレーニングプログラムと組み合わさったとき、運動およびスポーツパフォーマンスの改善へとつながる。

栄養補給の最先端を維持するためには、適切に摂取したときに効果的で安全なサプリメントを特定することは重要である。この分野における多くの専門家が主要なスポーツサプリメントを特定およびカテゴリ分けしており、その範囲は安全なものから副作用を持ち危険なものまで、あるいは、文献上効果が認められないものまで、幅が広い。下記の3つの単純な質問によるスポーツサプリメントの総合的な分析は、筋力およびパワー系競技選手において有用となるだろう。

- そのスポーツサプリメントは、合法かつ安全か？

- そのスポーツサプリメントが健康あるいは運動パフォーマンスに影響を及ぼすという科学的エビデンスはあるか？
- 完全な科学的な理由づけ（論拠）はあるか？

数多くのスポーツサプリメントにおいて、運動パフォーマンスを促進すると主張されている。本章では、それぞれのスポーツサプリメントにおいて主張されている**エルゴジェニック**な可能性ではなく、安全であり、効果的で合法な、相対的に除脂肪体重や筋力、パワーを増やすことが示されている、広く知られている主なスポーツサプリメントについて取り扱う。これらには、クレアチン、HMB、タンパク質（プロテイン）、β-アラニンがある。表7.1には、広く知られているが本章では議論しないその他のスポーツサプリメントをまとめている。

スポーツサプリメントの使用に反対するいくつかの主張に注目することは重要である。この立場をとる人は、競争においてフェアでない利点があるという、倫理的考慮について言及する。この観点に内在するものは、競技選手は通常、スポーツサプリメントの使用を避けるはずが、単に競争相手に遅れを取らないようにするために使用するプレッシャーを

▶ エルゴジェニック──仕事出力、とくに競技パフォーマンスに関連したものを増強させる能力を持っているということ。

表7.1　スポーツサプリメントの概要

栄養素	理論的なエルゴジェニックな価値	研究における知見と推奨のまとめ
アルギニン	アルギニンは、身体において多数の機能を持つアミノ酸である。体内では一酸化窒素やクレアチン、グルタミン酸、プロリンといった化合物をつくるのに用いられ、必要であればグルコースやグリコーゲンに変換される。大量に摂取すると、アルギニンも成長ホルモンやプロラクチンなどのホルモン分泌を刺激する。アルギニンはパワー系競技選手において有用であると主張されている。	アルギニンの研究では、矛盾する結果が示されている。しかしながら、アルギニンサプリメントの摂取によって、筋力や筋量、成長ホルモンレベルを増加させるというエビデンスがいくつかある（Campbell et al. 2006; Elam et al. 1989; Besset et al. 1982）。現時点では、使用を強く支持する十分なエビデンスはない。
アロマターゼ阻害剤	エストロゲンの産生に関わる酵素のアロマターゼは、テストステロンをエストラジオールへと変換するのを触媒する働きを持つ。アロマターゼ阻害剤は、テストステロンからエストロゲンへの変換を抑制するために医学的に用いられてきており、一例としては乳ガン患者へのエストロゲン抑制に用いられている。理論的には、テストステロンからエストロゲンへの変換が抑えられることによって、内因性のテストステロンレベルはその後増加するだろう。	アロマターゼ阻害剤は栄養的サプリメントとしては相対的に新しいが、研究においては、内因性テストステロンのレベルが増加することが示唆されている（Willoughby et al. 2007; Rohle et al. 2007）。

表7.1（前頁から続き）

栄養素	理論的なエルゴジェニックな価値	研究における知見と推奨のまとめ
グルタミン	グルタミンは体内で最も豊富にあるアミノ酸であり、筋内のアミノ酸プールのうち約60%がグルタミンである。体内でつくることができるものの、身体的ストレス下においてはつくられる量よりも多くのグルタミンが必要となるため、グルタミンは「条件つき必須アミノ酸」であると考えられる。グルタミンにより、細胞の成長、免疫機能、ストレスからの回復を含むさまざまな機能がもたらされる。	グルタミンは、筋分解の予防、成長ホルモンおよびタンパク質合成の増加、免疫機能の改善に寄与することが研究で示されている（Candow et al. 2001; Castell and Newsholme 1997; Welbourne 1995）。しかしながら、ほとんどの研究ではストレングストレーニングを行う競技選手を対象としておらず、現時点では筋力およびパワー系競技選手においては増加はみられていない。
抗酸化物質	酸化ストレスは定常状態レベルの細胞や組織、器官における酸化による損傷であり、フリーラジカル、すなわち活性酸素種（ROS）によって引き起こされる。フリーラジカルや過酸化物（ペルオキシド）といった活性酸素種は、酸素の代謝によって生み出される分子の一種であり、運動中に増加する。抗酸化物質は、フリーラジカルを中和することで酸化の過程をブロックする。	研究では、抗酸化物質がフリーラジカルを減少させるうえで効果的であることが示されている。しかしながら、筋力およびパワー系競技選手においてその効果があるかについては、まだ示されていない。
カフェイン	カフェインは世界で最も広く用いられている興奮剤の1つである。中枢神経系への興奮剤として作用し、心拍数や血圧の上昇を引き起こす。カフェイン摂取は、疲労困憊までの時間を長くしたり、有酸素性運動中の仕事の増加を引き起こし得る。	カフェインは、運動とエネルギー消費の両方においてポジティブな影響を及ぼすことが示されている（Clarkson 1993; Armstrong 2002; Costill et al. 1978; Graham and Spriet 1991）。筋力系競技選手において有用であるかについては、現時点では不明である。最終的な推奨を行うためには、さらなる研究が必要である。
プロホルモン（ホルモン前駆体）	プロホルモン、すなわちホルモン前駆体は、自然なテストステロン合成の前駆体に由来するものである。プロホルモンを補給する根拠は、身体のテストステロン合成を増加させ、これにより除脂肪体重や筋力、骨密度の増加と身体組成の改善を導くことを目指している。	プロホルモン摂取について主張が激しく行われているにもかかわらず、研究ではそれらの主張は支持されず、プロホルモンは筋力および身体組織に有用な効果はないと考えられている（Brown et al. 1999; Joyner 2000; Rasmussen et al. 2000）。いくつかの研究では、プロホルモンのサプリメントを摂取することによって有意なエストロゲン増加が示され（Brown et al. 2000; King et al. 1999）、このことは身体組成や筋力に対して負の影響を及ぼすかもしれない。

感じているという信念である（Hoffman and Stout 2008）。本章の意図は、こういった懸念を取り扱うのではなく、安全性と有効性が実証されたわずかなスポーツサプリメントに注目することである。

クレアチン

スポーツサプリメントのクレアチンは、これ以外の栄養サプリメントと比較して、ゴールドスタンダード（広く容認されたもの）となってきた（Greenwood, Kalman, and Antonio 2008）。なぜなら、パフォーマンスを向上させ、除脂肪体重を増加し、推奨される量を摂取していればきわめて安全性を示すためである（Greenwood, Kalman, and Antonio 2008）。クレアチンは、市場に出ているスポーツ栄養的サプリメントの中で、最も広く研究されているものの1つである。いくつかの摂取方法の中で、最も一般的なのが、パウダー（粉）状のクレアチンを飲み物に混ぜる方法である。クレアチンは、カプセルの形状で摂取するのも一般的である。

化学的には、クレアチンはアミノ酸のグリシン、アルギニン、メチオニンに由来する。それは肉や魚から得られ、また腎臓や肝臓、膵臓においても合成される（Balsom, Soderlund, and Ekblom 1994; Heymsfield et al. 1983）。クレアチンが筋細胞に入ると、高エネルギーリン酸と結合し、クレアチンリン酸となる。クレアチンリン酸は、高エネルギーリン酸を貯蔵しており、骨格筋細胞が最大筋収縮運動中にアデノシン三リン酸

（ATP）を素早く再合成するのに用いられる（Hirvonen et al. 1987）。ATPのアデノシン二リン酸（ADP）とリン酸基への変換は、短時間で高強度運動時に筋肉が必要とするエネルギーを生み出す。疲労困憊するような最大努力の運動において、約6秒間（筋力およびパワー系競技選手において典型的な運動の継続時間である）にわたって運動を継続するためのエネルギーは、筋において貯蔵量が限られるATPに主に由来する。ATPは筋肉に過剰な量を貯蔵することができず、疲労困憊するような運動あるいは高強度運動中に急速に枯渇するため、筋におけるクレアチンリン酸の利用能は、きわめて重要である。

クレアチンモノハイドレート（一水和物）の経口摂取は、筋クレアチンおよびクレアチンリン酸の量を15～40％増加させることが報告されており、このことは細胞の生体エネルギー論における**ホスファゲン機構**（訳注：ATP-CPr系のこと）を促進し、ミトコンドリアと細胞質基質の間の、クレアチンリン酸を介した高エネルギーリン酸のシャトル（往復）を改善し、さまざまな代謝経路を促進する（Kreider 2003a）。用量に関連して、発表されているクレアチン補給についての研究の大部分は、典型的な用量パターンを2つの期間に分けている。すなわち、ローディング期間と、メンテナンス期間である。典型的なローディング期間は、1日あたり20g（または体重1kgあたり0.3g）のクレアチンを4回に分けて2～7日間摂取することが一般的である。その後にメンテナンス（維持）のための用量である、1日あたり2～5g（あるいは体重1kgあたり0.03g）を数週間から数カ月

▶ ホスファゲン機構──筋の動きのための最も素早く、最も力強いエネルギー源である。

摂取する。

　科学的な研究において、レジスタンストレーニング中の筋力および筋量獲得を促進するうえで、クレアチン補給は効果的で安全な栄養的戦略であることが示されている——筋力およびパワー系競技選手の双方において大きく寄与する（Greenwood et al. 2000; Kreider 2003a, 2003b; Stout et al. 2000; Volek et al. 1997）。クレアチン補給は、除脂肪体重に対して特異的に効果があるということが男性、女性、高齢者を含むいくつかのコホート研究で示されている（Branch 2003; Brose, Parise, and Tarnopolsky 2003; Chrusch et al. 2001; Kreider et al. 1998; van Loon et al. 2003）。短期間のクレアチン補給により、総体重が約0.8 〜 1.7kg（約1.8 〜 3.7ポンド）増加する。より長期間（例：6 〜 8週間）にわたるクレアチン補給は、レジスタンストレーニングと組み合わせることによって、除脂肪体重を約2.8 〜 3.2kg（約7ポンド）増加させたことが示されている（Greenwood, Kalman, and Antonio 2008; Earnest et al. 1995; Kreider et al. 1996; Stout, Eckerson, and Noonan 1999）。

　疑いの余地なく、クレアチン補給の目に見える効果は、体重の増加である。しかしながら、筋力およびパワー系競技選手にとっては、体重増加は、除脂肪体重が増加したときにのみ利益をもたらす。幸運なことに、いくつかの科学的な調査において、体重増加は一部は筋組織における細胞中のタンパク質量の実際の増加に起因していることが示されている（Volek et al. 1999; Willoughby and Rosene 2001）。クレアチン補給に対する反応としての骨格筋のタンパク質量や身体組成の全般的な変化のより詳細な情報については、第10

章を参照いただきたい。

　クレアチンは、トレーニング中に筋力獲得を促進することができるため、筋力系競技選手にも有用である。トレーニング中のクレアチンサプリメント摂取によって、1回最大挙上量（1RM）の筋力およびパワーの獲得が増加し得ることが示されている。Peeters、Lantz、Mayhew（1999）は、6週間にわたるクレアチンモノハイドレートとクレアチンリン酸のサプリメント摂取が、筋力や身体組成、血圧に及ぼす影響について調べた。筋力テストは、1RMベンチプレスや1RMレッグプレスで行われ、最大の繰り返し回数（レペティション）は重さを変更しないシーティッド・プリーチャーバーカールを行った。被験者は筋力でマッチさせ、3群——プラセボ、クレアチンモノハイドレート、クレアチンリン酸——のうち1つに割り当てられた。すべての被験者は、標準的な筋力トレーニングの方法を実施し、研究において最初の3日間は1日あたり20gのローディングの用量を摂取し、それ以降についてはメンテナンスの用量の1日あたり10gを摂取し、合計6週間のサプリメント摂取期間とした。プラセボ群と2つのクレアチン群の間で、除脂肪体重、体重、1RMベンチプレスに有意な差がみられた。Eckersonら（2004）も、2 〜 5日間のクレアチンローディングが無酸素性作業能力に及ぼす影響について、クリティカルパワーテスト（critical power test）を用いて研究した。10名の活動的な女性が2週間のウォッシュアウト期間を挟んでランダムに2つのどちらかに振り分けられた。すなわち、(a) 18gのデキストロースをプラセボとして、(b) 5gのクレアチン＋18gのデキストロース、のどちらかを1日あたり4回、5日間にわたって摂

取した。プラセボ摂取群は無酸素性作業能力に有意な変化はみられなかったが、クレアチン摂取群は5日間のローディング後に無酸素性作業能力が22.1%、有意に増加した。

　さらに、Kreiderら（1998）はNCAAディビジョンIAのアメリカンフットボール選手25名がレジスタンスおよびアジリティトレーニングを行う間、28日間にわたって食事にクレアチンまたはプラセボを付加するという研究を行った。サプリメント摂取プロトコルの前後で、アメリカンフットボール選手はアイソトニックベンチプレス、スクワット、パワークリーンで最大繰り返しテストを行い、また高強度サイクルエルゴメータースプリントテストも行った。クレアチン摂取群は、ベンチプレス挙上量、そしてベンチプレスやスクワット、パワークリーンの挙上量、さらには最初の5回の6秒間サイクルエルゴメータースプリントの総仕事量において有意な増加がみられた。クレアチンの摂取によって、高強度レジスタンストレーニングおよびアジリティトレーニングを行う中で除脂肪体重やアイソトニックな挙上量、スプリントパフォーマンスの向上が促進された。

　ここでレビューされた研究は、筋力やパワー、高強度パフォーマンスの増加を示した多数の研究の中のごく一部である。これら3つの研究を組み合わせると、クレアチン補給により、最大筋力、高強度運動パフォーマンス、挙上量が増加することが示される。国際スポーツ栄養学会は、クレアチン補給とポジションスタンドについての総合的なレビュー（Buford et al. 2007）で以下のように述べている。

・短期的な適応には、サイクリングパワーの

増加、ベンチプレスおよびジャンプスクワットの総仕事量、スプリント、水泳、サッカーにおけるスポーツパフォーマンス向上が含まれる（Volek et al. 1997; Mero et al. 2004; Wiroth et al. 2001; Tarnopolsky and MacLennan 2000; Skare, Skadberg, and Wisnes 2001; Mujika et al. 2000; Ostojic 2004; Theodorou et al. 1999; Preen et al. 2001）。

・クレアチンモノハイドレートの補給をトレーニングと組み合わせた場合、長期的な適応には筋クレアチンおよびPCr（クレアチンリン酸）の量や、除脂肪体重、筋力、スプリントパフォーマンス、パワー、力発揮の立ち上がり速度（RFD）、筋の断面積の増加が含まれる（Kreider et al. 1998; Volek et al. 1999; Vandenberghe et al. 1997）。

・長期的研究では、クレアチンモノハイドレートを摂取した被験者は体重または除脂肪体重のどちらかまたは両方が、プラセボを摂取した被験者と比較して2倍の増加（すなわち、4～12週間のトレーニング中に0.9～1.8kg〔2～4ポンド〕多く増加した）であった（Stone et al. 1999; Noonan et al. 1998; Kirksey et al. 1999; Jones, Atter, and Georg 1999）。

・研究論文で報告されている唯一の臨床的に有意な副作用は、体重増加である（Kreider, Leutholtz, and Greenwood 2004; Kreider et al. 2003）。しかしながら、脱水や痙攣、腎および肝障害、筋骨格系のケガ、胃腸障害、脚の前部コンパートメント症候群といったアネクドータル（逸話的な、訳注：科学的根拠を伴わない）な副作用についての主張が、いまだにメディアや一般

向けの文章においてみられる。クレアチンモノハイドレートを摂取している競技選手はそういった症状を経験するかもしれないが、科学的な文献ではそれらの競技選手がそのような症状となるリスクは、クレアチンモノハイドレートを補給していない競技選手よりも高いということはなく、むしろ低い可能性があることが示唆されている（Greenwood et al. 2003; Kreider et al. 2003）。

ポジションスタンド（公式声明）では、以下のような記述も含まれている。「膨大な数の調査において、クレアチンモノハイドレート摂取からポジティブな結果が得られており、このことから私たちは、高強度運動能力を高め、除脂肪体重を増加させるうえで最も効果的な栄養サプリメントであるという結論を導いた」。

HMB

β-ヒドロキシ-β-メチル酪酸（HMB）は、必須アミノ酸のロイシンの**代謝産物**である。HMBは、体内でのタンパク質分解の調節において役割を果たすことが示されている。タンパク質分解は、筋肉が分解する自然な過程であり、とくに高強度運動後に生じるが、HMBはこのタンパク質分解を抑制するのを助ける。HMBは水と混ぜるパウダーとして利用することができるのが一般的であり、そのほかにはカプセルの形状がある。HMB補給は、筋肉を保護する効果があり、また高強度運動後にタンパク質分解を最小限にすることでリカバリーの過程においてよりよいスタートを行うのを助けるようだ。HMB補給の背景となる理論的な原理は、体内におけるタンパク質分解を遅くし、それにより筋量および筋力を増加させるというものである（Greenwood, Kalman, and Antonio 2008）。HMBに関する初期の科学的研究は動物モデルで行われ、以下のような結果であった。

• ブタにおいて成長率を向上させた（Nissen et al. 1994）。
• 去勢した雄牛において、筋量を増加させ、体脂肪を減少させた（Van Koevering et al. 1994）。
• ニワトリにおいて、いくつかの免疫機能のマーカーが改善した（Peterson et al. 1999a, 1999b）。

これら初期の研究に基づき、研究者らは続いてヒトにおいてトレーニング中のHMBサプリメント摂取が、タンパク質分解の抑制や、筋力および筋量の増加においてどれほどの効果があるかについての研究に着手した。Nissenら（1996）は、HMBの抗異化作用の可能性に注目して最初の研究を行った。トレーニング経験のない被験者が、3つのHMBレベル（1日あたり0g、1.5g、3.0g）のうちのどれか、また2つのタンパク質レベル（1日あたり117gあるいは175g）のうちどちらかを摂取し、3週間にわたって週に3回のレジスタンストレーニングを行った。さまざまな筋損傷のマーカーの中で、尿中3-メチル-ヒスチジンの測定を通してタンパク質分解が

▶ 代謝産物──代謝の反応において産生され、あるいは関与する物質。

評価された。レジスタンストレーニングプロトコルの第1週の後、尿中3-メチル-ヒスチジンは対照群において94％増加し、1日あたり1.5gおよび3gのHMB摂取群ではそれぞれ85％、50％増加した。第2週の途中では、尿中3-メチル-ヒスチジンは対照群において27％増加する結果を示したが、1日あたり1.5gおよび3gのHMB摂取群では、ベースレベルからそれぞれ4％、15％低下した。興味深いことに、尿中3-メチル-ヒスチジンの測定値は、レジスタンストレーニングの第3週の終わりにおいて、群間に有意差はなかった（Nissen et al. 1996）。その他の研究では、**抗異化**作用、すなわち筋損傷を抑えることを支持する知見が示されている（Knitter et al. 2000; van Someren, Edwards, and Howatson 2005）。

Van Someren（2005）は、男性被験者に1回の伸張性優位のレジスタンスエクササイズ前に、毎日3gのHMBに加え、0.3gの**α-ケトイソカプロン酸**を14日間にわたって摂取するように指示した。HMBを含めたこのサプリメント介入は、筋損傷を示す血漿中のマーカー群の有意な減少をもたらした。Gallagherら（2000a）は、トレーニング未経験の男性において、8週間にわたるレジスタンストレーニング中のHMBサプリメント摂取の効果を評価した（1日あたり0.38mgおよび0.78mg）。この研究者らは、HMB補給により、プラセボ摂取群と比較して筋クレアチンキナーゼ排出の減少と筋量の増加が有意に促進されたことを報告した（1日あたり0.38mg/kgの群のみ）。まとめると、これら

の知見は、HMB補給は異化作用を減少させ、より多くの筋力および筋量の獲得を導くという主張を支持するものとなる。

HMB補給は、タンパク質分解と筋損傷マーカーを抑制するかもしれないが、その抗異化作用は除脂肪体重の増加を導くだろうか？このトピックについての科学的文献は、はっきりした結論が出ていない。Nissenら（1996）による2つ目の研究では、男性被験者が3gのHMBまたはプラセボの7週間にわたる摂取とともに、週あたり6回のレジスタンストレーニングを行った。介入の期間を通して、さまざまな時点でHMBサプリメント摂取群は除脂肪体重の増加がみられたが、研究期間の終了時（第7週）には、増加はみられなかった。Vukovichら（2001）は、トレーニングを開始した高齢男性および女性において、HMBサプリメント摂取群（8週間にわたりレジスタンストレーニング中に1日あたり3g）では有意な筋量の増加、脂肪量の減少、上肢および下肢の1RM筋力増加を報告した。

すべての研究においてHMBが除脂肪体重の増加をもたらすという結果であったわけではない（Kreider et al. 1999; Slater et al. 2001; O'Conner and Crowe 2003; Hoffman et al. 2004）。この効果を示さなかった研究においては、被験者は除脂肪体重の増加を示した研究とほぼ同じ量のHMBを摂取していた。

筋力系競技選手におけるHMB補給の有効性についての文献に対する最大の懸念の1つは、多くの研究においてトレーニングを積んだ者を被験者としていないことである（Nissen et al. 1996; Van Someren et al.

▶ 抗異化——筋の分解を低減させ、異化作用を抑えることを指す。
▶ α-ケトイソカプロン酸——ロイシンの代謝における中間体である。

2003, 2005; Gallagher et al. 2000a）。加えて、いくつかの研究では高齢者を対象としている（Falkoll et al. 2004）。これらのグループ間でのトレーニング適応のばらつきを考えると、トレーニング未経験者における研究の知見を、トレーニングを積んだ人へ外挿（当てはめて推定）するのは賢明ではない。さらにデータを畳み込むと、トレーニング経験者を用いた多くの研究において、トレーニング適応を促進することについては効果的ではなかった（Hoffman et al. 2004; Kreider et al. 1999; O'Conner et al. 2003）。

　これらの知見を考慮し、Hoffmanら（2004）は、HMB補給が筋損傷を低減するというエルゴジェニックな利益を有するならば、運動中に筋損傷の可能性が最も大きいトレーニング未経験者において最も効果的であるようだと述べた。安全性については、ヒトを対象として1日あたり6gを用いた研究では副作用は報告されていない（Gallagher et al. 2000a, 2000b）。まとめると、HMBはストレングストレーニングプログラムを開始したばかりの人にとっては有益であるかもしれない（相対的に除脂肪体重を増加させる）が、すでにレジスタンストレーニングを行っている競技選手には有益ではないと思われる。

タンパク質とアミノ酸

　長年にわたって、過剰なタンパク質摂取がストレングストレーニングの応答における最適な筋の発達に必要であると信じられてきた（Greenwood, Kalman, and Antonio 2008）。骨格筋の筋肥大は、筋タンパク質の合成が分解を上回ったときのみに起こる。身体は連続

的にタンパク質のターンオーバー（代謝回転）が起こっており、古いタンパク質が破壊あるいは分解され、新しいタンパク質が合成されている。収縮性タンパク質の合成が分解よりも速い速度で起こるとき、全体として、タンパク質バランスは正（すなわち筋線維の肥大）となる。安静時において、運動刺激および栄養摂取がないと、タンパク質バランスは負となる（Biolo et al. 1995; Phillips et al. 1997, 1999; Wagenmakers 1999）。

　骨格筋の肥大を引き起こすための刺激を生み出すうえで、レジスタンスエクササイズは必要不可欠であるということを忘れないでほしい。しかしながら、栄養的、あるいはサプリメントによる窒素が欠如した中でレジスタンスエクササイズが行われると、全体のタンパク質バランスは同化作用を示す程度まで増加しない。特定の栄養素やサプリメント（窒素含有化合物）は、レジスタンストレーニングとともに、全体のタンパク質バランスを正にするうえで必要である。

　この知識に基づき、バランスを正にするには、タンパク質あるいはタンパク質を構成する材料であるアミノ酸が必要である。アミノ酸は、アミノ酸プールから利用することができる。アミノ酸プールとは、細胞中の利用可能なアミノ酸の混合物であり、食事由来あるいはタンパク質分解により供給される。アミノ酸は、このプールに以下の3つの方法で入る。

- 食事におけるタンパク質が分解されたとき
- 体内のタンパク質が分解されたとき
- 炭素源とアミノ基（$-NH_2$）によって非必須アミノ酸が合成されたとき

アミノ酸プールは、タンパク質合成と酸化のための個々のアミノ酸を供給するために存在し、タンパク質を分解するか、食事により体内に取り込まれたアミノ酸によってのみ補充される。したがって、遊離アミノ酸プールは、食事性のタンパク質および体内のタンパク質を結びつけ、また、食事性のタンパク質および体内のタンパク質の両方が遊離アミノ酸プールへと組み入れられる。

タンパク質摂取量

タンパク質摂取を取り巻くスポーツ栄養の科学については、最も議論の余地があることの１つである。主に議論の中心になっているのが、現在の摂取推奨量（RDA）を超えたタンパク質摂取の安全性と有効性である。現時点では健康的な成人におけるRDAは１日あたり体重1kgあたり0.8gである。この推奨は、タンパク質代謝の個人差、タンパク質の生物価、尿や便への窒素喪失を考慮したものである。除脂肪体重を増加させるうえで、摂取すべきタンパク質量を決定するためには、以下のような多くの要因について考慮する必要がある。

- タンパク質の質
- エネルギー摂取量
- 炭水化物の摂取量
- レジスタンストレーニングプログラムの量および強度
- タンパク質摂取のタイミング

１日に体重1kgあたり0.8gは、レジスタンストレーニングを行っていない人にとっては必要量に十分見合っているかもしれないが、除脂肪組織の増加やエクササイズによって引き起こされる筋損傷の修復には十分でないかもしれない（Tarnopolsky 2004）。実際に、多くの臨床的な調査では、身体活動を行っている人は、運動の種類（例：有酸素性持久力、レジスタンス）にかかわらず（Forslund et al. 1999; Friedman and Lemon 1989; Lamont, Patel, and Kalhan 1990; Meredith et al. 1989; Phillips et al. 1993）、またトレーニング状態（例：レクリエーション的、中程度、十分にトレーニングを積んだ）にかかわらず（Greenwood, Kalman, and Antonio 2008; Lemon 1991; Lemon et al. 1992; Tarnopolsky et al. 1992）、体重1kgあたり0.8gよりも多いタンパク質摂取を必要とする。

さて、疑問はまだ続く。すなわち、レジスタンストレーニングを行っている人、そして除脂肪体重を増やしたい人に必要となるタンパク質摂取量はどのくらいか？　である。第３章で述べたように、タンパク質摂取の一般的な推奨量は１日あたり体重1kgあたり1.5〜2.0gである（Lemon 1998; Campbell et al. 2007）。より具体的には、ストレングスあるいはパワーエクササイズを行う人は、この範囲の上限を摂取すべきである。

細胞レベルでは、食事性のタンパク質あるいはアミノ酸サプリメントを摂取することにより、筋タンパク質合成速度は増加することが研究によって明らかになっている。Bioloら（1997）は、レジスタンストレーニングとアミノ酸サプリメント摂取の間の相互作用と、タンパク質動態に及ぼす影響について評価した。6名のトレーニング未経験者が、この研究に参加した。各参加者は、混合したアミノ酸溶液（フェニルアラニン、ロイシン、リジン、アラニン、グルタミン）を点滴された。

ベースラインと、レジスタンストレーニング後（10回のレッグプレスを5セット、8回のノーチラススクワットやレッグカール、レッグエクステンションを4セット）にサンプルを採取した。その結果、タンパク質合成が増加したことと、タンパク質分解に変化がなかったことが明らかとなった。

研究者らは、運動後のアミノ酸補給はタンパク質合成に対してポジティブな影響を及ぼすものの、アミノ酸の点滴はアミノ酸を得るうえで実践的な手段ではないと結論づけている。ゆえに、Tiptonら（1999）はアミノ酸の経口摂取の影響について調べ、被験者らは40gの混合アミノ酸（必須＋非必須）、40gの必須アミノ酸、40gの炭水化物のプラセボを摂取した。彼らはアミノ酸のサプリメント摂取が混合アミノ酸あるいは必須アミノ酸のみかどうかによって、同化に及ぼす影響に違いがあるかについても調べた。これらの知見は、運動後のアミノ酸補給がレジスタンストレーニングのみでみられる負のバランスと比較して、正のタンパク質バランスを引き出すことを示している。この著者らは、必須アミノ酸のみをサプリメント摂取することは、混合アミノ酸サプリメント摂取と同等であったとも結論づけている。

このほか、Esmarkら（2001）は運動後のタンパク質摂取のタイミングが筋肥大や筋力に及ぼす影響について調べた。この研究では、アミノ酸混合物に代わって牛乳および大豆タンパク質サプリメント（10gのスキムミルク、または大豆由来のタンパク質）、7gの炭水化物、3.3gの脂質が用いられた。研究者らはタンパク質合成を計算しなかったが、筋肥大を計測した。その結果から、被験者がタンパク質サプリメントを摂取したときに、レジスタンストレーニング後の筋の肥大は有意に増加したことが示された。

しかしながら1日あたり体重1kgあたり1.5～2.0gのタンパク質摂取は、考慮すべき唯一のパラメータではない。なぜなら、すべてのタンパク質源が必ずしも同じではないということに注目することが重要である。つまり、すべてのタンパク質が、必ずしも同じ量のアミノ酸を含んでいるわけではないということである。タンパク質は、適切な量の必須アミノ酸を含んでいるかどうかによって完全、あるいは不完全のどちらかに分類される。必須アミノ酸をより多く含む完全なタンパク質源は、一般的により質の高いタンパク質である。典型的な完全タンパク質は牛肉、鶏肉、豚肉、牛乳、チーズといったものであり、典型的な不完全タンパク質はナッツ、マメ類、穀類、種子類である。

スポーツサプリメントによくみられるタンパク質の種類

プロテイン（タンパク質）サプリメントで最も一般的な3種類のタンパク質は、ホエイ、カゼイン、卵タンパク質である。これらの種類のタンパク質は完全タンパク質であり、すべて質が高いと分類され（さまざまなタンパク質についてのより深い議論は第3章を参照）、パウダー（粉末）として用いられている。ホエイタンパク質は、牛乳タンパク質からつくられ、栄養サプリメントの中では現在最も広く用いられているタンパク質源である。タンパク質のサプリメントにみられるこれら3種のタンパク質のうち、タンパク質合成と除脂肪体重増加について最も綿密に調査されてきたのはホエイタンパク質である。Cribbら

(2006) は、ホエイおよびカゼインタンパク質の間で筋力および身体組成に及ぼす影響の違いについて調査した。被験者らは、10週間にわたって構造化されたトレーニングプログラムに従いながら、ホエイまたはカゼインのどちらかを摂取したところ（1日あたり体重1kgあたり1.5g）、ホエイタンパク質群は、カゼインタンパク質群よりも筋力および除脂肪体重の増加が有意に大きかった。

カゼインも牛乳タンパク質であり、これはしばしば遅効性タンパク質であると特徴づけられることが多い（Boirie et al. 1997; Dangin et al. 2001）。ホエイタンパク質と比較して、カゼインは消化と吸収により長い時間がかかる。その主な理由は、カゼインが胃を通過するのに時間がかかるためであるようだ（Boirie et al. 1997）。カゼインはタンパク質合成を刺激するが、その程度はホエイタンパク質よりも小さい（Boirie et al. 1997）。ホエイと異なり、カゼインはタンパク質分解を減少させ（Demling and DeSanti 2000）、したがって抗異化作用の特性を持つ。

ホエイタンパク質がタンパク質合成を刺激し、カゼインが筋分解の減少を助けるという知見から、サプリメント製造業者の中には、製品を構成する際にホエイとカゼインの両方を配合に含めるところもある。Kerksickら（2006）による調査では、この組み合わせの有効性が示された。被験者らは10週間にわたって週に4日間、分割した（スプリット）レジスタンストレーニングプログラムを実施した。彼らは48gの炭水化物、40gのホエイ＋8gのカゼイン、40gのホエイ＋5gのグルタミン＋3gのBCAAを摂取した。10週間後、ホエイとカゼインの両方を摂取した群において、除脂肪筋量の増加が最も大きかった。

Willoughbyら（2007）は、ホエイおよびカゼインタンパク質の組み合わせが筋力、筋量、同化マーカーに及ぼす影響について調べた。その知見は、ホエイとカゼインの組み合わせは、筋力および筋量についてプラセボよりも優れた反応が引き起こされたというKerksickらによる知見と一致した。混合したタンパク質は、タンパク質合成を刺激し、ポジティブなトレーニング適応を促すようである（Willoughby et al. 2007; Tipton et al. 2004; Kerksick et al. 2006）。

卵タンパク質もまた質の高いタンパク質であり、溶液に簡単に混ぜることができる（混和性がよい）という利点を持っている（Driskell and Wolinsky 2000）。しかしながら、卵タンパク質のサプリメントは一般的にそれほど味がよくないことと、ほかのタンパク質サプリメントよりも高価であるのが典型的である。これらの理由により、ほかの質の高いタンパク質源であるホエイやカゼインと同じように入手性があっても（購入することができても）、卵タンパク質はホエイやカゼインほど一般的なサプリメントではない。

レビューでは、Rennieら（2004）が、静脈内注入や食事摂取によってアミノ酸濃度が上昇すること、また遊離アミノ酸の摂取により筋タンパク質合成が増加することは疑いないと結論づけている。彼らはまた、運動後の期間において、アミノ酸利用能の増加により、筋タンパク質合成が促進されるとも結論づけている。ホエイやカゼイン、卵タンパク質はすべて質の高いタンパク質であり、筋力トレーニングを行う競技選手に向けてマーケティングされているタンパク質（プロテイン）サプリメントでは一般的にみられる。

β-アラニン

この数年のうちに、β-アラニンがスポーツ栄養のマーケットに現れるようになってきた。β-アラニンはカプセルまたは液体（通常は水）と混ぜる粉末として提供される。いくつかの臨床試験では、β-アラニンを摂取した場合に有酸素性持久力パフォーマンス、身体組成、筋力のマーカーの増加が示されているが、それ以外はエルゴジェニックな利点はみられなかった。本セクションでは、スポーツサプリメントとしてのβ-アラニンについて議論し、最初は親化合物（parent compound）であるカルノシンについて述べる。

カルノシンは、アミノ酸のヒスチジンとβ-アラニンで構成されるジペプチドである。カルノシンは脳や心筋、腎臓、胃、そして相対的に量の多い骨格筋（主にタイプII筋線維）において自然に発生する。これらのタイプII筋線維は速筋線維であり、ウェイトトレーニングやスプリントといった爆発的な動作時に使われる。興味深いことに、パフォーマンスにおいて高強度の無酸素性の出力が求められる競技選手ではカルノシン濃度が高い。

カルノシンは水素イオンの緩衝作用に寄与し、したがって、無酸素性代謝に伴うpH低下を緩和する（緩やかにする）。カルノシンは乳酸の悪影響を引き起こす水素イオンの緩衝において、非常に効果的である。カルノシンは骨格筋における主要な筋の緩衝物質の1つであると信じられている。理論的には、もしカルノシンが高強度運動に伴うpH低下を緩和できるのであれば、より長く高強度運動を続けることができる可能性がある。しかしながら、摂取に関してはカルノシンは血中に入るとすぐに酵素のカルノシナーゼが働いてβ-アラニンとヒスチジンへと分解される。したがって、カルノシンを摂取することに利点はない。しかしながら、β-アラニンとヒスチジンを独立して摂取すると、これら2つの化合物が骨格筋に運ばれ、カルノシンに再合成される。β-アラニンは筋内カルノシンレベルに最も影響を与えるアミノ酸であると思われる。なぜなら、β-アラニンは化学反応において律速物質であるためである（Dunnett and Harris 1999）。実際に、複数の研究では、1日あたり4〜6gの用量でのβ-アラニンの補給を28日間にわたって行うことにより、筋内カルノシンレベルが約60%増加したという結果が示されている（Harris et al. 2005; Zoeller et al. 2007）。

研究者らは、筋力系競技選手のためのβ-アラニン補給という分野での広範囲な研究を始めている。Stoutら（2006）は、トレーニングを積んでいない若年男性においてβ-アラニン補給が**疲労閾値での身体作業能力（PWCFT）**に及ぼす影響について調べた。被験者は6日間にわたって6.4gのβ-アラニンを摂取し、その後3週間にわたって3.2gを摂取した。その結果、β-アラニン群はプラセボ群と比較してPWCFTが有意に大きく増加したことがわかった。Stoutら（2008）はそ

▶ 疲労閾値での身体的作業能力（physical working capacity at fatigue threshold; PWCFT）——このパラメータは、しばしばサイクルエルゴメータテストを用いて測定され、神経-筋系の疲労の閾値におけるパワー出力を特定できる。

の後、高齢男女において90日間のβ-アラニン（2.4g/日）のサプリメント摂取が、PWCFTに及ぼす影響について調べた。彼らはβ-アラニン補給の前後において、PWCFTが有意に増加した（28.6%）が、プラセボ群ではみられなかったことを見出した。大学生アメリカンフットボール選手を用いた研究では、Hoffmanら（2008a）が、β-アラニンを補給した（4.5g）被験者は、プラセボ群と比較して30日間にわたってトレーニング量が有意に増加したことを見出している。これ以外に、Hoffmanら（2008b）は、レジスタンストレーニングを積んだ男性において30日間のβ-アラニンのサプリメント摂取（4.8g/日）がレジスタンスエクササイズのパフォーマンスと内分泌系の変化に及ぼす影響について調べた。4週間の介入期間の終了時点で、β-アラニン群はプラセボ群と比較して、総挙上回数が22%、有意に増加した。内分泌系応答については、両群に有意な変化はみられなかった。

　いくつかの研究において、クレアチンとβ-アラニンを一緒に補った際の効果について調べられている（Stout et al. 2006; Zoeller et al. 2007; Hoffman et al. 2006）。提唱されている利点は、作業能力と疲労までの時間の増加である。Hoffmanら（2006）は、大学生アメリカンフットボール選手において、10週間のレジスタンストレーニングプログラムを行う際に、クレアチン（10.5/日）に加えてβ-アラニン（3.2g/日）が筋力、パワー、身体組成、内分泌変化に及ぼす影響について調べた。その結果、クレアチン＋β-アラニンは、筋力パフォーマンスを促進するのに有効であることが示された。クレアチン＋β-アラニンの補給はまた、クレアチン単独と比較して除脂肪組織と身体組成の増加がより大きかった。しかしながら、Stoutら（2006）は、β-アラニン単独の効果に、さらにクレアチンによる相乗効果があるわけではないことを見出した。

　多くの研究において、β-アラニン補給のポジティブな結果に注目しているが、それ以外のいくつかの研究では、改善がみられなかった。すでに言及した大学生アメリカンフットボール選手の研究において、Hoffmanら（2008a）は、30日間のβ-アラニンのサプリメント摂取（4.5g/日）が無酸素性パフォーマンス測定に及ぼす影響について調べた。シーズン前のフットボール練習キャンプの3週間前から補給が始まり、キャンプ中にさらに補給を9日間続けた。60秒間の最大運動時の疲労は低下する傾向にあったものの、3週間のβ-アラニンのサプリメント摂取は、高強度無酸素性運動中の疲労の割合を有意に改善しないという結果となった。このほかに、Kendrickら（2008）は、6.4g/日の用量でβ-アラニンの補給を10日間行った後、全身の筋力と身体組成の変化を評価した。実験の参加者には26名のベトナムの体育科教育の学生（健康な男性）が含まれ、彼らはその時点でレジスタンストレーニングプログラムを行っていなかった。著者らは、サプリメント摂取の10週間後、全身の筋力および身体組成の測定において、β-アラニン群とプラセボ群の間で有意差はみられなかったことを報告している。

　β-アラニン補給は比較的新しく、潜在的に有用なエルゴジェニックエイドである。この化合物に関して、うまくデザインされた臨床的介入はわずかであること、そして現在まで公表された結果でははっきりとした結論が出ていないことを理解することが重要である。

存在する文献における潜在的な限界の1つは、用量や用法に一貫性がないことである。多くの研究でポジティブであるものの、用量については3〜6g/日とばらつきがある。この問題は、いくつかのケースにおいてより高い用量では効果が低いという事実によって困惑させられる。副作用と用量に関連して、Harrisら（2006）の研究から、1回の用量が相対的に高いβ-アラニンは、1時間にわたって続く感覚異常の症状（皮膚がヒリヒリする感覚）の原因であるということが明らかとなった。この感覚は、もし1回分の最大用量が体重1kgあたり10mgであれば、消失する可能性があり、これは1回あたり平均800mgのβ-アラニンに相当する（Harris et al. 2006）。

専門的実践

パフォーマンスに高いレベルの筋力およびパワーを必要とする競技選手は、それらのパフォーマンス特性を改善するために十分な時間をトレーニングに費やす。適切な栄養プログラムもまた、筋力およびパワー系競技選手のパフォーマンスを最大化するうえで責任がある。最適なトレーニングテクニックと健康的な栄養の原則に加えて、いくつかのスポーツサプリメントも筋力およびパワーを高めることが示されている。筋力およびパワー系競技選手に有用となるかもしれない4つのスポーツサプリメントは、タンパク質（プロテイン）、クレアチン、HMB、β-アラニンである。

タンパク質はすべての食品源から摂取することができるが、現代の科学技術により、製造者はいくつかの最高品質のタンパク質源（すなわち、ホエイとカゼインである）を単離できるようになった。加えて、サプリメントとなっているタンパク質は、移動があったり1日に数回タンパク質を摂取する競技選手にとってはしばしば便利である。タンパク質のサプリメントにより、練習や試合のスケジュールに忙しい多くの競技選手にとって推奨される1日あたり体重1kgあたり1.5〜2.0gの摂取が、管理可能なタスクとなった。

本章で議論されたそれ以外の3つのサプリメントであるクレアチン、HMB、β-アラニンに関して、科学的な支持のレベルはそれぞれであり、競技および運動パフォーマンスに関連した利点について報告されている。クレアチンモノハイドレートがレジスタンストレーニング経験のある競技選手においてパフォーマンスを改善し、除脂肪体重を増加させることが科学的に示されている。この知見は、非常に重要である。すなわち、数年にわたってレジスタンストレーニングを行っている競技選手であっても、クレアチンモノハイドレートを推奨された用量（1日あたり20gを約1週間、続いて維持の用量である1日あたり2〜5g）を導入すると、レジスタンストレーニングのパフォーマンスは改善する可能性がある。筋力およびパワー系競技選手にとって、これはトレーニング年のうちいつでも――オフシーズン（筋量を増やす）とシーズン中（筋量を維持する）――クレアチンを摂取できることを意味する。

対照的に、HMBサプリメント（用量は通常3g/日）は、レジスタンストレーニングを積んだ人における筋力の改善と除脂肪量の増加について一貫した効果が示されていない。しかしながら、トレーニングを積んでいない競技選手（レジスタンストレーニングを開始したばかりの競技選手）あるいは有意にトレーニング量を増加させた競技選手において

は、HMBサプリメント摂取はタンパク質分解を抑制し、筋力および除脂肪体重を増加させるかもしれない。運動中の筋損傷が最大である場合、つまり競技選手がレジスタンストレーニングを始めたり試合期のトレーニング量と強度の両方が高くなっているような場合に、HMBサプリメント摂取はより有効であるように思われる。

　いくつかのシナリオでは、クレアチンやHMBサプリメント摂取によって、筋力やパフォーマンスの最大化を繰り返しもたらす可能性がある。たとえば、アメリカンフットボールは、年間を通して3つの明確な期──オフシーズン、プレシーズン、試合期（コンペティティブシーズン）──に分けられる。オフシーズンの間、競技特異的なスキル獲得のトレーニングは減少し、筋力および除脂肪量を最大化することが強調される。この期では、トレーニングプログラムに加えて、クレアチンサプリメントの摂取によって増加する筋力および除脂肪体重は、競技選手がトレーニングプログラムによって得られる増加を上回る可能性がある。夏の終わりのオフシーズン後、アメリカンフットボール選手はプレシーズンに入る。プレシーズンには、多くのトレーニングとコンディショニングが行われる。アメリカンフットボール選手にとって、一日に複数回の練習（コンディショニングドリルを含む）を行い、それからレジスタンストレーニングを行うことが期待されるというのは珍しいことではない。トレーニング量が大幅に増加する（また潜在的な筋損傷が増加する）この時期、HMBのサプリメント摂取は、引き起こされる筋損傷を制限するうえで賢い選択かもしれない。プレシーズン後、アメリカンフットボールのシーズンが開幕する。通常、約3〜4カ月にわたって続き、毎日の練習と週に1回の試合がある。筋力や筋量、オフシーズンに得られたパワー改善を維持するために、競技選手はレジスタンストレーニングが練習や試合のスケジュールによって減少するにつれ、クレアチンを含むサプリメントを望むかもしれない。

　本章で議論された最後のサプリメントであるβ-アラニン（用量は通常3〜6g/日）は、最大筋力に改善はみられなかったが、短期間の高強度運動では改善が示された。さらに特異的に、β-アラニンは、高強度運動時に疲労を遅らせる能力を示した。このことは、スプリンター（800m）や短距離水泳選手、競技にかかわらず代謝的適応を最適化しようと意図する高強度コンディショニングを行う競技選手にとって有用となる可能性がある。

まとめ

- バランスのとれた食事に代わるものは存在しないが、スポーツサプリメントはトレーニング適応を最大化し、筋力やパワー、除脂肪量の増加を導くのを助ける。

- クレアチンは筋力、筋量、スプリントのパフォーマンスを高めることが示されており、研究において同じレベルで肯定的に支持されているサプリメントはほかにはない。

- タンパク質およびアミノ酸は、タンパク質を合成したり、窒素出納を正に保つうえで必要である。

- いくつかの臨床的研究では、HMBが抗異化サプリメントとして作用することが示されている。

- 相対的に新しいとはいえ、β-アラニンは、

高強度運動パフォーマンスのある側面を改善する能力に対して、科学的な支持を得つつある。

• これらのスポーツサプリメントにおける、

最後の考慮事項は、それぞれ推奨された用量を摂取することは安全であることがわかったという事実である。

8

Aerobic Endurance Supplements

有酸素性持久力のサプリメント

Bob Seebohar, MS, RD, CSCS, CSSD

競技選手は何らかのエルゴジェニックエイドを摂取することを考える前に、そのサプリメントの安全性や合法性、有効性について考慮すべきである。栄養サプリメントは、その人の通常の、あるいは典型的な食事プログラムに追加することを意図した物質である。このようなサプリメントは豊富にあり、形状も液体、錠剤、粉末、ゲル（半固体のもの）、噛むタイプ、バーといったさまざまなものがある。有酸素性持久力サプリメントのうちいくつかは有効であり、それ以外は研究による裏づけがない。本章では、有酸素性持久力パフォーマンスを促進する、あるいは激しい長時間にわたる運動による筋の痛みや炎症を最小限に抑える、またはこれらの両方を促進することが示されているサプリメントについて述べる。

エルゴジェニックエイドとしてのスポーツドリンク

スポーツドリンクについての研究は、1960年代、当時のフロリダ大学のアメリカンフットボールコーチであり、かつての同大およびNFLの元選手が、腎臓の専門家になぜアメリカンフットボール選手は練習中にそれほど排尿しないのに著しく体重減少するのかと尋ねたことに始まる。答えはシンプルであったが、その質問は、ドリンクの市場が発展する発端となった。選手たちは汗によって多くの水分を失い、それにより排尿の必要がなくなったのである。科学者らは練習後に選手を検査したところ、総血液量の減少、低血糖、電解質バランスの変化が起こっていることを見出した。それから科学者らは、ドリンクを水分、ナトリウム、砂糖へと置き換える仕事に取りかかった。それからの数年間、飲料の調合が微調整され、フロリダ大学のアメリカン

フットボールの試合や練習のサイドラインで飲まれるようになった。試合のセカンドハーフ（後半）でフロリダ大学のパワーはほかのチームを圧倒し、最終的にこのドリンクはゲータレード（Gatorade）として知られるようになった（訳注：チームの愛称のGatorsにちなむ）。ゲータレードが開発されて以来、多様なスポーツドリンクの調合とそのエルゴジェニックな可能性について多くの研究が行われた。1時間を超える競技の選手にとって、水分、電解質、炭水化物を摂取することは有益であること、すなわちスポーツドリンクが潜在的なエルゴジェニックエイドとなることが研究により示されている。

　スポーツ飲料の主な目的は、体内の水分や炭水化物の貯蔵、電解質のバランスを維持するのを手助けすることである。体内の水分の大幅な減少や電解質バランスの変化は、熱疲労や熱中症、低ナトリウム血症といった深刻な症状を引き起こす。実際に、水分喪失に由来するわずか1％の体重減少は、心拍数を増加させ、身体から熱を環境へと移動させる能力を低下させることで、心臓血管系にストレスを与えることがある（Sawka et al. 2007）。さらに、体内の水分が2％失われると、有酸素性持久力パフォーマンスを阻害するかもしれない（Paik et al. 2009; Barr 1999）。研究において、現場レベルでは、競技選手は暑熱環境での運動中に体重が2〜6％減少し得ることが示されている（Sawka et al. 2007）。したがって、水分補給による有酸素性持久力パフォーマンス低下を予防する効果は、1時間を超えたり暑熱環境といった極端な環境条件において、より大きいかもしれない。

炭水化物貯蔵の維持

　スポーツドリンクは水分補給の促進を助けるだけでなく、競技選手のパフォーマンスにおいてエネルギー源として炭水化物を用いるのを助ける。激しく長時間にわたる有酸素性持久力運動中、活動のエネルギー源に必要な炭水化物の大部分を最初にまかなうのは、体内における炭水化物の貯蔵形態である筋グリコーゲンである。しかしながら、筋グリコーゲンの貯蔵量は限られており、それらが枯渇するにつれてパフォーマンスのエネルギー源への寄与も低下する（Coggan and Coyle 1991）。実際に、トレーニングを積んだ競技選手は、通常、多く見積もっても数時間の運動のエネルギー供給源に十分な筋グリコーゲン貯蔵しかない（Acheson et al. 1988）。したがって、スポーツドリンクやゲル（ジェル）、マメ類などに含まれる炭水化物によって維持される血中**グルコース**は、活動を維持するのに必要なエネルギーを提供するための重要な要素となる（Coggan and Coyle 1991）。筋グリコーゲンが低レベルであるということは、潜在的なパフォーマンス低下を引き起こすことに加えて、タンパク質分解やグリコーゲン分解、興奮−収縮連関（筋細胞が収縮できるようになる過程）と関連する（Hargreaves 2004）。

　スポーツドリンクは血中グルコースレベルを上昇させ、炭水化物の酸化を改善し、有酸素性持久力トレーニング中の疲労を軽減するのを助けるかもしれない（Sawka et al. 2007）。炭水化物の酸化（代謝）の改善は、限られた体内の炭水化物の貯蔵への依存を減

▶ グルコース——身体のすべての細胞の主なエネルギー源である単糖類、$C_6H_{12}O_6$。

少させる（Dulloo et al. 1989）。したがって、スポーツドリンクやエナジージェル、バーなどサプリメントを介した補助的な炭水化物摂取は、依存可能な炭水化物の増加によって酸化できる炭水化物が増えることで、筋グリコーゲンを温存することができる。

　運動前・中・後における水分摂取量に影響を及ぼす、スポーツドリンクの重要な要素には、炭水化物や電解質の種類、色、温度、美味しさ、香り、味、テクスチャー（訳注：のどごしなど飲んだときの感覚）がある（Sawka et al. 2007）。スポーツドリンクを選ぶ際には、これらすべての要素を考慮すべきである。競技選手のニーズは、非常に多岐にわたっている。スポーツドリンクの選択は、できるだけ個別に行うべきであり、競技選手の生理学的なニーズと好みに合うように時間をかけて決めるべきである。

　スポーツドリンクに付加された炭水化物は、水分の補給と腸からの水およびナトリウムの吸収を改善するかもしれない（Shirreffs, Armstrong, and Cheuvront 2004; Seifert, Harmon, and DeClercq 2006）。過度に胃の通過速度を遅くすることなく、パフォーマンスに必要となるエネルギー源をまかなうために炭水化物の濃度は6〜8％が理想的である（Bernadot 2006; Maughan and Murray 2001）。胃の通過（胃からの排出）速度とは、どれほど迅速に水分が胃を通過するかを意味する。胃の通過時間が遅くなることは、飲料に含まれるものの吸収の遅れや、胃に不調が生じるかもしれないことを示す（Maughan and Murray 2001）。炭水化物が2.5％未満の飲料は、水と同様に素早く胃を通過する。炭水化物の含有量が高くなるほど、胃の通過時間が長くなり、炭水化物の濃度が6％では水よりも有意に長くなるが、それよりも濃度が高い飲料よりは明らかに短い（Maughan and Murray 2001）。

　炭水化物の総量に加えて、炭水化物の種類はパフォーマンスおよび炭水化物の酸化速度に大きな影響を及ぼす。運動中、2種類以上の糖分を含む飲料を摂取することは、1種類のみの糖分を含む飲料を摂取するよりも好ましい可能性が、研究で示されている。炭水化物の酸化の速度について調べた研究では、8名の十分にトレーニングを積んだ自転車選手が、3回の異なる状況下で各150分の自転車運動を行った。1時間あたり108g（2〜4g/分）の割合でグルコースおよび**フルクトース**が投与され、それは同じ速度でグルコースのみを摂取するのと比較して、炭水化物の酸化速度が50％高くなった（Currell and Jeukendrup 2008）。同じ著者らによる以前の研究では、グルコース＋スクロース＋フルクトースの混合物は、高いピークの炭水化物の酸化速度をもたらすことが示されている（Jentjens, Achten, and Jeukendrup 2004）。それぞれの炭水化物は、それぞれ異なる腸での輸送メカニズムを有しており、もし摂取した炭水化物がグルコースのみであった場合、グルコースのみのトランスポーターが飽和に達すると、炭水化物の酸化は増加することができなくなると研究者らは結論づけている。

　さまざまな糖を組み合わせると、1つの種類の糖のみを用いるよりも身体はより多くの炭水化物を吸収できるため、この研究は有酸素性持久力系競技選手に適用できる（Currell

---

▶ フルクトース——多くの食品に含まれる単糖類。

and Jeukendrup 2008; Jentjens, Achten, and Jeukendrup 2004)。前述のように、複数の糖を組み合わせて用いることで、炭水化物の酸化速度が高まる。このことは、体内に貯蔵されている炭水化物を温存することにもなる。フルクトースは、スクロースやグルコースよりもゆっくりと吸収されるということにも注目する価値がある。したがって消化管にたまると運動中の腸の不快感を招くことから、多量のフルクトースを摂取するのを避けることを勧める（Murray et al. 1989; Fujisawa, Riby, and Kretchmer 1991）。

電解質の補充

　5つの主要な電解質は、ナトリウム、塩化物、カリウム、カルシウム、マグネシウムである。この中でナトリウムが最も重要である。なぜなら、水分および血漿の量を維持するうえで不可欠であり、運動中に大量に失われるためである（Rehrer 2001）。ナトリウムレベルが低いとき、尿を介した喪失が増加することがあり、水分バランスが負へと導かれる（Sawka et al. 2007）。通常、汗のナトリウム濃度は、10～70mEq/Lであり、塩化物濃度は5～60mEq/Lであるが、これらのレベルは大きく変化し、発汗率によって上昇したり、トレーニング適応や暑熱順化によって減少する。発汗率の高い人は体内のナトリウム総量が多いことから、そういった人はナトリウム摂取についてとくに認識する必要があるかもしれない。

　ナトリウムの不足は、運動の継続時間がより長く、ナトリウム濃度の低い飲料を摂取しているとき、より大きな問題となる（Rehrer 2001）。汗におけるカリウムの喪失はわずか

に3～15mEq/Lであり、これに次いでカルシウムが0.3～2mEq/L、マグネシウムが0.2～1.5mEq/Lである（Brouns 1991）。運動による脱水に伴うカリウムの不足はまれである（Rehrer 2001）。実際に、ナトリウムはカリウムと比較して8～29倍、喪失する（Otukonyong and Oyebola 1994; Maughan et al. 1991; Morgan, Patterson, and Nimmo 2004）。

　スポーツドリンクには、1Lあたり176～522mgのナトリウムが含まれるべきである（Shirreffs et al. 2007）。もしカリウムが含まれるならば、汗で大量に失われないため、かなり少量とすべきである。超有酸素性持久力運動（ultra-aerobic endurance exercise）においては、さらに高濃度のナトリウム、すなわち1Lあたり552～920mgが有益となる場合がある（Rehrer 2001）。水分バランスを正に保つうえで、人は汗で失うよりも多くのナトリウムを摂取する必要があることに注意することが重要である（Shirreffs and Maughan 1998）。有酸素性持久力系競技選手が汗で喪失した分を補充するのに十分な水分を摂取していることはほとんどない。研究によると、競技選手は1時間あたり0.5L未満の水分を摂取している一方で、発汗は1時間あたり1.0～1.5Lの範囲であった（Noakes 1993）。したがって、ナトリウムが最も重要となり、水分と一緒に摂取すると心臓血管系の負担を低減するのを助ける。加えて、水と組み合わせたとき、ナトリウムは運動中の水分不足の軽減に役立つ（Sanders, Noakes, and Dennis 1999）。

　ACSM（米国スポーツ医学会）は、1時間あたり0.5～0.7g/Lのナトリウムを含む飲料を摂取することを勧めている。他の研究者

はより高い濃度、すなわち1時間あたり1.7〜2.9g/Lの飲料を勧めている（Maughan 1991）。研究によって示唆される量にかかわらず、競技選手が異なる継続時間と強度、そして多様な環境条件でのトレーニング中に汗で失われるナトリウムを考慮するのを手助けすることは、健康に携わる専門職にとって重要である。電解質の要求量は競技選手によって異なり、1時間あたり3gを超えることもある（Murray and Kenney 2008）。規則的なナトリウムの摂取は、失われたナトリウムを補充し、口渇反応を維持し、自発的な水分補給を促すことによる心臓血管系の機能やパフォーマンスを維持するために重要である（Baker, Munce, and Kenney 2005）。

有酸素性持久力系競技選手のためのアミノ酸とタンパク質

分岐鎖アミノ酸（BCAA）が安静時よりも運動中のほうがより多く酸化されることから、何人かの研究者は有酸素性持久力系競技選手のタンパク質の要求量は、有酸素性持久力トレーニングを積んでいない人よりも高いと信じている（Jeukendrup and Gleeson 2004; Lamont, McCullough, and Kalhan 1999）。しかし、いくつかの研究においてこの考え方が支持されているものの、トレーニングによってロイシン（Wolfe et al. 1984）あるいはBCAA（Lamont, McCullough, and Kalhan 1999）はこのような影響を受けないというエビデンスもある。加えて、科学者の中には、運動によってタンパク質の効率が高まり、食事における追加的なタンパク質が不要とな

ると信じている者もいる（Butterfield and Calloway 1984）。対照的に、別の調査（窒素出納を用いたもの）では、競技選手は運動をしない人に推奨される1日あたり体重1kgあたり平均0.8gより多くのタンパク質を必要とするということが明らかとなった（Lemon and Proctor 1991）。したがって、有酸素性持久力系競技選手は、体重1kgあたり1.2〜1.4gのタンパク質を摂取すべきである（Lemon 1998）。

興味深いことに、タンパク質は高い満腹感を示す。減量や体重維持をしたい競技選手は、体重1kgあたり2.0gを摂取することは空腹を抑えるのに役立つことが明らかとなっている（Halton and Hu 2004; Latner and Schwartz 1999）。しかしながら、1日に体重1kgあたり2gを超えるタンパク質を摂取することは、有酸素性持久力系競技選手にとって、パフォーマンスにおける利点をもたらすことはなかった（Tipton and Wolfe 2004）。確実なことは、有酸素性持久力運動を行う競技選手は、練習における身体的な要求に基づく身体をつくり、修復する手助けをするのに十分なタンパク質を摂取すべきである、ということである。もしトレーニングの量および強度が一年を通じて変動し、異なる有酸素性持久力およびレジスタンストレーニングの目標を伴うのであれば、それに応じて食事やタンパク質摂取を再調整することは理にかなっている（Dunford 2006）。有酸素性持久力系競技選手における研究では、BCAAと、さまざまな種類のタンパク質がパフォーマンスおよび運動からの回復に及ぼす影響について検証している。

分岐鎖アミノ酸

アミノ酸は、タンパク質の構成要素であり、骨格筋のエネルギー源としての役割も果たす（Ohtani, Sugita, and Maryuma 2006）。タンパク質合成は安静時にも起こり、必須アミノ酸の摂取が比較的少量、たとえば15gの場合にすら起こる（Paddon-Jones et al. 2004）。分岐鎖アミノ酸（BCAA）は、有酸素性持久力系競技選手の間では、その潜在的なパフォーマンスへの利点により、人気が高まっている。BCAAには、ロイシン、イソロイシン、バリンが含まれる。これらは骨格筋において、酸化される筋にエネルギーを供給し、運動後の筋タンパク質合成を促進し、運動によって引き起こされる筋損傷を低減することができる（Koopman et al. 2004）。食品タンパク質の平均的なBCAA含有量は、総アミノ酸量の約15%であり（Gleeson 2005）、したがって規則的に良質のタンパク質を多く含む食事を摂取している人は、日々の身体のニーズを支えるうえで適切な量のBCAAを摂取していることになるだろう。

有酸素性持久力運動の間、とくにBCAAプールは筋タンパク質分解を通して維持され、これは身体がタンパク質バランスを保つうえで重要である。継続時間がより長い有酸素性持久力運動では、骨格筋におけるBCAAの酸化は、タンパク質からの供給の上限に達することが一般的である。これにより、血液中のBCAAの減少が生じ、また「中枢性疲労」の進行を促進するかもしれない。中枢性疲労仮説によると、トリプトファンが血液脳関門を越え、脳においてセロトニン生成量が増えたときに中枢性疲労が生じる（Ohtani, Sugita, and Maryuma 2006）。この仮説では、運動中、遊離脂肪酸（FFAs）が脂肪組織から動員され、エネルギーとして使われるために筋へ移動すると推測されている。遊離脂肪酸が動員される速度は、筋における取り込みの速度よりも高いため、血液中の遊離脂肪酸の濃度は高くなる。遊離脂肪酸とアミノ酸のトリプトファンは、**アルブミン**における同じ結合部位において競合する。血液中に遊離脂肪酸が多く存在すると、遊離脂肪酸が先にアルブミンへと結合するため、トリプトファンの結合が阻害される。これにより、血液中の遊離トリプトファン濃度が高まり、その結果として、血液中の遊離トリプトファン－BCAA比が高まり、血液脳関門における遊離トリプトファンの輸送が高まる。トリプトファンが一度脳内に入ると、セロトニン（気分や睡眠開始において役割を果たす）へと変換される（Banister et al. 1983）。したがって、最終的な結果として、脳におけるセロトニン産生が高まることで中枢性疲労が生じる可能性があり、その人を運動の中止や運動強度の低下へと導く。

いくつかの研究では、血液中のBCAA濃度の低下が起こっても、BCAAが疲労困憊する運動中あるいは運動後にメンタル面でのパフォーマンスを助ける可能性があるものの、補給による実際の有酸素性持久力運動に対する影響は小さいことが示されている。疲労困憊する運動後のアミノ酸濃度の変化について調べたいくつかの研究がある。そのうちの1つの研究の著者らは、マラソンに参加した22名の被験者と、1.5時間の陸軍のトレーニ

▶ アルブミン──多くの動物の組織にみられる水溶性タンパク質。

ングプログラムに参加した8名の被験者の変化について調べた。両群とも血漿中BCAA濃度が顕著に減少した。両群において、総トリプトファン濃度に変化はなかったが、マラソンの被験者においては遊離トリプトファン濃度の有意な増加が示され、これに伴って遊離トリプトファン/BCAA比が減少した（Blomstrand, Celsing, and Newsholme 1988）。これ以外の研究においても、疲労困憊する運動後、BCAA濃度の減少と、遊離あるいは総トリプトファンの増加が示された（Blomstrand et al. 1997; Struder et al. 1997）。BCAAがトリプトファンに及ぼす直接的な影響についての二重盲検試験では、10名の有酸素性持久力トレーニングを積んだ男性が、6％のスクロースを含む飲料（コントロール群）、あるいは6％のスクロースに加えて、以下のうち1つ、すなわち3gのトリプトファン、6gのBCAA、18gのBCAAのいずれかを含む飲料を摂取しながら、最大パワー出力の70〜75％でサイクリングを行った。トリプトファン摂取群では、脳内トリプトファンレベルは7〜20倍となったが、BCAA摂取群では脳内トリプトファンレベルは疲労困憊時に8〜12％減少する結果となった。疲労困憊までの時間に差はなく、アミノ酸濃度は有酸素性持久力運動のパフォーマンスに影響を及ぼさないことが示された（Van Hall et al. 1995）。

　アミノ酸濃度の変化についての研究に加え、その後の認知パフォーマンスに変化が生じるかを検証することも意味がある。中枢性疲労と認知の変化について調べた研究では、被験者らは炭水化物とBCAA混合物もしくはプラセボの飲料を摂取した。研究者は30kmクロスカントリーレースの前後で認知パフォーマンスを測定した。レース前と比べてレース後において、BCAA摂取群は、color-word testのいくつかの部分で改善を示したが、プラセボ群では変化がみられなかった。また、BCAA摂取群は、形状の回転および図の識別課題においてパフォーマンスを維持していたが、プラセボ群ではレース後、どちらの課題も有意に低下した。著者らは、BCAA摂取がより複雑な課題におけるパフォーマンスにより大きな効果をもたらしたと述べた（Hassmen et al. 1994）。疲労困憊するような運動後の認知機能に関する別の研究では、被験者は42.2kmのクロスカントリーレースを走行中にBCAAまたはプラセボを摂取した。より遅いランナーにおいてのみ、BCAA摂取によってランニングパフォーマンスが改善した。さらに興味深いことに、BCAAはメンタル面のパフォーマンスにポジティブな効果があった。BCAA摂取群は、Stroop color and word testにおいて、運動前と比較して運動後に有意な改善を示した（Blomstrand et al. 1991）。

　BCAA摂取は、運動からの回復にも影響を与えた。有酸素性運動前にBCAAを摂取することによって、ヒト成長ホルモンの濃度が高まり、テストステロンの減少を防ぐのに役立つ。その結果、より同化作用に至る環境となる（Carli et al. 1992）。長時間続く運動は、身体のアミノ酸プールを減少させるため、アミノ酸、とくにBCAAレベルを高く維持することは、筋タンパク質分解を促進する細胞のシグナルカスケードを抑制するうえで重要である（Tipton and Wolfe 1998）。BCAAの使用を通して同化環境をつくり出すことは、運動からのより速い回復を補助する可能性がある。BCAAには、筋損傷の程度

を減少させるポジティブな効果もある。ある研究では、トレーニングをしていない男性が90分間、55％強度の自転車運動を行い、炭水化物、BCAA、プラセボのいずれかで構成される200kcalの飲料を運動前および運動中の60分の時点で摂取した。BCAA摂取群は、プラセボ摂取群と比較して、運動の4、24、48時間後、炭水化物摂取群と比較して24時間後において運動による筋損傷の程度が小さかった（Greer et al. 2007）。

タンパク質と回復

　グリコーゲン再合成について、タンパク質＋炭水化物の効果を検証した研究結果では、はっきりとした結論が出ていない。すなわち、いくつかの研究ではタンパク質＋炭水化物がより効果的であること（ただしこれらの研究はより多くの総カロリーをも提供していた）が示され、別の研究では差が示されなかった。1つの小規模な研究では、6名の男性自転車選手が、**等カロリー**の液体の炭水化物－タンパク質サプリメント（0.8g/kgの炭水化物、0.4g/kgのタンパク質）または炭水化物のみのサプリメント（1.2g/kg）、プラセボを60分間の自転車タイムトライアルの直後、1、2時間後に摂取した。最初のトライアルから6時間後、自転車運動のプロトコルが繰り返された。続いてのタイムトライアルにおける自転車パフォーマンスは、群間で差はみられなかったが、6時間のリカバリー中における筋グリコーゲンの再合成は、炭水化物＋タンパク質群で、炭水化物のみ群あるいはプラセボ群と比較して有意に大きかった（Berardi et

al. 2006）。9名の男性被験者による別の研究においても、同様の結果が得られたが、グリコーゲン再合成が促進されたのはタンパク質を炭水化物に加えたためであるのか、あるいはこのサプリメント摂取によって全般的なカロリーが多かったためであるのかは不明確である。この特定のトライアルにおいて、被験者は2時間にわたって自転車運動を行い、3つの異なる状況でグリコーゲンを枯渇させた。運動直後および2時間後、被験者は112gの炭水化物、40.7gのタンパク質、112gの炭水化物＋40.7gのタンパク質のいずれかを摂取した。炭水化物＋タンパク質摂取トライアル中の筋グリコーゲン貯蔵速度は、炭水化物のみのトライアル中よりも有意に速かった。また両方とも、タンパク質のみのトライアルよりも有意に速かった（Zawadzki, Yaspelkis, and Ivy 1992）。

　これらの結果は期待できるように見えるが、いくつかの研究においては炭水化物にタンパク質を付加することで筋グリコーゲン合成を高めない可能性があることが示されている。小規模な研究において、5名の被験者が体重1kgあたり1.67gのスクロースまたは水、または体重1kgあたり1.67gのスクロース＋体重1kgあたり0.5gのホエイタンパク質加水分解物を高強度自転車運動の直後と4時間の回復期間において15分おきに摂取した。炭水化物のみの群と、炭水化物＋タンパク質群の間で、グリコーゲン再合成速度に有意な差はみられなかった（Van Hall, Shirreffs, and Calbet 2000）。この研究の潜在的な弱点は、ほかの研究のようにクロスオーバーデザインを用いていないことである（Berardi et al.

▶ 等カロリーの──同等のカロリー値であるということ。

2006; Zawadzki, Yaspelkis, and Ivy 1992）。クロスオーバーデザインとは、同じ被験者に対してすべての処置（摂取方法など）を行うものであり、これにより研究者はある栄養的介入の効果についてより確定的な記述を行うことが可能となる。

　6名の男性を対象とした別の研究でも、同様の結果が得られた。このクロスオーバー研究においては、男性らは同じ日に2回のランニングを行い（その間に4時間のリカバリー期間を設けた）、同じプロトコルを14日後に繰り返し行った。リカバリー期間中、30分おきに炭水化物のみ（体重1kgあたり0.8g）、炭水化物（体重1kgあたり0.8g）＋単離ホエイタンパク質（体重1kgあたり0.3g）のいずれかを摂取した。筋グリコーゲンの再合成は、群間で差はみられなかった。しかしながら、2回目のランニング中、全身の炭水化物の酸化（炭水化物の利用）は、炭水化物＋タンパク質群において有意に大きく、このことはこれらの組み合わせが潜在的に有益であることを示している（Betts et al. 2008）。

　炭水化物にタンパク質を付加することが筋グリコーゲン再合成に及ぼす影響については不明確であるが、炭水化物にタンパク質を加えた飲料は、タンパク質の全体的なバランスを増加させる可能性があり、このことが今度は筋痛や筋損傷を防ぐのを助け、したがって回復を促進する可能性がある。これについて検証したクロスオーバー研究において、8名の有酸素性持久力のトレーニングを積んだ選手らが6時間の有酸素性持久力運動中、30分ごとに炭水化物（体重1kgあたり1時間あたり0.7g）を摂取し、続いての6時間の運動中に30分ごとに炭水化物＋タンパク質（体重1kgあたり1時間あたり0.7gの炭水化物

＋体重1kgあたり1時間あたり0.25gのタンパク質）を摂取した。運動中の全身のタンパク質バランスは炭水化物のみの摂取では負であったが、炭水化物＋タンパク質摂取ではバランスが正または負でもその程度がより少なかった（全身のタンパク質バランスを検証するために用いたトレーサーによって異なる）（Koopman et al. 2004）。

　運動後の栄養計画にタンパク質あるいはBCAAを含めることは、筋の回復を促進する可能性があり、また激しい有酸素性持久力運動後に時折みられる筋損傷を減少させる可能性がある。研究者らは、クロスカントリーランナーがビタミンCおよびE、そして体重1kgあたり0.365gのホエイタンパク質を摂取した場合、炭水化物のみの飲料を摂取した場合と比較してクレアチンキナーゼ（筋損傷の血液マーカー）の有意な減少がみられたことを報告している（Luden, Saunders, and Todd 2007）。別の研究では、有酸素性持久力運動の前に14日間にわたって12gのBCAAを摂取するとともに直後に摂取することで、クレアチンキナーゼレベルが低下したことを示した（Coombes and McNaughton 2000）。

　これらの研究は、タンパク質あるいはBCAAを運動後に付加することによるポジティブな結果に注目しているが、損傷のマーカーのレベルに変化がないことを根拠として、別の研究者らは運動後の栄養計画にタンパク質を加えることに利益はないことを見出している。4時間のリカバリーにおいてタンパク質を付加して摂取した被験者が自転車運動を繰り返した研究では、回復期間をおいて翌日に自転車運動を行い、パフォーマンス上の利益を示さなかった。このクロスオーバーデザ

イン研究では、サンプルが小さく、被験者自身を対照群として用いており、実験の最初の部分でタンパク質を豊富に含むリカバリー食の摂取を行い、2週間のウォッシュアウト期間を設け、2番目の段階で等カロリーのリカバリー食を摂取した（Rowlands et al. 2007）。加えて、筋損傷を引き起こすエキセントリック（伸張性）エクササイズモデルの運動後の炭水化物飲料にタンパク質を付加することに注目した研究では、ダウンヒルランニングの30分後においてタンパク質はクレアチンキナーゼレベルを正常に戻す有意な効果を示さなかった（Green et al. 2008）。

　組み合わせると、これらの研究は、有酸素性持久力系競技選手が、運動後に摂取した場合においてタンパク質やBCAAは有用である、あるいはそうではない可能性があることを示している。しかしながら、有酸素性持久力系競技選手が、長時間にわたる有酸素性持久力運動の異化作用を低減させる必要のあるときに1日に体重1kgあたり1.2〜1.4gのタンパク質を摂取することで、適切なアミノ酸プールを確保しておくことは理にかなっている（Lemon 1998）。

グルタミン

　グルタミンは、有酸素性持久力系競技選手において、最も重要な単一のアミノ酸のリストの締めくくりとなるものである。グルタミンは遊離アミノ酸プールの中で最も高い濃度でみられる。その多くは遅筋に存在することから（Turinsky and Long 1990）、有酸素性持久力運動中はこのアミノ酸の必要性が高いことが示唆される。血漿中グルタミンは運動中に増加し、運動後に減少するというパターンを取る。強度が高く長時間にわたる有酸素性持久力運動は、もし選手がオーバートレーニングである場合はとくに免疫系が抑制される（Castell 2003）。グルタミンは免疫系において重要であるため、適切なレベルを維持することは有酸素性持久力系競技選手にとって極めて重要である。血漿グルタミン濃度は、長時間にわたる疲労困憊するような運動後に低下する。運動後にグルタミンを含むサプリメントの形態を摂取することは、有酸素性運動系競技選手が高強度の練習または試合後に高頻度での感染症や病気の発症を減らす助けとなる（Bassit et al. 2000）。

高分子量の炭水化物

　アデノシン三リン酸（ATP、細胞で用いられるエネルギー）は運動中に必要な速度で産生することはできないため、疲労は筋グリコーゲン貯蔵量の影響を受ける。運動前における筋および肝グリコーゲンの濃度が高いことは、有酸素性持久力運動を行う者にとって有益となる。加えて、一日に複数回の練習を行う、あるいは最大下の運動を長時間にわたって行う者にとって、筋グリコーゲン再合成の速度は重要である。後者（最大化運動を長時間行うこと）は、距離にかかわりなくほとんどの有酸素性持久力系競技選手に共通である。有酸素性トレーニングは、ほぼすべての有酸素性持久力系競技選手の計画において欠かせないものであり、炭水化物の貯蔵を一貫して維持することは極めて重要である。

　血中グルコース濃度は、摂取されたグルコースが胃から腸へと移動し、最終的に血中へと移動することによって影響を受ける。

溶液の浸透圧が胃の通過速度に影響を及ぼすため、このことが重要になる（Vist and Maughan 1994）。浸透圧の高い炭水化物源は、胃の通過速度が低下することによってグルコース輸送を遅らせるかもしれない（Aulin, Soderlund, and Hultman 2000）。血中あるいは稼働している筋への輸送を大きく遅らせることなくグルコースを安定的に供給することは、身体機能や認知機能を維持するうえで理想的である。加えて、有酸素性持久力運動後に多くのグリコーゲンを回復させることは、その後の練習セッションに向けて重要である。筋グリコーゲン再合成は運動後、最初の2時間が最も高いため（Kiens et al. 1990）、ワークアウト後の時間に摂取する炭水化物の種類はトレーニング刺激後の回復においてより重要となる。

特許取得済みの高分子量の炭水化物

高分子量（HMW, high molecular weight）の炭水化物の多くが、グリコーゲン貯蔵を急速に再補充するのを助けることができる物質として市販されている。しかしながら、これには誤解がある。サイズ（分子量）については必ずしも問題ではないが、炭水化物の生物学（biology）が問題となる。ある特許取得済みの分岐鎖を多く持つ高分子量グルコースポリマー溶液は、胃通過時間を短くし（Leiper et al. 2000）、運動後の筋グリコーゲン再合成を高め（Aulin, Soderlund, and Hultman 2000）、その後の仕事の出力を高めることが示されている。8名の男性が、最大酸素摂取量の73%の強度で疲労困憊に至るまで自転車漕ぎを3回行った（88〜91分間）。運動直後、

被験者らは1Lの無糖のフレーバー水（対照群）、100gの低分子量グルコースポリマー（マルトデキストリン）、100gの特許取得済みの高分子量グルコースポリマーのいずれかを摂取した。その後被験者は2時間の回復期間としてベッドで休み、さらに自転車エルゴメーターで15分間のタイムトライアルを行った。マルトデキストリン（スポーツドリンクやサプリメントで一般的な原材料）群と比較して、特許取得済みの高分子量炭水化物群は、血中グルコースおよび血清インスリンの急速かつ大幅な上昇が起こり、また続いてのタイムトライアルにおいて仕事の出力の増加をもたらした。これらはグリコーゲン貯蔵の増加によるものと推測される。

ワキシーメイズ

ワキシーメイズ（モチトウモロコシ）製品は、ほかの種類の炭水化物よりもグリコーゲン再合成を大きく促進することができる炭水化物として市販されている。しかしながら、公表されているワキシーメイズについての研究では、スポーツ栄養製品で用いられているほかの種類の炭水化物と比較してエルゴジェニックな利点は示されていない。ワキシーメイズ製品は、マルトデキストリンと比較して血中グルコースおよびインスリンの鈍い応答をもたらし（Roberts et al. 2009）、同量のグルコース摂取と比較してグリコーゲン再合成が少ない（Jozsi et al. 1996）。

ワキシーメイズとパフォーマンスについての研究では、10名の男性大学生が、体重1kgあたり1gのグルコース、ワキシースターチ（ワキシーコーン由来のデンプン）、難消化性デンプン、人工的に風味づけしたプラセボの

いずれかを自転車運動（$\dot{V}O_2$max の66％という一定の負荷で90分間、続いて30分の実験プロトコル）の30分前に摂取した。炭水化物酸化率（速度）の平均は、プラセボ群と比較してグルコース群、ワキシースターチ群、難消化性デンプン群のトライアルのほうが高く、またワキシーメイズ群あるいはグルコース群で、より仕事量が多かった（Roberts et al. 2009）。その他の研究では、グリコーゲンを枯渇させる運動後のグリコーゲン再合成またはタイムトライアルのパフォーマンスにおいて、ワキシーメイズのデンプンはグルコースあるいはマルトデキストリンよりも有益ではないこと、またグルコース上昇やインス

リン応答においてグルコースはワキシーメイズデンプンよりも優れている可能性があるということが示されている（Goodpaster et al. 1996）。ワキシーメイズスターチの研究概要については、表8.1を参照。

カフェイン

カフェインは競技で用いられる多面的なサプリメントであり、有酸素性持久力運動を行う人たちの間で人気があるものの1つである。カフェインはスポーツでの応用において多くの可能性がある。複数の研究では、体重1kg

表8.1　ワキシーメイズについての研究の概要

著者	参加者（被験者）	サプリメントと用量	時間	運動の種類	研究の知見
Roberts et al. 2009	10名の男性自転車選手	体重1kgあたり1g： ・WMS ・マルトデキストリン	運動の前後	70%$\dot{V}O_2$ピークで自転車150分	・マルトデキストリンと比較して、WMSは摂取後の血中グルコースレベルのスパイク（急上昇）を穏やかにした。 ・WMS群では、マルトデキストリンと比較して有意にインスリンの増加が少なかった。 ・WMS群では、マルトデキストリンと比較して、運動中および回復中の脂肪の分解および酸化が大きかった。
Goodpaster et al. 1996	10名の男性大学生自転車選手	体重1kgあたり1g： ・WS ・RS：70%のアミロースおよび30%のアミロペクチン ・GL ・プラセボ	運動の30分前	120分間の自転車（30分を自分のペースで、90分を一定の負荷で）	・GLは、WMSやRS、プラセボと比較して、より高いグルコースおよびインスリンが引き起こされた。 ・被験者らはGLあるいはWS摂取後にプラセボと比較して仕事がより大きかった。

表8.1（前頁から続き）

著者	参加者 （被験者）	サプリメント と用量	時間	運動の種類	研究の知見
Jozsi et al. 1996	8名の男性 自転車選手	混合食 （3,000kcal） の15%に以 下を含む： ・グルコース ・マルトデキ 　ストリン ・WS（100% 　アミロペク 　チン） ・RS（100% 　ア ミ ロ ー 　ス）	グリコーゲ ンを枯渇す るような運 動の12時間 後	グリコーゲ ンを枯渇す るような運 動の12時間 後に、30 分間の自転 車タイムト ライアル（付加的 な食事摂取の 12時間後）	・両群間でタイムトライ 　アルのパフォーマンス 　に有意な差はなかった。 ・グリコーゲン濃度は、 　GL（＋197.7±mmol/kg 　d.w.）やマルトデキス 　トリン（＋136.7±24.5 　mmol/kg d.w.）、WS（＋ 　171.8±37.1 mmol/kg 　d.w.）と比較してRSに 　おいて顕著に増加した 　（＋90±12.8 mmol/kg 　d.w .）。
Johannsen and Sharp 2007	7名の有酸 素性持久力 のトレーニ ングを積ん だ男性	体重1kgあた り1g： ・デキストロ 　ース（D型グ 　ルコース） ・改良された 　コーンスタ 　ーチ ・改良されて 　いないコ 　ーンスタ 　ーチ	運動の30分 前	2時間の自転 車運動	・改良されたコーンスタ 　ーチのみにおいて、運 　動中の炭水化物の酸化 　が増加した。 ・外因性の炭水化物の酸 　化は、運動の90分間ま 　では、改良された、お 　よび改良されていない 　コーンスターチと比較 　して、デキストロース 　において高かった。

略語：WMS＝ワキシーメイズスターチ（waxy maize starch）、WS＝ワキシースターチ（100%アミロペクチン）、RS＝難消化性デン
　　　プン（resistant starch）、GL＝グルコース、d.w.＝乾燥重量（dry weight）

あたり4mgのカフェインの服用により、心理的な注意が高まり、論理的推論、自由想起、認知記憶課題が改善した（Smith et al. 1994）ことを示している。加えて、カフェインは有酸素性持久力運動における疲労困憊までの時間を延ばすことを助け（Bell and McLellan 2003; Doherty and Smith 2004）、最大下有酸素性持久力運動中の自覚的運動強度を低減し（Demura, Yamada, and Terasawa 2007）、睡眠不足期間における身体的パフォーマンスを改善した（McLellan, Bell, and Kamimori 2004）。カフェインはまた、筋痛を低減し、グリコーゲン再合成を増加させる可能性がある

（Pederson et al. 2008）。

　カフェインの多くの用途にもかかわらず、カフェインとスポーツパフォーマンスについての研究結果ははっきりしない。しかしながら、これはカフェインの用量や形状（錠剤、コーヒー、炭水化物源とともに摂取）、日常的にカフェインを用いているかどうか、タイミング、運動前のカフェイン摂取パターン、運動を行う環境といった研究デザインに起因するかもしれない（Graham 2001）。

　カフェインは、血液脳関門を通過し、アデノシン受容体に結合し、アデノシンが受容体に結合するのを減少させ、循環中のドーパミ

ン活性を高めることによって中枢神経系において作用する刺激物質である（Fredholm et al. 1999）。ある仮説では、これは努力感や筋収縮における神経活性化に影響を及ぼす。これは、カフェインのエルゴジェニック効果を説明するうえで最も一般的な主要仮説であり、科学的な支持や運動を行う者による検証という点で最も価値がある。カフェインの利点についての別の仮説には、グリコーゲン分解を制御する酵素が筋パフォーマンスに影響を及ぼすというものである。この仮説を支持する大部分はin vivo（生体内）研究ではなく、in vitro（生体外）研究によるものであり、この仮説に関して何らかの正式な結論を述べることは難しい。最終的に、カフェインは**脂肪分解**および**熱産生**を急速に増加させ（Dulloo et al. 1989）、またこれら両方を潜在的に長時間にわたって高める可能性がある。また、カフェインはグリコーゲン温存効果を持つかもしれない（Graham 2001）。カフェインは脂肪を分解する酵素を促進し、**エピネフリンの**レベルを高め、貯蔵脂肪を動員することができると考えられている（Graham and Spriet 1996）。しかしながら、この仮説について検証した研究では、決定的な結果は出ていない（Graham 2001）。現時点でのコンセンサスとしては、中枢神経系への影響と努力感の低減が支持されている。さまざまな活動様式を含むトレーニングセッションや試合を経験する競技選手からも支持を得ている。カフェインは急速に吸収され、血漿中レベルは1時間以内に最大に達することがある。カフェインはゆっくりと分解されるため（半減期は4〜6時間）、濃度は通常3〜4時間にわたって維持される（Graham 2001）。

カフェインのエルゴジェニック効果は、体重1kgあたり3〜9mg（70kg［154ポンド］の人で自動式のドリップコーヒー約1.5〜3.5カップ）の範囲で示されている（Hoffman et al. 2007）。運動開始前の60分以内に摂取することでパフォーマンスへの効果は通常明らかであるが、長時間にわたる運動中に摂取した場合についても顕著である（Yeo et al. 2005）。

研究者らは、カフェインが炭水化物の吸収に及ぼす影響について、また炭水化物をカフェインと組み合わせて摂取したときの影響についても注目している。カフェインは腸における炭水化物の吸収を高める。このことは少量（1.4mg/kg体重）でも（Van Nieuwenhoven, Brummer, and Brouns 2000）、より多量（5mg/kg体重）でもみられ、炭水化物の酸化速度は2時間の運動中の最後の30分間で26％増加した（Yeo et al. 2005）。これらのデータを組み合わせると、カフェインは体内において炭水化物を作業筋により速く送り、利用することに対して、ポジティブな影響を及ぼす可能性があることを示している。追加的な研究では、カフェインを炭水化物飲料とともに摂取した場合に、作業能力の改善（15〜23％）や、自覚的運動強度の低下が確認されている（Cureton et al. 2007）。カフェ

▶ 脂肪分解——脂肪細胞に蓄えられた脂肪の分解。

▶ 熱産生——生体における熱の産生。熱産生の増加によって、燃やされるカロリーが増加する（少なくとも一時的には）。

▶ エピネフリン——闘争−逃走反応（fight-or-flight response）の一部として副腎により放出されるカテコールアミン。エピネフリンの放出により、心拍数の増加、血管収縮、気道拡張が起こる。

インは利尿剤として作用すると考えられてきたが、スポーツドリンクにカフェインを付加することは水分の輸送に影響を及ぼすことはなく、また中程度から高強度の運動中における水分バランスや体温調節に悪影響をもたらすことはない（Millard-Stafford et al. 2007）。

カフェインは薬物であると考えられているが、適切に用いられた場合には安全だろう。ほとんどの有酸素性持久力競技において、運動の1時間前に体重1kgあたり3〜9mgの範囲で摂取することでエルゴジェニックな効果がみられた。カフェインの使用は、IOC（国際オリンピック委員会）では許可されており、NCAAでは制限リストに掲載されている（カフェインの尿中濃度は15μm/mLを超過すべきではない）（U.S. Anti-Doping Agency 2010; National Collegiate Athletic Association 2009）。

重炭酸ナトリウムと
クエン酸ナトリウム

重炭酸ナトリウム（炭酸水素ナトリウム、重曹）の利用は新しいものではないが、その人気は有酸素性持久力競技においては、広がりをみせているようである。重炭酸ナトリウムは緩衝剤として用いられている。pHの低下、すなわちより酸性の環境は疲労と関連しており、自覚的運動強度の上昇や力の産生の低下といった、パフォーマンスにネガティブな影響を及ぼすことが示唆されてい

る（Hawley and Reilly 1997）。適度なpHをもたらすアルカリ性塩基を用いたサプリメントが長年にわたって使用されており、高強度運動中の酸性レベルを緩衝することによって疲労が始まるのを遅らせることができる。これらの緩衝剤の利用は、より大きな筋の関与を伴い、より速い運動単位の動員を必要とする、高強度短時間運動においてより有用であることが明らかとなった。同様に高強度だがより長時間にわたる運動においては、これらの製品の有効性に関する結果は一貫しておらず、パフォーマンスを向上させる能力についての絶対的な証明はされていない（Requena et al. 2005）。

重炭酸ナトリウムは、最も頻繁に用いられている緩衝剤であるが、クエン酸ナトリウムは胃腸障害が起こるリスクが低いため、よりよい選択肢である。重炭酸ナトリウムを用いたよりよい実施プロトコルによって、このサプリメントに伴う胃腸の不快感のいくつかを解決する手助けとなるだろう。

複数の研究結果が一貫していないため、競技選手の中には、β-アラニンのようなより新しいエルゴジェニックエイドに目を向ける者もいる（第7章で詳細に議論した）。現在のエビデンスにおいては、重炭酸ナトリウム、クエン酸ナトリウム、またはその両方が、異なるエネルギー機構を用いる競技において有用であることが示されているが、より短い、高強度運動のパフォーマンスに対して最も有用であるだろう。これらは胃腸障害の可能性があるため、注意して用いるべきである。

専門的実践

　競技選手にサプリメントについてのアドバイスを行う際は、健康状態や服用中の薬、その他のサプリメント摂取についての完全な知識を持ち、十分に注意して行うべきである。有酸素性持久力系競技選手に推奨を行う際には、実践者は３つの重要な栄養学的要素を常に頭に入れておくべきである。すなわち、水分補給、電解質バランス、炭水化物摂取である。

　有酸素性持久力系種目は、数分の差で勝負が決まり、エルゴジェニックエイドが選手の間で一般的なツールとなっている。本章で議論されたエルゴジェニックエイドは、有酸素性持久力パフォーマンスへの利点が研究で示されている。表8.2には、これらのサプリメントを使用する際の潜在的なエルゴジェニック効果および潜在的な欠点についてまとめた。

　スポーツドリンクは、有酸素性持久力系競技選手の間で最も広く用いられているエルゴジェニックエイドの１つである。なぜ水ではなくスポーツドリンクを選ぶのか？　1960年代、フロリダ大学のアメリカンフットボールの現場で、水だけでは不十分である可能性が初めて見出された。スポーツドリンクは体内

表8.2　広く用いられている有酸素性持久力系のサプリメント

スポーツサプリメント	提唱されている機能	パフォーマンスへの利点	潜在的な欠点
分岐鎖アミノ酸（BCAA）	筋損傷の低減、運動からの回復の促進、中枢性疲労の低減	長時間にわたる疲労困憊するような運動後の認知パフォーマンスの測定において、BCAAによって改善がみられることがある。よりタンパク質を同化させる環境にすることによって、また筋損傷のマーカーを減少させることで運動からの回復を促進することもできる。	さまざまな有酸素性持久力系競技選手において、長時間にわたる疲労困憊するような運動中にBCAAを摂取することにより、最も大きな潜在的な利点を示すかもしれない。
カフェイン	有酸素性持久力パフォーマンスにおいて、疲労困憊までの時間を延ばす。心理的覚醒を促進する。筋痛を軽減する。グリコーゲン再合成を促進する。	カフェインは疲労感を軽減させることができ、疲労困憊までの時間を延ばし、筋痛を低減させることができる（とくにダウンヒル走のような伸張性運動後）。グリコーゲン再合成を促進する可能性がある。無水カフェイン（錠剤 vs. コーヒーのような液体中に含まれるもの）は、エルゴジェニック効果が最も明らかである可能性がある。どのような競技であっても、カフェインによる利点がある可能性がある。	妊婦は胎児への潜在的な影響を避けるために、摂取の上限を300mg/日とすべきである。カフェインは、不安障害や心臓病、緑内障、高血圧患者において有害作用を持つ可能性がある。逸話的に（アネクドータルに、訳注：科学的根拠に乏しいという意味）、少量のカフェイン摂取であっても不安の増加や心拍リズム異常があらわれたと訴える者もいる。

スポーツサプリメント	提唱されている機能	パフォーマンスへの利点	潜在的な欠点
電解質補給（ナトリウムタブレット）	低ナトリウム血症の予防	長時間にわたる疲労困憊するような運動を行うすべての有酸素性持久力系競技選手は、電解質、主にナトリウムを摂取することは利益をもたらし得る。電解質は低ナトリウム血症を予防し、口渇感を高め、水分補給を促す。これらが全体的に水分補給を増加させ、身体の総水分量の危険な低下を予防する。	高血圧や腎臓病患者においては、ナトリウムは禁忌である。高血圧でない健康な競技選手においては、ナトリウムによる問題はない。
グルタミン	感染や疾病を低減する。筋痛を予防することによって回復を促す。	グルタミンがどのように利益をもたらすのか、正確なところは未だに不明である。病気にかかりやすい、あるいは感染しやすい競技選手は（「ウルトラ」やアイアンマンレースなどの負荷のかかる選手と同様に）グルタミンを試してみたいと思うかもしれない。	健康な成人における通常の使用では文書での報告はない。
分岐鎖を多く持つ高分子量グルコースポリマー（特許取得）	マルトデキストリンと比較して、グリコーゲン再合成が増加	マルトデキストリン＋砂糖の組み合わせと比較して、胃通過時間が短い。筋グリコーゲンを素早く補充する。1日に1回以上激しいトレーニング（練習）を行う競技選手に向けて最適である。	健康な成人における通常の使用では文書での報告はない。糖尿病患者はしっかりと炭水化物摂取とインスリン投与間隔をモニターすべきである。
タンパク質	炭水化物と組み合わせた場合、グリコーゲン再合成を促進する可能性がある。	すべての競技選手は、ワークアウト後にタンパク質を摂取することから恩恵を得られる（ワークアウト中の摂取は胃の不調を招くことがある）。研究では、ワークアウト後のタンパク質摂取は、タンパク質分解を低減することができ、また回復を速める可能性がある。	健康な成人における通常の使用では文書での報告はない。
重炭酸ナトリウム、クエン酸ナトリウム	pHを低下させ、疲労を低減する可能性がある。	ある状況では、重炭酸ナトリウムおよびクエン酸ナトリウムは筋疲労を効果的に緩衝することが明らかとなっているが、これらのサプリメントは胃腸障害を引き起こす可能性があるため、最善の選択肢ではない。	これらのサプリメント、とくに重炭酸ナトリウムは胃腸障害を引き起こす可能性がある。
スポーツ飲料	水分補給。ナトリウムは低ナトリウム血症を予防する助けになる。パフォーマンス促進。血中グルコースの維持。長時間にわたる運動中の疲労低減。	スポーツドリンクは、有酸素性持久力系競技選手にとって最高のエルゴジェニックエイドの1つである。研究で検証された3つの目的がある。すなわち、低ナトリウム血症の予防、体内の総水分量の維持、長時間にわたる運動中の疲労低減である。	フルクトースの多量摂取は運動中に胃腸の不調を引き起こす可能性がある。

＊すべてのサプリメントは試合中に用いる前に、練習で試すべきである。

の水分や炭水化物の貯蔵、電解質バランスを維持するのを助けることができる。また、競技選手は、水と比較しておいしいと感じ、より多くの飲料を摂取することができる。激しい運動を行う競技選手、とくに暑熱環境においては、体重の2〜6％の水分を失うことがある。この量の水分を失うと、オーバーヒート（体温が高くなりすぎる）だけでなく、明らかなパフォーマンス低下も経験しやすくなる。スポーツドリンクは、この潜在的なパフォーマンス低下を緩和させるうえで効果的であることが、何度も繰り返し証明されてきた。

　理想的には、スポーツドリンクを摂取する競技選手は、6〜8％の炭水化物を含む飲料を選ぶべきであり、また60〜90分間以上にわたって運動を継続するとき、10〜20分ごとに90〜240mL（3〜8液量オンス）を摂取すべきである。スポーツドリンクの代わりに水を摂取するという選択をした選手は、練習および試合の中で、また直後に炭水化物を摂取する必要がある。加えて、電解質、とくにナトリウムを摂取すべきである。マラソンの距離を歩いたりジョギングする選手は、胃の不調が起こるため、試合中に食べ物を摂取できないことがあり、ほとんどの競技選手は便利で消化しやすい、ゲルや「グミ」を含む多様なスポーツ栄養製品を選択している。

　有酸素性持久力系競技選手は、1時間あたり30〜60gの炭水化物を摂取することを目標とすべきであるが、複数の種類の炭水化物を摂取する場合は、1時間あたり90gの炭水化物を摂取することができる。また、運動後には運動の強度および継続時間に応じて、体重1kgあたり約0.8〜1.2gの炭水化物を摂取すべきである。加えて、競技選手はある程度のタンパク質（体重1kgあたり約0.3〜0.4g）を炭水化物とともに摂取することで、筋の修復を促すうえで利益を得られるだろう。

　理想的には、競技選手はワークアウト後30分以内に軽食を摂取すべきである。これ以降になるとグリコーゲン再合成が減少し、その後の運動が阻害される（とくに休息が24時間未満の場合）。トレーニングを積み、炭水化物の貯蔵が十分に多い競技選手であっても、グリコーゲンの形では、わずか数時間分のエネルギー源でしかない。潜在的なパフォーマンス低下に加えて、筋グリコーゲンのレベルが低いことは、タンパク質分解とも関連し、とくに競技選手が十分な総タンパク質およびカロリーを摂取していない場合に筋組織の分解を引き起こす可能性がある。

　ワークアウト後における、基準を満たす優れた軽食の例は、68kg（150ポンド）の選手では600mL（20オンス）の低脂肪チョコレートミルクあるいはイチゴのスライス1カップ、ブドウ1カップ、バナナ1本、プロテインパウダー1スクープを水に溶かしたもの、である。競技選手は、自分自身のエネルギーを回復させるためにさまざまな組み合わせを用いることができ、それにはシリアルに脱脂乳を加えたもの、塩味のクラッカーに低脂肪チーズをつけたもの、スポーツサプリメント製品の組み合わせ、食品（例：スポーツドリンクに、無脂肪ヨーグルト＋果物）が含まれる。

　水を摂取することを選択した競技選手も、電解質の必要性について考慮すべきである。すべての競技選手は、それぞれ異なる量の電解質を喪失している（ナトリウムは喪失の量が最も大きな電解質である）。スポーツ栄養の専門職は、選手がそれぞれ異なる運動の継続時間および環境における汗で失われるナトリウムの必要量の決定を支援すべきである。医師から言われない限り、有酸素性持久力系競技選手は、一般に推奨されている1日あたり1500〜2000mgのナトリウム摂取に従うべきではない。その代わりに、運動中に飲料1Lあたり500〜700mgのナトリウムを摂取すべきである。しかしながら、実践的な見地

からは、競技選手の中にはこれより多く必要とし、この量の摂取でも痙攣を起こす選手や、この範囲の上限まで摂取しても水分喪失のほうが多い選手もいる。繰り返すが、スポーツ栄養の専門職は、競技選手とともに彼らのニーズにより見合った範囲を見つけるために協力ができる。運動後、競技選手は喪失した水分0.5L（1ポンド）あたり少なくとも500mgのナトリウムを摂取すべきである。

水分、電解質、炭水化物のほかに、試合で優位に立とうとする競技選手は、パフォーマンスを向上し回復を促進するのを助ける、その他のエルゴジェニックエイドに目を向けるかもしれない。BCAAは中枢性疲労を低減させるのを助ける可能性があり、これによって有酸素性持久力系競技選手は運動直後の心理的課題をうまく遂行できる可能性がある（これは大学生競技選手が長距離を走った後に勉強をしなければならない場合に有用である）。またBCAAは筋痛や炎症を和らげる可能性もあり、したがって長時間にわたる運動からの回復を速める可能性がある。研究では、この目的でBCAAが6～12g用いられたが、正確にどのような量を用いるのがよいか、体重1kgあたりの量で決めるべきか、あるいは運動の強度および継続時間に基づいて決めるべきか、あるいはそれら両方に基づいて決めるべきか、明らかではない。

BCAAは痛みや炎症を和らげる助けとなるかもしれないが、運動中の筋疲労を緩衝するということに着目して、選手の中には重炭酸ナトリウムやクエン酸ナトリウムを試す者もいる。これら2つのサプリメントは機能するかもしれないが、胃腸の不調を招くことがあるため、推奨されるエルゴジェニックエイドではない。エルゴジェニックエイドは、パフォーマンスを阻害し得るという代償を払うべきではない。よりよい選択肢はβ-アラニンであり、これについては第7章で詳細について述べた。

有酸素性持久力系競技選手の中には、グルタミンを免疫を高めるために用いる者もいる。血漿グルタミン濃度は、長時間にわたる疲労困憊するような運動後により低くなり、運動後にグルタミンを含むサプリメントの形で摂取することで、強度の高い練習や試合後にしばしば有酸素性持久力系競技選手が感染したり発症するのを低減するうえで助けとなる。いくつかの研究において、グルタミンが有望であることが示されているが、適切な用量は不明である。グルタミンはパフォーマンスに影響を及ぼさないようであるが、トレーニング負荷を維持するうえで健康を保つことは非常に重要である。

有酸素性持久力系競技選手にとって、最高のエルゴジェニックエイドの1つはカフェインである。体重1kgあたり3～9mg（70kg［154ポンド］の人で自動式のドリップコーヒー約1.5～3.5カップ）の用量を運動前（一般的には運動前の60分間）あるいは長時間の運動中に摂取する場合、カフェインはエルゴジェニックである。自覚的運動強度の低下や、仕事能力の改善、心理的覚醒の増加が起こり得る。この量のカフェインは、水分バランスに有害な変化を生じることはなく、また脱水を引き起こすことはない。カフェインを試そうとする選手は、即時の変化に気づくことが一般的である。

有酸素性持久力系競技選手の間で、栄養サプリメントの使用は広がっている。しかしながら、有効性や安全性はそれぞれ大きく異なる。多くは、競技においてそれらの作用あるいは有効性を支持する科学的エビデンスや、現場的なエビデンスを持たない。それ以外でも、研究により裏づけられていないが、選手の中にはそれらに信頼を寄せる者もいる。大学やプロ、オリンピックの選手においては薬物検査がより頻繁に行われるようになってい

るため、スポーツ栄養の専門職は安全性と合法性にとくに注意を払うべきである。選手にサプリメントを勧める場合には、サプリメントの会社、製造過程、品質基準など、しっかりとしたバックグラウンドチェック（調査）を常に行うことが賢明である。NCAAの選手のために、また獲得手段としてのサプリメントは（学校から支給されるか、自ら購入するかにかかわらず）、NCAAの規定を遵守すべきである。プロスポーツ統括組織は、それぞれ特定の認定組織について認識している（アメリカ国立科学財団、インフォームドチョイス[Informed Choice] など）。エルゴジェニックエイドを検討する前に、競技選手はそのサプリメントの安全性や合法性、有効性について十分に知らされるべきである。最後に、栄養サプリメントは、その人の正常な、あるいは典型的な食事プログラムに付け加えることを意図した物質であり、栄養素の主たる供給源として摂取するものではない。

まとめ

- スポーツドリンクは血中グルコースレベルを上昇させ、炭水化物の酸化を改善し、疲労感を軽減することでパフォーマンスを改善することができる（Sawka et al. 2007）。
- 炭水化物濃度が6〜8％のスポーツドリンクは、より速く胃を通過するうえで理想的である（Benardot 2006）。
- 新しい研究によると、2種類の糖、とくにグルコースとフルクトースを2：1の比率で用いることは、1種類のみを用いるよりもパフォーマンスの改善をもたらす（Currell and Jeukendrup 2008）。
- 電解質のニーズは競技選手によって異なる。しかしながら、有酸素性持久力運動中の規則的（習慣的）な電解質、とくにナトリウムの摂取は、失われたナトリウムを補充し、口渇反応を維持し、自発的な水分補給を促すことによる心臓血管系の機能やパフォーマンスを維持するうえで重要である（Baker, Munce, and Kenney 2005）。
- 分岐鎖アミノ酸（BCAA）補給は、運動後にタンパク質を同化させる環境にすることで（Carli et al. 1992）、また筋損傷のマーカーを減少させることで（Greer et al. 2007）、運動からの回復を促進することができる。
- 分岐鎖を多く持つ高分子量の炭水化物は、低分子量の炭水化物の2倍の速さで胃を通過し、その結果、グリコーゲンが枯渇するような運動の2時間後に筋グリコーゲン貯蔵量が70％増加した（Leiper, Aulin, and Soderlund 2000）。
- カフェインは体重1kgあたり3〜9mgの用量の範囲において有用なエルゴジェニックエイドとして用いられる（Hoffman et al. 2007）。パフォーマンスへの効果は、通常、運動前の60分以内にカフェインを摂取することでみられるが、長時間にわたる運動中に摂取することでも顕著である（Yeo et al. 2005）。
- 重炭酸ナトリウムやクエン酸ナトリウムのような緩衝作用を持つサプリメントは、陸上競技の400mや800m種目のような高強度で短時間の運動に参加する選手において有用な可能性がある（Requena et al. 2005）が、胃腸の不調をもたらすこともある。

9

Nutrient Timing

栄養タイミング

Chad M. Kerksick, PhD; ATC; CSCS,*D; NSCA-CPT,*D

タイミングよく栄養摂取を実施することは、運動への生理学的適応を促進し、最適な健康およびパフォーマンスをもたらす。栄養タイミングの推奨は、各競技間だけでなく、特定の競技内でも、選手によっても異なる。これらの推奨も、個々の選手によって、年間を通した移動や試合、練習に関連した需要に応じて変化する。エネルギーや主要栄養素、水分、微量栄養素の摂取に関して、選手やコーチがしっかりとした知識基盤をつくりあげるうえで、栄養タイミングの動的な性質は重要である。本章では、人間のパフォーマンスを最大に維持し、回復を促すための必要なレベルのエネルギーや栄養を供給するための栄養計画を作成する読者への一助となるよう、科学的文献で裏づけられた栄養学的考慮事項を段階的に説明する。

本章では、特定の食品あるいはサプリメントをいつ摂取するかについて重点的に取り上げる。多くの研究において、特定の主要栄養素やアミノ酸をタイミングよく摂取すること

で、運動への適応的応答に対して有意に影響を及ぼすことが示されている。トレーニングの種類に応じて、これらの応答はグリコーゲン再合成から血液を基盤とするエネルギー源の維持、パフォーマンスの改善、筋の発達の改善、さらに身体組成や免疫機能、気分の改善まで多岐にわたる。

歴史的に、栄養タイミングについて最初に考慮されたのは、エクササイズ前および中における炭水化物源の供給についてであった。実際に、1928年のオリンピックのマラソンの前に甘い軽食あるいは食品が摂取されていたことが報告されている。1960年代の初め、研究者らは炭水化物状態が及ぼす影響について探究し、カーボローディングという概念が生まれた。カーボローディングは、肝臓および筋における炭水化物の貯蔵を増やし（Bussau et al. 2002; Goforth et al. 2003; Kavouras, Troup, and Berning 2004; Sherman et al. 1981; Yaspelkis et al. 1993）、長時間にわたる運動において血中グルコース（炭水化物）

レベルを正常に維持するのを助ける（Coyle et al. 1986; Kavouras, Troup, and Berning 2004）。さらに最近では、炭水化物やアミノ酸、タンパク質、クレアチン（Cr）を運動前に摂取することがエクササイズトレーニングへの適応をさらに刺激するか（Coburn et al. 2006; Cribb and Hayes 2006; Kraemer et al. 2007; Tipton and Wolfe 2001; Willoughby, Stout, and Wilborn 2007）、筋組織の分解を予防するか（Kraemer et al. 2007; White et al. 2008）について研究されている。

栄養タイミングと有酸素性持久力パフォーマンス

生命を維持するために、人体は主に3つの化合物——炭水化物、脂質、タンパク質——を燃やし、数百もの化学反応を起こすのに必要なエネルギーを生み出す。炭水化物は望ましいエネルギー源であるが、残念なことに筋や肝臓に供給される炭水化物は限られている（Coyle et al. 1986）。中～高強度（$\dot{V}O_2max$ の65～85％）の長時間にわたる運動中に、体内の炭水化物の貯蔵は枯渇し（Hawley et al. 1997; Tarnopolsky et al. 2005）、しばしば運動強度を低下させたり（Coyle et al. 1986）、筋組織を分解（Saunders, Kane, and Todd 2004）、また免疫系を弱める（American College of Sports Medicine, American Dietetic Association, and Dietitians of Canada 2000; Gleeson, Nieman, and Pedersen 2004）という結果をもたらす。

安静時において、トレーニングを積んだ競技選手の筋内グリコーゲンレベルは60～90分にわたって継続する種目の生理学的需要に見合うものとなっている（Dennis, Noakes, and Hawley 1997）。相当量の筋損傷がないと仮定すると、体重1kgあたり1日あたり8～10gの炭水化物の摂取と適切に休息をとることにより、筋におけるこのグリコーゲンレベルを維持することができる。グリコーゲンレベルを適切なレベルに維持するのを促す、もう1つの推奨は、1日のカロリー摂取量の55～65％を炭水化物から摂取することである。しかしながら、この推奨は、その選手が身体のサイズおよび身体的活動レベルに見合うカロリーを摂取していることを仮定している。適切なカロリー摂取量に基づいて、この推奨されるレベルの炭水化物を定期的に摂取している競技選手にとって、試合前に1～2日のオフを取ること（または量および強度を低減したエクササイズを行うこと）により、**筋グリコーゲン**を最大限に回復させることができる。残念なことに、多くの競技選手が適切なレベルの炭水化物を摂取していない（Burke 2001）。したがって、競技選手を手助けするうえで、筋のグリコーゲンレベルを迅速に最大レベルにするための戦略が開発されてきた。

▶ $\dot{V}O_2max$——単位時間あたりに身体が利用することのできる最大の酸素量。より高い値は、フィットネスおよびトレーニングのレベルが高いことと関連している。

▶ 筋グリコーゲン——炭水化物の貯蔵で、骨格筋のみにみられる。筋サイズによって異なるが、炭水化物の量は250～300gであると推定される。運動中またはストレスを受けているとき、筋グリコーゲンは肝グリコーゲンより先に枯渇する。

カーボローディング

　カーボローディングは、長時間にわたって行われる種目の前に、内因性の筋グリコーゲンの貯蔵を飽和させるための選手による実践の1つであり、それに先立ってグリコーゲン貯蔵を枯渇させることが一般的である。古典的なカーボローディング研究は、トレーニングを積んでいない人に対して行われ、3～4日間にわたって低炭水化物食を摂取する枯渇期と、内因性の筋グリコーゲン貯蔵を「枯渇」させるための、多量のトレーニングを組み合わせて行われた（Bergstrom and Hultman 1966）。この段階に続いて3～4日間の高炭水化物食（70%超の炭水化物、あるいは8～10g/kg体重）を摂取し、筋グリコーゲンの超回復を促進するためにエクササイズの量を低減させる。この方法を用いて、初期の研究ではトレーニングのペースを顕著に長時間にわたって維持する能力について報告された（Karlsson and Saltin 1971）。

　十分にトレーニングを積んだランナーを対象とした一連の研究（Sherman et al. 1983, 1981）において、少なくとも3日間にわたるトレーニング量の低減とともに高炭水化物食（食事のうち65～70%が炭水化物）によって筋グリコーゲンレベルが高まり得ることが示唆されている。これらの結論は、筋グリコーゲンを最大化するうえでより実践的なアプローチであると受け止められている。8名のトレーニングを積んだランナーにおいて、3日間の高炭水化物食（体重1kgあたり1日あたり10gの炭水化物）の摂取と、全く運動を行わなかったことで、筋グリコーゲン貯蔵は最大化した（Bussau et al. 2002）。加えて、トレーニングを積んだ者が45分間にわたっ

て82% $\dot{V}O_2peak$で自転車を漕ぎ、その3日後に高炭水化物食（1日あたり体重1kgあたり8.1gの炭水化物、または1日あたり600gの炭水化物）を摂取すると、低炭水化物食（1日あたり体重1kgあたり1.4gの炭水化物、または1日あたり100gの炭水化物）と比較して、運動前のグリコーゲン貯蔵が顕著に増加した。

　興味深いことに、筋グリコーゲンレベルを最大化するのを促すための枯渇期を設けない場合、摂取する必要のある炭水化物の量についての用量-反応関係が明らかであるかもしれない。たとえば、3日間にわたって1日あたり体重1kgあたり10gを摂取した場合、3日間にわたって1日あたり体重1kgあたり8gを摂取したときと比較してベースラインの筋グリコーゲンは明らかに高い。初期のカーボローディング研究において、枯渇期とより長い高炭水化物の摂取を組み合わせることで筋グリコーゲンが高レベルとなったことが報告されているため（Bergstrom et al. 1967）、この効果について、現在はさらなる研究は行われていない。

有酸素性持久力運動前の栄養摂取

　競技選手は適切な量の炭水化物のほか、さまざまなエネルギー源摂取を確実にするための多くのステップを踏むことができることから、有酸素性持久力運動前あるいは試合前の数時間は重要な考慮事項である。この期間は、さらに2つの時期にカテゴリ分けすることができる。すなわち（a）運動前の2～4時間、（b）運動前の30～60分である（Dennis, Noakes, and Hawley 1997; Kerksick et al. 2008）。まとめると、単独で炭水化物を運動

前に摂取することは、筋グリコーゲンレベルをより高くし、**血中グルコース**を維持（**正常な血糖値**）するのを改善することが示唆されているが、パフォーマンスの改善についてははっきりしない（Coyle et al. 1985; Dennis, Noakes, and Hawley 1997; Earnest et al. 2004; Febbraio et al. 2000b; Febbraio and Stewart 1996）。炭水化物の利用を最適化するために、運動前の食事は主に高炭水化物の食品または飲料で構成すべきである。この実践方法は、競技選手が回復に向けた努力が乏しい場合（例：低炭水化物食の摂取、休息すること、あるいはトレーニング量を低減することのどちらかまたは両方に失敗する）であっても、より重要である。この状況においては、あるいは選手が一晩絶食している場合（例：睡眠）、運動の4時間前に高炭水化物食を摂取することによって、筋および**肝グリコーゲン**レベルの両方の有意な増加を引き起こす（Coyle et al. 1985）。図9.1を参照。

同様に、被験者が標準化された自転車運動の4時間前に炭水化物を摂取しなかった場

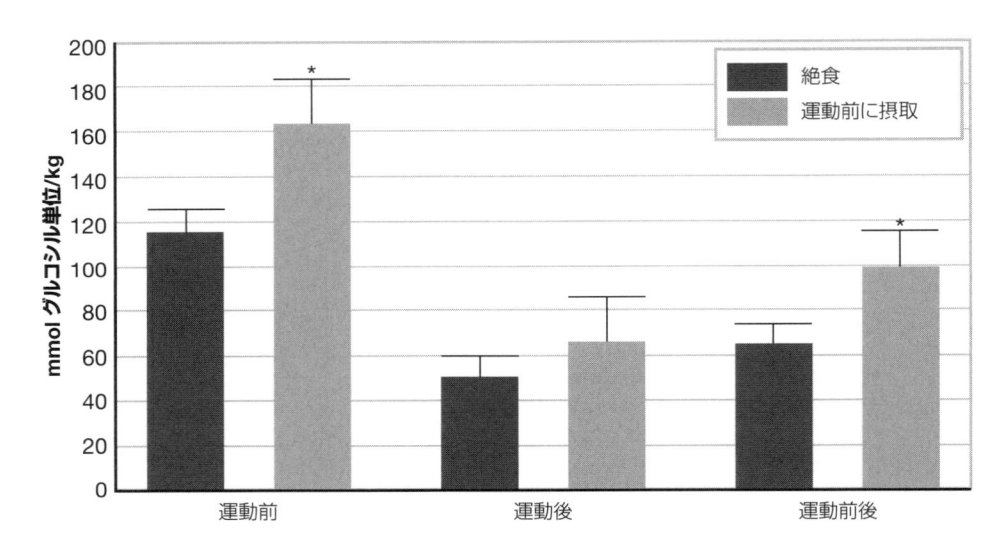

図9.1　運動前の食事が筋グリコーゲンレベルに及ぼす影響。運動前の筋グリコーゲンレベルが有意に増加し、また運動後におけるグリコーゲン貯蔵の枯渇の程度が減少した。この研究は、運動前の食事がグリコーゲン状態に影響を及ぼすことを示す、初めての文書化されたエビデンスとなった。運動あるいは試合中にグリコーゲンレベルを維持する必要性は、運動前の栄養タイミングの基礎となり、また運動あるいは試合前に炭水化物を摂取する必要性をもたらすこととなった。
＊＝運動前に食事した群と差がある。
データは、Coyle et al. 1985. より。

▶ 血中グルコース──血流における糖あるいはグルコースの量。平均的な人の血液量は5Lと仮定すると、その血流中に約4〜10gのグルコースが含まれる。

▶ 正常な血糖値──血中グルコースレベルが正常範囲にある状態。多くの場合は80〜100mg/dL（4.4〜5.5 mmol/L）である。

▶ 肝グリコーゲン──肝臓のみにみられる炭水化物の貯蔵の形態。肝臓の大きさにより異なるが、炭水化物の量は80〜100gであると推定される。運動中やストレス時において、肝グリコーゲンは最後に枯渇する形態の、貯蔵された炭水化物である。

合、あるいは多量の炭水化物（約300g）を摂取した場合、炭水化物を摂取した群においてセッションの完了時間が有意に短縮した（Sherman et al. 1989）。これらの知見は、ほかの研究でも支持されており、運動前の3〜4時間に炭水化物を豊富に含む食事（200〜300g）を摂取すると、炭水化物を摂取しなかった場合と比較して有酸素性持久力あるいは作業出力が改善したことが示されている（Neufer et al. 1987; Wright, Sherman, and Dernbach 1991）。このため、有酸素性持久力系競技選手は、体重1kgあたり1〜4gの高炭水化物を含む軽食あるいは食事を、運動の数時間前に摂取することが推奨される（Tarnopolsky et al. 2005）。

　運動の2〜4時間前に高炭水化物食を摂取することは、その運動が早朝の時間帯に行われる場合に、とくに重要となる。睡眠に費やした時間は絶食している時間であるとも言え、肝グリコーゲン貯蔵の減少という結果をもたらすことがしばしばあり、いったん運動を開始した後において利用できる炭水化物に影響を及ぼすことがある。しかしながら、現場的な見地から、運動の4時間前に（あるいは2時間前ですら）栄養摂取を行うことは、練習やトレーニングセッション、試合の開始時刻によって制限を受ける。開始時刻が朝の時間帯である場合、最適なエネルギー源の摂取と睡眠との間で難しい判断が求められることがあるかもしれない。このような状況において、選手が身体にエネルギー源を供給しようとして胃の貯蔵能力を大きく上回らないようにすること（消化のための時間がより少ないため）、その過程で結果として胃腸の不調を

引き起こさないようにすることが重要である。このシナリオにおいて、選手は利用可能な炭水化物不足を、運動開始後1時間以内に適切なレベルの炭水化物を摂取し、利用可能な炭水化物不足を補う必要がある。炭水化物を含む食品の選択肢は多くあるが、どの食品が胃腸の不調を生み出さないかを事前に練習セッションにおいて確認しておく必要がある。

　運動前に炭水化物を摂取する必要性については広く受け入れられているが、どの種類の炭水化物が消化における代謝応答やその後の運動パフォーマンスにポジティブあるいはネガティブな影響を及ぼすかについて、多くの論争や誤解が存在する。炭水化物の摂取は、同時にインスリンレベルの上昇をもたらし、体細胞へのグルコース取り込みを高め、血中グルコースレベルを低下させる。また、インスリンレベルの上昇によって、絶食状態と比較して脂肪組織の分解が減少し、**炭水化物酸化**の速度が高くなる。この生理学的応答により、血中グルコースレベルは低血糖となり（3.5mmol/L未満）、運動強度が低下し、運動時に感じる疲労感が高くなる。

　Fosterら（1979）は、運動前（＜60分）に炭水化物を摂取することへの低血糖応答について報告した最初の研究を行った。この応答は、科学的文献において一貫した結果が報告されているわけではない（Hawley and Burke 1997）が、逸話的に広く報告されており、また選手やコーチから関心が寄せられる領域である。炭水化物摂取直後のグルコースおよびインスリンの変化は、著しく一過性である。運動中、初期に低血糖が報告されることもあるが、いくつかの研究ではこの

▶ 炭水化物の酸化──一定時間内に、炭水化物を分解あるいは利用できる量。

応答はパフォーマンスにネガティブな影響を及ぼさないことが示されている。実際に、ほとんどの研究において、運動の20 ～ 30分後のグルコースレベルは、有害な影響を及ぼすことなく正常へと戻ることが報告されている。Hawley and Burke（1997）によるレビューでは、いくつかの形態の炭水化物を運動の60分前に摂取することは、パフォーマンスに負の影響を及ぼすことはなく、実際にパフォーマンスは7 ～ 20%向上する可能性がある。

とはいえ、競技選手の中には運動前の炭水化物摂取によりネガティブな反応を示す選手がいることは明らかであり、この反応がなぜ起こるかについてはコンセンサス（共通見解）は得られていない。さらに、炭水化物源のグリセミック指数がグルコースおよびインスリン動態やグリコーゲン利用、またその後のパフォーマンスをどの程度変化させるかについては考察が重ねられてきた。最初に、フルクトースといった低グリセミック指数の炭水化物が低血糖リバウンドを避けるうえで、また続いてのパフォーマンスを改善させるうえで好ましい可能性があると報告された。しかしながら、この考えについては研究で支持されなかった。Febbraio and Stewart（1996）は、高グリセミック食を135分の自転車運動の45分前に摂取したところ、低グリセミック食あるいは水を摂取した場合と比較して筋グリコーゲン利用あるいはパフォーマンスに変化を及ぼさなかったことを示した。

別のいくつかの研究では、運動前の炭水化物源としてグリセミック指数を変化させたとき、その後のパフォーマンスに影響がなかったことが示されている（Earnest et al. 2004; Febbraio et al. 2000b）。さらなる研究において、フルクトース摂取が胃腸の不調をもたらし、パフォーマンスに悪影響を及ぼす可能性があることが示されている（Erickson, Schwarzkopf, and Mckenzie 1987）。このため、競技者は運動前や運動中の主な炭水化物源としてはフルクトースの摂取を避けることが一般的な推奨となっている。

まとめると、競技選手は炭水化物の多い食事（体重1kgあたり1日あたり8 ～ 10gの炭水化物）を、とくに試合の前の数日間に摂取すべきである。炭水化物を多く摂取するとともに、トレーニング量をしばらく低減させることによって、グリコーゲン貯蔵を最大化することができる。運動の2 ～ 4時間前に炭水化物食（200 ～ 300g）を摂取することにより、グリコーゲン貯蔵とパフォーマンスを最大化することができる。競技選手は運動前に食べ過ぎないように注意し、胃腸の不調の可能性を避けるために大量のフルクトース摂取を避けるべきである。

有酸素性持久力運動中の栄養摂取

運動中の栄養については、有酸素性持久力系競技選手においてエネルギー需要が高くなるため、有酸素性持久力運動においてとくに考慮されてきた。最初は、血中グルコースレベルを維持し、グリコーゲン貯蔵を温存するために炭水化物を投与することに注目した研究が行われた（Febbraio et al. 2000a; Koopman et al. 2004; Nicholas et al. 1995; Widrick et al. 1993）。最近では、有酸素性持久力運動中に回復や筋損傷をモニターするためにいくつかの炭水化物源を組み合わせたり、さまざまな量のアミノ酸を加えたりといったことが行われている。

有酸素性持久力運動中における炭水化物の供給

いくつかの研究では、運動前あるいは運動中の炭水化物摂取により、代謝の結果に悪影響を与える可能性（例：反応性低血糖）が示唆されている（Foster, Costill, and Fink 1979）が、公表されている研究のほとんどにおいて、炭水化物摂取はパフォーマンスを向上させる（あるいは少なくとも維持される）という主張が支持されている（Febbraio et al. 2000a; McConell et al. 1999; Nicholas et al. 1995; Widrick et al. 1993）。運動中における炭水化物の代謝的需要は非常に大きくなることがある。運動前に筋へ炭水化物を供給することによって、筋グリコーゲンが分解する速度を低下させる可能性がある（Erickson, Schwarzkopf, and Mckenzie 1987; Hargreaves et al. 1984）。しかし、他の研究では、筋グリコーゲンは炭水化物摂取の影響を受けないことが報告されているため、このことは全面的に受け入れられているわけではない（Coyle et al. 1985; Fielding et al. 1985）。運動中の体内の生化学（とくに活動筋において）では、利用できるグルコースを十分に供給することによって筋および肝グリコーゲンを温存し、パフォーマンスを高める可能性があることが示唆されている（Bosch, Dennis, and Noakes 1993; Coyle et al. 1986, 1985）。

炭水化物の酸化速度

血中グルコースあるいは肝グリコーゲン、筋グリコーゲンのいずれに由来するものであっても、炭水化物が酸化される速度は重要である。炭水化物源（フルクトースを除く、高あるいは低グリセミック）が何であるかにかかわらず、中程度の強度の長時間にわたる運動中の炭水化物酸化速度のピークは、1分間あたり約1g（1時間あたり60g）である（Jeukendrup, Jentjens, and Moseley 2005）。炭水化物の酸化とは、ある時間における炭水化物を分解あるいは利用できる量のことを示している。食事のスケジュールを変更した場合、炭水化物の酸化速度は影響を受けないと考えられ、ここから制限因子は消化器を通して消化される速度とそれに続く血流での利用能であるという結論が導かれる（Hawley et al. 1994）。

ピーク炭水化物酸化速度については十分に確立されているが、Asker Jeukendrupらの研究グループは、さまざまな形態の炭水化物を混合させて炭水化物酸化速度を高めることができるかについて研究した（Jentjens, Achten, and Jeukendrup 2004; Jentjens and Jeukendrup 2005; Jentjens et al. 2005; Jentjens, Venables, and Jeukendrup 2004; Jentjens et al. 2004; Jeukendrup 2004; Jeukendrup and Jentjens 2000）。炭水化物の種類が異なれば、輸送経路メカニズムも異なる。したがって2種類以上の炭水化物を供給することにより、血流における炭水化物が増加し、これによりエネルギー源として酸化可能な炭水化物をより多く供給することができる。たとえば、グルコースおよびスクロースの混合物を摂取後、中程度の強度の運動を行っている際に、炭水化物の酸化は21%増加（1分間あたり1.2gの炭水化物）した（Jentjens et al. 2005）。同様に、マルトデキストリンとフルクトースの組み合わせは、60〜65% $\dot{V}O_2max$での長時間にわたる自転車運動において、炭水化物の酸化速度ピークは1分間あたり1.5gとなり、これはマルトデキストリン

のみと比較して約40％高かった（Wallis et al. 2005）。

　実際に、この研究チームによる知見では、炭水化物の混合物を用いることで、1.2g/分から1.75g/分へと炭水化物酸化速度は促進されることが示された（Jentjens, Achten, and Jeukendrup 2004; Jentjens and Jeukendrup 2005; Jentjens et al. 2005; Jentjens, Venables, and Jeukendrup 2004; Jentjens et al. 2004）。さらに最近では、同グループは運動中にグルコースとフルクトースを組み合わせて摂取することにより、最大パワーの55％で120分間の自転車運動後、タイムトライアルのパフォーマンスが8％向上したことを報告した（Currell and Jeukendrup 2008）。運動中、有酸素性持久力系競技選手は複数の種類の炭水化物の混合物を摂取することで恩恵が得られるかもしれない。とくに数時間前から高炭水化物食を摂取することなくスタートし、これによって動作筋が利用できるエネルギー源を埋め合わせることが難しい場合にあてはまる。

炭水化物摂取の頻度とタイミング

　その他の研究では、運動中の摂取の頻度およびタイミングを変化させることに注目し、好ましい代謝的適応あるいはパフォーマンス向上がみられるかどうかについて検討した（Fielding et al. 1985; McConell et al. 1999）。Fieldingら（1985）の研究では、4時間の自転車走行において、より頻繁に炭水化物を摂取した場合（30分ごとに10.75g）は、一度に多く摂取した場合（1時間ごとに21g）と比較して、血中グルコースレベルがより維持されたが、この差はエクササイズトライアル中の筋グリコーゲンレベルには影響を及ぼさな

かった。4時間にわたる運動後に行った疲労困憊までのタイムトライアルのパフォーマンスは、より頻繁に炭水化物を摂取した群において有意に改善した。4時間の運動セッションというのは、ハーフアイアンマンあるいはアイアンマントライアスロン、ウルトラエンデュランス、マラソンを除いて、ほとんどの練習あるいは試合よりも大幅に長い。パフォーマンスの改善を促進するうえで、このように長時間にわたって適切な血中グルコースを輸送し続けるための炭水化物摂取能力は、運動中の炭水化物輸送の促進を支持する重要な発見である。どのような場合であっても、炭水化物摂取量や頻度はグリコーゲンの変化には影響を及ぼさないようである（Fielding et al. 1985）が、長時間にわたる運動では、パフォーマンスに影響を及ぼす可能性がある。

　運動中の炭水化物サプリメント摂取が及ぼす影響について調べたMcConellら（1999）の研究では、有酸素性持久力トレーニングを積んだ男性の被験者が疲労困憊に至るまで自転車運動のタイムトライアルを2回、自由意志で行った。その自転車選手らは、8％の炭水化物飲料または人工的にフレーバーと味をつけたプラセボのどちらか250mLを運動直前および運動中15分ごとに摂取した。トライアルを通して炭水化物を投与された自転車選手は、プラセボ群と比較して疲労に至るまでの時間が30％（47分間）延長した。

　Febbraioら（2000a）もまた、運動中を通して炭水化物を摂取することの利益について報告している。この研究では、自転車選手らは以下の4つの条件においてピークパワーの63％で120分の自転車運動を完遂した。

1. 非炭水化物のプラセボを運動の30分前お

および運動中に摂取

2. カロリーのないプラセボを運動の30分前＋体重1kgあたり2gの炭水化物を6.4％濃度の溶液で運動中に摂取

3. 体重1kgあたり2gの炭水化物を25.7％濃度の溶液で運動前に＋カロリーのないプラセボを運動中に摂取

4. 体重1kgあたり2gの炭水化物を25.7％濃度の溶液で運動前に＋体重1kgあたり2gの炭水化物を6.4％濃度の溶液で運動中に摂取

運動中の血中グルコース酸化の変化およびタイムトライアルのパフォーマンスは、炭水化物が運動中に提供された場合にのみ改善された。著者らは、炭水化物の摂取によってパフォーマンスが改善するのは運動中に継続して炭水化物を摂取した場合のみであり、運動前に炭水化物を摂取する、しないにかかわらず、120分間の自転車運動中に炭水化物を摂取することで、その後のタイムトライアルが改善すると結論づけた（Febbraio et al. 2000a）。図9.2を参照のこと。

ベースラインのグリコーゲンレベルの影響

Febbraioら（2000a）およびMcConellら（1999）の両方の研究において、血中グルコースおよび炭水化物の酸化を維持するうえで運動中を通して炭水化物を摂取することの重要性が明確に示された。運動前のグリコーゲン状態が及ぼす影響については、まだ検証されていない要因である。Widrickら（1993）は、自転車選手に70kmの自分のペースでのタイムトライアルを以下の4つの異なる条件

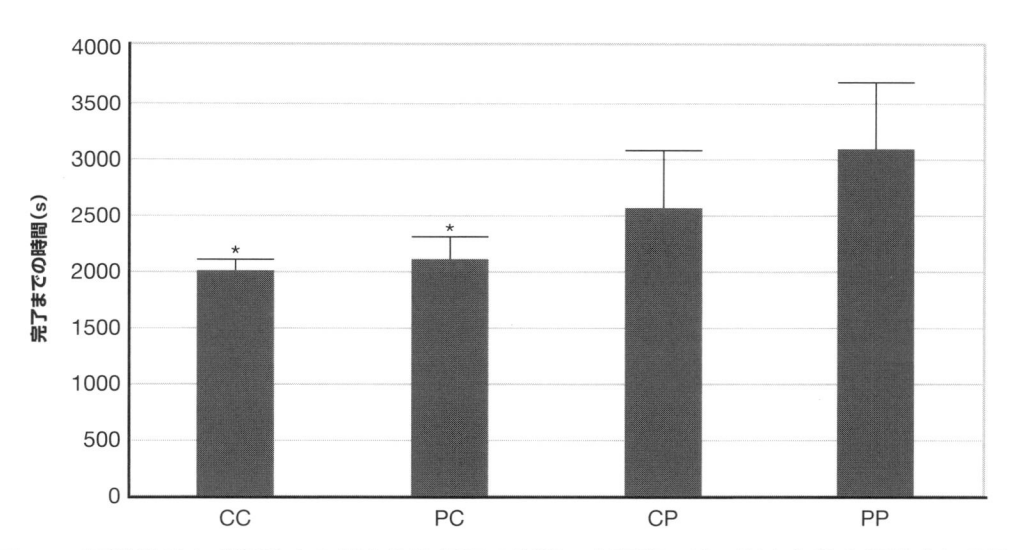

図9.2　運動前および運動中の炭水化物摂取の影響。本研究では、炭水化物を運動中に摂取した場合に最も大きな影響があり、また運動前に炭水化物を摂取した場合には運動中を通して炭水化物を摂取した場合にのみ影響があることが示された。CC＝運動前および運動中に炭水化物を摂取。PC＝運動前にプラセボ、運動中に炭水化物を摂取。CP＝運動前に炭水化物、運動中にプラセボを摂取。PP＝運動前にプラセボ、運動中に炭水化物を摂取。

＊＝CC（運動前および運動中に炭水化物を一貫して摂取、体重1kgあたり2gの炭水化物を25.7％の炭水化物飲料で運動の30分前、そして6.4％の炭水化物飲料をタイムトライアル中を通して摂取）およびCP（タイムトライアルの前に炭水化物を、タイムトライアル中にプラセボを摂取。体重1kgあたり2gの炭水化物を25.7％の炭水化物飲料で運動の30分前、そしてプラセボをタイムトライアル中を通して摂取）は、PCあるいはPP（タイムトライアル前および中においてプラセボを摂取）との間で差があった。
データはFebbraio et al. 2000a.より。

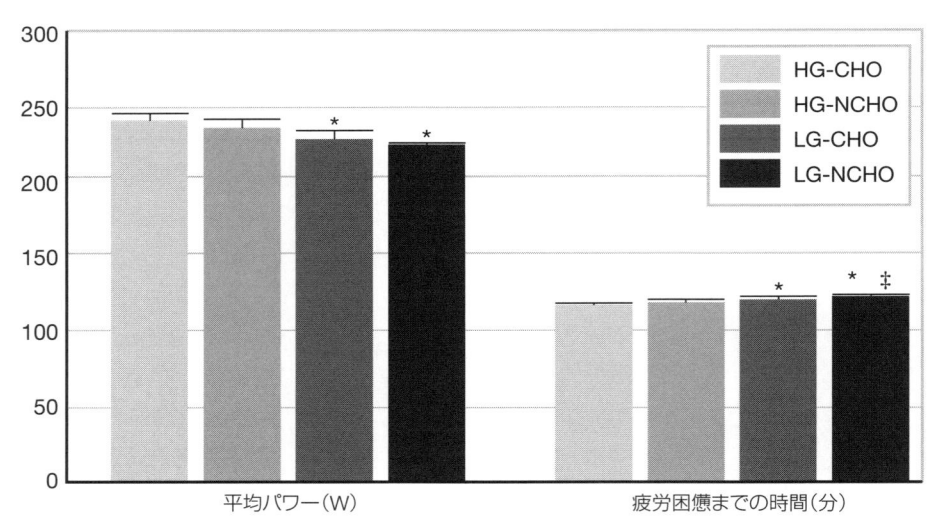

図9.3　運動前のグリコーゲン状態および炭水化物利用能がパワー出力および疲労困憊までの時間に及ぼす影響。運動中の炭水化物の供給は、運動開始前に筋グリコーゲンが高い場合にはパフォーマンスの改善をもたらすことはないが、これは運動あるいは試合開始時にグリコーゲンレベルが高いことの重要性を示す。
データは Widrick et al. 1993. より。

で行わせた。すなわち（1）高い筋内グリコーゲン＋炭水化物の飲料、（2）高い筋内グリコーゲン＋カロリーのない飲料、（3）低い筋内グリコーゲン＋炭水化物の飲料、（4）低い筋内グリコーゲン＋カロリーのない飲料、である（Widrick et al. 1993）。炭水化物飲料は、運動開始時および10kmごとに摂取し、運動ごとに供給された炭水化物は116±6gであった。炭水化物飲料を摂取した場合は血中グルコースが適切に維持された一方、カロリーのない飲料の場合は血中グルコースが有意に低下した。タイムトライアルの終盤の14％（9.8km）にわたって、他の3つの条件と比較して低グリコーゲン＋カロリーのない条件では、パワー出力およびペースは有意に低かった（図9.3）。したがって、ベースラインのグリコーゲンレベルは、長時間にわたる運動の

前において重要な考慮事項であるようにみえる。これは筋グリコーゲンレベルが高い場合には運動中の炭水化物の供給によってパフォーマンスは改善されないが、運動前に筋グリコーゲンレベルが低い場合には炭水化物の供給によって有意にパフォーマンスが改善するためである。

このディスカッション全体を通してみてきたように、炭水化物は明らかにパフォーマンスに影響を及ぼす。これらの研究の大部分において、長時間（120 〜 150分）にわたる、中程度の強度（$\dot{V}O_2$max の65 〜 70％）の運動が用いられた。1つの研究結果からは、トレーニングを積んだフィールド選手が高強度間欠的ランニングテスト中に炭水化物を供給することにより、パフォーマンスが改善される可能性が示唆されている。被験者らはそれ

ぞれ運動前に体重1kgあたり5mLの6.9%の炭水化物あるいはカロリーのないプラセボを摂取するとともに運動中を通して15分おきに2mL/kgを摂取した。炭水化物を摂取した群は、プラセボ群と比較して有意に長く運動を行うことができた（Nicholas et al. 1995）。別の研究では、炭水化物ゲルを準備することにより、サッカー選手が高強度間欠的ランニング中にプラセボと比較して有意に血中グルコースが維持され、パフォーマンスを促進したことが示された（Patterson and Gray 2007）。

まとめると、多くの研究により、運動中の炭水化物の摂取により血中グルコースレベルを維持することができ（Yaspelkis et al. 1993）、またより高いレベルでのパフォーマンスを促進することができること（Febbraio et al. 2000a; Nicholas et al. 1995）が支持されている。いくつかのレビューでは、このトピックについて詳しく扱っている（Dennis, Noakes, and Hawley 1997; Jeukendrup 2004; Jeukendrup and Jentjens 2000）。

有酸素性持久力運動中の炭水化物および タンパク質の供給

近年、有酸素性持久力運動中の炭水化物へのタンパク質の付加について、複数の研究が行われている。これらの研究はまだ始まったばかりであるが、予備的な知見からはタンパク質あるいはアミノ酸を付加することにより、パフォーマンスの向上、また運動時に生じる筋損傷の程度を抑える可能性があることが示唆されている。1つの研究では、被験者は3時間の自転車運動を、$\dot{V}O_2max$の45〜75%の強度で行い、続いて$\dot{V}O_2max$の85%で疲労困憊までのタイムトライアルを行った。各

セッション中、被験者はプラセボまたは7.75%の炭水化物溶液、7.75%の炭水化物溶液＋1.94%のタンパク質溶液を摂取した。炭水化物摂取群は、プラセボ群に対して疲労困憊までの時間は長く、タンパク質追加群においてはより高いパフォーマンスという結果であった（Ivy et al. 2003）。

Saundersら（2004）は、炭水化物＋タンパク質の組み合わせを摂取したときのパフォーマンスおよび筋損傷に及ぼす影響について調べた。被験者らは、$\dot{V}O_2max$の75%で疲労困憊するような運動を行い、その後、12〜15時間の休息を挟み、再び（2回目の）疲労困憊するような運動を$\dot{V}O_2max$の85%で行った。両方の運動において、自転車選手らは一定の量のそれぞれ7.3%の炭水化物溶液、7.3%の炭水化物＋1.8%のタンパク質溶液のどちらかを15分ごとに摂取した。運動直後、彼らは体重1kgあたり10mLの同一の溶液を摂取した。各群は同量の炭水化物を摂取したが、摂取したエネルギーはやや異なる（追加されたタンパク質によって加わる分のカロリー）。炭水化物とタンパク質を組み合わせた場合、パフォーマンス（疲労困憊に至るまでの時間）は最初の運動後は29%向上し、2回目の運動後は40%向上した（図9.4）。筋損傷のマーカーも83%低く、このことは炭水化物＋タンパク質の組み合わせ、あるいは摂取可能カロリーが高いことが、長時間にわたる疲労困憊するような運動に伴う筋損傷を低減させることを示唆している（Saunders, Kane, and Todd 2004）。

同じ研究グループは、被験者が液体ではなくゲル溶液で炭水化物＋タンパク質の組み合わせを摂取した際に、同様にパフォーマンス向上がみられたと2007年の研究で報告した

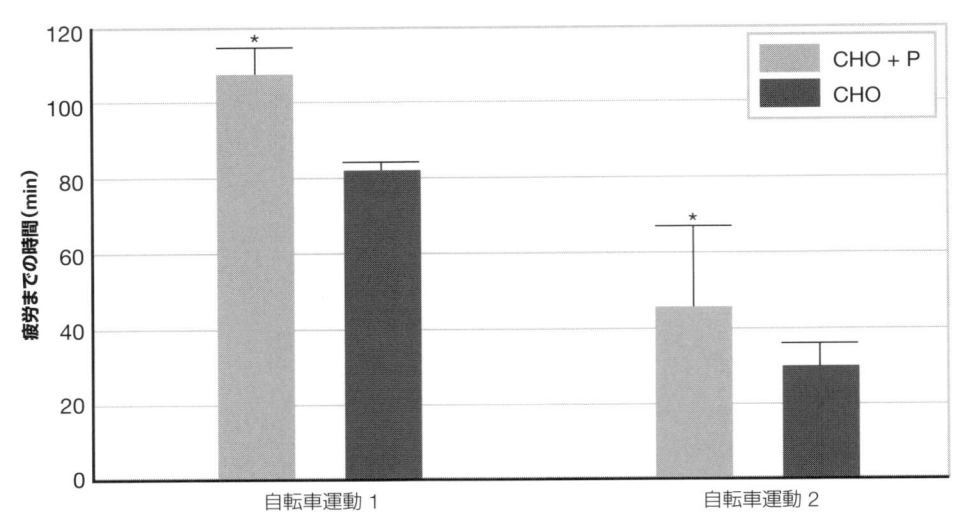

図9.4　炭水化物のみ、あるいは炭水化物＋タンパク質を摂取した場合の、2回目の自転車運動における疲労困憊に至るまでの時間。1回目はVO₂maxの75%。2回目は12 〜 15時間後にVO₂maxの85%であった。運動中、15分ごとに炭水化物＋タンパク質を摂取した結果、VO₂maxの75%および85%での2つの疲労困憊に至る自転車運動において、有意によいパフォーマンスであった。これは炭水化物にタンパク質を付加した飲料がパフォーマンスを向上させる可能性を示す初期の研究のうちの1つである。しかしながら、総カロリーについてはコントロールされておらず、総カロリーあるいはホエイタンパク質のどちらによって差が生じたかについては明らかではない。

* ＝疲労困憊までの時間は、直接比較した場合CHO＋P（炭水化物およびタンパク質）群のほうが、CHO（炭水化物）群よりも有意に長かった。
データはSaunders, Kane, and Todd 2004. より。

（Saunders, Luden, and Herrick 2007）。後に、2004年の研究ではウルトラエンデュランス（超長距離）選手が被験者として参加し、炭水化物のみあるいは炭水化物＋タンパク質の摂取がタンパク質の代謝回転の変化や有酸素性持久力運動の6時間後の回復に及ぼす影響について比較した（Koopman et al. 2004）。炭水化物のみでは、**タンパク質収支**（バランス）は負となり、このことから**タンパク質分解**（おそらく筋）が、**タンパク質合成**よりも速い速度で生じていることが示唆される。タンパク質を炭水化物に付加した場合、全体的なタンパク質の分解は少なくなったが、タンパク質収支は依然として負のままであった。この研究の著者らは、炭水化物とタンパク質の組み合わせを摂取することにより、安静時とともに運動中および運動後のリカバリーにおいて総タンパク質収支を改善すると結論づけている（Koopman et al. 2004）。

　まとめると、いくつかの研究（Ivy et al.

▶ タンパク質収支──一般的にタンパク質の合成および分解の間のバランス（収支）であると定義される。タンパク質の合成が、タンパク質分解よりも速く行われる場合、タンパク質収支は正である。
▶ タンパク質分解──一般的に細胞のタンパク質の分解と定義される。全体的な過程は多数のメカニズムを通して起こり、最終的には増加したアミノ酸が血流へと遊離するという結果となる。
▶ タンパク質合成──一般的に細胞のタンパク質の合成と定義される。運動および栄養の分野における文献では、タンパク質合成はしばしば筋タンパク質のことを指す。

2003; Koopman et al. 2004; Saunders, Kane, and Todd 2004）では長時間にわたる運動の前あるいは後に炭水化物とタンパク質が１：４の比率となるように組み合わせた場合に、よりパフォーマンスを向上することがあるというエビデンスがもたらされた一方、別の研究（Koopman et al. 2004; Saunders, Kane, and Todd 2004）では、この組み合わせにより筋損傷も軽減されることが示された。

栄養摂取と回復

　栄養タイミングのさまざまな側面に関する研究では、科学的文献のうち運動後について調べたものが圧倒的多数を占める。これらの研究による知見をまとめることにより、栄養戦略が、とくに回復過程の側面においてどのように最適化できるかについての洞察を提供し続けられてきた。本章あるいはその他の章を通して、高いグリコーゲンレベルを維持することの重要性は明らかである。また、研究上の関心が高いのは、運動後の時間帯において栄養素をどの程度摂取すると筋タンパク質バランスに影響するかを決定することである。最後に、いくつかの研究では長時間にわたるレジスタンストレーニングプログラムを用いて、さまざまな栄養タイミング戦略がもたらす、筋力やパワー、身体組成のパラメータといったレジスタンストレーニングへの適応における変化について検証されている。

炭水化物とグリコーゲン再合成

　筋グリコーゲンレベルを適切なレベルへと回復および維持することは、ほとんどの種類の競技選手において鍵となる考慮事項である。文献における非常に一致した知見は、体重１kgあたり1.5gの炭水化物を運動後30分以内に摂取すると、運動から２時間経過後に摂取した場合よりも筋グリコーゲンの再合成が増加することである（Ivy 1998）。多くの研究において、この増加のメカニズムについて探究されているが、運動によってインスリンなどのホルモンへの感受性が高まり、炭水化物摂取後に顕著に増加することが明らかとなっている（Ivy 1998）。固体あるいは液体の形態、どちらであっても同様の結果が得られることが複数の研究において一致している（Keizer, Kuipers, and Van Kranenburg 1987; Reed et al. 1989; Tarnopolsky et al. 2005）。高レベルのフルクトースの摂取は、それ以外の単純な炭水化物の形態よりもグリコーゲン再合成のレベルが低いため、推奨されない（Conlee, Lawler, and Ross 1987）。重要な考慮事項は、図9.5に示すように、炭水化物の摂取が２時間よりも遅れることによって、筋グリコーゲンの再合成は50％低下するということである（Ivy 1998）。

　グリコーゲン枯渇は、長時間にわたる（90分超）中程度の強度の運動（$\dot{V}O_2$maxの65〜85％）の場合だけでなく、より短くより強度が高い場合、あるいは筋グリコーゲンレベルが最大でない状況で運動を始めた場合に起こるが、この枯渇が起きた場合、積極的な炭水化物摂取の計画が必要となる。最初の30分間に、１時間あたり体重１kgあたり0.6 〜 1.0gの炭水化物を摂取し、その後４〜６時間において２時間ごとに摂取することで、グリコーゲンの貯蔵を適切に補充することができる（Jentjens and Jeukendrup 2003; Jentjens et al. 2001）。たとえば75kg（165

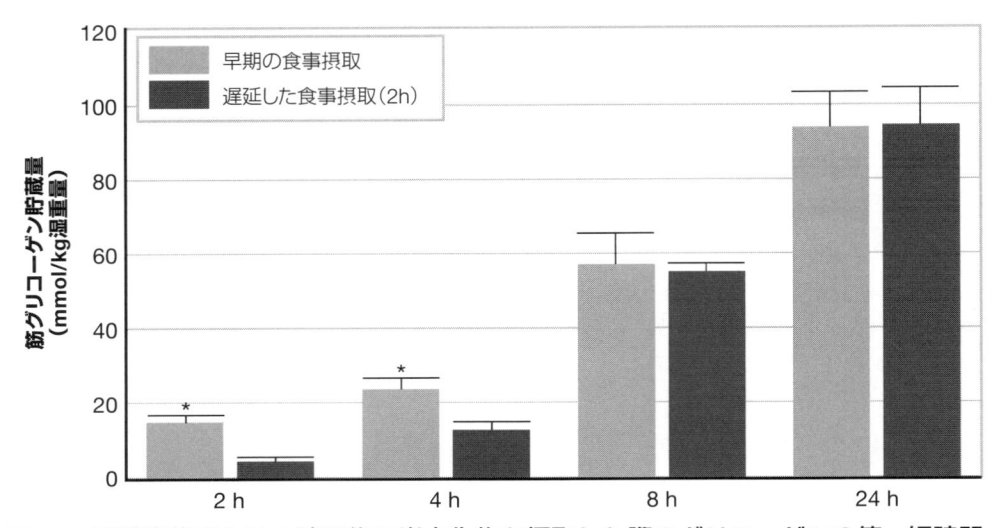

図9.5　運動直後または2時間後に炭水化物を摂取した際のグリコーゲンの値。短時間（4時間未満）の回復期間の間、早期の摂取により筋グリコーゲンの回復に有意な影響があった。もし回復がさらに数時間長くなる場合、すぐに摂取することは、（炭水化物摂取が推奨ガイドラインを満たしているならば）グリコーゲン回復においてさらなる影響はない。このことは、早期に摂取することにより、より速くグリコーゲンを補充することができるが、もし選手が4～6時間以内に再びパフォーマンスを行わない場合には、早期に摂取することは重要ではないことを示す。

＊＝早期の摂取は、摂取が遅い場合と比較して有意に筋グリコーゲンレベルが高かった。
データは Ivy 1998. より。

ポンド）の選手の場合、運動を終えて30分以内に45～75gの炭水化物を、また運動後4～6時間にわたって2時間ごとに同量を摂取すべきである。

　追加的な戦略についても調査されており、より積極的なアプローチにより、体重1kgあたり1時間あたり1.2gの炭水化物を30分ごとに3.5時間にわたって摂取した際に、最大グリコーゲン再合成速度となったことが示されている（Jentjens and Jeukendrup 2003; Van Loon et al. 2000）。結果として、筋および肝グリコーゲンを確実に回復させるためには、運動後4～6時間にわたって多量の炭水化物を頻繁に摂取することが推奨される（Jeukendrup, Jentjens, and Moseley 2005; Tarnopolsky et al. 2005）。

　しかしながら、これらの研究に関連する重要な考慮事項は、実践的な選手の回復のため

の即時的なニーズである。たとえば、2～4時間以内の間隔で次のパフォーマンスを行わなければならない競技に参加している場合（例：陸上競技のトラック＆フィールド、水泳で複数の種目に参加する選手は、予選、準決勝、決勝に出ることがしばしばある）、それらの研究からの知見が非常に重要である。しかしながら、もし競技選手が必ずしも4時間で回復する必要がないのであれば、これ以外の研究において、高炭水化物の食事あるいは軽食を通常の間隔で摂取することでも筋グリコーゲンレベルを最大化できることが示されている。最適なレベルの炭水化物（体重1kgあたり1日あたり約8gの炭水化物）を食事で摂取でき、またグリコーゲンの枯渇がそれほど深刻でないのであれば、24時間以内にグリコーゲンレベルが最大に補充されることが研究によって示されている（Keizer,

Kuipers, and Van Kranenburg 1987)。別の研究では、1日あたり体重1kgあたり炭水化物を9～10g摂取することにより、高強度の運動を連日にわたって行うことができたことが示唆されている（Nicholas, Green, and Hawkins 1997）。また、炭水化物の形態でのエネルギー供給は、運動を行った競技選手の回復を最終的に遅らせるような炎症あるいはタンパク質分解のカスケード、その他の有害事象を変化させる可能性がある。

炭水化物へのタンパク質付加とグリコーゲン再合成

　炭水化物へのタンパク質付加は、著しく発展している研究分野となっている。この組み合わせによって、筋グリコーゲンがより回復し、また筋損傷を軽減するうえで助けとなることが研究により示唆されている。Ivyら（2002）は、自転車選手に高強度の自転車運動を2.5時間行うように指示し、(1) 低炭水化物＋タンパク質＋脂質（炭水化物80g＋タンパク質28g＋脂質6g）、(2) 低炭水化物＋脂質（炭水化物80g＋脂質6g）、(3) 高炭水化物＋脂質（炭水化物108g＋脂質6g）、のサプリメントを運動直後および運動の2時間後に摂取した。目的は、炭水化物＋タンパク質＋脂質の組み合わせが、筋グリコーゲンの回復をより促進するかを検証することであった。グリコーゲンレベルは、2つの炭水化物＋脂質条件（高および低炭水化物）の間で同様であったが、筋グリコーゲンレベルは炭水化物＋タンパク質＋脂質の組み合わせにおいて有意に高かった。この著者らは炭水化物＋タンパク質＋脂質サプリメントはインスリン応答を高めるうえでより効果的である可能性

があると結論づけている（Ivy et al. 2002; Jentjens et al. 2001; Zawadzki, Yaspelkis, and Ivy 1992）が、このガイドラインはまだ広く受け入れられてはいない。

　Berardiら（Berardi, Noreen, and Lemon 2008; Berardi et al. 2006）およびTarnopolskyら（1997）による別々の研究では、自転車選手にそれぞれ60分、90分の運動を行わせ、炭水化物＋タンパク質、あるいは炭水化物のみのいずれかを摂取させた。両方の研究チームはともに、炭水化物の摂取はプラセボ群と比較して筋グリコーゲンレベルを増加させたと結論づけた（Berardi et al. 2006; Tarnopolsky et al. 1997）。しかしながら、Berardiらは、より高いグリコーゲンレベル（Berardi et al. 2006）に加えて、炭水化物＋タンパク質の組み合わせを運動後に摂取した場合にパフォーマンスおよび仕事の出力が増加したことを報告している（Berardi, Noreen, and Lemon 2008）。さらに、おそらくとくにBCAAであるが、必須アミノ酸の利用能の向上により、運動後のタンパク質およびグリコーゲン合成が最適化され、回復の過程に影響が生じた可能性がある（Borsheim et al. 2002; Ivy 1998; Ivy et al. 2002; Tarnopolsky et al. 1997; Tipton et al. 1999a; Zawadzki, Yaspelkis, and Ivy 1992）。最適なグリコーゲンレベルを推進しようとする競技選手あるいはコーチにとって、主要な考慮事項は次のトレーニングセッションあるいは試合までの時間となる。

　まとめると、1回の食事としての炭水化物摂取（体重1kgあたり1.5gの炭水化物を運動後30分以内に摂取）、あるいは頻繁な摂取（体重1kgあたり0.6～1.2gの炭水化物を運動後3～6時間、30～60分おきに摂取）に

より、筋グリコーゲンレベルを素早く回復する結果となる可能性があるという明らかなエビデンスが存在する。さらに、炭水化物にタンパク質を付加することは、グリコーゲン再合成をより高める結果となる（タンパク質の再合成もより高める）ことが示されているが、摂取した炭水化物の絶対的な量が、筋グリコーゲンの回復を促す主な要因である。

栄養タイミング、レジスタンストレーニング、筋力およびパワーのパフォーマンス

　レジスタンスエクササイズ中に栄養（炭水化物およびタンパク質）を提供することで、筋タンパク質バランスや血中の同化ホルモン、筋損傷の回復、筋力あるいはパフォーマンスにどのような変化をもたらすかについて追加的な研究が進められている（Baty et al. 2007; Bird, Tarpenning, and Marino 2006a, 2006b, 2006c; Haff et al. 2000）。この研究分野は、大きく変化するだろう。これまでの膨大な知識に、新たな知見を加えていく努力が急速に積み重ねられている。栄養タイミング戦略は、筋力やパワー、筋サイズを高めたい競技選手において、レジスタンストレーニングに対する適応を促進することができる。競技選手は、本章で概要を示す戦略から、すべての年齢層において、また男女を問わず、恩恵を得られるだろう。

レジスタンストレーニング前後の栄養摂取

　運動前の栄養実践については、長年にわたって運動開始前のさまざまな時点で炭水化物源を補給することに焦点を合わせてきた。興味深いことに、これらの初期の研究の多くは、有酸素性持久力運動、とくに自転車が中心となっていた。近年では、研究者らは運動前にタンパク質あるいはアミノ酸のどちらかまたは両方（炭水化物と組み合わせることもある）を摂取することによって、レジスタンスエクササイズへのトレーニング適応を促進させる、あるいは伸張性筋活動に伴って生じることが知られる筋損傷からの回復の過程を変化させる、またはこれら両方が起こる可能性についての探究を始めている。

　レジスタンストレーニングの直前または直後のどちらかに、炭水化物（35gのスクロース）および必須アミノ酸（6 g）を組み合わせて摂取した場合、直前に摂取した群ではタンパク質合成レベルがより大きかった（Tipton et al. 2001）。この著者らは、20gのホエイタンパク質を1回のレジスタンスエクササイズの直前または直後に摂取した際の筋タンパク質の代謝の変化を比較した。そして摂取タイミングにかかわらず、ホエイタンパク質の摂取により、筋タンパク質合成の速度は有意に向上したことを見出した（Tipton et al. 2007）。まとめると、これら2つの研究結果から、運動前または後のホエイタンパク質の摂取によって、より高いレベルの筋タンパク質合成が刺激される可能性があることが示唆される。しかしながら、必須アミノ酸を炭水化物源と組み合わせた場合、運動前の摂取は、運動後の摂取よりもよりよい結果が引き起こされるかもしれない。

　レジスタンストレーニングを行う競技選手にとって、筋力あるいはパワーの向上、また除脂肪体重の増加は、最も追い求める成

果であることがよくみられる。Kraemerら
（2007）の研究では、複数の栄養素を運動前
に摂取することにより、爆発的でパワフルな
動作中のパフォーマンスが変化する可能性
があることが示唆された。二重盲検法を用い
て、被験者は3gのクレアチンを含む25kcal
のマルチビタミン-ミネラルサプリメントを
摂取し、その他は生理活性物質（例：70mg
のカフェイン、2gのアルギニン）、あるいは
等エネルギーのマルトデキストリンのプラセ
ボを2日間連続でのレジスタンストレーニン
グ前の7日間にわたって摂取した（Kraemer
et al. 2007）。トレーニングを行った2日間と
も、それらのサプリメントを運動の30分前
に摂取した。複数の栄養素のサプリメントは、
プラセボと比較して、垂直跳びパワーおよ
び1RMの80％でのレップ数（繰り返し挙上
した回数）は向上し、筋肥大に関連したホル
モン（例：成長ホルモンや遊離および総テス
トステロン）の血清中レベルも増加し、ト
レーニング適応も促進された（Kraemer et al.
2007）。この研究結果から、このサプリメン
トの組み合わせは、トレーニングのシーズン
中に同様の方法で摂取した場合、競技選手が
トレーニング負荷と潜在的なトレーニング量
を高める手助けとなり、より大きなトレーニ
ング適応を達成していくうえで手助けとなる
だろう。さらにより大きなトレーニング適応
によって、筋力やパワー動作を必要とする試
合中のよりよいパフォーマンスが導かれるは
ずである。

　短期的な研究によって、即時的な応答につ
いての情報がもたらされたが、栄養素を提供
して数週間のレジスタンストレーニングプロ
グラムを行った場合の追加的な効果は、最も
実践的な関心である。8〜12週間にわたる

高重量のレジスタンストレーニングプログラ
ムを用いて、栄養タイミングによって筋力お
よび身体組成が変化するかについて調べた
研究がいくつか行われた。より長期的な研究
であるほど、シーズン前にトレーニングを行
い、その後シーズン中はスキル練習や試合で
の状況のシミュレーションを行うためにトレ
ーニング負荷を軽くするといったように、現
実におけるトレーニングサイクルへと適用し
やすくなる。たとえば、Coburnらは、運動
前にホエイタンパク質を26g、ロイシンを6g
摂取することで、炭水化物のみを26g摂取す
る場合と比較して6週間後の最大筋力の増加
がより大きかったと報告した（Coburn et al.
2006）。運動前のタンパク質および炭水化物
（それぞれ30.3％と22.4％）のサプリメント摂
取により、炭水化物のみ（3.6％）と比較して、
筋力が有意に増加した（Coburn et al. 2006）。

　8および10週間のレジスタンストレーニ
ングにおいて、運動前後にそれぞれタンパ
ク質のみ、あるいは炭水化物＋タンパク質
を摂取した場合の効果について検証したさ
らなる研究が行われている。これらの研究
の1つでは、8週間にわたって同量のホエイ
タンパク質またはソイ（大豆）タンパク質を
毎回のレジスタンストレーニング前後に摂
取し、比較した。どちらの形態のサプリメ
ント摂取とも、筋力および除脂肪体重が増
加したが、2つのタンパク質源の間に差はみ
られなかった（Candow et al. 2006）。同様
に、Willoughbyら（2007）は週に4日、10
週間にわたってレジスタンストレーニング
を行わせ、20gのタンパク質または20gの炭
水化物を各エクササイズ前後に計40g摂取さ
せた。驚くべきことに、タンパク質のサプリ
メント摂取により、体重や除脂肪体重、筋

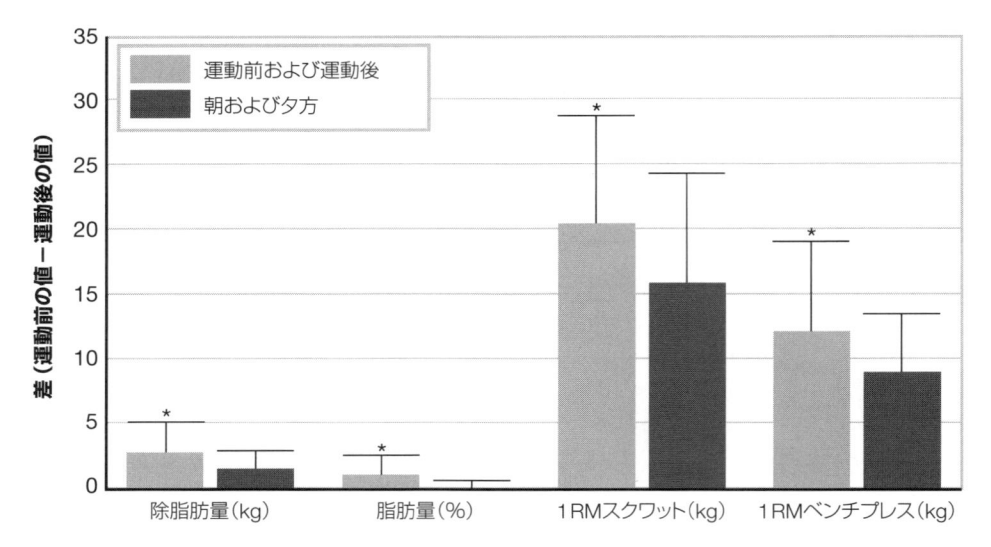

図9.6　栄養タイミングがレジスタンストレーニングの適応に及ぼす影響。栄養摂取（タンパク質、クレアチン、グルコース）をワークアウト日の朝および夕、または運動の直前および直後に行った。運動前後の摂取が、除脂肪体重や1RMスクワット、1RMベンチプレスの有意な改善の要因となった。これがレジスタンストレーニングのみに着目した最初のレジスタンストレーニング研究であり、パフォーマンス向上に加えて身体組成の改善も示された。

* ＝朝および夕方の摂取との間に差がある。
データはCribb and Hayes 2006.より。

力、いくつかの筋肥大マーカーが増加した（Willoughby, Stout, and Wilborn 2007）。これらの研究を総合すると、タンパク質と炭水化物の組み合わせをレジスタンスエクササイズの前後に摂取すると、筋力や除脂肪体重、体脂肪率、重要な同化（筋をつくる）ホルモン、筋内の筋肥大のマーカーにおいてより大きな改善がみられることが示された。

　効果的なトレーニングプログラムを行うとともに、一貫した基準で補足することで、競技選手はシーズン前のトレーニング中により大きな成果を得るはずである。筋力向上により、さまざまな競技において、さまざまな利益を得ることができる。たとえば、高校のバスケットボール選手が脚および殿部の大筋群の筋力を改善することで相手選手をガードするときにディフェンスの姿勢をより保持しやすくなるだろう。同様に、筋力の向上によっ

て体操選手は平行棒のルーティンにおいてより難しい動作を組み込みやすくなるだろう。筋力向上に加えて、体脂肪を特定の許容範囲に維持することは、フィギュアスケートやシンクロナイズドスイミング、チアリーディングのような審美系競技においては重要である。そして最後に、いくつかの競技では小さくコンパクトな体型が求められるが、その他の競技や、それらの競技のより特定のポジションにおいてサイズを大きくすることがポジション争いで求められるかもしれない。たとえば、アメリカンフットボールのOL（オフェンシブラインマン）は、迫ってくるパスラッシャーからQB（クォーターバック）を守り、相手ディフェンスに対して盾となってRB（ランニングバック）を守るためにサイズが大きいことが典型的である。DL（ディフェンシブラインマン）は、ボールがどこに行くかを

予測して素早く動き、攻撃側がタックルするのをブロックし、相手選手をカバーする必要があるため、通常、体重がより軽く俊敏である。

　競技によって、理想的な体型は非常に多岐にわたる。1つの競技であっても身体のタイプは多岐にわたっている。したがって、サプリメントを考慮する際には、トレーニングプログラムの目標をふまえ、まず選手のニーズ——筋力やスピード、サイズ、有酸素性持久力、アジリティ、スキル全般、これらの組み合わせ——を把握し、その後に、サプリメントによってトレーニング目標へより早い到達が可能かどうかを検討するのが賢明である。

　Cribb and Hayes（2006）は、数週間にわたるサプリメント摂取とレジスタンストレーニング栄養タイミング戦略が及ぼす影響について調べた。図9.6に、その結果の一部を示す。参加者らは、タンパク質、クレアチン、炭水化物を含む同量のサプリメントを各ワークアウト日の朝および夕方に摂取、またはワークアウトの直前および直後に摂取した。ワークアウト直前および直後にサプリメントを摂取した群において、除脂肪体重や1RM筋力、タイプⅡ筋線維横断面積の有意な増加とともに、より高い筋クレアチンおよびグリコーゲンレベルがみられた（Cribb and Hayes 2006）。こういったすべての適応によって、競技選手は時間をかけ、より激しくトレーニングを行うことを可能にすること、よりよいパフォーマンスに寄与する。しかしながら、得られる利益は選手によって異なる——体重が制限される、あるいは審美性の高い競技選手は、筋力の獲得が体重の増加に見合う価値があるかを慎重に考慮する必要があるだろう。

　Hoffmanら（2009）による本研究のフォローアップで、被験者は数週間にわたってワークアウトの前後に42gのタンパク質源を摂取した。この著者らは、筋力やパワー、身体組成において、タイミング戦略による変化は報告していない（すでにタンパク質摂取量が高く、サプリメント摂取の方法として炭水化物が不足していたことと関連する影響）（Hoffman et al. 2009）。

　アミノ酸あるいは完全タンパク質源（例：ホエイ）のみ、または炭水化物との組み合わせを1回のレジスタンストレーニング前の30分以内に摂取することによって、筋タンパク質合成が有意に高くなった（Tipton et al. 2007, 2004, 2001）。遊離アミノ酸をレジスタンストレーニング直前に摂取した場合、直後に摂取した場合よりもアミノ酸濃度および筋タンパク質合成が高いことが研究により示唆されている（Tipton et al. 2001）。しかしながらホエイのような完全タンパク質源のタンパク質合成は、1回のレジスタンストレーニングの1時間前あるいは1時間後に摂取した場合と同程度であった（Bucci and Lm 2000; Tipton et al. 2007）。レジスタンスエクササイズ直前に炭水化物（例：35gのスクロース）に必須アミノ酸（例：6g）を加えて摂取すると、より同化の環境を導くことで、同じ栄養素をエクササイズ直後に摂取するよりも筋タンパク質合成が有意に高い結果となった（Tipton et al. 2001）。

　しかしながら、大豆タンパク質は牛乳タンパク質（例：ホエイ、カゼイン）ほど、筋肥大において適切なタンパク質ではないかもしれないことを示唆するデータが存在する（Wilkinson et al. 2007）。それにもかかわらず、大豆タンパク質の摂取は、タンパク質源がそれのみであるなら除脂肪体重および筋

力の増加を促進することが示されている
(Candow et al. 2006)。1回のみのエクササ
イズ後の変化は重要である。しかし 8 ～ 12
週間のサプリメント摂取とレジスタンストレ
ーニングという長期的な研究で、あらゆる形
態の栄養素で運動前後に提供することで、体
重や除脂肪体重、体脂肪率、横断面積、筋力、
筋原線維の量の有意な改善が導かれたことが
明らかとなった(Candow et al. 2006; Coburn
et al. 2006; Cribb and Hayes 2006; Kraemer
et al. 2007; Willoughby, Stout, and Wilborn
2007)。

レジスタンストレーニング中の
栄養摂取

近年、レジスタンスエクササイズ中あるい
は筋力およびパワー系種目を行っている際の
栄養摂取について、わずかに研究が行われ
ている。有酸素性持久力運動の研究と同様
に、そのデータから、炭水化物あるいは炭
水化物とタンパク質を組み合わせて提供す
ることで、筋グリコーゲンの維持を助けるこ
と（Haff et al. 2000）、また血清コルチゾー
ルおよび筋分解の尿中マーカーの増加を防ぐ
こと（Bird, Tarpenning, and Marino 2006a,
2006c）、さらに筋肥大を促進すること（Bird,
Tarpenning, and Marino 2006b）が示唆さ
れている。

Haff ら（2000）は、レジスタンストレーニ
ング経験を積んだ男性に炭水化物を体重 1 kg
あたり 1 g またはカロリーを含まないプラセ
ボを、1回の下半身レジスタンストレーニン
グ前および中（10 分ごと）に摂取させた。筋
バイオプシー（生検）により、炭水化物摂取
群は、プラセボ群と比較して筋グリコーゲン

レベルが 49 ％高かったことが明らかとなった。
これらの結果は、レジスタンストレーニング
中に筋グリコーゲンの有意な減少が起こり、
レジスタンストレーニング中に炭水化物を提
供することにより、量の多いトレーニングに
おける回復を促進することを示唆する最初
の報告として発表された（Haff et al. 2000）。
長時間にわたって継続し、高いカロリー消費
を必要とする筋力およびパワー系競技の試合
中、より高い筋グリコーゲンレベルを維持す
ることにより、グリコーゲン減少が要因の 1
つである試合後半でのパフォーマンス低下を
和らげる潜在的な可能性がある。

その後、研究者ら（Bird, Tarpenning, and
Marino 2006b, 2006c）は 1 回のレジスタン
スエクササイズ中、炭水化物＋タンパク質の
組み合わせが血中および尿中のタンパク質分
解における変化をどの程度和らげるかについ
て検証した。32 名の参加者がそれぞれ 6 ％
の炭水化物溶液、6 ％の炭水化物＋ 6 g の必
須アミノ酸溶液、プラセボ飲料のいずれかを
摂取しながら、60 分間のレジスタンストレ
ーニングを行った。血中コルチゾールレベル
（タンパク質分解の粗［crude］マーカー）は、
プラセボ群で 105 ％増加した一方、炭水化物
群および炭水化物＋必須アミノ酸群はそれぞ
れ 11 ％と 7 ％の増加であった。さらに、3- メ
チル - ヒスチジン（筋タンパク質分解の追加
的なマーカー）は、炭水化物＋必須アミノ酸
群において 27 ％減少したが、プラセボ群に
おいては 56 ％増加した（Bird, Tarpenning,
and Marino 2006b, 2006c）。Beelen ら（2008）
は、被験者が炭水化物＋タンパク質を、レジ
スタンストレーニングを開始する 2 時間前お
よびトレーニングセッション中に 15 分おきに
静脈内急速注入を行った場合に同様の結論を

示した。炭水化物＋タンパク質の組み合わせにより、タンパク質分解速度は8.4±3.6％低下し、タンパク質合成速度は49±22％増加した結果、タンパク質バランスは5倍の増加を示した。

　即時的な反応（血液および尿マーカー）によって、レジスタンストレーニング中の炭水化物＋タンパク質の摂取が支持されるが、これを実践することによる蓄積的な効果が残るのかについて明確にしなければならない。12週間以上にわたって、Birdら（2006b）は、被験者に6％の炭水化物溶液、6％の炭水化物＋6gの必須アミノ酸溶液、プラセボのいずれかをレジスタンストレーニングセッション中に摂取させた。血清インスリンおよびコルチゾール、タンパク質分解の尿中マーカー、筋横断面積について測定され、以前の報告と同様に炭水化物＋必須アミノ酸摂取群はタンパク質分解が26％減少した一方でプラセボ群は同じマーカーが52％増加した。興味深いことに、タイプI、IIa、IIx筋線維の横断面積は、プラセボ群と比較して炭水化物＋必須アミノ酸摂取群において増加した。この著者らは、12週間にわたり定期的なレジスタンストレーニング中に炭水化物＋必須アミノ酸を摂取することで筋の成長と喪失のバランスを最適化し、その結果、筋線維サイズの有意な増加が起こると結論づけた（Bird, Tarpenning, and Marino 2006b）。

　全体として、研究ではレジスタンストレーニング中に炭水化物のみ、あるいは炭水化物＋タンパク質といった栄養素を摂取することで、筋グリコーゲンレベルを高めることを促進、筋横断面積の増加、タンパク質分解の減少を手助けするという結論が支持されている（Bird, Tarpenning, and Marino 2006a,

2006b, 2006c; Haff et al. 2000）。競技選手は、試合やイベント中に摂取する食品について十分に注意する必要がある。サプリメント摂取戦略を試合時に実施しようとする前に、試合を想定した練習の場で試してみることが非常に重要である。競技選手の中には、練習や試合の中で試した食品により胃腸障害を起こす者がおり、彼らはなんとしてでも試合の中で何か新しいことに挑戦すると決めたため、パフォーマンスを阻害することとなった。

トレーニング後の栄養とタンパク質バランス

　1回のレジスタンストレーニングによって、トレーニング経験を積んでいない個人において、タンパク質合成はやや刺激されるが、タンパク質分解も刺激された結果、運動後に全体としてはタンパク質バランスが負となる（Phillips et al. 1999; Pitkanen et al. 2003）。トレーニングを継続すると、短期的なレジスタンストレーニング後に（運動前後にどのような形でも栄養が提供されない場合）、このバランスは正負どちらでもない中立へとシフトし、これは筋の大きな発達あるいは分解が起きていないことを意味する（Phillips et al. 1999）。アミノ酸を供給すること（点滴や、より実践的にはサプリメント、軽食、食事として摂取）により、安静時あるいはレジスタンスエクササイズ後の血漿中アミノ酸濃度が上昇し（Biolo et al. 1997; Borsheim et al. 2002）、筋タンパク質合成の増加も導かれた。運動後にアミノ酸（必須アミノ酸6〜12g）としての適度なタンパク質に加えて炭水化物源（20〜40g）を供給することで、タンパク質合成が増加する可能性がある。運動直前に

炭水化物＋必須アミノ酸を供給することは、筋タンパク質合成を高める一方で、運動直後の応答や筋タンパク質合成の明らかな増加にも寄与し、競技選手にとっては主要な考慮事項となる（Tipton et al. 2001）。結果的に、血液中の必須アミノ酸の濃度および利用能の向上は、除脂肪体重の増加を促進し、身体組成を改善しようとする際に重要な考慮事項である（Biolo et al. 1997; Tipton et al. 1999a）。

高強度の下半身レジスタンストレーニングを実施した1時間後に、多量（100g）の炭水化物を摂取したところ、タンパク質の合成および分解のバランスはわずかな改善のみであり、全体としてはタンパク質バランスは負であった（Borsheim et al. 2004）。タンパク質（筋）の変化については、炭水化物が有害であることを示す研究はないが、レジスタンストレーニング後に（単離して）摂取する栄養としては理想的ではないようだ。しかしながら、グリコーゲン再合成を刺激し、嗜好性を高めるうえでは重要であるという結論であった（Ivy et al. 2002; Tarnopolsky et al. 1997）。最も関心を寄せられたのは、6〜40gを摂取したときの遊離アミノ酸（多くの場合必須アミノ酸）の運搬であった。この摂取量は、一貫して筋タンパク質合成速度を刺激することが示され（Borsheim et al. 2002; Miller et al. 2003）、またこれらに炭水化物を加えることでその効果をより高めることが示されている（Tipton et al. 2001; Tipton and Wolfe 2001）。競技やプレー時間の長さ、その他の変数によって、試合直後に炭水化物のサプリメントを摂取することは、グリコーゲンを再補充するうえで重要であり、タンパク質はグリコーゲン再合成および筋の修復過程を促進する可能性がある。

レジスタンストレーニング後（直後から3時間後に至るまで）にアミノ酸を摂取することにより、筋タンパク質合成を増加させることができ、また一般的にみられるタンパク質分解を鈍らせることができる（Borsheim et al. 2002; Miller et al. 2003; Pitkanen et al. 2003）。どの時点で摂取するのが最適であるかについては、いまだに示されていないが、スポーツ栄養の研究者の大部分は栄養素（炭水化物のみ、タンパク質のみ、あるいはそれらの組み合わせ）を、供給が可能な限り素早く摂取するほどよいことを示唆している（Ivy et al. 2002; Tipton and Wolfe 2001）。アミノ酸は炭水化物と一緒かどうかにかかわらず、運動直後、運動の1、2、3時間後に摂取した場合、同様にタンパク質バランスを増加させることが報告されている（Borsheim et al. 2002; Ivy et al. 2002; Tipton et al. 1999b, 2001; Tipton and Wolfe 2001）。

これらの研究の個々の結果は異なるものの、研究の大部分は、運動後の期間にアミノ酸を摂取することで筋タンパク質合成が有意に増加することを継続して示している。Levenhagenら（2001）は、タンパク質10g＋炭水化物8g＋脂質3gを、中程度の強度で60分間の自転車運動の直後または3時間後に摂取させたところ、脚の筋グルコース取り込みが3倍に、全身のグルコース利用が44％増加したことを見出した。さらに、末梢（脚の筋）および全身におけるタンパク質合成速度は、それぞれ3倍および12％増加したことが示された。最後に、Tiptonら（2001）は、被験者に対してスクロース35g＋必須アミノ酸6gを、1回のレジスタンスエクササイズの直前または直後に摂取させた。彼らは、両条件において、タンパク質合成のレベルが

有意に増加したが、速度はエクササイズ直前に摂取した場合のほうが高かったと報告した。

　まとめると、現段階ではタンパク質バランスを最大に高めるための必須アミノ酸および炭水化物の摂取量や比率についての統一的な推奨は存在しない。レジスタンスエクササイズ中のタンパク質動態を測定するための同様の方法論および分析技術を用いた研究では、運動後2時間にわたってさまざまな栄養素の組み合わせが用いられた。6gの必須アミノ酸のみ、6gの必須アミノ酸＋6gの非必須アミノ酸、12gの必須アミノ酸のみ、17.5gのホエイタンパク質、20gのカゼインタンパク質、20gのホエイタンパク質、40gの混合アミノ酸溶液（必須および非必須アミノ酸）、40gの必須アミノ酸が用いられ、これらすべてがタンパク質合成およびタンパク質バランスを高める結果となった（Biolo et al. 1997; Tipton et al. 1999b; Tipton and Wolfe 2001）。

　さまざまな種類および用量のタンパク質（遊離アミノ酸あるいはタンパク質そのものの供給源として）がレジスタンスエクササイズ後の筋タンパク質バランスに及ぼす影響について、多くの研究が行われた。これらの研究結果から、1回のエクササイズを終えるといくつかの形態の栄養素をできるだけ早く、絶対的な必要量を2時間以内に摂取するという実践的な推奨が導かれる（Ivy 1998）。適切な用量についてもまだ不明であるが、炭水化物＋タンパク質の組み合わせを4：1（炭水化物：タンパク質）の割合で、この時間内に摂取することが一般的なガイドラインとして広く受け入れられている。この推奨は、体重1kgあたり1.2～1.5gの炭水化物（例：デキストロース、スクロース）、また体重1kg

あたり0.3～0.5gの必須アミノ酸あるいは全タンパク質となる（Borsheim et al. 2002; Rasmussen et al. 2000; Tipton et al. 1999a）。

運動後のサプリメント摂取とトレーニング適応

　議論された運動後の考慮事項は、筋グリコーゲンと筋タンパク質合成の運動中、とくにレジスタンストレーニング中の変化を中心としてきた。筋グリコーゲンの最適なレベルは、筋グリコーゲン貯蔵が課題となる長時間にわたる種目に参加する選手にとってとくに重要であるが、最大筋力を促進し、身体組成を変化させるために45～90分にわたってレジスタンストレーニングを行う選手にとってはそれほど重要ではない。1回のレジスタンストレーニング後のグリコーゲン再合成よりも、筋タンパク質再合成の即時変化のほうが、レジスタンストレーニングを行う競技選手にとってはより重要であるが、1回のエクササイズセッションのみでの結果を、数週間のレジスタンストレーニングおよびサプリメント摂取に当てはめて推定できるとは限らない。研究者らは、数週間にわたるレジスタンストレーニングの間、各運動後（運動の1～3時間後）に炭水化物とタンパク質のさまざまな組み合わせを摂取することが及ぼす影響について調べた（Candow et al. 2006; Cribb and Hayes 2006; Cribb, Williams, and Hayes 2007; Cribb et al. 2007; Hartman et al. 2007; Kerksick et al. 2007, 2006; Tarnopolsky et al. 2001; Wilkinson et al. 2007; Willoughby, Stout, and Wilborn 2007）。これまでのように、これらの研究結果はそれぞれ異なるものの、まとめられた知見からは運動後に炭水化

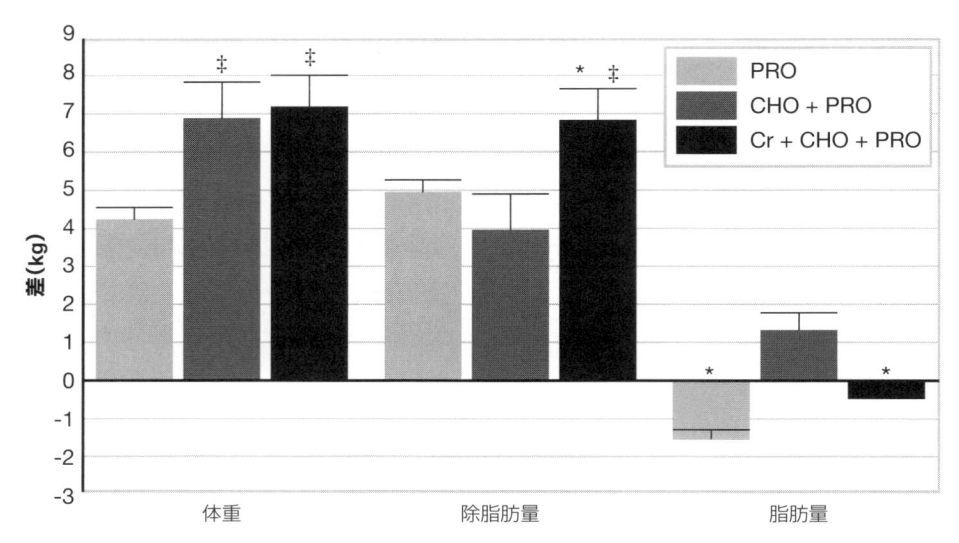

図9.7　10週間にわたるレジスタンストレーニングで運動後にサプリメント摂取を行った際の体重、除脂肪体重、脂肪量の変化。これらの結果は、長期間にわたるレジスタンスエクササイズ後の一貫した栄養素の適用により、身体組成に好ましい影響が生じる可能性を示す。

* = CHO + PRO との間で有意差あり。
‡ = PRO との間で有意差あり。
データは Cribb and Hayes 2006. より。

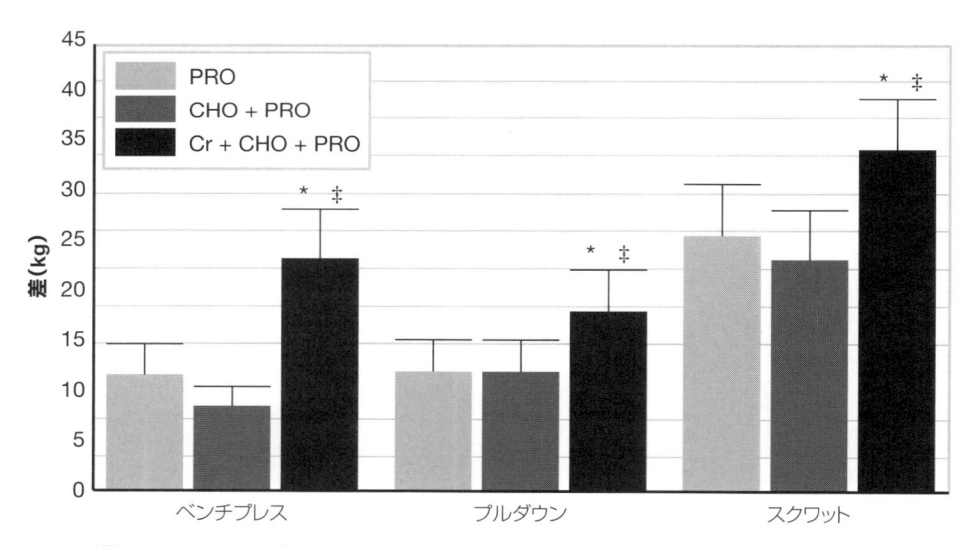

図9.8　10週間にわたるレジスタンストレーニングを行い、運動後にサプリメント摂取を行った際のベンチプレスやラットプルダウン、スクワットの1RM値の差分（デルタ値）。

* = CHO + PRO との間で有意差あり。
‡ = PRO との間で有意差あり。
データは Cribb and Hayes 2006. より。

物とタンパク質を摂取することによって身体組成と筋力が改善するのを促進するという論理的解釈を支持する。図9.7および9.8に、運動後にサプリメント摂取を実施した研究の1

つから身体組成と筋力パフォーマンスの変化を示す。全体として、これらの研究から、レジスタンストレーニング中に20～75gのタンパク質を単独で、あるいは同様の量の炭水

化物と組み合わせて摂取することで、筋力および身体組成が改善するという結果になることが示唆された。まとめの表には、これらの栄養タイミングのトピックについての利用可能な総合的なレビューの研究結果を列挙している（Kerksick et al. 2008）。

ホエイとカゼイン

　炭水化物と同様に、研究者らはさまざまなタンパク質源が消化やアミノ酸動態、レジスタンストレーニングへの適応に及ぼす影響について調べてきた（Boirie et al. 1997; Dangin et al. 2001; Kerksick et al. 2007, 2006）。フランスの研究者らが２つの研究において、主な２つの牛乳タンパク質、すなわちホエイとカゼインの消化および吸収の特性の違いについて報告した。それらの研究において、ホエイタンパク質はカゼインタンパク質と比較してより速く消化吸収され血流に入ることが示された。この違いは、カゼインタンパク質と比較してホエイタンパク質のほうが、タンパク質合成の増加により大きな効果があることと関連している。それとは逆に、カゼインタンパク質は筋組織の分解を抑えるようであるが、ホエイタンパク質はこのパラメータに対して何も影響を及ぼさないようである。これら２種類のタンパク質を直接的に比較すると、カゼインタンパク質は全身のタンパク質バランスの改善がより大きいようである（Boirie et al. 1997; Dangin et al. 2001）。同量のタンパク質を比較したとき、ホエイタンパク質は、カゼインタンパク質よりも多くの必須アミノ酸を含んでおり、これがホエイタンパク質より好まれる理由である。

　Wilkinsonら（2007）は、１回のレジスタンストレーニングにおける筋タンパク質を増加させる能力とタンパク質バランスを高める能力について、18gの牛乳タンパク質を同量の大豆タンパク質と比較した。彼らは、牛乳タンパク質は大豆タンパク質と比較して、総タンパク質量および筋タンパク質の増加をより大きくする要因となり、またレジスタンストレーニングと組み合わせた場合に、除脂肪体重の増加の要因となる可能性が高いと結論づけた。Kerksickら（2006）は、10週間にわたるレジスタンストレーニングにおいて、運動後に「速い」タンパク質源（40gのホエイタンパク質＋5gのグルタミン＋3gのBCAA［イソロイシン、ロイシン、バリン]）を摂取した場合の影響について、速い・遅いを組み合わせたタンパク質源（40gのホエイ＋8gのカゼイン）と比較して検討した。速い・遅いを組み合わせたタンパク質を摂取した群は、速いタンパク質を摂取した群（筋量が−0.1kg）と比較して、筋量が有意な増加（＋1.8kg）を示した。この研究グループによる追加的な研究により、毎日60gのホエイおよびカゼインタンパク質を12週間にわたって摂取したところ、過去の調査結果と同様に、除脂肪体重が増加（＋0.8kgから＋1.3kg）したという結果が示された（Kerksick et al. 2007）。

クレアチン

　研究者らは、10〜12週間の定期的なレジスタンストレーニングに参加する被験者において、炭水化物＋タンパク質の組み合わせにクレアチンモノハイドレートを加えることについても調べてきた（Cribb, Williams, and Hayes 2007; Cribb et al. 2007; Kerksick et al. 2007; Tarnopolsky et al. 2001）。クレアチンモノハイドレートは、そのパフォーマンス

を高め、ポジティブなトレーニング適応を促進する能力について詳しく研究されている、人気の高い栄養補助食品である（Buford et al. 2007; Kreider 2003）。Tarnopolskyら（2001）は、それまでにトレーニングをしていない男性被験者に、8週間のレジスタンストレーニングを行わせ、その際にワークアウトの30分後に毎日10gのクレアチン＋75gの炭水化物、または10gのタンパク質＋75gの炭水化物のどちらかを摂取させた。クレアチン＋炭水化物の組み合わせは、タンパク質＋炭水化物の組み合わせ（体重がベースラインより2.4％増加）よりも有意に体重が増加した（ベースラインより5.4％増加）。除脂肪体重、筋断面積、1RM、等尺性筋力については、両群とも改善したが、両群間に差はみられなかった。Cribbら（2007）は、被験者に11週間にわたってレジスタンストレーニングを行わせ、その際に等カロリーのクレアチン＋炭水化物、クレアチン＋ホエイタンパク質、ホエイタンパク質のみ、炭水化物のみのいずれかを摂取させた。炭水化物のみの群と比較して、それ以外のすべての群では最大筋力、筋肥大がより大きな改善を示したが、クレアチンの有無による差はみられなかった（Cribb et al. 2007）。

　対照的に、数週間のレジスタンストレーニング中においてクレアチンをサプリメントに加えることによって、筋肥大がより促進さ

れたことが2つの研究において示唆された（Cribb, Williams, and Hayes 2007; Kerksick et al. 2007）。10週間にわたって、被験者に強度の高いレジスタンストレーニングプログラムを行わせ、タンパク質、タンパク質＋炭水化物、クレアチン＋タンパク質＋炭水化物のいずれかを摂取させた。この研究者らは、過去の結果とは対照的に、クレアチンを加えることによって、タンパク質のみ、またはタンパク質＋炭水化物を摂取するよりも大きな筋力および筋肥大が導かれたことを見出した（Cribb, Williams, and Hayes 2007）。同様に、Kerksickら（2007）は被験者に12週間のレジスタンストレーニングを行わせ、初乳またはホエイ、カゼインタンパク質のいずれかとクレアチンを含む、または含まない組み合わせを摂取させた。すべての群において、筋力および筋量の増加がみられたが、クレアチンと混合タンパク質（タンパク質源の正確な割合は不明）を摂取した群は体重および除脂肪体重の増加がより大きかった。これらの研究から得られたさまざまな結果は、さらなる研究の必要性について示唆するものであるが、入手可能な研究の大部分においては、運動後の炭水化物とタンパク質にクレアチンモノハイドレードを加えることで、筋力および身体組成が最大に改善され得ることを示している（Cribb, Williams, and Hayes 2007; Cribb et al. 2007; Kerksick et al. 2007）。

専門的実践

　タイミングよく栄養摂取を実施することは、運動への適応を促進し、最適な健康およびパフォーマンスをもたらす。栄養タイミングの推奨は、特定の競技内でも、各競技でも、選

手によっても異なる。これらの推奨も、個々の選手によって、年間を通した移動や試合、練習に関連した需要に応じて変化するだろう。エネルギーや主要栄養素、水分、微量栄養素

の摂取に関して、選手やコーチがしっかりとした知識基盤をつくりあげるうえで、栄養タイミングの動的な性質は重要である。

　栄養タイミングに関する現在の研究に基づき、競技選手が練習および試合の前・中・後に取り入れることのできる推奨がいくつかある。

前

- 競技選手は高炭水化物食（600 〜 1000g、もしくは体重1kgあたり1日あたり約8〜10gの炭水化物）によってグリコーゲン貯蔵を最大化することができる（Bussau et al. 2002; Goforth et al. 2003; Tarnopolsky et al. 2005）。

- 炭水化物に富む食事を、運動の4時間前に摂取することで、パフォーマンスまたは作業出力のどちらかまたは両方を高める可能性がある（Neufer et al. 1987; Sherman et al. 1989; Wright, Sherman, and Dernbach 1991）。一般的に、競技選手は体重1kgあたり1〜4gの炭水化物を有酸素性持久力運動または試合の1〜4時間前に摂取すべきである（Tarnopolsky et al. 2005）。

- 運動の60分前に摂取される炭水化物の種類は、パフォーマンスやグリセミック状態に負の影響を及ぼすことなく、また多くの場合にパフォーマンスが向上する可能性がある（Hawley and Burke 1997）。

- 長時間にわたる運動の前に摂取した食事のグリセミック指数は、パフォーマンスや筋グリコーゲンの利用に負の影響を及ぼさないようである（Earnest et al. 2004; Febbraio et al. 2000b; Febbraio and Stewart 1996）。

- 定期的なレジスタンストレーニングプログラムを組み合わせた場合、炭水化物＋タンパク質、アミノ酸、あるいはそれら両方をトレーニング前後に摂取すると、筋力やパワー、体重、除脂肪体重、筋内の筋成長の

マーカーの改善が導かれた（Coburn et al. 2006; Cribb and Hayes 2006; Kraemer et al. 2007; Willoughby, Stout, and Wilborn 2007）。

中

- 60分以上にわたって継続する運動あるいは種目においては、競技選手は1時間あたり30〜60gの炭水化物を供給できるよう、典型的には6〜8％の炭水化物溶液（100mLあたり6〜8gの炭水化物）を、10〜15分おきに1〜2カップ（240〜480mL、8〜16液量オンス）摂取すべきである（Jeukendrup, Jentjens, and Moseley 2005）。

- 異なる形態の炭水化物を混合することは、筋の炭水化物の酸化を高めることが示されており（Jentjens, Achten, and Jeukendrup 2004; Jentjens and Jeukendrup 2005; Jentjens et al. 2005; Jentjens, Venables, and Jeukendrup 2004; Jentjens et al. 2004）、その効果にはタイムトライアルのパフォーマンス改善も伴う（Currell and Jeukendrup 2008）。

- グルコースやフルクトース、スクロース、マルトデキストリンは組み合わせて使うことができるが、多量のマルトデキストリンは胃腸の問題を生じる可能性が高くなるため勧められない。

- 炭水化物：タンパク質の比率が4：1の場合に、1回の有酸素性持久力運動中、またその後の複数回の有酸素性持久力運動において有酸素性持久力パフォーマンスが向上することが示されており（Ivy et al. 2003; Saunders, Kane, and Todd 2004）、筋損傷を抑えるのを助ける可能性がある（Saunders, Kane, and Todd 2004）。

- 炭水化物のみ、あるいはタンパク質と組み合わせてレジスタンストレーニング中に摂取することで、筋グリコーゲン貯蔵を高めることができ（Haff et al. 2000）、また1回

のトレーニング適応をより促進することができ（Beelen et al. 2008; Bird, Tarpenning, and Marino 2006a, 2006c）、長期にわたるトレーニング適応を促進することができる（Bird, Tarpenning, and Marino 2006b）。

後

- 運動後の炭水化物の摂取は30分以内に行うべきであるが、2時間以内に体重1kgあたり1.5gの炭水化物を摂取することでグリコーゲン再合成が刺激される（Ivy 1998）。
- もし競技選手が、繰り返される予選やトライアル、イベントのために急速にグリコーゲンを補充する必要がないのであれば、高いレベルの炭水化物食（体重1kgあたり1日あたり8〜10gの炭水化物）を提供することが、筋グリコーゲンのピークレベルを促進するうえで適切である（Jentjens and Jeukendrup 2003; Tarnopolsky et al. 2005）。
- 運動直後から3時間後までにアミノ酸、主に必須アミノ酸を摂取することによって、タンパク質合成の急激な向上を刺激することができる（Borsheim et al. 2002; Rasmussen et al. 2000; Tipton et al. 1999b）。炭水化物をアミノ酸に加えることは、運動後の筋タンパク質合成速度をさらに高める可能性があるが、その効果はレジスタンストレーニング直前にこの組み合わせを摂取した場合に最大化されるだろう（Tipton et al. 2001）。
- 数週間にわたるレジスタンストレーニング中の筋力および身体組成の改善の最大化は、運動後に炭水化物＋タンパク質の組み合わせを摂取することによって達成される（Kerksick et al. 2006; Tarnopolsky et al. 2001; Willoughby, Stout, and Wilborn 2007）。
- クレアチン（体重1kgあたり0.1gのクレアチン）を炭水化物＋タンパク質のサプリメントに加えることは、レジスタンストレ

ーニングへの適応をより大きくする可能性がある（Cribb, Williams, and Hayes 2007; Kerksick et al. 2007）が、この知見は普遍的ではない（Cribb et al. 2007）。

いうまでもなく、有酸素性持久力系競技選手にとって、回復および続いてのパフォーマンスの最も重要な側面の1つは最大の筋グリコーゲンレベルを維持することである。体内におけるグリコーゲン貯蔵（例：肝および筋）によって、必ずしも作業出力あるいはスピードが促進されるわけではなく、より長い時間にわたってトレーニングのペースを維持することが可能となる。安静時において、トレーニングを積んだ競技選手の平均的な筋内グリコーゲンレベルは60〜90分にわたって継続する種目——明らかに、マラソンやウルトラエンデュランス種目よりも短い——の生理学的生理学的需要に見合うものとなっている。競技選手は、グリコーゲンレベルを最大化するために以下の3つを行うことができる。すなわち（1）次のエクササイズセッションに向けて補給するために炭水化物を摂取する、（2）イベント前に炭水化物を増加させる、（3）運動中に炭水化物を摂取する、である。

イベント前にグリコーゲンレベルを最大化するのを確実なものとするために、競技選手は体重1kgあたり1日あたり8〜10gの炭水化物を摂取し、試合前に適切な休息をとるべきである（軽い練習を行う、または行わない）。炭水化物の利用を最適化するために、運動前の食事は高炭水化物の食品または飲料で構成すべきである。この実践方法は、競技選手が回復に向けた努力が乏しい場合（例：低炭水化物食の摂取、休息あるいはトレーニング量を低減することのどちらかまたは両方に失敗する）であっても、より重要である。高炭水化物食および休息に加えて、高炭水化物食（200〜300g）を運動の4〜6時間前に摂取

することは、筋および肝グリコーゲンレベル を最大に維持するうえで助けとなる。

適切な量の炭水化物を運動前に摂取してい ない競技選手は、運動を開始して最初の1時 間に適切なレベルの炭水化物を努力して摂取 することによって、利用できる炭水化物の不 足を補う必要がある。炭水化物を得ることの できる食品の選択肢は多くあるが、どの食品 が胃腸の不調を生み出さないかを練習セッ ションにおいて事前に確認しておく必要がある。 さまざまな種類の糖、たとえばマルトデキス トリンやスクロース、フルクトースを摂取す ることは、1種類の糖を摂取するよりも利益 があるだろう。これにより、与えられた時間 内で用いることのできる炭水化物の量を増や せる可能性がある。異なる種類の炭水化物を 摂取することに加え、運動中に頻繁に炭水化 物を摂取することは運動前に多くの量を摂取 するよりも有用かもしれない。

有酸素性持久力運動中に炭水化物に加えて タンパク質を摂取することは、必ずしもパフ ォーマンスを促進しないかもしれないが、回 復を早め、活動する筋組織における筋損傷を 最小化する可能性がある。タンパク質と炭水 化物の組み合わせ、またはタンパク質を単独 でレジスタンスエクササイズの前または後に 摂取することについては新しい研究分野であ るが、限られた研究では、筋力や除脂肪体重、 体脂肪率、重要な同化（筋をつくる）ホルモ ンの血清レベル、筋内の筋肥大のマーカーに おいてより大きな改善がみられることが示唆 されている。

有酸素性持久力運動後、競技選手はグリ コーゲン貯蔵を適切に補充するために、体重 1kgあたり1.5gの炭水化物を運動後30分以 内に、あるいは体重1kgあたり1時間あたり 0.6〜1.0gの炭水化物を最初の30分間および 次の4〜6時間で2時間おきに摂取すべきで ある。栄養素を送り届けるのが2時間遅れる

と、筋グリコーゲン再合成は半減する場合が ある。運動後の炭水化物は、液体でも固体で もよいが、フルクトースを多く含むべきでは ない。なぜなら、この形態の炭水化物は、ほ かの炭水化物よりもグリコーゲン再合成のレ ベルが低いためである。

競技選手は運動後の炭水化物食にタンパク 質を加えることによって利益があるかもしれ ない。タンパク質を加えることによって、炭 水化物のみと比較してグリコーゲン再合成を より高める結果となる（タンパク質の再合成 もより高める）ことが示されている。適切な 用量についてもまだ不明であるが、炭水化物 ＋タンパク質の組み合わせを4：1（炭水化 物：タンパク質）の割合で、この時間内に摂 取することが一般的なガイドラインとして広 く受け入れられている。すなわち、体重1kg あたり1.2〜1.5gの炭水化物、体重1kgあた り0.3〜0.5gの必須アミノ酸あるいは全タン パク質である。研究によって支持されている 一般的な実践としては、10〜12gの必須アミ ノ酸を提供するような質の高いタンパク質源 （例：ホエイ、カゼイン、卵）を定期的なトレ ーニング後、できるだけ早く、1時間以内に 摂取することである。いくつかの研究におい て、この実践は身体組成をより大きくし、こ の量のタンパク質を30〜40gの炭水化物と ともに運動前後の両方において摂取すること も、レジスタンストレーニングへの正の適応 を刺激するうえで有効である可能性がある。

表9.1には、定期的な有酸素性持久力運動 またはレジスタンスエクササイズを行う体重 82kg（180ポンド）の競技選手向けの、これ らのタイミングに関する推奨例を示す。すべ ての競技選手にとって、自分のトレーニング 目標を考慮し、それらの目標へ向けてサポー トするために栄養タイミングを計画を調整す ることは重要である。

表9.1 有酸素性持久力およびレジスタンスを行う競技選手向けの単純化したタイミングの推奨

	有酸素性持久力運動*	レジスタンストレーニング*
運動前		
毎日の食事		
推奨	炭水化物8 〜 10g/kg	炭水化物5 〜 8g/kg タンパク質1.2 〜 1.5g/kg
摂取	炭水化物654 〜 810g/日	炭水化物409 〜 654g/日 タンパク質98 〜 123g/日
食品	複数の炭水化物、パスタ、デンプン、パン	複数の炭水化物、パスタ、デンプン、パン 脂肪の少ないタンパク質（鶏肉、牛肉、七面鳥、脱脂乳、卵）
2 〜 4時間前		
推奨	炭水化物4g/kg	
摂取	炭水化物200 〜 300g	推奨なし
食品	全粒粉のベーグルあるいはトースト、オートミール、シリアル、スポーツドリンク720mL（24液量オンス）	
30 〜 60分前		
推奨	炭水化物1.2 〜 1.5g/kg	
摂取	炭水化物60 〜 80g	推奨なし
食品	低いエネルギーバー、あるいはフードバー、スポーツドリンク	
運動中		
推奨	6 〜 8％の炭水化物溶液に、タンパク質を4：1の比率で加える	6％の炭水化物溶液＋6gの必須アミノ酸
摂取	15 〜 20分ごとに1.5 〜 2カップ（355 〜 473mL［12 〜 16液量オンス］）	毎セット後に22.5 〜 30mL
食品	スポーツドリンク、ゲルのパックを水とともに	スポーツドリンク、ゲルのパックを水とともに
運動後		
推奨	30分以内に炭水化物1.5g/kg あるいは、30分以内に炭水化物0.6 〜 1g/kgの後、再び2時間おきに	炭水化物30 〜 40gと必須アミノ酸8 〜 12gを含むタンパク質約20 〜 25g

表9.1（前頁から続き）

	有酸素性持久力運動*	レジスタンストレーニング*
摂取	30分以内に炭水化物123g あるいは、30分以内に炭水化物49〜82gの後、再び2時間おきに	炭水化物30〜40gと必須アミノ酸8〜12gを含むタンパク質約20〜25g
食品	スポーツドリンク、ベーグル、果物	スポーツドリンク、ベーグル、果物、ホエイタンパク質

*注意：すべての数値は、82kg（180ポンド）の競技選手向けである。

まとめ

- 科学に基づく栄養タイミング戦略を適切に組み込むことは、競技選手やときにコーチあるいは保護者にとって相当な労力が必要となる。なぜなら、この研究分野は相対的に新しく、比較的短い期間で推奨が変わる可能性があるためである。

- 炭水化物の体内での供給は限られており、どのような形態であっても、中程度から高強度の、少なくとも60〜90分にわたって継続する運動中に枯渇しやすい。この理由のため、筋グリコーゲンの増加を最大限に刺激するうえで、運動後の期間において定期的な間隔で高炭水化物食を摂取することが推奨される。運動中、競技選手は血中グルコースレベルを維持するために、100mL中に炭水化物を6〜8g含む（6〜8%の炭水化物溶液）炭水化物-電解質溶液を15〜20分ごとに300〜450mL摂取すべきである。

- 多くの異なる形態の炭水化物が許容されるが、フルクトースは消化されにくく、胃腸の不調との関連があることや、グリコーゲン再合成の速度が低いことが知られているために推奨されない。運動中に摂取するために異なる種類の形態の炭水化物を組み合わせることは推奨され、炭水化物の酸化率を高める可能性がある。

- あらゆる時点において、とくに運動後において少量のタンパク質（体重1kgあたり0.15〜0.25g）を炭水化物に加えることは、十分に容認され、また筋グリコーゲンの補充および筋タンパク質合成速度がより大きく促進される可能性がある。レジスタンストレーニングのワークアウト完了後3時間以内に6〜20gの必須アミノ酸を消化しやすい形態の炭水化物とともに摂取した場合、最大の筋タンパク質合成が起こる。数週間にわたる運動後の炭水化物＋タンパク質サプリメントの摂取は、最大筋力や除脂肪量といったレジスタンストレーニング適応をより大きくすることを支える。

- 牛乳のタンパク質源（例：ホエイとカゼイン）は消化の動態が異なるため、血流へのアミノ酸輸送が異なる。このことはレジスタンストレーニング中の除脂肪体重の増加に影響を及ぼす可能性がある。

- 定期的なレジスタンストレーニング実施にクレアチンを栄養素に加えることにより、クレアチンを加えない場合と比較して、筋力および身体組成のより大きな改善を促す可能性がある。

- 競技選手は、追加的な単一の成分（例：ク

レアチンモノハイドレート、必須アミノ酸）に資金を費やす前に、主要栄養素（炭水化物、タンパク質、脂質）を適切な比率にすることを通して、エネルギーの利用能および輸送を適切にすることに集中すべきであ

る。タイミングにかかわらず、求められる作業出力を最大に維持し、回復を促すうえで、日常的な軽食あるいは食事は適切なレベルの炭水化物およびタンパク質で構成されるべきである。

10

Energy Expenditure and Body Composition

エネルギー消費と身体組成

Paul La Bounty, PhD, MPT, CSCS
Jose Antonio, PhD, CSCS, FACSM, FISSN, FNSCA

変更が可能な物理的特質の中で、身体組成は競技や性別にかかわらず、ほとんどの競技選手にとって最も重要なものである。多くの競技選手は、身体組成を変化させようとするとき、以下の2つのうち、1つの目標を持っている。

- 除脂肪組織量（すなわち骨格筋）の増加
- 体脂肪量の減少

身体組成を改善したいという希望は、競技パフォーマンスの改善に起因するのかもしれない。しかし、多くの競技選手と熱心な運動愛好家は、見た目のためだけに身体組成を改善する方法を探している。パフォーマンスおよび美容上の問題に加え、過剰な体脂肪、とくに内臓脂肪（腹部の脂肪）は、心臓病やインスリン抵抗性、インスリン非依存型糖尿病、睡眠時無呼吸、特定のガン、変形性関節症といった有害な症状を進行させるうえで役割を果たしているようだ（Bray 2003; Moayyedi 2008; World Health Organization 2000; Reaven 2008; Vgontzas 2008）。

したがって、競技選手は競技パフォーマンスに関連する過剰な体脂肪の影響に関心を持つ傾向にあり、ほとんどの競技において適切な身体組成を維持できないと、その選手のパフォーマンスに悪影響を及ぼすことがある。たとえば、除脂肪量の増加を伴わず体脂肪量が増加する場合、体重を空間で移動させる必要のある活動において加速度、ジャンプ能力および全般的なパワーが低下することがある（Jeukendrup and Gleeson 2004）。高いパワー対体重比（訳注：体重に対するパワーの比率が高いこと）が求められる競技（例：体操）においては、過剰な体脂肪量は望ましくない。したがって、競技選手は身体組成を改善または維持することにかなりの努力をする。身体組成は食事や運動、栄養サプリメント、さまざまな薬、手術によって修正することができる。本章では、身体組成に影響を及ぼす可能性のある、2つの基本的な栄養戦略について

注目する。すなわち、体重を増やすための高カロリー食（除脂肪量の増加を強調する）と、体重減少、とくに体脂肪量減少を目標とする低カロリー食である。さらに、本章ではさまざまな栄養サプリメントおよびこれらが身体組成に及ぼす影響について議論する。

エネルギーバランス

人々が体重減少および脂肪減少を達成することのできる方法の1つは、栄養摂取量、とくに摂取カロリーの量および種類を変化させることである。競技選手にとって、身体組成を変化させる最も簡単な方法はエネルギーバランスの等式を変化させることである。エネルギーバランスの等式がつり合っている場合、エネルギー摂取（すなわち食物の摂取）は通常の代謝過程や身体活動、運動を通したエネルギー消費と等しい。エネルギーバランスがつり合っている場合、その人は**正常カロリー（eucaloric）食**を摂取している。体重には変動があるために、この等式はいつも完全に一致するわけではない。もし消費されるカロリーよりも多くのカロリーを摂取すると、エネルギーバランスは正となり、体重増加が起こりやすくなるだろう。反対に、もし通常の日常的な活動や代謝に必要なエネルギーよりも摂取カロリーが少ない場合、エネルギー不足が生じる（図10.1）。エネルギー不足をもたらす食事は、低エネルギー食あるいは低カロリー（hypocaloric）食と呼ばれる。正のエネルギーバランスをもたらす食事は、高エネ

ルギー食または高カロリー（hypercaloric）食と呼ばれる。

食事誘発性熱産生

総カロリー摂取は、摂取栄養素の主要栄養素比率とともに、体重の増減において役割を果たしている。1gの炭水化物、タンパク質、脂質の代謝によって放出されるエネルギーは、それぞれ4、4、9kcalである（Livesey 2001）。しかしながら、見落とされてしまいがちなのは、さまざまな主要栄養素の消化や吸収、輸送、貯蔵の過程においてエネルギー消費を伴うということである。この過程は、食事性熱産生（TEF）あるいは食事誘発性熱産生（DIT）と呼ばれており、熱という形でエネルギーの放出をもたらす。食事の熱産生効果は、食事後しばらくの間（数時間にわたって）、通常のベースラインのエネルギー消費よりも代謝を増加させる（Tappy 1996）。

食事の産熱効果の結果として、摂取後に身体が利用できる各主要栄養素のエネルギーは少なくなる（トレーニングテーブルにある食事前のエネルギー量と比較して）。さらに、ある主要栄養素はほかよりも消化、吸収、輸送、貯蔵により多くのエネルギーを必要とする（すなわち、より高い産熱効果を持つ）。身体的には、脂質、炭水化物、タンパク質のカロリー量における産熱効果は、それぞれ0～3％、5～10％、20～30％である（Tappy 1996）。言い換えると、脂質は相対的に産熱効果が低く、タンパク質が最も高く、炭水化物はその中間である。科学者の中には、現

▶ 正常カロリー食——現在の体重を維持するのに必要なカロリーを含む食事。個人の総カロリー消費（TEE）と等しいカロリー摂取を行うことによって達成される。

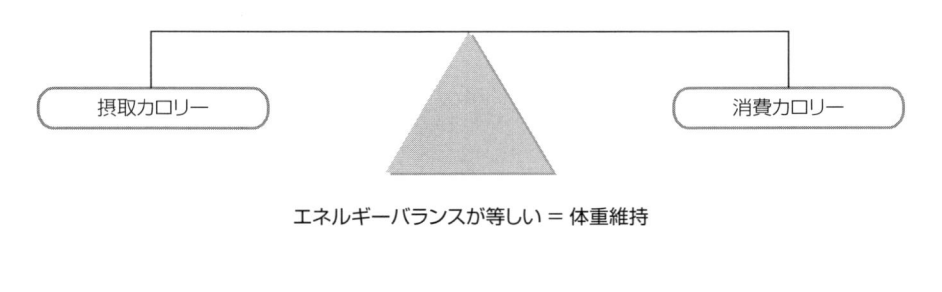

エネルギーバランスが等しい = 体重維持

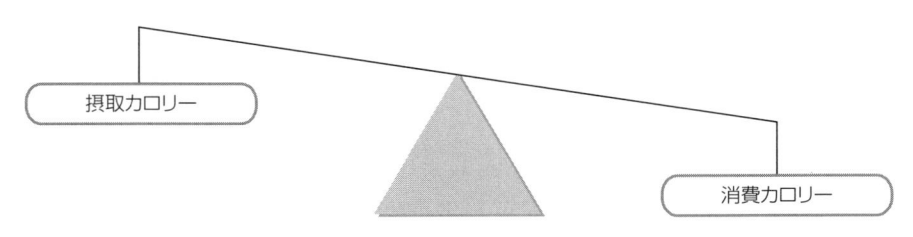

負のエネルギーバランス（より多くのカロリーを消費）= 体重減少

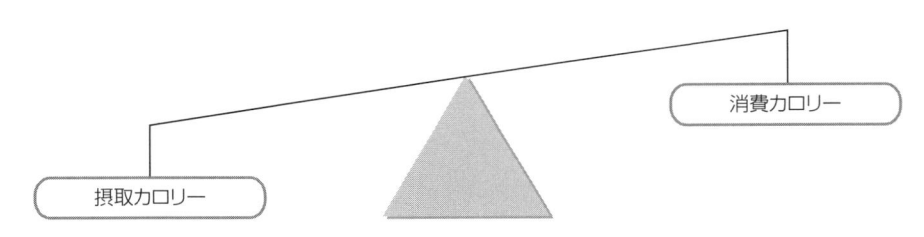

正のエネルギーバランス（より多くのカロリーを摂取）= 体重増加

図10.1　エネルギーバランスの等式

在のフードラベル（食品成分表）を、摂取して得られる総カロリーから消化および貯蔵に必要となるカロリーを差し引いた実際のカロリー（すなわち、総代謝エネルギー、NME）を反映するように改訂しようとしている者もいる（Livesey 2001）。もし現在のシステムが変更となれば、エネルギーバランスの等式はより正確に、また有意義となる（Livesey 2001）。

　食事の産熱効果を頭に入れておくことは、体重増加あるいは減少を促すために栄養計画を策定する際に重要である。たとえば、ある人が1年間にわたって300kcalのタンパク質を追加で摂取した場合に、300kcalの炭水化物（例：テーブルシュガー）を追加で摂取した場合と比較すると、それらの主要栄養素の産熱の特性が異なるため、体重増加へ及ぼす影響は同一とはならないだろう。競技選手が体重減少のために低カロリー食を開始する場合、いくらかの除脂肪量を必ず喪失することになるだろう。低カロリー食の間、タンパク質の割合を増やすことによって、競技選手は2つの利益を実現させることができる。1つ目はより高いタンパク質摂取によって除脂肪量を温存するのを手助けし、2つ目はタンパク質の高い産熱効果によって、より多くのカ

ロリーを燃やすことができる。

エネルギー制限食の悪影響

　総合格闘技やレスリング、ボクシング、体操、フィギュアスケート、飛び込みといった競技は、減量や身体組成の改善、または両方を行う必要があるかもしれない。体重を落としたい理由は、パフォーマンスを高めることからより低い階級で出場するためなど、範囲は広く、審美的な考慮を含むこともある。競技選手が減量を望む理由にかかわらず、選手またはトレーナーは過剰な脂肪を落とし、除脂肪筋組織の喪失を最小限にすることに集中すべきである。

　体脂肪を減少させるときに考慮しなければならない重要な現象は、通常は除脂肪筋量も同時に減少することである。実際に、ある研究において6週間にわたって超低カロリー食を摂取したところ、肥満の被験者は体重が約11.5kg（25.3ポンド）減少したことが示された（Eston et al. 1992）が、その重量のうち約63％は脂肪によるもので、残り37％は除脂肪量によるものだった。短期間のカロリー制限食を用いた別の研究でも、さまざまな除脂肪量の減少が報告されている（Krotkiewski et al. 2000; Valtuena et al. 1995; Zahouani, Boulier, and Hespel 2003）。まれに、競技選手が筋および脂肪の両方を落としたい場合がある（例：脂肪のほとんどない一流レスリング選手が、より低い階級へと下げようとす

るとき）。しかしながら、多くの場合、除脂肪筋ではなく、脂肪減少が第一の目的である。このような場合、目標達成のために少しの筋肉を犠牲にする必要がある。興味深いことに、Mourierら（1997）は、低カロリー食とBCAAを組み合わせて摂取した場合、高タンパク質低カロリー食または低タンパク質低カロリー食と比較して体重および内臓脂肪がより大きく減少したことを示した。

低カロリー食

　競技選手が減量する場合、彼らがしばしば最初に行うことの1つは、エネルギー制限食（低カロリー食）を取り入れることである。低カロリー食は総カロリー摂取を適度にあるいは大幅に減少させることができる。この食事法を極端にして、一般に超低カロリー食と呼ばれる食事を取り入れる人たちがいる。競技によって、カロリー摂取が低くなりすぎると、パフォーマンスが低下し始める。

　米国国立心肺血液研究所によって定義されている超低カロリー食（VLCD; very-low-calorie diet）とは、1日あたり800kcal未満の食事である（Gilden Tsai and Wadden 2006）。これは一般的に、相対的に多くの量のタンパク質（1日あたり70〜100g、または「理想的な体重」の1kgあたり0.8〜1.5gのタンパク質）、相対的に中程度の炭水化物（1日あたり80g）、最小限の脂質（1日あたり15g）

▶ 低カロリー食――現在の体重を維持するのに必要なカロリーよりも少ないカロリーの食事。エネルギー制限食あるいは低エネルギー食とも呼ばれる。

▶ 超低カロリー食（VLCD）――低カロリー食の一種で、通常は液体の形態であり、1日の摂取が800kcal以下となる食事。

で構成される（Gilden Tsai and Wadden 2006）。しかしながら、VLCDは一般的にすべての必須ビタミンおよびミネラルの栄養推奨量（RDA）を100％満たしている（Gilden Tsai and Wadden 2006）。このような食事はしばしば液体の形態で摂取され（National Task Force and National Institutes of Health 1993）、通常は肥満者（BMIが30以上）にのみに対して、心理学者や栄養士、運動生理学者が関わり実施されるものである（Gilden Tsai and Wadden 2006）。

　VLCDは通常12〜14週間にわたって続き、その後、体重を安定させることを意図して2〜3カ月をかけて食事を元に戻していく（Gilden Tsai and Wadden 2006）。平均的な減量の幅は週あたり約1.5〜2.5kg（約3〜5ポンド）であり、12〜16週間後に平均で20kg（44ポンド）の減量となる（National Task Force and National Institutes of Health 1993）。しかしながら、113名の男性および508名の女性が12週間にわたってVLCDを実施し、それぞれ元の体重から約25.5％および約22.6％減量した研究においてみられたように、この減少した体重を維持することは難しい（Wadden and Frey 1997）。すべての参加者はその後2年間にわたって追跡調査され、男性の77.5％、女性の59.9％が体重の5％以上の減量を維持していた（Wadden and Frey 1997）。

　同様の種類の食事には、**低カロリー食（LCD）**があり、これは伝統的な食事で1日あたり約1000〜1500kcalが許容されるというものである。Gilden Tsai and Wadden（2006）は、VLCDおよび伝統的LCDの減量に関するメタアナリシスを行った。この著者らは、初期の体重減少はVLCDのほうが大きかったと結論づけた。しかしながら、より早い時期に行われたメタアナリシス（Anderson et al. 2001）とは対照的に、Gilden Tsai and Waddenは1年後のVLCDの実際の体重減少は、伝統的LCDによる体重減少と比較して有意な差はなかったと結論づけた。これらの著者らは、より早期のメタアナリシスにおいては実際にはVLCDとLCDの研究を直接的に比較してはいないが、「1つのみまたはそれ以外の食事を用いた複数の研究の間で情報が外挿された」（p. 1289）。同じく重要なことに、Gilden Tsai and Waddenは、米国国立心肺血液研究所の専門家パネルではVLCDよりもLCDを支持すべきであるという結論について言及している。実践的な立場から、LCDはほとんどの人にとって毎日遵守するうえでより現実的である。

　すでに議論されたように、エネルギー制限食が除脂肪筋に悪影響を及ぼすため、VLCDは競技選手には推奨されない（体重制限のある競技において、設定した体重にすることが重要な問題であるという非常にまれな場合を除く）。もしVLCDが競技選手に処方された場合、カロリー全般が徹底的に減少することによって、筋グリコーゲン貯蔵が減少し、パフォーマンスが厳しく制限されるだろう（Eston et al. 1992; Krotkiewski et al. 2000）。さらに、VLCDによって絶対筋力および筋持久力の両方が低下することが報告されている（Eston et al. 1992）。これらの潜在的な悪影

▶ 低カロリー食（LCD）──低カロリー食の一種であり、通常は伝統的な食事で、1日あたり約1000〜1500kcalを摂取する。

響がトレーニングを高強度で行う能力および運動から適切に回復する能力を低下させる可能性がある。これら２種類の食事のうち、減量しようとする競技選手にとって、LCDはよりよいアプローチである。なぜならカロリー不足がそれほど厳しくなく、除脂肪筋量がより維持されるためである。グリコーゲンレベルは妥協することとなるが、それほど枯渇せず、トレーニング強度に及ぼす影響はVLCDと同じ程度ではないだろう。

高炭水化物・低脂肪食

減量に関して、炭水化物とタンパク質、脂質の適切な割合（比率）について時折議論されるが、現時点ではコンセンサスは得られていない。相対的に高炭水化物・低脂肪食は競技選手の間では長年にわたって一般的である。しかしながら、これらの食事は、さまざまな高タンパク質・低炭水化物食が紹介されたことにより、ここ数年の中で、とくに非競技選手の間で人気を失っている。

12カ月以内の複数の研究では、低炭水化物食は、高炭水化物食よりも短期間での身体組成の改善において有利であることが、示唆されている（Brehm and D'Alessio 2008）（高タンパク質食については本章で後ほど議論する）。現時点での長期的データ（12カ月超）では、低脂肪・高炭水化物食の摂取と高タンパク質・低炭水化物食の摂取は、体重減少が同様であることが示唆されている（Kushner and Doerfler 2008）。食事における炭水化物の種類（すなわち高グリセミック指数の高低、グリセミックロードの高低）のどれが減量に向いているかについては議論が続いている。

減量研究で競技選手やトレーニングを積んだ人を対象としたものはほんのひと握りであり（Horswill et al. 1990; Mourier et al. 1997）、減量についての研究のほとんどは過体重や肥満の非競技選手を対象としている。したがって、減量についての研究の知見は、競技選手に対しては外挿しかできない。多くの研究において、相対的に高炭水化物・低脂肪の低カロリー食を用い、炭水化物の種類を操作してその減量へ及ぼす影響について調べている。2004年には、CARMEN研究（Carbohydrate Ratio Management in European National diets；ヨーロッパの食事における炭水化物比率のマネジメントに関する研究）によって、低脂肪・高単純炭水化物摂取群（LFSC）と、低脂肪・高複合炭水化物摂取群（LFCC）の体重および体脂肪の減少は同様であり（それぞれ0.9kgおよび1.8kg、1.3kgおよび1.8kg）、除脂肪量は維持されたことが明らかとなった（Saris et al. 2000）。

同様に、Slothら（2004）は、摂取した炭水化物の種類（グリセミック指数が高いまたは低い）を除いてすべてが同じ場合、ほぼ同程度の体重減少（それぞれ−1.9kgと−1.3kg）と脂肪減少（それぞれ−1.0kgと−0.4kg）がみられたと10週間の研究の結論で示した。さらに、これら２つの群はほぼ同量の除脂肪量の減少（−0.8kg）が起こった（Sloth et al. 2004）。Dasら（2007）は、低グリセミックロード（40％炭水化物、30％脂質、30％タンパク質）あるいは高グリセミックロード（60％炭水化物、20％脂質、20％タンパク質）のいずれかで構成される食事で、体重減少と身体組成の比較可能な結果を得た。この著者らは、研究の終わりに体重や体脂肪、安静時代謝率、空腹感、満腹感に有意差はみられなかっ

たことを報告している。12カ月後、体重の変化率は、低および高グリセミックロード群においてそれぞれ−7.81％および−8.04％、身体組成は−17.9％および−14.8％であった（Das et al. 2007）。ほかの研究において、低カロリー食で、摂取した炭水化物の種類（低 vs. 高グリセミック指数）が異なっていても、体重減少の結果は同様であった（Sichieri et al. 2007）。

　反対に、de Rougemontら（2007）は、5週間の研究で、低グリセミック指数食を摂取した群は、高グリセミック指数の炭水化物食を摂取した群と比較して、体重減少が有意に大きかった（−1.1kg vs. −0.3kg）と報告している。脂肪の減少については、5週間の介入において両群とも有意な低下がみられ（0.17kg vs. 0.04kg）、両群間に有意差はみられなかった（de Rougemont et al. 2007）。Boucheら（2002）も、5週間の研究において高グリセミック指数食と比較して低グリセミック指数食によって実際には体重が変化することなく脂肪量の有意な低下（0.7kg）と、除脂肪体重が統計的に増加する傾向があることを示した。

　すべての研究が一致するわけではないが、低グリセミック食のその他の影響について報告されていることに注目すべきである。とくに、低グリセミック食において、高グリセミック食に対して満腹感の向上（Ball et al. 2003）、脂質プロファイルの減少（低密度リポタンパク質および総コレステロール）（de Rougemont et al. 2007）、インスリンおよびグルコースの制御の促進（Brynes et al. 2005; Stevenson et al. 2005）がみられた。競技選手は運動後のグリコーゲン再合成を促すために高グリセミックな炭水化物を摂取するよう

に勧められることがしばしばあり、体重減少や減量中の除脂肪筋量の変化にも影響を及ぼすかもしれない。残念ながら、この分野において発表されている研究のほとんどにおいて、見解は一致していない。したがって、身体組成の改善や減量において高あるいは低グリセミック指数の食事のどちらがより効果的であるかの結論を得るにはさらなる研究が必要となる。

　脂質の摂取は、現在も科学的探求が行われている分野であり、脂質摂取についての特定の推奨については現時点ではよくわかっていない。身体組成については、Strychar（2006）が減量プログラムにおいて、脂質摂取全般を減らすことが有効であることを報告しているが、適切な割合については科学者らの間で一致していない。それにもかかわらず、米国栄養士会（ADA）、カナダ栄養士会、米国スポーツ医学会（ACSM）の栄養および競技パフォーマンスの2009年ポジションスタンド（公式声明）は脂質摂取についてのガイドを発表している（Rodriguez et al. 2009）。このポジションスタンドでの指摘の1つは「脂質摂取は、体重を維持するのに寄与するエネルギーとともに、必須脂肪酸や脂溶性ビタミンを効率的にもたらすものであるべきである」（p.709）。また、もう1つは「脂質摂取は総エネルギー摂取の20〜35％の範囲とすべきである。脂質からのエネルギーを20％以下にしても、パフォーマンスに利益をもたらさない」（p. 710）。脂質はエネルギー源、脂溶性ビタミン、必須脂肪酸の供給源であるため、競技選手の食事において重要な部分である（Rodriguez et al. 2009）。脂質摂取量と競技パフォーマンスについてのさらなる情報は、第4章を参照いただきたい。

まとめると、VLCDやLCDといった低カロリー食によって顕著な減量をもたらすことができる。しかしながら、競技選手にとってそのような食事はパフォーマンスや回復を低下させるため、一般的に推奨されない（Eston et al. 1992; Krotkiewski et al. 2000）。相対的に高炭水化物で低脂質の低カロリー食は、体脂肪を減少させ、身体組成を改善することが示されている。しかしながら、食事における適切な脂質の割合については未だに明らかではない。さらに、高あるいは低グリセミックな炭水化物が、あるいはグリセミックロードが減量に影響を及ぼすかについては、未だに議論が続いている。高強度運動を行う人は、座位行動中心の、あるいは身体活動が最小限の人とはニーズが異なることに留意すべきである。とくに、高強度運動において主なエネルギー源となるのは骨格筋の炭水化物である（解糖の過程においてエネルギーとして用いられる）。このため、高強度トレーニングを行う者はより高いレベルの炭水化物が必要となる。

高タンパク質食

しばしば炭水化物制限と組み合わせて用いられる高タンパク質食は、大きな関心を集めており、減量や身体組成の改善、空腹の抑制、血中脂質状態やインスリン感受性の改善のための手段として広く用いられている（Brehm and D'Alessio 2008; Halton and Hu 2004; Kushner and Doerfler 2008; Noble and Kushner 2006）。公表された研究の知見では、タンパク質をより多く含む食事は、満腹感とタンパク質の食事性熱産生により減量の助けとなる可能性が最も高いことが示され

ている（Brehm and D'Alessio 2008）。実際に、Johnstonら（2002）は、相対的に高タンパク質の食事（エネルギーの30％が複合炭水化物、10％が単糖類、30％がタンパク質、30％が脂質）の食事誘発性熱産生は、等カロリーを含む高炭水化物の食事（エネルギーの50％が複合炭水化物、10％が単糖類、15％がタンパク質、25％が脂質）と比較して、平均で2倍であったことを示している。

高タンパク質食を摂取した人は、満腹効果により、それ以降の食事摂取がより少なくなる可能性があることが追加で示唆されている（Halton and Hu 2004）。具体的には、高タンパク質食を摂取した結果、その次の食事のカロリーが12％（Barkeling, Rossner, and Bjorvell 1990）、および31％（Latner and Schwartz 1999）減少した。高タンパク質食が高炭水化物食よりも満腹感をもたらす理由の1つが、脂質や炭水化物と比較してタンパク質のほうが胃腸ホルモンのコレシストキニン（CCK、満腹をもたらす）を相対的により強く刺激するためである可能性がある（Johnston, Day, and Swan 2002）。CCKのレベルが上昇することにより、ラットおよびヒトにおいて食事摂取量を抑制することが示されている（Bray 2000）。

デンマークの研究者らは、被験者が高タンパク質食（46％を炭水化物、25％をタンパク質、29％を脂質）あるいは高炭水化物食（59％を炭水化物、12％をタンパク質、29％を脂質）を自由に摂取したとき、高タンパク質食を摂取した者は研究全体を通して有意に摂取カロリーが少なかった（Skov et al. 1999）。さらに、高タンパク質食群は高炭水化物群よりも有意に体重が減少したことを示した。具体的には、高タンパク質および高炭水化物

食を摂取した群はそれぞれ体重が8.9kgおよび5.1kg減少し、体脂肪は7.6kgおよび4.3kg減少した（Skov et al. 1999）。Laymanら（2003）は、炭水化物対タンパク質比の異なる2つの低カロリー食（約1700kcal／日）が身体組成に及ぼす影響について調べた。一方は、炭水化物対タンパク質の比率が3.5（1日あたり68gのタンパク質を供給）で、もう一方は1.4（1日あたり125gのタンパク質を供給）であった。2つの食事間で、体重の減少量は同様であったが、タンパク質の比率の高い食事のほうが脂肪の減少量が大きく、除脂肪筋量がより温存され、最終的には身体組成が改善した（Layman et al. 2003）。

Brehm and D'Alessio（2008）によると、12カ月までの研究の中で、ランダム化比較試験（RCT）では、減量や除脂肪量の維持、いくつかの心臓血管系のリスク要因の改善に関して、高タンパク質食が低タンパク質食と比較して、同等やおそらく優れていることが繰り返し示されている。したがって、タンパク質を適度に増やし、炭水化物および脂質を適度に制限した食事は、体重および身体組成に対して有用な効果がある可能性がある（Brehm and D'Alessio 2008; Halton and Hu 2004）。

興味深いことに、Kushner and Doerfler（2008）はレビューで指摘しているように、長期的なデータでは総体重減少は低炭水化物食を摂取した者と低脂質食を摂取した者で有意に異なるわけではないことを継続して示している。したがって、すべての研究が一致しているわけではないが、高タンパク質で低炭水化物食は、短期的に減量や身体組成に優れている可能性があるが、長期的な研究においては、伝統的な低脂質で高炭水化物食が効

果的かもしれないことが示唆されている。高タンパク質で低炭水化物の食事が有望であるようにみえたとしても、高タンパク質食が心臓血管系および代謝的な健康に及ぼす長期的な影響についてはさらなる研究が必要となると研究者は指摘している（Kushner and Doerfler 2008）。しかしながら、最近の心臓血管系のリスク特性に及ぼす潜在的な影響を評価する「高タンパク質」食研究の大部分において、実際には伝統的なアメリカの食事と比較して改善あるいはリスク低減が示されている。

まとめると、タンパク質が中程度に高く、炭水化物がわずかに低い食事は減量および身体組成改善に関して有用かもしれない。さらに、減量中にさまざまなカロリー摂取でタンパク質摂取を増やすと、窒素出納が負となることを防ぎ、除脂肪筋組織と最終的に安静時エネルギー消費の減少幅を少なくする可能性がある（Stiegler and Cunliffe 2006）。しかしながら、適切な炭水化物の摂取は、競技パフォーマンスや高強度運動のいくつかの側面においても非常に重要である。したがって、活動的な人は、筋グリコーゲン貯蔵やパフォーマンスに悪影響を及ぼすことがあるため、炭水化物の摂取を劇的に減らすという主張は、しばしば賢明ではない（Cook and Haub 2007）。炭水化物摂取を制限する低カロリー食は、炭水化物を多く利用することに依存する長〜中距離走、水泳、バスケットボール、レスリング、その他の競技の試合期の間は分別のある慎重な選択ではおそらくないだろう。しかしながら、これらの食事の種類の豊富さは、オフシーズンにおいて減量を促進する際に有用であるかもしれない。重要なポイントは、競争的な競技選手の減量は可能

体脂肪を減少させるためのコツ（Tips）

1. もし可能であれば、オフシーズンあるいはプレシーズンに体脂肪を減少させることを意図する。

2. 摂取したすべての飲食物の記録を残す（食物を摂取したことに関する量および種類、そして感じたこと、時間、場所などを記録する）。

3. 体脂肪を減少させる最も簡単な方法は、エネルギーバランスの等式を変化させることである（すなわち、負のエネルギーバランスをつくり出す）。

4. ほとんどの競技選手においては、カロリーの低減は1日あたり500kcalまでにする。

5. 食事の中の脂質から得られるカロリーを減らすことによって、摂取するカロリーを低減する。低カロリー食を実施する際、タンパク質の摂取は維持またはやや増加させる（タンパク質の推奨摂取量は体重1kgあたり1日あたり1.5～2.0gである）。

6. 体重減少が貯蔵された脂肪によるものであって除脂肪筋量の減少によるものではないことを確認するために、頻繁に身体組成を評価する。

7. 脂肪の減少を最大化し、除脂肪組織をできるだけ維持するために、減量は徐々に進めていく。多くの競技選手において、週に0.45kg（1ポンド）が最適である。

であればオフシーズンに行うべきであるということである。競争的なパフォーマンスはオフシーズンには行われないため、このときに食事摂取を変化させることを通して理想的な体重および身体組成を得ることは直接的に試合のパフォーマンスに影響を及ぼさない。

減量のために食事と運動を組み合わせる

有酸素性運動と低カロリー食の組み合わせが身体組成の（統計的に有意な）改善をもたらすかどうかの研究は、カロリー制限食のみと比較して、身体組成の改善に関しては曖昧なままである。Neimanら（2002）は肥満者において、有酸素性運動（すなわち、最大心拍数の60～80%でのウォーキング）に加えてエネルギー制限食を実施した場合、低カロリー食のみと比較してより大きな体重減少は起こらなかった。同様に、座位行動中心の男性において30分間の中強度の自転車運動を週に3回、16週間にわたって行わせたところ、カロリー制限食のみと比較して体重および身体組成により大きな改善はみられなかった（Cox et al. 2003）。Kraemerら（1997）も、適度なカロリー制限食を行っている際に有酸素性運動を加えることによって、体重減および体脂肪率の減少は促進されなかったと報告している。いくつかのほかの研究でも、低カロリー食に有酸素性運動を加えることによる身体組成の改善や減量が食事介入のみよりも有意に促進しなかったことが示されている（Dengel et al. 1994a, 1994b; Strasser, Spreitzer, and Haber 2007）。

残念なことに、この比較を行った多くの研究者らは、エネルギー不足をコントロールしていない。言い換えると、いくつかの研究では、食事に加えて運動を行った群におい

て、食事のみと比較したときにより大きなエネルギー不足を生じたかもしれない。したがって、これらの研究における介入から正確な比較を行うことは難しく、また、食事のみあるいは食事に加えて運動を行うことのどちらが減量や身体組成の改善において優れているか結論を出すことは難しい。しかしながら、Redmanら（2007）による研究では、エネルギー不足のコントロールが行われた。被験者らは6カ月にわたって3つのうち1つの群へと無作為に割りつけられた。すなわち、

- 体重維持食を摂取したコントロール群
- 25％のカロリー制限群
- カロリー制限（12.5％不足）および有酸素性運動（12.5％）群

　この著者らは2つのエネルギー制限群は体重は約10％減少し、体脂肪は24％、内臓脂肪は27％減少したと報告した（Redman et al. 2007）。彼らは、運動に加えてカロリー制限を行うことは、身体組成と体重に関してカロリー制限のみと同様に効果的であると結論づけた。両群とも、除脂肪量が2～3kg減少したが、その差は互いに有意な差ではなかった（Redman et al. 2007）。しかしながら、この研究者らは、運動も行った被験者は有酸素的なフィットネスの向上や心臓血管系の健康状態の改善といった追加的な利点を認識したことを指摘している。これらの健康上の利点を実現するために、適度な食事制限に身体活動が組み合わされる。
　低カロリー食とレジスタンストレーニングとの組み合わせは（有酸素性トレーニングと比較して）、除脂肪組織を維持し、脂肪量を減少させることに関してより期待できるかも

しれない。減量後に、有酸素性トレーニングではなくレジスタンストレーニングを行った人は、除脂肪体重および安静時エネルギー消費を維持することができたことが示されている（Hunter et al. 2008）。Frimelら（2008）も、漸進的なレジスタンストレーニングプログラムを低カロリー食と組み合わせた場合、（食事のみと異なり）除脂肪筋量が維持されたことを示した。興味深いことに、Demling and DeSanti（2000）は、12週間の中程度に低カロリーで高タンパク質食を組み合わせた場合の身体組成に及ぼす影響について研究し、2つの異なるタンパク質サプリメント（ホエイとカゼインの加水分解物）を用いて、この組み合わせを低カロリー食のみと比較した。研究の終了時に、3つのすべての群とも、約2.5kgの体重減少が起こった（Demling and DeSanti 2000）。しかしながら、食事のみを用いた群、食事＋運動＋カゼイン群、食事＋運動＋ホエイ群において、体脂肪の減少はそれぞれ27％から25％、26％から18％、27％から23％であった（Demling and DeSanti 2000）。脂肪量減少の平均は3群においてそれぞれ2.5kg、7.0kg、4.2kgであった。同様に重要なのが、除脂肪量は食事のみの群では改善しなかったが、カゼイン群およびホエイ群では、それぞれ4kgおよび2kg増加したことである（Demling and DeSanti 2000）。本研究で報告された情報は、体脂肪を低減させる必要のある競技選手にとって歓迎されるものである。すべての競技選手がプレーするフィールドにおいて機能的筋力を向上させるためにレジスタンストレーニングを行うのであれば（そうすべきであるとして）、この研究も、食事介入中にレジスタンストレーニングを行うことによって除脂肪体重の維持を助

けとなることを示す科学的な裏づけとなる。

しかしながら、いくつかの研究において、レジスタンストレーニングと、有酸素性運動および低カロリー食を組み合わせた場合に、食事介入のみを上回る体重減少の促進あるいは身体組成の改善はみられなかった（Kraemer et al. 1997）。加えて、レジスタンストレーニングを約812kcal/日のVLCDに組み合わせた4週間の研究では、除脂肪体重あるいは安静時エネルギー消費の維持は引き起こされなかった（Gornall and Villani 1996）。しかしながら、VLCDによって供給されるタンパク質が1日あたり40gのみであったことがおそらく一番の要因だろう。食事におけるタンパク質の量が最小限であると、おそらく過度なタンパク質分解を予防することがほとんどできないだろう（Stiegler and Cunliffe 2006）。

高カロリー食

身体組成を修正するということを考えた場合に、減量の対極に、増量、とくに除脂肪筋量を増やす必要性または欲求がある。興味深いことに、もしトレーニングを積んでいない人が過剰なカロリー（**高カロリー食**）を摂取した場合、レジスタンストレーニングなしでも、脂肪量および筋量の増加が生じた（Forbes 2000）。さらに、高カロリー食によって増加する重量の種類（脂肪 vs. 筋）について、初期の身体組成が役割を果たしている可能性がある。Forbes（2000）は、レビュー において痩せた人の体重増加のうち60〜70％は除脂肪量であると述べた（少なくとも3週間にわたる過食研究において）。一方で、肥満者においては、体重増加のわずか30〜40％が除脂肪組織であった。

もし除脂肪体重を増加させることが主要な目的である場合、2つのことが起こるべきである。1つ目は筋肥大を促進するための骨格筋への適切な刺激が引き起こされるべきである。これは通常、十分にデザインされ、期分けされたレジスタンストレーニングプログラムを行うことを通して達成される。2つ目は、消費されるカロリーよりも多くのカロリーを摂取する必要性である。摂取するカロリーの種類もまた、増加する体重の種類（内訳）に影響を及ぼすかもしれない。一般的なルールとして、筋量の増加を最適化しつつ、脂肪量の増加を最小限にするために、摂取するカロリーの増加分は主にタンパク質-アミノ酸および炭水化物からとすべきであり、脂質（とくに飽和脂肪酸）の摂取は最小限の増加とすべきである。

適切な無酸素性の刺激（レジスタンスエクササイズ）および適切な基質（タンパク質）の摂取を組み合わせることにより、正の窒素出納をもたらす。正の窒素出納は、タンパク質合成がタンパク質分解を上回るときに生じる。タンパク質合成が骨格筋で起こる際、適切な量の20種類すべてのアミノ酸が存在しなければならないことに留意しておくことが重要である（Jeukendrup 2004）。したがって、適切にアミノ酸を食事で摂取すべきである。カコミ記事のリストでは、除脂肪量を増

▶ 高カロリー食──現在の体重を維持するのに必要なカロリーよりも多くのカロリーを摂取する食事。エネルギー豊富な食事、高エネルギー食としても知られる。

やすうえで一般的な推奨を列挙している。週に0.11kgから0.68kg（0.25〜1.5ポンド）程度が、現実的な増量の目標である。しかしながら、実際に増やすことのできる除脂肪組織の割合には大きな差がある。

　すべての競技の中で、ボディビルディングほど筋量を増やすことに重点を置く競技はない。Lambertら（2004）は、ボディビルダー向けの主要栄養素の割合について、炭水化物が約55〜60％、タンパク質が25〜30％、脂質が15〜20％を推奨している。この推奨により、筋の発達を最適化するうえで十分なタンパク質、また高強度レジスタンストレーニングを行ううえで最適なエネルギーを得るための十分な炭水化物を摂取することが可能となる。さらにテストステロンレベルを適切に維持するうえで十分な脂質を得ることが可能となる（Lambert, Frank, and Evans 2004）。タンパク質合成にはATPの利用が必要となるため、エネルギーが不足する食事はタンパク質合成を減少させる場合がある。結果として、筋タンパク質合成（すなわち筋肥大）を最適化するうえで、体重維持に必要なエネルギーより15％高い、やや高エネルギー食が勧められる（Lambert, Frank, and Evans 2004）。

　高齢者に対してだが、より早期の研究においても、エネルギー摂取を増加させ、レジスタンストレーニングを組み合わせた場合に筋量の増加がみられた。Meredithら（1992）は、高齢者において1日あたり560kcal（炭水化物を約60g、脂質を約25g、タンパク質を約24g）超過して摂取した場合の影響について調べた。この食事プロトコルは、レジスタンストレーニングと組み合わせた場合に、超過カロリーを摂取しなかった群と比較してMRI

で測定した大腿部の筋量が有意に増加した。しかし、この調査は高齢者において行われたものであり、身体活動の活発な若年成人においては同様の生理学的適応を経験することはまだ証明されていない。

　レジスタンストレーニングのセッション中あるいは前後で主要栄養素を摂取するタイミングは、筋肥大および身体組成の改善に役割を果たす可能性がある。Tiptonら（2001）は、ワークアウト前の炭水化物＋必須アミノ酸溶液の摂取が、セッション直後に同じ混合液を摂取するのと比較してワークアウト後のタンパク質合成を促進するのにより効果的であることを示した。先行研究で全タンパク質を摂取した場合にタンパク質合成に及ぼす影響について調べたのと同様に、同じ研究グループ（2007）はその後、ホエイタンパク質をレジスタンストレーニングの前後で摂取した場合の効果について比較した。ワークアウトの前および後の両方において、ホエイタンパク質を摂取することによって、タンパク質合成がかなり高まったが、有意な差はみられなかった（Tipton et al. 2007）。ほかの多くの研究でも、タンパク質摂取のタイミングの重要性と、レジスタンストレーニングの無酸素性の刺激を最大化する効果について示された（Borsheim et al. 2002; Rasmussen et al. 2000; Tipton et al. 2003, 2004）。タンパク質および炭水化物の摂取タイミングについての完全な議論については、第9章を参照いただきたい。

　競技選手は、除脂肪量を増加させるためにどれほどのタンパク質を摂取すべきだろうか？　現時点においては、すべての専門家が同意しているわけではない。しかしながら、ISSD（国際スポーツ栄養学会）はタンパク

除脂肪量を増加させるためのコツ（Tips）

1. 現在の体重を維持するために必要な量よりも約10～15%超過した高カロリー食を摂取する。

2. 一日あたり5～6食に分けてカロリーを摂取する。

3. 期分けされたレジスタンストレーニングプログラムを実施する。

4. 総摂取カロリーのうち炭水化物を約40～50%、タンパク質を約30%、脂質を約20～30% 摂取する。カロリー摂取量を追加する場合、高タンパク質・高脂質食を摂取する。

5. 毎日適切な量のタンパク質を摂取する（体重1kgあたり1日あたり約1.5～2.0g）。

6. 定期的にホエイタンパク質やさまざまなアミノ酸（BCAAなど）、カゼインタンパク質、炭水化物を、とくにワークアウト前から後にかけて（つまり前、中、後）摂取する。

7. クレアチンのサプリメントを摂取することを検討する。

質と運動についてのポジションスタンド（公式見解）を発表しており（Campbell et al. 2007）、それには以下の知見が含まれている。

- 大規模研究では、定期的なエクササイズトレーニングを行う人は、座位行動中心の人よりも多くのタンパク質を必要とすることが支持されている。
- 活発な身体活動を行う人にとって、1日あたり体重1kgあたり2.0gまでのタンパク質摂取は、安全なだけでなく、エクササイズトレーニングへのトレーニング適応を改善する可能性がある。
- バランスのとれた、栄養密度の高い食事の一部としてこのレベルのタンパク質を摂取することは、健康的で活動的な人において腎機能あるいは骨ミネラル代謝に対して有害ではない。

しかしながら、同じくタンパク質代謝の専門家であるRennie and Tipton（2000）はレビュー論文において、活動的な人が追加的にタンパク質を摂取する必要はないことを示唆していることに注目すべきである。とくに、彼らは「習慣的な運動によってタンパク質の必要量が高まるというエビデンスはない。実際には、トレーニングの結果として、タンパク質代謝がより効率的になるかもしれない」（p. 457）と述べている。

これらの矛盾しているようにみえる記述は混乱させるかもしれないが、最終的な結論としては、健康な成人においてタンパク質摂取をやや増やすことは有害ではないようであり、筋肥大といったトレーニング適応を促進する可能性があるということである。したがって、競技選手が除脂肪量を増やし、身体組成を改善しようとする場合には、脂肪を含まないタンパク質摂取をやや増加させることを考慮するかもしれない。第3章で議論したように、体重1kgあたり1.5～2.0gのタンパク質摂取が推奨される。体重を増やすことを意図する競技選手は、この範囲の上限を選ぶべきである。まとめると、体重を増加させるためには、高エネルギー食を摂取すべきであるということである。しかしながら、除脂肪量を増加させることを強調するためには、高カ

ロリー食にレジスタンストレーニングを組み合わせ、またタンパク質合成を支えるために適切なタンパク質を摂取すべきである。

身体組成を改善するための スポーツサプリメント

　いくつかのサプリメントによって、除脂肪量が増加し、体脂肪量あるいは体脂肪率が減少することが示されている。本セクションでは、現場的（臨床的）なエンドポイント（終点）が身体組成の実際の変化に設定された研究に注目する。多数の研究において、筋タンパク質合成および分解の急性的な変化を測定している。しかし、身体組成の変化を研究デザインに含まない、あるいは対象とされていないことから、ここではこれらの研究について議論されない（Biolo et al. 1995; Borsheim, Aarsland, and Wolfe 2004; Tipton et al. 2003, 2007, 1999a, 1999b, 2001）。議論される各研究において、スポーツサプリメントの摂取はレジスタンストレーニングプログラムと組み合わせて行われたことに注意いただきたい。

クレアチン

　より広く使われるようになったサプリメントの1つであるクレアチンは、除脂肪量の有意な増加を促進することが示されている。単独で摂取するサプリメントとして、クレアチンは、ほかのカテゴリ（分類）のサプリメントを組み合わせて摂取するよりも除脂肪量を増加させることをより強く支持するエビデンスがある。実際に、クレアチンのサプリメ

ント摂取における最も一貫した副作用の1つは、（除脂肪量の形での）体重増加である。このことは、男性や女性、高齢者、アメリカ国内および国際的なレベルの競技選手を含むさまざまな集団で観察されている（Branch 2003; Brose, Parise, and Tarnopolsky 2003; Chrusch et al. 2001; Gotshalk et al. 2002; Kelly and Jenkins 1998; Kreider et al. 1998; Stone et al. 1999; van Loon et al. 2003; Vandenberghe et al. 1997）。

　今日まで行われてきた研究の多くで、短期間（約1週間）のクレアチン摂取により、総体重が約0.8～1.7kg（約1.8～3.7ポンド）増加したことが示されている（Terjung et al. 2000）。より長期間（約2カ月）にわたるクレアチンのサプリメント摂取をレジスタンストレーニングと組み合わせることによって、除脂肪体重が約2.8～3.2kg（約7ポンド）増加したことが示されている（Earnest et al. 1995; Kreider et al. 1996; Stout, Eckerson, and Noonan 1999）。クレアチンサプリメント摂取が体重を増加させることは支持されているとしても、この増加が水分保持量の増加によるものか、あるいは実際に除脂肪体重が増加したのかについて問われることがあった。2つの画期的な研究により、クレアチンのサプリメント摂取とレジスタンストレーニングプログラムを組み合わせることで、タンパク質（とくに収縮性タンパク質）の重量が増加することが確かめられた。

　これらの2つのうち最初の臨床的研究（Volek et al. 1999）は、レジスタンストレーニングを積んだ健康な男性19名を対象として、マッチさせ、クレアチン摂取群とプラセボ摂取群のどちらかにランダムに割りつける二重盲検法（ランダム化ダブルブラインド）

で、細胞レベルでの適応について調べられた。両群は期分けされた激しいレジスタンストレーニングを12週間にわたって実施した。実験参加者は、クレアチンまたはプラセボのカプセル（1日あたり25g）を1週間にわたって摂取し、その後メンテナンスの用量（1日あたり5g）をトレーニングの残りの期間にわたって摂取した。12週間後、体重および除脂肪量の増加は、クレアチン群（それぞれ6.3％および6.3％）のほうが、プラセボ群（それぞれ3.6％および3.1％）よりも有意に大きかった。さらに、バイオプシー（訳注：生検。生体から組織を取り出して調べること）のデータでは、プラセボ群と比較してクレアチン群においてタイプ I（35％ vs. 11％）、タイプ II（36％ vs. 15％）、タイプ IIab（35％ vs. 6％）の筋断面積が有意に増加したことが明らかとなった。筋における総クレアチン量は、プラセボ群では変化しなかった。筋クレアチンは、クレアチン群において1週間後に有意に増加し（22％）、その数値は12週間後でもプラセボ群よりも有意に高いままであった。この研究は、タンパク質の量が増加すること、とくに3つの種類の筋線維タイプのすべてにおいて増加し、これが体重増加の一因となることを明確に示した（Volek et al. 1999）。

もう1つの研究では、Willoughby and Rosene（2001）がクレアチンの経口摂取と、それが筋線維タンパク質量（細胞内タンパク質量のマーカー）に及ぼす影響について調べた。トレーニングをしていない男性の被験者が、1日あたり6gのクレアチンまたはプラセボを摂取し、これと組み合わせて激しいレジスタンストレーニングを12週間にわたって行った。介入の最後において、クレアチン摂取群の除脂肪量（約3.1kg、約7ポンド）は、プラセボ群の除脂肪量（約0.45kg、約1ポンド）と比較して有意に増加した。この研究で得られた知見の中で最も興味深いことの1つは、骨格筋の細胞レベルで何が起こっているかということである。両群とも、同じレジスタンストレーニングプログラムを実施したにもかかわらず、筋線維タンパク質量はクレアチン群において、プラセボ群よりも有意に大きく増加した。この著者らは、とくにミオシン重鎖タンパク質（収縮性の骨格筋における主な構成要素）の2つのアイソフォームが有意に増加したと報告した（Willoughby and Rosene 2001）。まとめると、これらの研究はクレアチンサプリメント摂取群における除脂肪体重の増加は骨格筋線維の肥大が生じるため（おそらくサテライト細胞の活性化のため）であり、水分保持量のみによるものではないことを示すと考えられる。

その他のスポーツサプリメント

タンパク質やアミノ酸、またさまざまなタンパク質やアミノ酸の組み合わせを摂取することは、適切なエクササイズトレーニング手法と組み合わせた場合に筋線維サイズを大きくするのを促進するうえで効果的な方法である。実際に、多くの研究で、炭水化物やクレアチン、タンパク質、アミノ酸の組み合わせを用いており、適応反応を決定する正確なメカニズムを特定することは難しい。それにもかかわらず、サプリメントの組み合わせによって身体組成および筋線維サイズが安全に高められるのであれば、それがどのように作用するにしても、競技選手やエンドユーザーにとって有用であるということは実用的見地から明らかである。

　Andersonら（2005）は、14週間のレジスタンストレーニングと定期的なエネルギーの等しいタンパク質または炭水化物サプリメント摂取を組み合わせることの筋線維の肥大および力学的な筋パフォーマンスに及ぼす影響について調べた。サプリメント摂取は、各トレーニング前および直後に行われ、トレーニングを行わない日には朝に摂取した。筋バイオプシーの標本は、内側広筋より採取され、筋線維の横断面積が分析された。14週間のレジスタンストレーニング後、タンパク質摂取群はタイプⅠ（18％）およびタイプⅡ（26％）の筋線維の肥大を示した一方、炭水化物摂取群はベースラインを超える変化は生じなかった（Andersen et al. 2005）。別の研究では、レジスタンストレーニング中のタンパク質のサプリメント摂取により、タンパク質源がどのようなものであっても（ホエイあるいは大豆）、等カロリーのプラセボ＋レジスタンストレーニング群よりも除脂肪量および筋力が増加した（Candow et al. 2006）。さらに別の研究においても、クレアチン＋炭水化物、ホエイタンパク質、クレアチン＋ホエイタンパク質のサプリメント摂取において、炭水化物のみと比較して、1RMの筋力および筋肥大が有意に向上したことが示されている（Cribb et al. 2007）。

　このほか、研究者らは10週間のレジスタンストレーニング中の身体組成やほかの運動パフォーマンス変数に及ぼす多様なタンパク質サプリメント摂取の影響について確認した（Kerksick et al. 2006）。レジスタンストレーニングを積んだ男性36名が、1週間あたり4日、部位ごとスプリットのレジスタンストレーニングを10日間にわたって行った。二重盲検の手順を用いて、被験者は3群のサプリメント摂取群へと無作為に割りつけられた。すなわち、1日あたり48gの炭水化物のプラセボ群、1日あたり40gのホエイタンパク質＋8gのカゼインタンパク質群、1日あたり40gのホエイタンパク質＋3gのBCAA＋5gのL-グルタミン群である。ホエイ＋カゼイン群は、DEXA（二重エネルギーX線吸収法）での除脂肪量が最大に増加した。したがって、10週間の激しいレジスタンストレーニング後、ホエイおよびカゼインのタンパク質を組み合わせることにより、除脂肪量の増加が最も大きく促進された（Kerksick et al. 2006）。

　クレアチンモノハイドレート（およびクレアチン＋タンパク質または炭水化物あるいはその両方の多様な組み合わせ）をサプリメント摂取に組み合わせることは、身体組成の積極的な変化をもたらす重要な同化作用を有するエビデンスが明確に示されている。タンパク質のサプリメント摂取またはタンパク質や炭水化物、アミノ酸の組み合わせのサプリメント摂取もまた、同化作用を持つ。このことは除脂肪量の増加といった全身の測定や、筋線維の肥大といった細胞での測定の両方によって示されている。サプリメントと筋力およびパワーについては、第7章でより詳細に議論されている。

専門的実践

　身体組成を最適化しようとする場合、競技選手は筋量を増加させる、あるいは体脂肪を減少させることを求めている。数多くの科学的研究によってどのようにして体重が増減

するかについての詳細がわかってきたが、それらのアプローチのいくつかは競技選手向けには適切ではない。たとえば、低カロリー食（必要なカロリーよりもカロリーが少ない食事）を摂取する競技選手の体重は減少するだろうが、もしタンパク質摂取が十分ではない場合や、レジスタンストレーニングプログラムが維持されない場合には体重減少のうち大部分は除脂肪組織による。同様に、高カロリー食（必要なカロリーよりもカロリーが多い食事）を摂取する競技選手には体重増加が引き起こされるだろうが、もしレジスタンストレーニング＆コンディショニングプログラムが適切に調整されない場合、体重増加のうち大部分が体脂肪になるだろう。

　体重を減少しようとする競技選手は、2つのうち1つ──身体活動を増加させる、あるいはカロリー摂取を減少させる──のどちらかを行うことができる。競技選手はすでにウェイトトレーニングや競技スキルのトレーニング、コンディショニングを行っている場合、身体活動を増加させる選択肢は、オーバートレーニング症候群を引き起こすリスクに対してバランスを取るべきである。したがって、カロリー摂取を減少させることは、減量をしたいと考える競技選手に対してよく推奨される。しかしながら、エネルギー摂取を減少させることは、競技選手をオーバートレーニングや、苦労して得た筋量を減少させるリスクにさらすこととなる。脂肪減少を最大化し、除脂肪筋量の減少を抑えるために、期分けされたレジスタンストレーニングプログラムに参加する選手にとって考えられた食事をすること（dieting）は重要である。加えて、カロリーを減少させる際には、主に炭水化物および脂質を減少させるべきであり、タンパク質摂取は大きく制限すべきではない。このこと

は、脂肪減少を最大化し筋量を保持するのを助ける一方で、炭水化物摂取が減少することにより、トレーニング強度および運動パフォーマンスは低下するかもしれない。このため、減量プログラムはできる限りオフシーズンに行うべきである（競技パフォーマンスを犠牲にしないため）。

　体重を（除脂肪量の形で）増加させることを意図する競技選手は、2つの単純なルールに従うべきである。すなわち（1）期分けされたレジスタンストレーニングプログラム、（2）消費するよりも多くのカロリーを摂取する、である。これら2つの単純なルールが、除脂肪量を増加させる青写真（基本的な計画）としての役割を果たす。より具体的には、摂取するカロリーの増加分は主にタンパク質－アミノ酸および炭水化物からとすべきであり、脂質の摂取は最小限のみの増加とすべきである。このことにより、筋量の増加を最適化しつつ、脂肪量の増加は最小限となる。体重を維持するレベルに対して、どの程度までカロリーを増加させるべきだろうか？　開始時には維持レベルを約15%超過するのがよいだろう。たとえば、もし女子バスケットボール選手が除脂肪量を増やそうとしており、現在の体重を維持する摂取カロリーが2100kcalであった場合、推奨される摂取カロリーは2415kcalとなる。しかしながら、体重増加が除脂肪筋量によるものであり、体脂肪ではないことを確実なものとするうえで、身体組成をモニターすることは非常に重要である。カロリー摂取を変化させることに加えて、クレアチンモノハイドレートのサプリメント摂取も、除脂肪体重の増加を顕著に促進することが示されており、これについても考慮すべきである。

まとめ

- 体重を（体脂肪の形で）減少させたい場合、競技選手および活動的な人にとって、摂取カロリーを減少させるが、その際にタンパク質の摂取は1日あたり体重1kgあたり1.5～2.0gに維持することが重要である。
- 競技選手が体重を（除脂肪筋量の形で）増加させたい場合、開始時には維持レベルを約15%超過したカロリーを摂取するのがよいだろう。
- 目標が体脂肪を減少させること、あるいは除脂肪筋量を増加させることのどちらであっても、競技選手はよくデザインされた、期分けされたレジスタンストレーニングプログラムに従うことが必須である。
- 目標が増量であれ、減量であれ、もし望まない変化が起こっている場合（例：除脂肪組織量が大きく減少しながら体重減少が生じる、あるいは体脂肪が大きく増加しながら体重増加が起こるなど）に、食事計画やレジスタンストレーニングプログラムを調整するうえで身体組成の変化をモニターすることは非常に重要である。
- 第11章および第12章では、栄養的ニーズをどのように決定するか、また栄養計画をどのように立てるかについて述べている。
- ある種のスポーツサプリメント（クレアチンやタンパク質）は、望ましい身体組成の変化を助けることが示されている。

11

Nutritional Needs Analysis

栄養学的ニーズ分析

Marie A. Spano, MS, RD, LD, CSCS, CSSD, FISSN

競技選手それぞれの栄養計画を個別に作成する前に、スポーツ栄養の専門家が選手の現在の身体組成や、体重の推移、食事歴、現在の実際の食事を評価することは必要不可欠である。それに加えて、もし最新の検査や骨密度測定が実施できるのであれば、選手の個別計画を作成するうえで有用なツールとなる。

体重および体重の推移の両方から、選手の栄養状態や体重に関するこれまでの奮闘や現在苦労していることがわかる。正確な身体組成の測定は、体重測定でわかることよりも多くのことを教えてくれる。スポーツ栄養の専門家は、長期にわたって身体組成の変化を追跡することで、身体組成を維持しているか、あるいは健康的でその特定の競技において有益であるかを把握することができる。それに加えて、身体組成の変化は、選手が除脂肪体重を増加・減少、あるいは維持しているかを

評価する際の補助として役立てることができる。

身体組成の評価に加えて、スポーツ栄養の専門家が選手の食事を分析することは重要である。これを行ううえで最もよい方法は、選手に最低3日間の食事記録をつけさせることである。正確で詳細な食事記録は、食事から摂取する平均的な主要栄養素および微量栄養素の両方を計測するためのさまざまな栄養プログラムを用いて分析することができる。

身体組成の測定

コーチや選手はともに、**身体組成**を少なくともいくつかの重視するポイントの1つとすることがよくみられる。これは、スピードおよび有酸素性持久力が成功を収めるうえで不

▶ 身体組成——除脂肪体重と比較した脂肪量を評価するもの（訳注：多くの場合は体重に対する脂肪の重さや、そのパーセンテージとしての体脂肪率で表される）

可欠となる競技（例：陸上長距離）、体重別の階級がある競技（例：レスリング）、審美的な競技（フィギュアスケート、体操、飛び込みなど。訳注：審判による採点がある）で、とくに当てはまる。身体組成の測定は、競技選手の身体についての感情に影響を及ぼすことがある（潜在的に摂食障害行動を促進する）ため、コーチが選手のワークアウトのプログラムをどのようにデザインするかと同様に、身体組成を測定するツールを正確に用いることと、選手のために（健康および選手の競技という文脈において）身体組成の結果を解釈することに、十分に精通していることが非常に重要である。

研究環境では、身体組成の測定にさまざまな方法が用いられる。すなわち、二重X線法（DEXA）、水中体重法、皮下脂肪厚法（キャリパー法）、生体電気インピーダンス法（BIA）、希釈、空気置換法（Bod Pod）、近赤外分光法、MRI（磁気共鳴映像法）、MRS（磁気スペクトロスコピー）である。これらの異なる技術によって測定される身体の構成要素は多岐にわたっており、それには脂肪や除脂肪量、骨ミネラル含有量（骨塩量）、体内の総水分量、総脂肪組織および下位分類の脂肪組織（内臓、皮下脂肪、筋内）、骨格筋、選択された臓器、異所性脂肪などが含まれる（Lee and Gallagher 2008）。

現場での測定には、最も利便性が高いことから、BMI（体格指数）や皮下脂肪厚法、インピーダンス法が用いられるのが一般的である。大学での環境における競技選手や、プロのトレーニング施設に出入りできる競技選手は、研究環境で用いられるDEXA法やBod Pod、水中体重法といった、より正確な測定方法によって身体組成を測定することもある。

現場での方法

現場における身体組成評価方法は、持ち運びしやすく、短い時間で何人も評価でき、使いやすい方法である。そのような測定方法を比較したとき、大きな違いは何であろうか？まず、スポーツ栄養の専門家が現場で最も広く用いている測定方法に注目することが重要である。BMI（体格指数）は、簡単な式で求めることができる。すなわち、（体重 kg）／（身長 m$)^2$ である。算出された値により、低体重、普通体重、過体重、肥満に分類される。BMIは、母集団における肥満率を測定するうえで非常に有用な方法であるが、これを個人を分類するために用いるべきではない。表11.1に、WHO（世界保健機関）によるBMIの分類について示す。

米国国民健康栄養調査（NHANES）、すなわち米国保健社会福祉省（連邦政府機関）によって1959年より行われている調査研究プログラムでは、調査項目（身体計測と聞き取り調査の両方が用いられている）の身体計測の中でBMIを集計している。この米国国民健康栄養調査では、米国における成人および子どもの健康状態について評価しており、病気の発症率およびリスクファクターを調べるために推移を追跡している（United States Department of Health and Human Services and Centers for Disease Control and Prevention 2009, 2010）。

BMIの計測（算出）は、非侵襲であり、必要となるのは正確な体重計と身長計のみである。BMIの欠点は、実際の身体組成を評価しているのではないということ、つまり脂肪組織と筋組織が区別されていないというところである。筋の密度（比重）は脂肪よりも高

表11.1　WHO（世界保健機関）によるBMIの分類

分類	BMI（kg/m²）
低体重	＜18.5
普通体重	18.5-24.9
過体重	≧25.0
肥満	≧30

この表は、主な分類を示すために単純化されている。

World Health Organization. BMI Classification. www.who.int/bmi/index.jsp?introPage=intro_3.html より

く、同じ体積あたりの重量が大きくなるため、筋肉質の人においては体脂肪量を実際よりも高く見積もってしまう傾向がある（Witt and Bush 2005）。また、体格の大きい人の体脂肪量も多く見積もってしまうことがある（Ortiz-Hernández et al. 2008）。たとえば、1.75m（5フィート9インチ）で95.5kg（210ポンド）のランニングバックのプロ選手は、BMIでは31.2となる（訳注：ランニングバックとは、アメリカンフットボールの攻撃側のポジションの1つで、パスを受け取って走ったりすることが求められる）。このBMIは、肥満と分類される。しかし、この選手の体脂肪率は8％であり、肥満でも過体重でもない。この例は、競技選手においてBMIを用いることの限界を示すものである。

BMIは、筋肉質の人において体脂肪を多く見積もる可能性があるが、それ以外の人においては少なく見積もる可能性がある（Chang et al. 2003; Jones, Legge, and Goulding 2003）。米国国民健康栄養調査のデータを用いた研究では、BMIはとくに男性および高齢者、またBMIの分類で中間に分類される人において、正確に肥満であると診断することができない。したがってBMIは集団の中での肥満率の評価に用いるべきであり、個人の状態の評価には用いるべきではないことが示されている（Romero-Corral et al. 2008）。BMIは集団における身長に対する体重の比率を推定するうえで用いることが最もよいツールであって、臨床（現場）環境において、ほかに測定手段がない中で、個々人の肥満あるいは低体重を評価するためにデザインされたツールではない（Piers et al. 2000）。

トレーナーやコーチは、身体組成を評価するうえで**皮脂厚計**（皮下脂肪厚計、キャリパー）を用いることが一般的になってきている。皮脂厚計は、身体のさまざまな部位の皮膚の厚みを（訳注：皮下脂肪の厚みを含めて）計測するものである。計測者（皮脂厚測定の技術を有する者）は、親指と人差し指を用いて皮膚および皮下脂肪を筋肉からつまみ上げるようにして挟み、その厚みを皮脂厚計で挟み、2秒以内に数値を読み取る。

男性では胸部、腹部、大腿部、そして女性では上腕三頭筋部、腸骨上部、大腿部のそれぞれ3カ所を皮脂厚測定に用いることが一般的である（図11.1）。最も広く評価される5カ所は、上腕三頭筋部、肩甲骨下部、腸骨上部、腹部、大腿部である（McArdle, Katch,

▶ 皮脂厚計（キャリパー）——皮下脂肪の厚みを計測する道具であり、体脂肪率を推定するために用いられる。

and Katch 2005）。胸部および上腕二頭筋部は、時折用いられることのある追加的な部位である。皮脂厚測定（各部位を2〜3回測定し、平均する）の後、体脂肪を推定するために推定式に代入する。皮脂厚計を用いる際の主な利点は、以下の通りである。

- 簡便に使用することができる（測定者がこの技術のトレーニングを十分に積んで身につけたら）。
- 1人あたりに必要となる時間がそれほど長くない。
- 非侵襲であり、安価である。

しかしながら、欠点もいくつかある。欠点には、検者間での変動（ある人が体脂肪を測定し、数カ月後に別の人が測定する）や、安い皮脂厚計を用いると正確性が低下することが含まれる。加えて、皮脂厚計の数値から体脂肪率を推定する式が100以上あること、また7カ所の測定部位のうち異なる部位を測定するといったこともある。これらすべての要素により、信頼性および妥当性のどちらかまたは両方における誤差が生じ得る。皮脂厚を用いた身体組成の正確な測定誤差は、**水中体重法**の±3〜5％以内である（McArdle, Katch, and Katch 2005）。

生体電気インピーダンス法では、高周波の流れや分布、電流の変化を測定する（Lukaski et al. 1985）。水および電解質の両方が、加えられた電流のインピーダンスに影響を及ぼす。したがって、生体電気インピーダンス法においては、身体の総水分量を測定しており、この測定から間接的に除脂肪量を決定している（Lukaski et al. 1985）。生体電気インピーダンス法は便利でコストに対する効果も高く、迅速で運用にそれほどの知識を必要としない。しかしながら、身体組織の短期的な変化を正確に測定することはできず（体脂肪を少なく見積もる場合がある）、また肥満者の身体組成を正確に測定することはできない（体脂肪を多く見積もる場合がある）（Sun et al. 2005）。さらに、水分バランスのわずかな変化が測定値に影響を及ぼし得る（Saunders, Blevins, and Broeder 1998）。

実験室での測定法

身体組成を評価するために行われる実験室での測定法は、現場での測定法と比べてより正確であるが一般的に費用と時間がかかる（訳注：ここでの実験室というのは、現場と対比させて用いられる用語で、いわゆるラボ、専門的な測定機器やスタッフを備えた機関や研究所などを指す）。したがって現場よりも実験室において用いられる測定である。Bod Podは、身体の密度（比重）を、（重量と体積から）測定するために空気置換を用いる。このBod Podでは、体重計からその人の体重を、また空のチャンバー（訳注：開閉で

▶ 水中体重法——被測定者はタンクの水の中に潜り、水面下へ身体を沈め、アルキメデスの原理を用いて身体全体の密度（比重）を求め（数学的に押しのけた液体の重量を求める）、それに基づいて身体組成を測定するという方法である。水中体重においては、脂肪量と除脂肪量の密度はそれぞれ一定であり、除脂肪組織は水より密度が高く、脂肪組織は水より密度が低いということを前提としている。

▶ 生体電気インピーダンス法——身体に微弱な電流を流し、それを測定することで身体組成を評価する方法。身体の総水分量を測定しており、これは総除脂肪量を求めるために用いることができる。

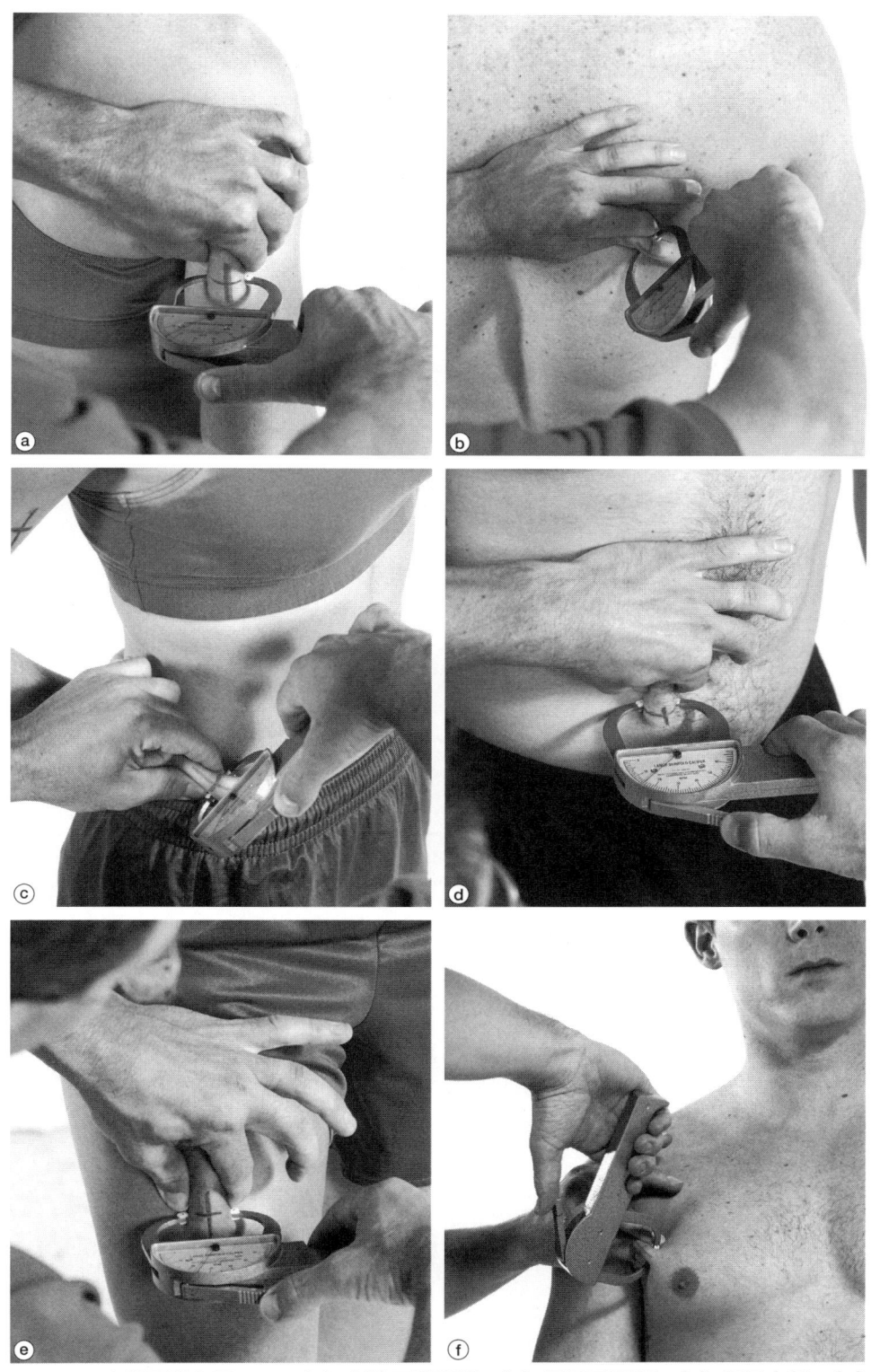

図11.1 皮脂厚計を用いて、(a) 上腕三頭筋部、(b) 肩甲骨下部、(c) 腸骨上部、(d) 腹部、(e) 大腿上部、(f) 胸部の皮下脂肪厚を測定する

きる測定用の空間のこと）の体積を測定した後に人が中に入って再度測定することにより、その人の体積を求める。身体の密度から身体組成を導くために、デンシトメトリー（密度測定）の原理が用いられる（McCrory et al. 1998）。この方法では、身体を2つの部分、すなわち脂肪量と除脂肪量に分ける。密度の高い除脂肪量の部分は、タンパク質や水、ミネラル、グリコーゲンにより構成され、脂肪量の部分は脂肪により構成される。

　Bod Podは非侵襲的で、簡便に使用でき、測定には5分ほどしかかからない。以下にBod Podの利点を述べる。

- 被測定者にとって快適である（閉所恐怖症の場合を除く）。
- 安静時代謝率（RMR）および総エネルギー消費（TEE）の推定もできる（訳注：空気置換法でこれらを直接的に測定することは原理的にできないため、推定となる）。
- 操作に技術者の資格を必要としない。
- 可動式の測定機器である（別の場所に動かすことができる）。
- 身長2.1m（7フィート）および体重250kg（550ポンド）までの人を測定できる。

　Bod Podはより新しい技術であるため、十分に確立されたほかの身体組成の測定方法と比較されてきた。Bod PodとDEXAを比較した研究では、160名の男性（32±11歳）に対して2つの機器を用いて身体組成を測定した。体脂肪率は、DEXAとBod Podでそれぞれ19.4±6.8および21.6±8.4であった。こ

れら2つの方法の間には、高い相関関係があるが、平均の差である2.2%は有意な差である（$p < 0.01$）。これら2つの機器間の違いは、体脂肪が多くなるほど大きくなる（Ball and Altena 2004）。この研究は、身体組成を評価する際に用いた手法によって差が存在することを示している。したがって、ある競技選手が長年にわたって異なる方法で測定してきた場合、身体組成の差は完全に体脂肪の増加あるいは減少によるものとはいえないだろう。

　ディビジョンⅠ大学女子陸上競技選手の集団（N = 30）において、水中体重法やDEXA、皮脂厚とBod Podの比較が行われた。この研究においては、Bod Podでは水中体重法と比較して体脂肪率は有意に多く見積もられ、またDEXAで得られる数値と顕著に異なっていた。皮脂厚で測定された体脂肪は、Bod Podで測定された体脂肪と有意な差はなかった。皮脂厚測定での数値が、この集団において有意な差がない場合、この方法を用いることは、Bod Podを用いるよりも費用対効果がより高いだろう（Bentzur, Kravitz, and Lockner 2008）。別の研究でも、皮脂厚計を用いることはBod Podでの測定と同等であることがわかった。この特定の研究では、30名の男子高校生を対象として、Bod Podで得られた体脂肪率を水中体重法で検証した。近赤外線分光法、生体電気インピーダンス法、皮脂厚法を水中体重法と比較した。近赤外線分光法および生体電気インピーダンス法のいずれも、有意な定誤差（constant error）および全誤差（total error）が生じた。Bod Podでは、許容可能な全誤差が生じたが、水中体重法より

▶ Bod Pod——卵の形をした測定装置であり、競技選手は身体組成を評価するためにこの中に座る。身体の密度（比重）を、（重量と体積から）測定するために空気置換が用いられる。

も定誤差が有意に高く、Bod Podは身体組成測定において許容可能な選択肢であるが、皮脂厚測定よりも優れているわけではないことを示している。

　DEXA法は、X線（低線量の放射線被曝を含む）を2つの別々のエネルギーレベルで平行に、身体の後方から前方へと照射することで測定するものである（Lukaski 1993）。DEXAは、X線のビームが、複雑な物質を通過する際に組成や厚みに比例して、また物質の個々の構成要素に応じて減弱するという基本的原理に基づいている。すなわち、X線源からのエネルギーが身体を通過するときに、軟部組織よりも骨と相互作用したときのほうがより大きく減弱する（Lukaski 1993）。DEXA法は、迅速、非侵襲的で、正確で再現性がある。ほかのすべての身体組成の評価法と同様に、DEXAには利点と欠点がある。4コンパートメントモデル（訳注：2コンパートメントモデルは、人体を脂肪量と除脂肪量の2つに分けて考えるモデルであり、同様に4コンパートメントモデルは、脂肪量と水分量と骨量、それ以外に分けるモデルである。doi：10.1152/jappl.1998.85.1.238）と比較して、DEXAは脂肪量や体脂肪率、除脂肪体重は高齢者において有意に差があり、このことはこのツールがこの年齢層の集団において最高の身体組成評価法ではない可能性を示している（Moon et al. 2009, Tvlavsky et al. 2008）。

　競技選手の身体組成の評価に用いる方法がどのようなものであっても、長期間にわたって身体組成の変化をモニターすることは重要であり、また体重についても同様に、既存の栄養プログラムやトレーニングプログラムを変更した場合にはその変化をモニターすることが重要である。体重と共に身体組成を測定することによって、コーチあるいはトレーナーは、実際に増減したのが何（すなわち筋、脂肪、水分）であるのかを効率よく把握することができる。

食事摂取の記録および分析

　競技選手の食事を分析する前に、スポーツ栄養の専門家は、その競技選手が毎日何を食べているかを知る必要がある。食べているものを調べるために一般に用いられる方法には、食事思い出し法（dietary recall、訳注：日本では24時間思い出し法が用いられる）および食事記録法（diet record）がある。食事記録法（クライアントは、摂取した飲食物を、量や調理法を含めて記録する）のほうが、思い出し法よりも好ましい（しばしば食べたものを忘れてしまうため）が、食事記録法にも限界がある。食事記録をつける行為だけで、いつもの食習慣が変わってしまう。加えて、飲食したものについて、きまり悪さを感じて（恥ずかしいと思って）大切な詳細について省略してしまう人もいる。たとえば、アメリカンフットボール選手が、週末の夜に18本のビールを飲んだ場合に、記録には6本しか書かないかもしれない。別のツールとして、カメラ付きの携帯電話を用いる人もいる。食事の写真を撮影し、スポーツ栄養士に送信するのである。しかしながら、写真ではその食事がどのように調理されたかや、摂取量についての詳細がわからない。思い出し法も食事記録法も欠点はあるが、スポーツ栄養の専門家が競技選手の摂取した食事を評価するうえで助けとなる。フォーム11.1は、3日間の食事を思い出して記入するテンプレートである。

スポーツ栄養の専門家の中には、食事記録を検討してどのような食品群の摂取が少ないかを素早く見つけ出すことのできる人もいる（例：乳製品が含まれないことで、カルシウムおよびビタミンDが不足するシグナルとなる。訳注：米国では牛乳にビタミンDが添加されていることが多いため、乳製品の不足がビタミンDの不足と結びついている）。しかしながら、コンピュータによる分析プログラムでは、食事のすべての要素を正確に評価することができる。

食事の摂取は、食事分析プログラムを通して、あるいは食物摂取頻度質問紙（FFQ: food frequency questionnaire）を用いて分析されるのが一般的である。食事分析プログラムでは、24時間思い出しと、3日間または7日間（分析および平均する日数が多くなるほど、食事摂取の分析が正確になる）の食事記録が必要となる。食事分析プログラムは、その人の主要栄養素や微量栄養素、オメガ3脂肪酸のような食品成分の摂取について検討する助けとなる。食物摂取頻度質問紙では、その人がある食物をどのような頻度で摂取するかについて質問される（1日あたり、1週間あたり、月や年に何回、などの形で）。研究者らは食物摂取頻度質問紙を、ある食物の頻度および総摂取量を測定して疾病リスクとの関連を調べるために用いるのが一般的である。たとえば、疫学的研究では、赤身肉を多く摂取することと大腸ガン進行リスクとの関係について、赤身肉摂取量の少ない人と比較して調査している（Sinha et al. 1999）。

パソコンやスマートフォンの両方において、食事摂取を分析するさまざまなソフトウェアプログラムがある。加えて、いくつかのウェブサイトでは、人々が自らの食事摂取を追跡調査することができる。さらには、クライアントの食事摂取を分析する栄養士向けの詳細なソフトウェアプログラムも開発されている。

無料で使える基本的なプログラムでは、食事摂取を追跡調査でき、競技選手がカロリーや主要栄養素をある範囲内にするうえで手助けとなる。しかしながら、それらには制限があり、またユーザがカロリーや主要栄養素の必要性について基本的な知識を持っているということにすべて頼っている。最もよい方法は、カロリーや主要栄養素を超えて、健康や競技パフォーマンス、回復に影響を及ぼすさまざまな要因に目を向けることのできるスポーツ栄養の専門家と力を合わせて取り組むことである。

個人向けソフトウェアプログラム

栄養あるいは研究の専門家ではない人々は、摂取した食事を追跡調査するいくつかのソフトウェアプログラムを使用することができ、また今も新たなプログラムが開発中である。多くのソフトウェアプログラムは、単に摂取カロリーを計算するだけではなく、ユーザを惹きつける利点を備えている。それには体重の変化をグラフ化したり（図11.2を参照）、身体活動を通して消費したカロリーを摂取カロリーと比較したり、規定のカロリー（1200、1500、1800、2000、2200など）の食事例を示したりといったものが含まれる。これらのプログラムはすべて減量を対象として調整されているため、レクリエーション目的で競技を行う人により当てはまり、摂食障害を克服しようとする、あるいは体重を増やそう、あるいは減らそうと努力している人は、それらの基本的プログラムは説明するうえで役立つ

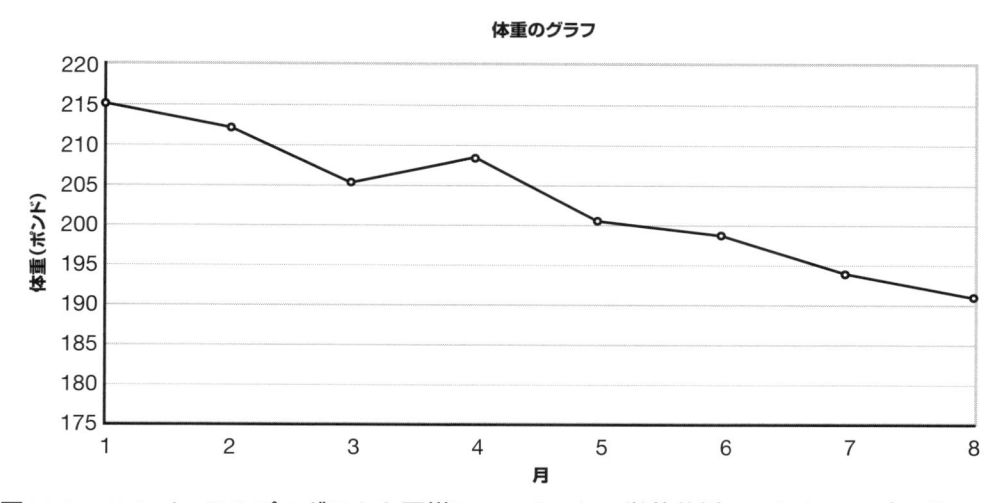

図11.2 Webベースのプログラムと同様に、いくつかの栄養分析ソフトウェアプログラムは、（人々が）彼らの目標を達成するように動機付けし、奨励するのを助けるさまざまなグラフが出力される。
このグラフでは、体重の変化を時系列で描くことで、その競技や全般的な健康において適切な体重に到達するために体重の増減がどれくらい必要となるかを手助けすることができる。

かもしれない。プロの競技選手は、カロリー計算はもちろん、パフォーマンスを改善し回復を促すために、さらに詳細にわたる、あるいは個別化した推奨を必要としている。表11.2では、利用可能なソフトウェアプログラムのさらなる情報を掲載している。

専門家向けソフトウェアプログラム

　大学という環境にいる栄養の専門家も、研究目的のためのソフトウェアプログラムを用いるのが一般的である。フリーのインターネットを基盤としたソフトウェアプログラムと、専門家向けプログラムの間の差は非常に大きい。専門家向けプログラムには、非常に規模の大きな食品データベースがあるのが一般的であり、食事摂取から単にカロリーや主要栄養素以上のものを分析できる。専門家向けプログラムでは、クライアントの摂取した特定

の主要栄養素、脂肪酸、カフェイン、その他の食事における変数を集計することもできる。また、専門家向けプログラムでは、より詳細で綿密なレポートを、いくつかの異なる形式（円グラフ、折れ線グラフなど。図11.3を参照）で出力することができるのも、ほとんどのフリーのプログラムとの違いである。これらのプログラムは、クライアントあるいは対象者の摂取した食事を詳細に分析する必要のある、栄養の専門家あるいは研究者向けにデザインされている。

• 「FoodWorks」は、Windows上で動作するソフトウェアプログラムで、栄養研究や栄養データベース開発、食品学、クライアントのカウンセリング、フィットネス、体重管理、食事提供サービス、レシピ開発、ヘルスケア、栄養教育の専門家向けにデザインされている。FoodWorksは、食事やレシピ、メニューのサイクルを分析すること

表11.2　インターネットおよびPDA上で動作するソフトウェアプログラム

プログラム	インターネットまたはPDA	料金	できること
www.fitday.com （ベーシックメンバー）	インターネット	無料	食べた物、運動、体重、目標の追跡調査
www.sparkpeople.com	インターネット	無料	食べた物の追跡調査、個別化した食事計画およびフィットネス計画、レシピ、記事、メッセージボード
www.mypyramidtracker.gov	インターネット	無料	政府による提供。食事や身体活動、エネルギーバランスを追跡調査。摂取した食物と身体的フィットネスの両方の分析
www.calorieking.com	インターネット、Windows、Mac、Palm	年間利用料	栄養の専門家がログインして、クライアントが摂取したものを閲覧することができる
www.dieticianmobile.com	iPhone、iPod	iTune上で支払い	献立、好みの食材に基づくレシピへのアクセス、買い物メモ、進捗を追うためのグラフ、食事の追跡調査
www.dietorganizer.com/Blackberry/index.htm	Windows、Windows Mobile、Palm、Blackberry、携帯電話、Mac	1回のみの支払い	摂取した食べ物の記録（データベースには1000超の食品がある）、体重を追跡調査して結果をグラフ化、新しい食材を追加可能
www.nutrihand.com （ベーシック）	インターネット	基本サービス無料	食事および医学的情報を追跡調査する、ユーザは血糖計からデータをアップロードでき、またいくつかの献立から選び買い物リストを作成することができる。いくつかのレポートから選んで閲覧、印刷することができる
www.nutrihand.com （プレミアム）	インターネット	月額料金制	ベーシックサービスに加え、個別化できる数千の献立、フィットネス計画の作成
www.nutrihand.com （プロフェッショナル）	インターネット	年額料金制	栄養の専門家が個別化した計画を作成し、クライアントの食事やフィットネス、医学的データを分析できる。9のカロリーレベル、9の健康状態、6の料理法から選ぶことのできる数千の計画のテンプレートが含まれる。

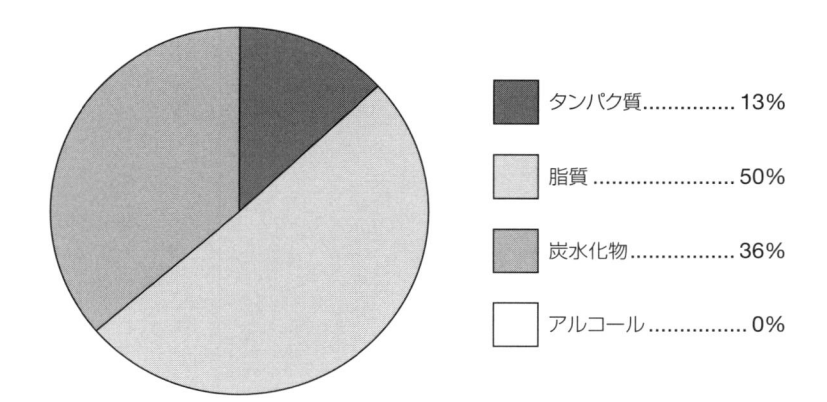

■ タンパク質	13%
☐ 脂質	50%
▨ 炭水化物	36%
☐ アルコール	0%

図11.3　専門家向け栄養分析ソフトウェアでは、分析結果をグラフで出すことによって、スポーツ栄養の専門家とクライアントとの間のコミュニケーションの助けとなることがよくある。この円グラフは、競技選手の食事の中で炭水化物の割合を示したものである。この例では、摂取カロリーの半分が食事からの脂質に由来することが明確にわかる。選手の食事を推奨されるように変化させた後、スポーツ栄養の専門家はフォローアップし、再度3日間の食事記録を集め、同様の円グラフを描いて選手の食事の変化を示すことで、パフォーマンスを伸ばすうえでよりよい、バランスのとれたアプローチをもたらす手助けとなる。

ができ、またユーザは4つの食事摂取基準、すなわち食事摂取基準（DRIs）、食事基準値（dietary values）、カナダの食事摂取基準（RNI）、FAO/WHO（国連食糧農業機関・世界保健機関）から選択できる。またFoodWorksでは、食事を思い出し法により記入し、栄養の専門家に送信して分析するといったこともできる。このプログラムでは、さまざまな形式でのプリントアウトもできる。より詳細については、www.nutritionco.com/FoodWorks.htm を参照。

• 「Nutriinfo.com」は、ウェブを基盤とした、どのコンピュータからもアクセスできる体重管理プログラムである。クライアントは、自らの摂取した食物、行った運動、血糖値、その他についての情報を送信し、健康に携わる専門家は管理ページでクライアントの入力した情報や食事分析を閲覧することができる。より詳細については、http://nutriinfo.com/index.html を参照。

• 「Dine Healthy 7」（Dine Systems Inc.）は、運動および食事分析プログラムである。食事データベースには、一般的な食事やファストフード、各種ブランド名のアイテムが含まれる。食事分析には、122の栄養素および食品成分（トランス脂肪酸やコレステロール、多価不飽和脂肪酸など）が含まれ、DASH食（高血圧を避けるための食事、Dietary Approaches to Stop Hypertension）や腎臓病のための推奨、あるいは栄養の専門家によって設定された推奨される食事の選択と比較することができる。運動分析には、500種類以上のスポーツやレジャー、レクリエーションの身体活動が含まれ、時間によって消費されるカロリーを計算できる。このプログラムでは、食事計画やレシピ分析において一助となり、また健康的な食事摂取および運動についての推奨を示すうえで助けとなる。加えて、このプログラムは複数の食品を並べて表示し、ユーザが比較することのできる「フードエクスプローラー」を提供してい

る。Dine Healthy 社の研究は、米国国立心肺血液研究所や米国国立ガン研究所、米国国立消化器疾患および腎臓病研究所の資金提供を受けている。

- 「ESHA Food Processor Standard」および「SQL」は、3万5000を超える食品データベースによって摂取した食品の分析を行い、また、さまざまなグラフやレポートを示すことができる。これら2つのプログラムとも、レシピの立案や、エクササイズの追跡調査、個別の推奨を行うことができる。SQLとStandard版との間で、アレルゲンの識別や400を超えるエクササイズ、グリセミックロードおよび指数についての情報、複数の日数の食事思い出し法、HACCP（危害分析重要管理点、Hazard Analysis & Critical Control Points）ガイドライン、カナダの食事摂取基準といった点で違いがある。レポートに、それぞれのビジネスで用いているロゴやレターヘッドをつけることができる。Food Processorには、FoodProdigy（訳注：Prodigyとは天才という意味）も含まれており、これはクライアントが自分のコンピュータから食事内容や身体活動について記入するためのオンラインの手引き（ガイド）である。栄養の専門家は、キーコードを送信することで、クライアントの摂取した食事についての情報にアクセスすることができる。

- 「Pure Wellness」は、会社内のイントラネットへの組み込み、あるいはインターネットのサイトで従事者がパスワードによって入るというものである。このプログラムは、人々が食事記録を登録することができ、進捗報告や健康状態の評価など、それぞれの会社のウェブサイト上で直接行うことができる。詳細については、www.purewellness.com を参照。

- 「NutriBase」は、各種ブランド名のアイテムや、レストランのメニューなどを含む大規模な食品データベースを有している。NutriBaseには、さまざまな特別なニーズ（例：ベジタリアン、糖尿病、心臓病予防食、高血圧、ボディビルディングなど）のための600を超えるレシピや、さまざまなカロリーごとの食事計画、治療的な食事計画、クライアントが食事内容を記録し分析のために栄養の専門家へインターネット経由で送信できる、CDに入ったフリーのプログラムも含まれている。NutriBaseは、食事を組み立てて（食材とレシピを組み合わせることによって）、ユーザが食事計画をつくることができ、食事計画をつくる際にそれら（ユーザによるもの）を組み込むことができる。それらの食事やレシピ、食事計画は、ほかのNutriBaseのユーザへエクスポート（データを読み出して利用）することができる。NutriBaseには、さまざまなレポートのオプションがあり、特定の栄養素に絞ったり、コメント、推奨、栄養士の名前を表示する欄など、カスタマイズすることができる。Palm PDA（携帯型端末）のユーザは、食事および運動を直接記録し、パソコンと同期させてNutriBaseへ送ることができる。さらなる情報については、www.nutribase.com を参照。

- 「Nutritionist Pro」は、ブランド名の入った食品、ファストフード、エスニック料理、臨床的な栄養製品を含む、3万2000超の食品および原材料のデータベースを有している。クライアントは、自分の食品をデータベースへ送信することもできる。食事分析

では、摂取した食事や、特定の栄養的な必要量に対する食品の頻度についての評価もすることができる。Nutritionist Proにも750を超えるレシピが用意されており、レシピ分析機能がある。さらなる詳細については、www.nutritionistpro.com を参照。

食事の記録あるいは日誌を継続することは、過体重や肥満の人が減量に向けた努力をより促す助けとなる。4施設1685名を対象としたランダム化試験において、食事記録を継続してつけている群が、継続していない群と比較して2倍の体重減少を導いた（Hollis et al. 2008）。各個人が自分の食べるものについて責任を持つようになるだけでなく、食事日誌が食事分析にかけられ、栄養の専門家によってレビューされることで貧血や低ナトリウム血症といった健康に関連したトラブルシューティング（問題への対処）に必要不可欠な微量栄養素にまで深い考察が可能となる。加えて、**食事分析**は、健康上の理由のために摂取を変化させる必要があるかもしれない部分を指摘するうえで助けとなる。

栄養分析プログラムは、その人の栄養摂取の全体像──健康および競技パフォーマンスとの関連について調べることのできる情報──を描き出す。競技選手の体重や身体組成の変化を追跡調査しながら、月ごとに数日間の食事分析をすることで、求める身体組成に到達するうえでどのような食事の変化が必要になるかについて、専門家が検討する際に手助けとなる。この過程の一部として、競技選手とともに栄養プログラムのための目標設定をすることは効果的となり得る。フォーム11.2は、競技選手が栄養的な目標を定め、その進捗を追跡調査するうえで役に立つだろう。食べた物が競技パフォーマンスのエネルギー源となり、また競技選手の除脂肪体重と脂肪量はスピードやパワー、アジリティに影響を及ぼすため、食事評価プログラムおよび身体組成分析ツールはどちらも競技選手のトレーニングプログラムにおいて非常に有用な構成要素となる。

▶ 食事分析──その人の競技やトレーニングレベル、食事摂取基準（DRI）に基づく研究の裏づけのある推奨と、その人の摂取した食事を比較すること。

専門的実践

競技選手に対して特異的で個別化されたスポーツ栄養の推奨を行う前に、スポーツ栄養の専門家は情報をできるだけ集めることが非常に重要である。体重、体重の推移、食事歴（乱れた食事、あるいは摂食障害を含む）、身体組成、食事およびサプリメントの摂取状況、各種の検査値、骨密度評価などはすべて、スポーツ栄養の計画を立案するうえで非常に有用な情報を提供してくれる。架空の競技選手に対して、スポーツ栄養の専門家がどのように評価テクニックを用い、またそれぞれの競技選手に特有の状況を理解して効果的な栄養計画を作成しているか、以下に2つの例を挙げる。

Anthony

　大学３年生の編入生で、アメリカンフットボール選手のAnthonyは、減量の支援のためにスポーツ栄養士のもとへと送られた。皮脂厚法で測定した身体組成は、ラインバッカーとしては高い、24％であった（このポジションの平均から考えると、約15％にすべきである）。彼は３日間（週末を１日含む）の食事記録をつけることと、１週間後に栄養士のもとへ戻ってくるように求められた。それらの記録がコンピュータ化された食事分析プログラムにかけられ、Anthonyの課題が非常に明らかとなった。彼の摂取するカロリーのうち40％が脂質であり、揚げ物の摂取が多すぎること、ジュースを毎日何クオートも（訳注：１クオートは0.946L）も飲んでおり、週末の夜には平均で12本のビールを飲んでいた。加えて、体重の推移をプロットしてみると、彼の食習慣が変わったのは大学に入ってからであることが明らかとなった。Anthonyの体重は、高校を通して約100kg（約220ポンド）を維持していたが、最近の２年間で現在の体重である約111kg（245ポンド）へと着実に増加した。彼は、高校時代は母親がすべての食事を料理して出してくれたこと、すべてしっかりと計画が立てられていたが、今では無計画な毎日であると感じる、と話した。彼はまわりの食べ物に見境なく手を伸ばし、最高の選択を常にしているわけではなかった。加えて、Anthonyはキャンパスでの食べ物の選択肢があまりに多く、圧倒されていた——彼は基本的に好きなものをいつでも食べることができた。

　体重の増加に加えて、Anthonyはいつも疲れを感じていること、ときどきカフェイン＋糖分を求めてエナジードリンクを飲むと述べた。彼はそのようなことはいけないと知っているが、生活習慣や食事を変えてより心地よく感じられるにはどうしたらよいかわからないでいる。Anthonyは、夜中の午前１〜２時まで起きていることがしばしばあり、しかも午前７時からの授業を週に３回履修している。睡眠時間が短い中でやりくりしているため、授業に出てから家に戻り、数時間眠って再び起床し、エナジードリンクを飲んで練習に行く。練習後、シャワーを浴び、週に２回、夕食後の午後９時に夜の授業を受ける。週末になると、彼の睡眠および食事のスケジュールはさらに不規則になる。試合前日の夜、一度は疲れて午後11時にベッドに入るが、眠ることができない。試合のない日はパーティーをして午前３時、４時まで起きている。

　Anthonyを担当したスポーツ栄養士は、その生活習慣がバランスの悪い食事の選択に影響を及ぼしていることを彼が理解できるように手助けをした。加えて、彼女（スポーツ栄養士）は、アルコールの影響により、回復が遅れたり、ウェイトルームにおける彼の利益を妨げている可能性があること、１日あたり600kcalをジュースから摂取していることも影響する可能性について補足した。Anthonyは、平日の夜は午前０時までにベッドに入ることや、次のセメスター（学期）では午前９時よりも早く始まる授業を履修しないこと、一晩に８時間以上眠ることを含めたスケジュールや生活習慣のいくつかを変えることに同意した。さらに、Anthonyはジュースの代わりに低カロリー飲料を飲むこと、ビールを半分にし、飲酒は週末のうち１日のみにすること、揚げ物は週に１回とし、エナジードリンクを飲むのをやめ、ストレングスコーチと協力して朝の有酸素性セッションを増やすことにも同意した。Anthonyはエナジードリンクの摂取を中止して最初の数日間は疲労および頭痛を感じたが、余分な体脂肪を落とすことに熱心に取り組み、大学生のうちに大きく成長した。その熱心な取り組みと規律正しさは、プレータイムが増加するという形で実を結ん

だ。

Samantha

　大学1年生の体操選手であるSamanthaは、大学のスポーツ栄養士に面会した。ナショナルレベルで戦っていくために低体重を維持できるかについて懸念しているためである。加えて、彼女は最近、足部の疲労骨折を経験している。DEXA法による身体組成測定では、体脂肪率が10%であり、骨密度は同じ年齢の平均値よりもやや低かった。スポーツ栄養士は、Samanthaの体脂肪率が10%であるということは、月経不順かもしれないということをすぐに認識したが、Samanthaの食事の思い出し法による食事記録を見るまでは憶測で考えるのはやめることにした。コーチがチームの各選手に体重および体脂肪率のガイドラインを厳しく維持させているため、この競技選手は体重が少しでも増えることを恐れていた。24時間の思い出し法により、Samanthaが毎日同じものを食べていることがわかった。

朝食——1/2カップのオートミール

軽食——フレーバーコーヒー

ランチ——サラダ

軽食——フローズンヨーグルト（無脂肪）

夕食——サラダ、グリルチキン、ダイエットソーダ

　スポーツ栄養士は、Samanthaの食事にいくつかの課題を見出した。摂取カロリーが低すぎること（1日あたり1000kcal未満）、ビタミンおよびミネラルのほとんどが欠如していること（低カロリー食でも同様にビタミンやミネラルが失われるが、その度合いが大きい）、彼女はカルシウムやビタミンD、マグネシウム——これらはすべて骨密度を高めるのに必要不可欠であり、また筋が機能するうえでの重要な役割を担う——が大きく不足していることを感じた。Samanthaの食事は、タンパク質や炭水化物、質のよい脂質も不足していた。この時点で、スポーツ栄養士はSamanthaがおそらく無月経あるいは稀発月経であると確信した。

　Samanthaと話し、体重の推移について考えを聞いて、この若い女性（Samantha）は高校時代、今よりも体重が15kg重く、よりエネルギーに満ちていたことを感じ、競技もうまくいっていたということがわかった。加えて、Samanthaの体脂肪が約4.5kg（10ポンド）減少したとき、月経が止まった——骨量減少のリスクにさらされているのである。

　Samanthaは、身体に対して長期的なダメージとなり得ることを知っていたが、スカラシップ（奨学金など）を失うことを恐れていた。彼女が学校へ行ったとき、ほかの体操選手は皆、彼女より大きく、体脂肪は少なかったとSamanthaは言った。Samanthaは、自分の体重が少しでも増えたらコーチは喜ばないということを心配していた。彼女は、自分が摂食障害そのものであるとは思っていなかったが、現在の食習慣からどのようにして抜けだしたらよいのか、わからないでいた。スポーツ栄養士は、Samanthaに対して、仲間の有資格者である臨床カウンセラーと面会する意志があるかをたずね、そのカウンセラーは体重増加を恐れ、ボディイメージや食事を変えることへの挑戦に取り組むクライアントと関わりを持って仕事をしていることを説明した。スポーツ栄養士は、Samanthaに、コーチには口外しないこと、そのカウンセラーはまさに同じ問題で複数の選手とともに仕事をしていることを話し、安心させた。その次の年までかけて、Samanthaは自らのボディイ

メージを変えていくための、またカロリー摂取を増やし、摂取する栄養素をゆっくりと増やしていくための努力を重ねた。彼女の問題はすぐに解決するものではなかったが、栄養士やカウンセラーとともに、よりよい方向へと進んでいる。

まとめ

- 競技選手の栄養計画を個別に作成する前に、スポーツ栄養の専門家が（少なくとも）選手の現在の身体組成や、体重の推移、食事歴、現在の実際の食事を評価することは必要不可欠である。

- 身体組成を評価するツールにはさまざまなものがあり、それには脂肪や除脂肪量、骨ミネラル含有量（骨塩量）、体内の総水分量、細胞外液、総脂肪組織および下位分類の脂肪組織（内臓、皮下脂肪、筋内）、骨格筋、選択された臓器、異所性脂肪などの特定の構成要素が含まれる。

- 現場において身体組成を評価する際に、最も一般的に用いられる測定は、皮脂厚法（スキンフォールドキャリパー）である。測定者は、いったん訓練を積めば、皮脂厚測定は使いやすい。また、この測定法は素早く、非侵襲的で安価である。

- BMI（体格指数）は、競技選手の身体組成を評価するツールとして用いるべきではない。BMIは、実際の身体組成を評価しているのではなく、また、脂肪組織と筋組織を区別していない。

- 身体組成を評価するために行われる実験室での測定法は、現場での測定法と比べてより正確であるが費用と時間がかかるのが一般的である。したがって現場よりも実験室において用いられる測定である。典型的な実験室での測定には、Bod Pod法やDEXA法、水中体重法がある。

- 競技選手の食事分析（栄養ソフトウェアプログラムにより算出される）を、実験室での測定や骨密度スキャンと比較することによって、スポーツ栄養士は、競技選手に不足している特定の栄養素（例：ビタミンDや鉄）を医師に処方してもらうべきかどうか、あるいはスポーツ栄養の専門家が食事摂取やサプリメント摂取を通して欠如している栄養素を埋め合わせるうえで助けとなるかどうかを評価することができる。

3日間の食事思い出し法

3日間の食事思い出し法のやり方：できるだけ具体的に記入して下さい。たとえば、料理名など一般的なことだけではなく、調味料や量なども記入して下さい。記録するからといって、いつもと違うことをしないで下さい（いつもと同じ食事をお願いします）。
3日間の思い出し法の目標は、食事を改善するための出発点として、現在食べているものをしっかりと見つめることです。

　　よくない記入例：チーズバーガーとソーダ
　　よりよい記入例：マクドナルドのレギュラーサイズのチーズバーガー、レタスとトマトスライス入り。マヨネーズ1パック、約355mL（12液量オンス）のドクターペッパー

1日目

日付：＿＿＿＿＿＿＿＿＿＿＿＿

食事あるいは軽食の時刻	食事（どのような調理法だったか、など）

（次頁に続く）

フォーム11.1　食事思い出し法（3日間）
National Strength and Conditioning Association, 2011, NSCA's Guide to Sport and Exercise Nutrition, B.I. Campbell and M.A. Spano (eds.), (Champaign, IL: Human Kinetics). より

フォーム11.1（前頁から続き）

2日目

日付：＿＿＿＿＿＿＿＿＿＿＿

食事あるいは軽食の時刻	食事（どのような調理法だったか、など）

National Strength and Conditioning Association, 2011, NSCA's Guide to Sport and Exercise Nutrition, B.I. Campbell and M.A. Spano (eds.), (Champaign, IL: Human Kinetics). より

3日目

日付：＿＿＿＿＿＿＿＿＿＿＿

食事あるいは軽食の時刻	食事（どのような調理法だったか、など）

National Strength and Conditioning Association, 2011, NSCA's Guide to Sport and Exercise Nutrition, B.I. Campbell and M.A. Spano (eds.), (Champaign, IL: Human Kinetics). より

目標設定

説明： このフォームに記入することで、あなたはなぜ変えたいと思っているか、また何によってやる気が出るか（動機づけされるか）について、考えてください。

1. 私の目標は：

   a.

   　私は、これを_____月_____日までに達成したい。

   　行動計画（私の目標に到達するための、私の計画です。この部分は栄養相談の中で記入します）

   b.

   　私は、これを_____月_____日までに達成したい。

   　行動計画（私の目標に到達するための、私の計画です。この部分は栄養相談の中で記入します）

   c.

   　私は、これを_____月_____日までに達成したい。

   　行動計画（私の目標に到達するための、私の計画です。この部分は栄養相談の中で記入します）

2. 食事を変えるうえで、動機づけとなるものはなんですか？（何によって食事を変えようという気持ちになりますか？）

3. パフォーマンスや回復に対して、これらの変化がどのように影響しますか？

4. どのようにして、目標を達成するまでの進捗（進み具合）を追跡調査しますか？（この部分は栄養相談の中で記入します）

フォーム11.2　栄養計画のための目標設定シート

National Strength and Conditioning Association, 2011, NSCA's Guide to Sport and Exercise Nutrition, B.I. Campbell and M.A. Spano (eds.), (Champaign, IL: Human Kinetics). より

12

Consultation and Development of Athlete Plans

競技選手の計画における相談と啓発

Amanda Carlson Phillips, MS, RD, CSSD

スポーツ栄養学は、有酸素性持久力やスピード、筋力、フォーカス（狙いとなるものに合わせること）、集中力の改善、また疲労の軽減、回復を促す栄養およびサプリメント戦略を明らかにした。しかしながら、競技選手が自らの行動を変化させないのであれば、この一連の科学的研究も無意味である。したがって、しっかりと栄養の変化が起こるように、競技選手が自らの生活習慣に簡単に取り入れることができる実行可能な計画を作成することが重要である。

競技選手と関わりを持って仕事をするとき、包括的アプローチを用いてプログラムを作成するために、パフォーマンス栄養の連続体モデル（図12.1）を用いることができる。このアプローチの背景にある概念に、評価、教育、実施がある。それぞれの概念を通して、評価や特定、導入、そして競技選手のトレーニングのすべてのレベルにわたって統合する必要がある。

栄養的なアドバイスをすることは、綿密なスポーツ栄養プログラムを準備することとは別のものである。スポーツ栄養プログラムには、多くの層があり、それらが協調して機能する必要がある。表層には教育や一般的なガイダンスが含まれており、そのセンターには、科学的に裏づけられ競技選手の日々のルーティンへ組み込まれた具体的な推奨が含まれる。

栄養プログラムの目標は、よい栄養実践を新たに習慣化するように、競技選手に知識を提供すること、この知識を実行に移すためのツールを彼らに与えることである。よい計画は、栄養摂取を楽にし、休日だけでなく練習の前・中・後やゲーム（試合、レース）の際に選択すべき食品を取り入れることができる。栄養は、競技選手のトレーニングプログラムの一要素となるべきである。

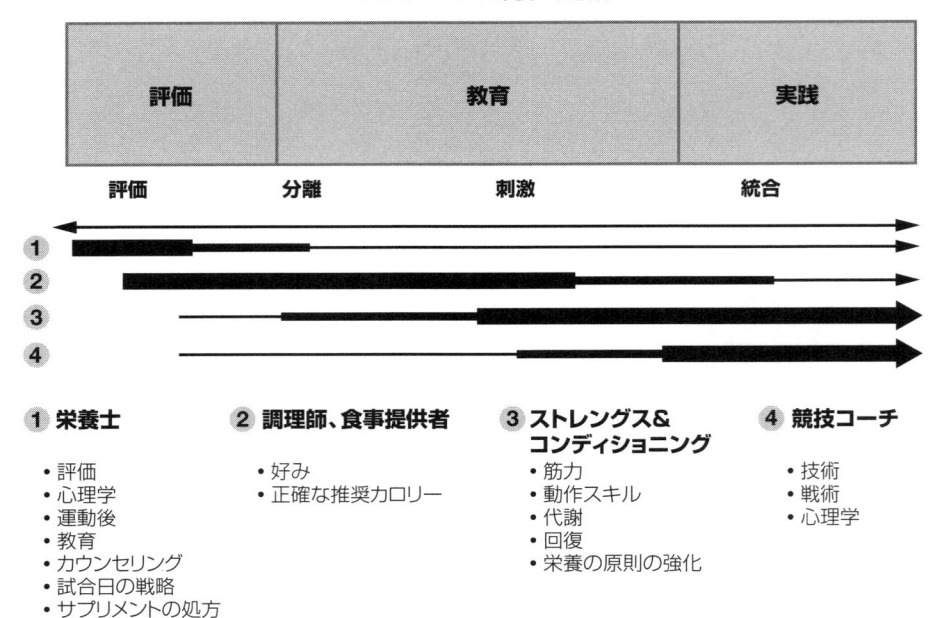

パフォーマンス栄養の連続体

評価	教育	実践

評価　　　　分離　　　　刺激　　　　統合

① 栄養士　② 調理師、食事提供者　③ ストレングス＆コンディショニング　④ 競技コーチ

① 栄養士
- 評価
- 心理学
- 運動後
- 教育
- カウンセリング
- 試合日の戦略
- サプリメントの処方

② 調理師、食事提供者
- 好み
- 正確な推奨カロリー

③ ストレングス＆コンディショニング
- 筋力
- 動作スキル
- 代謝
- 回復
- 栄養の原則の強化

④ 競技コーチ
- 技術
- 戦術
- 心理学

図12.1　多くの専門職が、パフォーマンス栄養の連続体のすべての段階にわたって、スポーツ栄養プログラムの実施に関わるかもしれない。栄養士、食事提供スタッフ、ストレングス＆コンディショニング専門職、競技コーチはすべて、程度の差はあってもプログラムの各段階に関わりがある。この図の矢印の太さは、各専門職の関わりの程度（大きさ）を示している。

栄養的知識の提供

多くのフィットネスの専門家（認定パーソナルトレーナー、コンディショニングコーチ、アスレティックトレーナー、ストレングスコーチ）は、競技選手の生理学や競技における需要、パフォーマンスにおける栄養の役割について熟知している。しかしながら、その多くは栄養的な情報の詳細について伝える資格を持たない、あるいは法律により許可されていない。**登録栄養士**として資格を持った者が栄養情報を伝えることができる。栄養士が重点的に取り組むことのできる多くの専門分野があるが、栄養士がスポーツ栄養のバックグラウンドを持つことが重要である。

多くの資格および認定団体（例：ACSM、NSCA、NATA）が、フィットネスの専門職に対して、認定資格取得前に基本的な栄養知識をある程度のレベルまで持ち合わせることを求めている。この知識により、一般的な栄養の推奨や示唆を競技選手に提供するうえで必要不可欠なスキルを身につけることとなる。しかしながら、競技選手に対して医学的な栄

▶ 登録栄養士（RD）──英国における食事および栄養に関する専門家であり、4年制大学の栄養学についての学士プログラムに加え、少なくとも900時間にわたり、スーパーバイズを受けながら栄養実践を伴う食事についての認定されたインターンシップを修めた人のことである。これら2つを修了した後、受験者はRDになるために、米国栄養登録委員会（the Commission on Dietetic Registration）による試験に合格しなければならない（以前は米国栄養士会：American Dietetic Associationが管轄していた）。

養療法（病気あるいは摂食障害のために用いられる）が必要な場合、あるいは栄養の推奨レベルが一般的ガイドラインの範囲を超えて個別化された推奨へと移行した場合、登録栄養士が担当すべきである。カコミ記事のリストには、米国内および国際的に有効な栄養に関する資格のいくつかについて列挙している。

このように実践の範囲が曖昧である理由は、

スポーツ栄養の資格

認定スポーツ栄養スペシャリスト（CSSD）

　米国栄養士会（ADA）は、専門的な資格であるCSSDを創設することによって、スポーツ栄養の分野において最も知識のある資格ある栄養士を区別することを手助けするために歩みを進めてきた。CSSDの資格は、スポーツ栄養における特別な経験を持つ登録栄養士に対して、栄養士登録機関（CDR）により認定される。CSSDであるということは、スポーツ栄養実践のコンピテンシー（訳注：能力や行動特性のこと）のための特定の知識やスキル、専門性を有していることを示す。CSSDは、フィットネスやスポーツ、競技パフォーマンスがよりよいものになるようにスポーツ栄養学を適用する。特別な資格は、スポーツ栄養サービスを提供するうえで十分な資質を有していない登録栄養士と区別するためのものである。スポーツ栄養士の信頼性や知名度、市場性が、この特別な資格によって強化されている。栄養士がCSSD試験を受験するために、厳しい受験資格要件を満たす必要がある。特別な資格のための最低限の条件は、CDRによって設定および認可される。CSSDとなる条件を満たすために、受験者はCDRによって定められている必要事項を満たす必要がある（www.cdrnet.org/certifications/spec/sports.cfm）。

ISSNによる認定スポーツ栄養士（CISSN）

　国際スポーツ栄養学会（ISSN）は、基礎的な運動生理学、統合生理学、生体エネルギー学、栄養学、スポーツ生理学におけるコアのコンピタンスを組み合わせたCISSN試験を実施している。CISSN試験は、登録栄養士のみに限定されていない（Antonio et al. 2005）。CISSN試験の受験、あるいは資格取得のためには、ISSNのウェブサイト（www.theissn.org）にある必要条件を満たす必要がある。

ISSAのスポーツ栄養認定

　ISSA（国際スポーツ科学会）によるスポーツ栄養認定では、スポーツ栄養の概念を教える際、健康的な食事および栄養摂取を推奨することの重要性が強調されている。さらなる情報は、ISSAのウェブサイト（www.issaonline.com）を参照のこと。

ACEライフスタイル＆体重管理コンサルタント認定

　この認定は、ACE（米国運動協議会）によって提供される。ACEライフスタイル＆体重管理コンサルタント認定は、長期的な体重管理を成功へと導く3つの重要な要素、すなわち栄養、運動、ライフスタイルの変更をともにもたらす、健康的でバランスのとれた体重管理のプログラムを進めていくための知識を提供する。この団体のウェブサイトでは、受験のための基準についての情報を得ることができる（www.acefitness.org/getcertified/certification_lwmc.aspx）。

　スポーツ栄養についての認定は、栄養の実践に関する州あるいは連邦のガイドラインの（法的な）効力を上回るものではないことを認識しておくことが重要である。

栄養の法的な問題：ルイジアナ州の例

　米国内の多くの州と同様に、ルイジアナ州には栄養実践についての明確な定義が存在する。登録栄養士あるいは栄養学者のみが栄養の評価およびカウンセリングを行うことができる。しかしながら、ほかの専門分野の人も、一般的で正確な情報である限り、また対象者あるいは対象グループに対して個別に行わない限り、栄養教育を提供することができる。たとえば、その場合の教育担当者は、クライアントの、あるいは参加者の食事や栄養状態についての個別の質問に答えることはできない。

　栄養的評価とは、「適切な生化学、形態計測学、生理学、食事データに基づいて栄養学的ニーズを吟味し、またどのような状況においても（外来や病院、老人ホーム、その他ケア施設を含むが、それらに限らない）、一次医療提供者（プライマリヘルスケアプロバイダー）に対して、経口および非経口栄養を含めた適切な栄養摂取を推奨するために、個人または集団における栄養学的ニーズを評価することである」（Louisiana Board of Dietetics 2009）。

　栄養カウンセリングとは、「栄養評価により健康や文化、社会経済、機能、心理といった事項を考慮に入れて、特別なニーズを持つ人々のために適切な食品および栄養摂取のための個別のガイダンスを提供することである」。

　栄養カウンセリングには、「食事における栄養素の増減についてや、食事タイミングおよび量、構成について、また食感を変更したり、極端な例では投与ルートを変えるといったアドバイスも含まれることがある」。

　栄養教育とは、「人々の知識をより高めるために、食品や栄養素、食生活の要因、地域の栄養資源、人々を対象としたサービスについての情報を教えることである」（Louisiana Board of Dietetics 2009）。

　競技のスタッフが、自らの実践の内容が適法であるかどうかを吟味するうえで、働いている州の法律を知ることは非常に重要である。もし競技のスタッフが登録栄養士でない場合、特別な栄養情報やアドバイスを求められた場合、スポーツ栄養について十分に熟知し、信頼関係を築くことができ協力し合える登録栄養士を見つけることが重要である。栄養についての推奨を行うスタッフの資格や経歴を確認することも重要である。これらの認定についての法律は、人々が質の高い専門職から特定の栄養情報を受け取ることを確実なものとするために存在する。

　スポーツ栄養が、多くの専門家たちがともに働く、ほかとは異なる学際的な現場となっているためである。アスレティックトレーナーやストレングス＆コンディショニングコーチ、コーチ、アスレティックディレクター、食事提供者（フードサービスプロバイダー）はすべて、競技選手に最も効果的なサービスや情報、案内を提供するために協力すべきである（Santana et al. 2007）。同時に、専門家たちは、それぞれの資格や国および州の法律による制限を受けることや、実施可能な評価やカ

ウンセリングの種類について認識しておくべきである。カコミ欄には、これらの法律の一例を示している。

秘密保持

　スポーツ栄養士は、競技選手と仕事をする際に個人の健康情報を収集、評価、分析する。多くの国々において、医学的情報の秘密は法律により保護されており、専門職は適用法を認識し、それらの法律を遵守して医学的

情報を取り扱う必要がある。米国においては、**HIPAA法（医療保険の相互運用性と説明責任に関する法律）**が制定され、医学的情報を取り扱う際の国の基準が示されている。個人情報保護法の鍵となるのは、その人の健康情報を保護し、他者に不適切に配布および提供しないことである。この法律では、保護される健康情報について、どのような形式およびメディア（記録媒体）に保持および伝達されるものであっても個別に特定され得る情報として幅広く定義されている（Michael and Pritchett 2002）。現行法においては、法律の制定当初からいくつかの改正が行われている。すなわち、

1. 医師や病院、医療提供者（ヘルスケアプロバイダー）は、患者の許可なしに、患者の情報を家族やその個人のケアに関わる人と共有することが許される。
2. 医療提供者は、サービス提供開始日よりも前に、個人情報保護方針について個々人に通告すべきである。直接医療に関係する医療提供者は、個人から通告の受領についての書面による承認書を得るための真摯な努力を示すべきである。患者は、自らの健康情報や秘匿性のあるコミュニケーションの利用および開示に追加的な制限をかけることができる。医療提供者が、その実践に最も適した承認の過程をデザインする場合もある。
3. 通常とは異なる状況において、患者自身の健康情報が利用あるいは開示される場合は、患者の許諾を必要とする。

4. 対象の事業者は、保護された健康情報をマーケティング目的に利用または開示する場合、許諾を得る必要がある。
5. 対象の事業者は、保護された健康情報を研究や公衆衛生、医療活動を目的として、限定されたデータセットの形で利用または開示する場合がある。限定されたデータセットには、個人を直接的に特定できるものは含まれていないが、研究に必要となるその他の人口統計、また健康に関する情報が含まれる場合がある。

　実践者は、米国保健社会福祉省のウェブサイトで、さらなる情報を閲覧することができる（www.hhs.gov/ocr/hipaa）。
　競技選手のパフォーマンスチームのほかのメンバーと協力し合うために、その競技選手の栄養情報が利用される場合がある。この情報を共有することは、HIPPAの修正第1項に該当する。しかしながら、競技選手のインナーサークル（より近い関係性を持った人たち）であるコーチやストレングス＆コンディショニング専門職とやや距離を置いて、スポーツ栄養士が関わるケースがある。この場合には、HIPPAの第2項、第3項が該当する。スポーツ栄養士は、必要なときには、競技選手の個人的な健康情報についてどのように使用するかを競技選手に知らせ、またほかのスタッフメンバーにこの情報を伝えることについての許諾を得るべきである。競技選手のプライベートな情報は署名入りの書類とし、いつも慎重すぎるくらいが最善である。現在の体重や体脂肪率をコーチやストレングスコー

▶ **HIPAA法（医療保険の相互運用性と説明責任に関する法律）**──米国において、医学的情報を取り扱う際の国の基準を示す法律。

チ、エージェントに開示することは、罰金や契約破棄といった結果をもたらしたり、競技選手の進捗についてのネガティブな認識を生むことにより、競技選手のプレーイングタイム（出場時間）に思いもよらない決定がもたらされることになるかもしれない。競技選手に対して常に何を、そしてなぜ共有する必要があるかを開示し、それからその情報の開示について記述した書類にサインをしてもらう。

競技選手の栄養計画の立案

競技選手の栄養計画（図12.2）には、練習日と試合（ゲーム、レース）日の両方のための特定の計画を含めるべきである。競技選手が毎日実行することができるような、栄養や水分補給、回復のための計画を組み込むことが非常に重要である。タンパク質や炭水化物の摂取を適切に、またタイミングよく行い、トレーニングセッションからの回復を促すことを確実なものとするうえで、ワークアウトの前・中・後の栄養摂取のプロトコルを計画することも重要である。プログラム作成における第3段階は、試合（ゲーム、レース）当日の戦略である。この試合日の戦略においては、身体への燃料を供給し、水分を補給し、また試合のストレスから回復するために必要となるよう留意すべきである。スポーツ栄養士は、栄養計画の作成を始めるにあたって、パフォーマンスを改善したいという選手の要望を考慮に入れるべきであるが、同時に選手を全体的にみていくこともすべきである。最良の栄養プログラムは、炭水化物やタンパク質、脂質が何グラムであるかといったことを超えたところにある。競技選手とコーチングスタッフの間で育まれる関係性によって、栄養改善がうまくいくかどうかが決まる。コーチや栄養士、トレーナーその他の支援があったとしても、競技選手は非競技者と同じ落とし穴、すなわち、不完全な計画や質に直面していることを知る場合がある。

競技選手は、基本的なアドバイスを求めているかもしれないし、特定の栄養計画を求めているのかもしれない。栄養計画がより特別であるほど、基本的なアドバイスよりも、そ

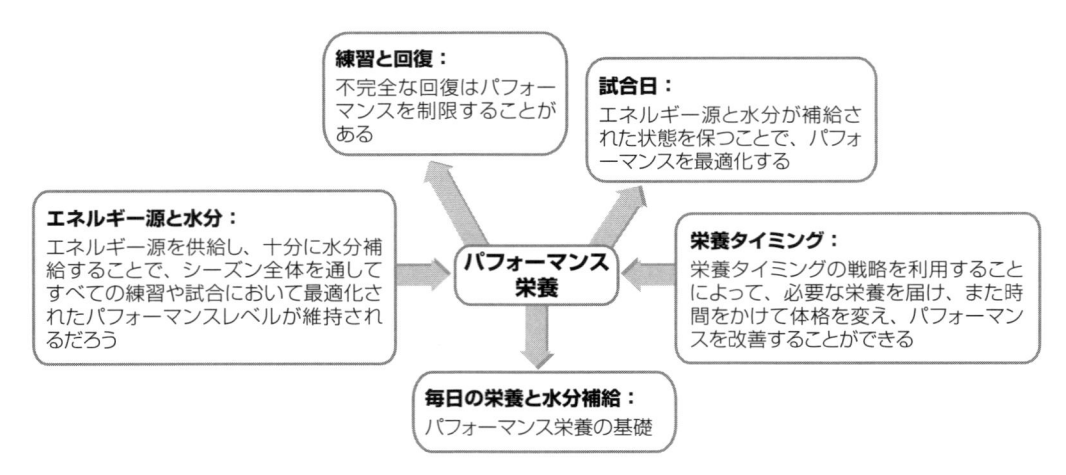

図12.2　競技選手の栄養計画には、日々の良好な栄養を基本として、練習および回復のための、さらに試合のための計画を含めるべきである。

の競技選手の生活習慣（例：ファストフードに頼る、料理をする、文化的な食事の好みなど）と合致し、選手のニーズを満たすものとなる。しかしながら、競技選手はそのような計画を受け入れ、実行する準備ができていなければならない。スポーツ栄養士は、**行動変容のステージモデル**を利用し、その競技選手がどの程度の変化を起こす準備ができているか、また詳細な計画を提供するかどうかを判断することができる。栄養的な立場からは、米国栄養士会（ADA; American Dietetic Association）の栄養ケアプロセスが個人あるいはチームと協働する際に優れたモデルである。米国栄養士会は2003年、質の高いケアを患者に提供するために標準化されたプロセスを実施することを狙いとして、栄養ケアプロセスおよびモデルを採用した。このモデルは、競技選手のために栄養計画を作成するうえでも適用可能である。以下は栄養ケア過程の各段階である（Lacey and Pritchett 2003）。

1.栄養アセスメント
2.栄養評価
3.栄養介入および教育
4.栄養モニタリングおよび評価

ステップ1：アセスメント

　競技選手のアセスメントは、効果的な計画を作成するうえで最初のステップである。その競技選手についてよく知り、また状況や客観的データを理解するための時間である。競技選手と対面で話し合う、あるいは手書きまたは電子的に質問紙に記入してもらう。以下の情報を収集する必要がある。

1.**形態学的（形態測定）データ**：身長や体重、体脂肪、周囲径（訳注：腹囲や胸囲など）といった測定値が含まれる。
2.**生化学的データ**：血液検査の数値から、より詳細なデータが得られるが、その選手の生理学的状態は採血時のものであることに気をつけることが重要である。脱水や高強度運動により、血液量が変わることがあり、これにより血液検査の解釈を歪めてしまう場合がある。加えて、飲食物の摂取によって、血液検査値が変化する場合がある（コレステロール、トリグリセリドなど）。
3.**競技、ポジション、どのシーズンか、トレーニングのどの段階か**：処方した栄養および水分の推奨が正しいかどうかは、競技や競技におけるポジション、その選手のシーズンがどの時点であるかによって決まる。同じ競技であっても、ポジションが異なると栄養ニーズは大きく異なる。サッカーのゴールキーパーの栄養ニーズは、同じチームのフォワードのものとは劇的に異なる。長距離ランナーは、最大の走距離の週と、ビルディング期の練習のときを比較するとニーズは大きく異なる。シーズンのどこにあたるのかと関連して、競技選手の食事摂取の考え方を変えるという概念は、トレーニングのピリオダイゼーションの概念と同

▶ 行動変容のステージモデル──変化に対するクライアントの準備性（レディネス）を評価して行うアプローチ。ステージには、前熟考（無関心）、熟考（関心）、準備、実行、維持、再発（precontemplation、contemplation、preparation、action、maintenance、relapse）がある。

じく、栄養のピリオダイゼーションと呼ばれる。オフシーズンの最初のアメリカンフットボール選手は、二部練習（1日に2回の練習）を行うプレシーズン中と比較して、カロリー要求は低くなるだろう。競技選手の推奨は、単なる競技だけでなく、選手ごとに個別化することが非常に重要である。

4. **栄養的知識**：競技選手の基礎的な栄養的知識についての基本的な評価を行うことによって、教育をどこから行うか、またどの概念に注目すべきかについての考えを得ることができる。知識は競技選手に力を与え、栄養の推奨についてさらなる理解を与える。

5. **ステージの変化**：トランスセオレティカルモデル（Prochaska, Norcross, and DiClemente 1994、行動変容ステージモデル）は、栄養カウンセリングの戦略を決定するうえで有用である（Dandoval, Heller, and Wiese 1994）。その目標は、競技選手がステージからステージへと上がることを助け、また新しいポジティブな行動を永続的に採用するのを、あるいはパフォーマンスを向上させない行動をやめるのを助けることである。ステージ間の移動があまりに早い場合、あるいは準備のできていない競技選手に対して計画を作成した場合、それに従わなくなることが起こる。

6. **現在の食習慣と摂取量**：24時間あるいは3日間の思い出し法により、その競技選手の現在の食事のスナップショット（現時点の状況がわかるもの）を得ることができる。それに加えて、食習慣について質問すべきである。競技選手の食習慣についての情報を引き出すことのできる質問には、以下のようなものがある。すなわち、どのくらいの頻度で食料品店に行きますか？　どのく

らいの頻度で外食しますか？　1日あたりどのくらいの量の水を飲みますか？　1日に何食の食事をしますか？　いつも軽食をとりますか？　週のうち、朝食をとるのは何日くらいですか？　サプリメントは何を使っていますか、その量、そしていつとっていますか？　それらのサプリメントはどのくらい継続していますか？　運動の前・中・後に何か（食べ物あるいはサプリメント）をとっていますか？

7. **アレルギー、好き嫌い、不耐症、文化・宗教的な配慮。**

8. **服薬**：処方薬あるいは市販薬（OTC）が食品あるいはサプリメントに含まれる栄養素と相互作用するかを検討できるよう、薬物-栄養の相互作用について確認しておくことは、非常に重要である。たとえば、手術後に血栓を防ぐために抗血液凝固薬を投与されている競技選手は、出血時の止血までの時間が延びる可能性があるため、食事由来もしくはサプリメントでのビタミンK摂取について、またその他のサプリメント摂取にも気をつけなければならない。

9. **ケガ**：急性のケガ（傷害）は、トレーニングや身体活動の負荷に影響を及ぼす可能性があるが、オーバートレーニングのケガは、栄養摂取がうまくいっていない徴候かもしれない。

10. **目標とスケジュール**：競技選手の目標とスケジュールを理解しておくことは、教育やコーチングの戦略を形成するうえで役立つ。NFLのドラフトで選考される選手は短い期間で準備しなければならないかもしれないし、一流のフィギュアスケート選手は9カ月後の試合でピークとなるように計画するかもしれない。

ステップ2：評価

このステップは、アセスメントの分析を含む。

1. 競技選手に必要なカロリーを決定する。そのための方法は、競技選手の安静時代謝率を測定、あるいはエネルギー消費推定を使用し、さらに身体活動を考慮に入れる。もしその競技選手が体重を増やしたい、あるいは減らしたいのであれば、1日あたり500〜1000kcalを基礎代謝率（BMR）＋身体活動の総計にプラスまたはマイナスする。これによって、週あたり約450〜900g（1〜2ポンド）の体重の増加または減少が可能であろう。体重の増減の程度がどのくらいかは、遺伝的な要素や日々のカロリー不足、週あたりの休息や回復の日数、その時点のトレーニング段階の種類によって異なる（American College of Sports Medicine [ACSM], American Dietetic Association, and Dietitians of Canada 2000）。

2. 競技選手の目標あるいは問題（例：痙攣、体重管理、疲労、痛み）に対応する。選手と仕事をする際、何かを特定する場合に、必ず（a）問題、（b）**因果関係**、（c）徴候と症状を常に一貫して述べることを確実に行う（Rosenbloom 2005）。たとえば、「女子テニス選手が、試合や練習の終わりにかけて、極端な疲労や痙攣を生じ、このことがパフォーマンスの妨げとなる。これは、日々の摂取エネルギーが低く、栄養要求に見合っていないこと、また試合中の水分摂取が不適切で、プレー中に炭水化物・電解質飲料を飲んでいないことと関連している」。このような方法で、問題点を提示することで、一般的なニーズを超える追加的な推奨への道すじを明確に示すことができる。

3. 競技やポジション、トレーニングの段階によって決まる、競技選手の炭水化物、タンパク質、脂質の要求量を理解する。特別なリカバリーのニーズや、試合やイベントの日などを含めた、毎日のガイドラインを作成することが重要である。これらの値を表す2つの方法がある。すなわち、体重1kgあたりのグラム数、あるいは総摂取カロリーに対して何パーセントか、である。体重1kgあたりのグラム数を使うことで、競技選手はより正確な推奨とアドバイスを得ることができる。しかし、クリティカルシンキング（批判的思考）が鍵であり、総摂取カロリーに対するパーセンテージは競技選手の総エネルギー摂取が決まってから二次的に導き出されるものである。たとえば、60kg（132ポンド）の女性の有酸素性持久力系競技選手が最も強度の高いトレーニングを行う場合、1日あたりの炭水化物の摂取量は体重1kgあたり7〜10gの範囲となり、これは420〜600gとなる。しかしながら、もし彼女の総摂取カロリーが1日あたり2800kcalであるならば、この量の炭水化物は総摂取カロリーの60〜85％となる。60％であるならわかるが、85％のカロリーを炭水化物から摂取するというのは多すぎる。そのため、研究ベースの推奨を現実へと当てはめるとき、主要栄養素のガ

▶ 因果関係（病因）――病気の原因となるもの。

イドラインを確認することが大切である。

4.練習および試合日における競技選手の栄養タイミングを検討する。これを行うには、まず競技選手の体格およびトレーニング目標に注目する。筋力あるいは体格を大きくする必要のある競技選手は、ワークアウト前後の栄養と、おそらくワークアウト中の栄養について特別な栄養戦略を組み込むべきである（トレーニングの継続時間および強度による）。たとえば、NFLコンバイン（訳注：NFLのチームが合同でセレクションを行う場のことで、体力測定などが行われる）に向けて筋力および体格を大きくする必要がある競技選手は、ワークアウト前後の栄養に加え、4時間の高強度トレーニングセッション中にカロリーを摂取する必要がある。体格とトレーニング目標に注目した後に、競技選手のパフォーマンスや、トレーニングおよびパフォーマンス中にどのように感じるかを評価するとともに、現在の食事およびサプリメントを摂取する方法を検討することが重要である。たとえば、もしマラソンランナーがあなたに「コーチが最近走行距離を長くして週に約113km（70マイル）にするように言われて、それ以来『不調』を感じます」と話した場合、あなたは全般的な摂取カロリーや、各主要栄養素の配分、運動後の炭水化物摂取について（加えて運動後の摂取タイミングについても）、しっかりと注目したいと考えるだろう。ほかのあらゆる栄養戦略と同様に、栄養タイミングの推奨は個別に合わせて行うべきであり、競技選手が理解できる範囲内で推奨を提供すべきである。あなたは競技選手に20マイル（約32km）走後に摂取する必要のある炭水化物のグラム数

1日あたりの栄養素の推奨

炭水化物：一般的なトレーニングでは1日あたり体重1kgあたり5～7g、1日に複数回のトレーニングセッションを行う有酸素性持久力系競技選手あるいは筋力・パワー系競技選手においては7～10g（Burke et al. 2001; ACSM 2000）。

タンパク質：競技あるいはトレーニングの強度によって、体重1kgあたり1日あたり1.2～2.0g（ACSM 2000; Phillips 2006; Campbell et al. 2008）。

脂質：残りのカロリー（訳注：必要な総摂取カロリーから炭水化物やタンパク質を差し引いて残った分のカロリー）。脂質の量は、少なくとも体重1kgあたり1日あたり1g、総摂取カロリーの15％以上とすべきである（ACSM 2000）。

水分補給：1日あたり女性で2.7L、男性で3.7L（Institute of Medicine 2004）。競技選手の摂取する正確な水分量を決定する。体重1kgあたり、1日あたり15～30mL（0.5～1オンス）を推奨することは、水分補給において大きな指針となる（一日を通した活動に応じて）。

　マルチビタミンや魚油、エルゴジェニックエイドの必要性は、個々の食事摂取量や統合的なトレーニングプログラム、健康状態の分析によって決定されるべきである。これらの推奨は、栄養士あるいは医師の監修のもとで行われるべきであり、その競技の禁止物質に関する規則に従う必要がある。

だけでなく、彼らがよく摂取する実際の食品やスポーツ栄養製品での量に置き換えて説明すべきである。

カコミ欄では、アセスメントの過程の結果に基づいて個々の競技選手に適用することのできる一般的な推奨を示している。

トレーニングのための栄養タイミングの推奨

回復における栄養

トレーニングあるいは練習の前：運動前の食事における炭水化物およびタンパク質の適切な量は、運動の継続時間やフィットネスレベルを含めた複数の要因によって決まる。

- 一般的なガイドラインは、運動の3～4時間前に体重1kgあたり炭水化物1～2g、タンパク質0.15～0.25gである（Kerksick et al. 2008）。
- 運動前にアミノ酸またはホエイタンパク質を炭水化物とともに摂取することにより、筋タンパク質合成が急性的に高まる（Tipton 2001, 2007）。同様に、運動前に少量のタンパク質および炭水化物を摂取することで、同量を運動後に摂取する場合と比較して筋力および筋肥大がより大きくなるという結果となった（Esmarck et al. 2001; Kerksick et al. 2008）。
- 水分補給については、トレーニングの2時間前に水またはスポーツドリンクを510～610mL（17～20オンス）、そしてトレーニングの10～20分前に追加で300mL（10オンス）を摂取することが推奨されている（Casa et al. 2000）。

トレーニングあるいは練習中：トレーニングあるいは練習中に水分補給を行うことは非常に重要である。

- トレーニング中に体重が2％以上減少することのないよう十分に水分補給を行う必要があることを、競技選手がしっかりと理解しておくようにすることが重要である（Casa et al. 2000）。
- もし運動の継続時間が60分を超える場合、炭水化物と電解質を含んだスポーツドリンクが有用である。この炭水化物源は、1時間あたり約30～60gの炭水化物を供給すべきであり、6～8％の炭水化物溶液を、10～20分おきに1～2カップ（240～480mL、8～16オンス）を飲むことによって供給されるのが典型的である（Sawka et al. 2007; Jeukendrup, Jentjens, and Moseley 2005）。
- 異なる形態の炭水化物を混合したものは、筋の炭水化物の酸化を1分あたり1.0gから、1分あたり1.2～1.75gの範囲まで増加させることが示されており、これに伴ってタイムトライアルのパフォーマンスが改善した。したがって、グルコースやフルクトース、スクロース、マルトデキストリンは組み合わせて使うことができる。しかし、多量のマルトデキストリンは胃腸の問題を生じる可能性が高くなるため勧められない（Kerksick et al. 2008）。
- ワークアウト中の飲料へのタンパク質添加は、文献において議論されているが、3：1あるいは4：1（炭水化物：タンパク質）の比率で加えることによって、激しい運動中および有酸素性持久力運動後の有酸素性パフォーマンスを高めることが示されている（Kerksick et al. 2008）。
- 炭水化物単独、あるいはタンパク質と組み合わせた場合、レジスタンスエクササイズ中に筋グリコーゲン貯蔵を増加させ、また筋損傷を補い、短期的および長期的なレジスタンストレーニング後におけるトレーニング適応をより促進する（Kerksick et al. 2008）。

（次頁に続く）

- おいしいと感じる飲料であることが、水分補給を維持するうえで不可欠である。

トレーニングあるいは練習後：これは重要な期間である。多くの競技選手が、ワークアウト後は何も食べない。単純に食事やチョコレートミルク、軽食を加えることで、回復の過程が促進される。特別な推奨を行うことで、競技選手は正確なガイドラインに従うことができ、より個別化された解決策がもたらされることになる。ワークアウト後の栄養飲料あるいは食品は、炭水化物とタンパク質の両方で構成されるべきである（Kerksick et al. 2008）。競技選手は、強度の高い運動後は食欲が抑制されることがあるため、固形の食べ物よりも液体のほうが受け入れられることが多くみられる。

- グリコーゲン枯渇の程度および運動強度の程度に応じて、体重1kgあたり1.2〜1.5gの補給を行う（Kerksick et al. 2008; ACSM 200）。
- 炭水化物とタンパク質の比率は、2：1から4：1とすべきである（炭水化物：タンパク質）。
- タンパク質：0.3〜0.4g/kg。
- 炭水化物：0.8〜1.2g/kg。
- プロテインシェイクやバーのような、工夫が重ねられ開発されたサプリメントは便利であるため、ワークアウト後に有用である。しかしながら、それほど高価ではないチョコレートミルクのような代替品も、回復を手助けするうえで効果的である（Karp et al. 2006）。
- 競技選手には、トレーニング終了から30分以内に炭水化物とタンパク質を組み合わせて摂取することが勧められる。1時間後に再び食事を摂るべきである。正確なグラム数を用いて、また例を示して推奨を行うべきである（240mL［8オンス］のミルクチョコレート、のように）。しかし、何らかのエネルギー源を摂取することは、何も摂取しないよりも根本的によい（Kerksick et al. 2008）。

試合の日に向けた栄養の推奨

　もし競技選手が毎日の、また回復のための推奨に従っているならば、試合の日のための準備もうまくいくだろう。試合の日における栄養は、胃を不調にすることなく身体に十分なエネルギー補給および水分補給が行われた状態にすることである。競技選手は、十分に慣れ、また受け入れられることを知り、試合の日に何も新しいことをしなくてすむように、試合の日のための栄養計画を実践すべきである。一般的な推奨は以下の通りである。

トレーニングテーブル：試合前後の食事
- 午後あるいは夕方に試合を行う：試合の3〜4時間前に、その日で一番大きな（主となる）食事を摂るべきである。
- 朝に試合を行う：試合の2時間前に食事をすべきである。

　炭水化物の必要量（Kerksick et al. 2008）：
　　1時間前 ＝ 体重1kgあたり炭水化物0.5g
　　2時間前 ＝ 体重1kgあたり炭水化物1g
　　3時間前 ＝ 体重1kgあたり炭水化物1.5g
　　4時間前 ＝ 体重1kgあたり炭水化物2g

（次頁に続く）

その他の栄養素の必要量：

タンパク質の必要量 ＝ 体重１kgあたりタンパク質0.15 ～ 0.25g（Kerksick et al. 2008）

脂質 ＝ 健康的な脂質（一価不飽和、あるいは多価不飽和の油）を試合の数時間前に摂取

水分＝NATA（全米アスレティックトレーナー協会）のポジションステートメント（公式声明）では、510 ～ 600mL（17 ～ 20オンス）の水またはスポーツドリンクを運動前の２～３時間に摂取し、10 ～ 20分前に追加で300mL（10オンス）を摂取すべきであると推奨している（Casa et al. 2000）。

もし、競技選手が試合前に食べ物を受け付けない（食べられない）場合、スポーツドリンクやゲル（ゼリー状のもの）はよりよい選択肢となる。

ゲーム前シナリオにおける成功のための鍵

- 事前に計画する。
- 試合当日に実験しない。
- 周辺地域の飲食店を調べておく。
- クーラーボックスを軽食や飲料で満たしておく。

ステップ３：介入と教育

　競技選手、とくに高度にトレーニングを積んだ者であれば、自分自身の生理学や、その競技の栄養的要求について莫大な知識を持ち、日々一緒に仕事をするコーチやほかの人たちもその知識を持っていると思うかもしれない。しかし、しばしばこれは当てはまらない（Zawila, Steib, and Hoogenboom 2003）。競技選手と関わる仕事をするとき、またその選手のための計画を立てるとき、最初は基本的なこと（一般的な教育）から始め、その後で個人に合わせて変えていくというように進めるべきである。サプリメントは、パフォーマンス向上を助けるものとしてマーケティングされているため、彼らが最初に注目することが多い（競技選手の回復を手助けするという製品の広告を最後に見たのはいつだろうか？）。しかしながら、競技選手はまずは基礎的な栄養と水分補給に注目すべきであり、その後にパフォーマンスに基づく栄養戦略を付け加え、最後にサプリメントがどのように

手助けとなるかを見るようにするとよい（図12.3）。結局のところ、栄養の乏しい食事を数年間にわたって摂取したことを埋め合わせることはできないのである。競技選手が、自らの参加する競技において最初に基礎をつくり上げるべきであるのと同様に、精度の高い細やかな栄養の推奨を行うことは、基礎的な知識が存在しないことには非常に難しいのである。

　スポーツ栄養士は、アセスメント中に特定した問題を改善するための戦略を作成し、実行する。介入には、以下の構成要素を含むべきである。

1. 教育
2. トレーニングと試合のサイクルのすべての段階のための栄養および水分補給の計画
3. カロリー比率（％）に対応する、体重1kgあたりのグラム数で示した具体的な推奨（Burke et al. 2001）。
4. 診断の中で特定された問題（問題群）の軽減を助けるための計画

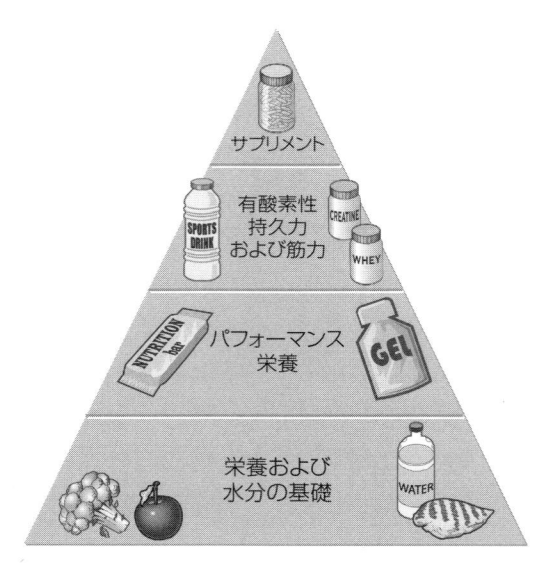

図12.3　スポーツ栄養プログラムにおいて必要不可欠な部分を示すピラミッド図。競技選手は基本的な栄養と水分補給に注目すべきであり、そしてもし用いるのであればサプリメントはすでに存在するしっかりとした計画に少し付け加えるべきである。

5. サプリメントの安全性についての議論。多くの競技選手はサプリメントに含まれる添加物がラベルに表示されない可能性があり、またラベルが正確でない可能性があるという問題について意識していない。重要なのは、それぞれの競技統括組織（NCAA、NFL、MLB、WADAなど）への確認と、禁止物質リストに注意を払うようになることである。それから、一部の競技統括組織をサポートしている第三者検査組織を見つけることが重要である。最終的に、責任は選手たち自身が負うこと、そしてもし禁止物質を含むサプリメントを摂取した場合に責任が問われ、統括組織の定めるルールにより懲戒処分を受けることになると競技選手に気づかせることが非常に重要である。サプリメントの検索に有用なウェブサイトには、www.nsf.org、www.informed-choice.org、www.informed-sport.com がある。

6. 成功へと導く現実的な仕組みをつくり上げる。すなわち、ワークアウト中およびワークアウト後や試合における正確な方法および製品、あるいは食品、競技選手やチームのために適切な食品が確実に選択あるいは用意されるよう食事提供業者と協力する。

7. 短期的および長期的目標の設定。

8. 競技選手と個人的な関係のある人たち（配偶者、家族、その他の選手と関わって仕事をする人たち）への教育。すべての計画は、食品の不耐症やアレルギー、宗教上の信条、文化的な影響、強い好き嫌い、料理する能力、食物へのアクセス、普段訪れる飲食店、社会経済的状態を考慮に入れて作成すべきである。

9. その競技選手のために、簡単な言葉で「完璧な1日」を作成する。表12.1に示す完璧な日の例は、より栄養豊富な食事を摂る必要のある体操選手のためのものである。このような例は、競技選手が食事や栄養タイ

表12.1　「完璧な１日」の栄養計画

時刻	食事
午前5:00	起床
午前5:15	全粒粉のトースト、天然のピーナッツバター、ヨーグルト
午前6:00 ～ 7:15	ワークアウト
午前7:30	ワークアウト後のシェイク（炭水化物とタンパク質を伴う）
午前9:30	オートミール（ベリー、クルミ入り）、卵の白身のスクランブル、野菜、低脂肪チーズ、オリーブオイル
午後0:30	全粒粉パンのターキーサンドイッチ、ホウレンソウのサラダ（大）、低脂肪ドレッシング
午後3:30	プラムと生アーモンド
午後6:30	焼きサーモン、玄米、蒸し野菜、グリーンサラダ（大）、低脂肪ドレッシング
午後9:30	低脂肪カッテージチーズ、1/2 カップのベリー

ミングのパターンを見る、またよりよい健康的な食品を取り入れるうえで手助けとして用いることができる（トレーニング前後で食べるべきである場合）。スポーツ栄養士は、これは一例であるということを説明すべきである。すなわち、競技選手はそれぞれの一般的なカテゴリ内で摂取する食品の種類に変化をつけるのが理想である。たとえば、軽食にプラムと生アーモンドを毎日食べる代わりに、さまざまなナッツと果物にして、幅広くいろいろな栄養素と抗酸化物質を食事に取り入れることを考えるべきである。

ステップ４：栄養モニタリングおよび評価

栄養士と一度面談をして二度と戻ってこない競技選手は、適切なモニターが継続して行われる選手と同様の成功を実現させることは難しいだろう。競技選手をモニターするうえで、いくつかの方法がある。

- 体重モニタリング：競技選手のニーズやマインドセット（考え方）に応じて、体重を記録・追跡する。毎日の体重測定によく反応を示す者もいれば、体重計の数字に執着してしまう者もいる。このことは、競技選手と一緒に働く人次第という側面があり、慎重さや思慮分別が求められる（Dionne and Yeudall 2005）。
- 体脂肪モニタリング：毎月、体脂肪を測定することは、除脂肪体重に対する脂肪量の変化を記録・追跡するうえでよい方法である。
- 水分補給モニタリング：水分補給の実践を評価するために、セッションの前後で体重を測定する。
- 習慣モニタリング
- エネルギーモニタリング
- 摂取モニタリング
- 個人的なコンタクトと関係性の構築：スポ

ーツ栄養士にとって選手とのコミュニケーションを確立することは重要である。競技選手たちとのつながりを保つことは、彼らの成功にとって非常に重要である。正式なアポイントメントや定期検査の実施も有効であるが、時間がかかってしまうこともある。テクノロジーを活用することで非常に大きな助けとなることがある。電子メールでの確認は素早く簡単であり、シンプルなテキストメッセージも、競技選手が記録・追跡を続けていく手助けとなる。スポーツ栄養士は、競技選手の練習や試合、トレーニングセッション、ストレングス＆コンディショニングセッションの場にできるだけ参加すべきである。

スポーツ栄養士が競技選手の生活や競技のあらゆる部分と統合されればされるほど、より大きな影響力を持つことになる。スポーツ栄養士は、競技選手が目標を達成するうえで助けとなるように、現実的なスケジュールを設定することも重要である。たとえば、健康的な体重増加あるいは減少は、1週間あたり約1kg（2ポンド）を超えて上下しないのが一般的である（ACSM 2000）。競技選手の生活習慣の中で選手にチェックさせるために簡単なツールを用いることは、非常に大きな助けとなる。フォーム12.1のパフォーマンス栄養評価は、競技選手が自分自身の栄養の進行状況を評価するうえで助けとなる、非常にシンプルな方法である。

競技選手のトレーニングチームのメンバーは、競技選手の栄養パフォーマンス計画について、必要に応じて知らされる（開示される）べきである。この情報を共有することによって、強化するうえで、あるいはコーチングスタッフが競技選手の進歩を支援するうえで助けとなる。それに加えて、この情報が適切に共有された場合、行動変容の過程を継続して注目することが可能となる。

摂食障害と、乱れた食行動

組織化された競技や一般的な競技への参加は、身体的にも心理的にも多くの前向きな利益をもたらす。しかしながら、競技における競争というプレッシャーは、やせることへの既存の文化的強調を複雑化させるかもしれない。その結果、競技選手は乱れた食行動（disordered eating）のパターンを形成する、また場合によっては摂食障害（eating disorder）を発症するリスクが高まる（McArdle, Katch, and Katch 2005; Sundgot-Borgen and Tortsveit 2004）。ノルウェーの競技選手を評価した研究では、研究対象のうち13.5%の競技選手が、一般対照群の4.6%と比較して臨床的あるいは潜在性摂食障害であったことが示されている（Sundgot-Borgen and Tortsveit 2004）。

多くの競技において、競技選手らはその競技で成功するためにある体重へ調整するのに必要な行動（半断食、嘔吐や下剤の使用、衝動的に運動を行うこと）が、健康やエネルギー源の保持、心身の機能、トレーニング能力、求めるレベルで戦う能力に有害な影響を及ぼすというパラドックス（逆説）に直面する。炭水化物の摂取を低減させることは、身体のエネルギー源の貯蔵に影響を及ぼすだろう。またタンパク質の摂取を低減させることは、除脂肪体重の減少を導くかもしれない。エネルギー摂取が少ないことによって引き起

パフォーマンス栄養アセスメント

記入方法：もし競技選手が、それぞれの課題にうまく取り組めていないようであれば、1にマークする。もし競技選手が、それぞれの課題にうまく取り組めているようであれば、5にマークする。

健康的な食事をする	1	2	3	4	5
頻繁に食べる	1	2	3	4	5
水分補給に努める	1	2	3	4	5
リカバリー（回復）	1	2	3	4	5
マインドセット（考え方や態度）	1	2	3	4	5

フォーム12.1　このパフォーマンス栄養評価は、コンサルテーション（面談）の開始時およびコンサルテーションを進めた際に用いるうえでよいツールである。これは競技選手が自らの食事とどのように行っているかについて考えるのを助け、またスポーツ栄養士が、競技選手が食事について行っていることと比べて実際に何を考えているかを知るうえで助けとなる。

National Strength and Conditioning Association, 2011, NSCA's Guide to Sport and Exercise Nutrition, B.I. Campbell and M.A. Spano (eds.), (Champaign, IL: Human Kinetics) より。

こされる微量栄養素の全般的な不足は、運動からの修復や回復、成長を難しくし、また競技選手のケガのリスクを高めることとなる（McArdle, Katch, and Katch 2005）。

摂食障害は、伝統的に女性スポーツと関連があるが、乱れた食行動および摂食障害は、男性の競技選手においても同様に起こり、とくに審美的な要素を含む競技や、体重を調整する必要のある競技、やせて体格が小さいことを強調する競技において起こる。男性では6～10％に摂食障害がみられる（Baum 2006; McArdle, Katch, and Katch 2005; Glazer 2008）。男性競技選手では、摂食障害を有する人のうち22％が飛び込み、体操、走り高跳び、棒高跳びといった重力に抗する競技であり、5％がボールゲーム競技である。女性競技選手では、摂食障害を有する人のうち42％が審美的な競技を行っており、24％が有酸素性持久力系競技、17％が技術的競技、

16％がボールゲーム競技であった（Sundgot-Borgen and Tortsveit 2004）。男性競技選手の摂食障害の有病率についての追加的な研究では、25名の軽量級の大学生レスリング選手と59名の軽量級の漕艇選手のうち52％が、過食をしていると報告され、漕艇選手の8％およびレスリング選手の16％で病理学的な摂食障害の代表的な特性を示した（Thiel 1993）。

この特定の研究は、他の文献における女性の15～62％が摂食障害であり、バレエやボディビル、フィギュアスケート、チアリーディング、体操といった審美的競技で有病率が高いという推定に一致する（McArdle, Katch, and Katch 2005）。

摂食障害は、『精神障害の診断と統計マニュアル（DSM-IV）』で、それぞれの示す症状に基づいて分類される。摂食障害は、神経性食欲不振症、神経性過食症、特定不能の摂

食障害に分類される。しかしながら、1つの
カテゴリの診断のつくこれらの患者の多くが、
診断の連続体にまたがって広い範囲にわたる
行動を示す。臨床的な摂食障害と乱れた食行
動の2つは、1つの連続体の中に存在するも
のであり、乱れた食行動パターンが摂食障害
へと発展しないようにモニターすることが重
要である。

　摂食障害と乱れた食行動の間には、繊細だ
が確固とした線引きが存在する。摂食障害は、
競技選手の正常な日常生活が妨げられる深
刻な精神的疾患である。乱れた食行動は、競
技選手の摂食行動において一時的、あるいは
より程度の軽い変化が生じるものである。乱
れた食行動パターンは、競技選手が体重の
目標に向かおうとするときや、ストレス下に
あるとき、食事を変化させることで見た目や
パフォーマンスを変化させようと意図してい
るときに生じることがある。これらのパター
ンが短い期間で消失し、永続しない限り、精
神科医や心理学者による治療を受ける必要は

必ずしもない（しかし、そういった行動はモ
ニターする必要はある）。しかしながら、長
期にわたる乱れた食行動パターンは、摂食
障害という診断へと導かれる場合があるので、
これらの行動に気をつけることが重要であ
る（Becker et al. 2008; Dionne and Yeudall
2005）。

　摂食障害を有する人においては、食べ物に
対する非常に強い関心があり、一貫して食べ
ることへのストレスや不安の感覚があるため、
専門的な介入が必要となる。一般的な摂食障
害の定義および基準は、カコミ記事に示され
ている。摂食障害は、感情的な問題あるいは
問題群の結果として生じることがしばしばあ
る。したがって、摂食障害を持つ競技選手と
関わりを持って働く場合には、医学的な専門
家と登録栄養士との適切な連携および紹介を
行うことが必要不可欠である。摂食障害の場
合、より質の高い専門職と連携することや、
その専門職から提案された治療計画に支援を
受けることも重要である（Becker et al. 2008;

摂食障害の診断基準

　以下は、DSM-IV（American Psychiatric Association 1994）で特定されている摂食障害につい
ての修正された定義である。

神経性食欲不振症
制限型：過食や排出行動を定期的には行わない競技選手。
むちゃ食い／排出型：定期的に過食や排出行動を行う競技選手。

- 身長や年齢に見合った正常な体重を維持すること、あるいは最小限の超過を拒絶する（期待
される体重の85%未満）
- 体重が増えること、あるいは肥満となることへの極端な恐怖（低体重であったとしても）
- ボディイメージの障害。これには、自分の体重あるいは体型について感じ取る方法の歪みや、
体重あるいは体型が自己評価へ過度に影響すること、現在の低体重と関連して生じる結果の
否定を含む
- 初経後の女性においては、無月経（少なくとも3回の月経周期を通じて無月経）

（次頁に続く）

神経性過食症

排出型：競技選手は定期的に自己誘発性嘔吐あるいは下剤や利尿剤、浣腸剤の乱用を行う。

非排出型：断食や過度の運動など不適切な代償行動をとるが、自己誘発性嘔吐あるいは下剤や利尿剤、浣腸剤の乱用は行わない。

- 過食エピソードの繰り返し：（1）区別される時間帯（2時間以内）に多量の食べ物を食べ、ほとんどの人が同じような時間帯や状況において食べる量よりも多い。（2）この過食エピソード中、コントロールしている感覚が失われる。
- 体重増加を防ぐために繰り返される不適切な代償行動（例：自己誘発性嘔吐、下剤や利尿剤、浣腸剤その他の薬物の乱用、断食、過度の運動）
- これらの行動が平均して週あたり少なくとも2回、3カ月間にわたって起こる
- 自己評価が体型や体重によって大きな影響を受ける
- これらの行動が起こるのは、神経性食欲不振症のエピソード中のみではない

特定不能の摂食障害（EDNOS）

　この診断には、どの摂食障害の診断基準にも合致しない障害が含まれる。乱れた食行動パターンは、体重を合わせようとしたり、パフォーマンスを改善しようとする競技選手において、また食べるものや栄養行動を極端に変化させる段階においてしばしばみられる。特定不能の摂食障害は、過食症や食欲不振症と類似しているように見え、以下の徴候がある。

- 大量の食べ物を繰り返し噛んで、飲み込まず吐き出す
- 大食エピソードの繰り返しが、神経性大食症の特徴である不適切な代償行動を伴わずに起こる（これは、神経性過食症に分類されていた）（American Psychiatric Association 1994）。

American Psychiatric Association Press（1994）. Diagnostic and statistical manual of mental disorders, 4th edition: DSM-IV. Washington, DC.より。

Dionne and Yeudall 2005）。

　摂食障害の難しさ、時間がかかること、管理の負担があることから、各専門分野が連携したアプローチが必要となる。このことは、スタッフの専門分野が医学や栄養、メンタルヘルス、アスレティックトレーニング、競技の管理運営など多岐にわたることを含む。さまざまな専門領域をまたがるアプローチによって、徴候のある競技選手が助けを求めることが容易となり、また完全な回復へと向かう可能性が高まるかもしれない。摂食障害を予防するための教育的なイニシアチブ（主導権）を確立することも同じく重要である。

女性競技選手の三主徴

　2007年、ACSM（米国スポーツ医学会）は、女性競技選手の三主徴（female athlete triad）に関する公式声明を改定した（Nattiv et al. 2007）。この用語は、エナジーアベイラビリティ（利用可能なエネルギー）、月経機能、骨密度の相互の関係を指すものである。女性競技選手は健康と病気のスペクトラム（濃淡のある連続体）のどこかに位置し、危険な範囲にいる人々は同時に、すべての臨床症状を示すわけではない。エナジーアベイラビリテ

ィの低下（摂食障害の有無を問わず）や無月経、骨粗鬆症はすべて、身体活動が活発な少女および女性に顕著なリスクをもたらす。伝統的に、体脂肪率が女性競技選手の三主徴と関連づけられてきたが、現在では、エナジーアベイラビリティ（食事でのエネルギー量から、トレーニングによるエネルギーを引いた代謝過程、日常生活で必要なエネルギー量のための残り）の不足がトリガー（引き金）となっているようだ。競技選手の中には、エネルギー摂取よりもエネルギー消費を多くすることによって、エナジーアベイラビリティを減少させる者がおり、また前述の不適切な代償行動を1つまたは複数用いた異常な食行動パターンを行う者もいる。エナジーアベイラビリティ不足が続くと、精神的および身体的の両方の健康を損なう場合がある。以下は、エナジーアベイラビリティ不足の結果として生じるものである（Nattiv et al. 2007）。

- 低い自尊心
- 抑うつ
- 不安障害
- 心臓血管系の合併症
- 内分泌系の合併症
- 生殖器系の合併症
- 骨格系の合併症
- 胃腸系の合併症
- 腎系の合併症
- 中枢神経系の合併症

　継続的な摂取エネルギーの低下に続いて、無月経状態が数カ月続くと、**骨密度**が低下

する。低下した骨密度は完全には元に戻らない場合があり、疲労骨折のリスクが高まる（Nattiv et al. 2007）。

　女性競技選手において、三主徴へと螺旋状に落ち込むことを防ぐために、乱れた食行動と摂食障害に注意することが重要である。公式声明（ポジションスタンド、2007）では、三主徴のスクリーニングおよび診断のためのいくつかの推奨が示されている。

1. 三主徴のためのスクリーニングは、参加前の検査（メディカルチェック）あるいは毎年の定期健康診断で行うべきである。三主徴のうち1つの要素を持ち合わせている競技選手は、それ以外についても評価を受けるべきである。
2. 乱れた食行動を持ち合わせる競技選手は、評価や診断、そして治療の推奨のためにメンタルヘルスの専門家への紹介を受けるべきである。
3. 持続的な低エネルギーによる無月経を完全に診断するために、それ以外の要因を除外する必要がある。医学的な専門家による身体的な検査と検査結果の解釈は、無月経のその他の要因を除外するのに役立つだろう。
4. 最後に、競技の運営・管理者や女性競技選手と関わりを持って働く専門職のチームは全員、教育を通して三主徴を予防することを目指すべきである。若い競技選手は、パフォーマンスを高めるためにとっている行為が、骨密度および妊孕性に関する将来の問題となる可能性について目を向けていないことがよくみられる（Bonci et al. 2008;

▶ 骨密度（BMD）——骨のミネラル含有量のこと。骨減少症および骨粗鬆症の診断基準として測定および利用される。

Michael and Pritchett 2002）。

専門的実践

評価および選手とのカウンセリングの過程は、ここ数年で劇的に変化していないようであるが、パフォーマンスのための栄養およびサプリメントに関する研究は、常に変化している。加えて、（禁止物質を試験する各団体で共通して）禁止物質のリストとともに、安全だと認定されているサプリメントのリストも同様に毎年改訂される。スポーツ栄養士は、競技選手やコーチ、アスレティックトレーニングスタッフからの質問に答え、また特異的で個別化された推奨ができるよう、このような情報のすべてを最新の状態に保つことが重要である。米国では、多くの州で医学的な栄養療法あるいは個別化された推奨を行う人は、登録栄養士および認定栄養士であることが求められる。しかしながら、スポーツ栄養の資格を持つ人は、競技選手に一般的なアドバイスを提供できる。

スポーツ栄養は、常に変化している分野である。そして、スポーツ栄養士は競技選手が目標達成する計画を立てるのを支援する前に、競技選手の生活習慣や病歴、体重の推移、目標、傷害報告、ラボでの検査結果、身体組成、トレーニングプログラムなど、包括的に検討すべきである。最新のスポーツ科学研究の十分な知識基盤およびその応用とともに、各競技選手との間で「スポーツ栄養士は信頼でき、心を開いてよい」と競技選手が思える信頼関係（ラポール）を構築することは、スポーツ栄養士にとって重要である。多くのクライアントが、自分が恥ずかしく思う行動（暴飲暴食、過食、乱れた食行動）について開示し、話すことに恐怖を感じるのは合理的なことであり、この個人的な情報がほかの人と共有されることを恐れるだろう。競技選手は、自分がどのように感じているか、何を食べ、どれほど運動しているか、自分の身体をどう考えるのかについて正確に話すためにスポーツ栄養士を信頼し、安心しなければならない。会話のみを通じて信頼を構築し、育んでいくには時間がかかることがある。

本書には、精度の高い栄養プログラムに用いることができるだけでなく、競技選手に伝えるための一般的な推奨の裏付けとなる多くの研究知見が含まれる。以下は、より賢く食品を選ぶための10の一般的なガイドラインである。

1. 土（地球）へと戻れ。最小限の加工である食品を選ぶ。
2. 虹をよく食べよう。なるべく色とりどりの果物や野菜、全粒穀物を食べる（訳注：虹というのは、ここでは多くの色を含むという意味で用いられている）。
3. タンパク質については、鶏もも肉はなるべく少なく。できるだけ脂質の少ないタンパク質を選ぶようにしよう。
4. 何かよい見返りのある脂質を摂ろう。食事の中に、いろいろな不飽和脂肪と必須脂肪酸を取り入れよう。
5. 3に3を（3 for 3）。炭水化物、タンパク質、脂質で構成される小さな食事を3時間おきに。
6. 毎朝、朝食をとろう。起床したら、できるだけ早く朝ごはんを食べるようにしよう。
7. 水分補給を。水分補給のニーズにしっかりと見合うように水分をとろう。
8. ワークアウトを無駄にするな。トレーニングセッションや試合後45分以内に炭水化物とタンパク質を組み合わせて摂取しよう。

9. サプリメント摂取は賢く選択しよう。新し
   いサプリメントを始めるときには、栄養
   士やドクター（医師）に確認しよう。また、
   自分の競技の禁止物質については、スポー
   ツ統括組織（協会や連盟）のルールや規制
   に注意しよう。

10. キッチンに戻ろう。食べるものを調理でき
    るということは、自分の身体を養うものを
    コントロールできるようになるということ。

まとめ

- スポーツ栄養の実践は、サイエンス（科学）
  とアート（芸術）の間のどこかにある。競
  技選手が、パフォーマンスによりよい影響
  を及ぼすように行動変容を通じて食べる方
  法を変えることは、常に簡単とは限らない。

- フィットネスの専門家は、栄養およびパフ
  ォーマンスについて熟知しているかもしれ
  ないが、競技選手に栄養情報を提供する前
  に、適切な資格を有しているか確認すべき
  である。いくつかの法律によって、栄養カ
  ウンセリングを提供することができる専門
  職は限定されている。

- 栄養計画についての業務に携わるときには、
  専門職らは医学的情報の秘密保持に留意す
  べきである。

- 命の危険がある状態や摂食障害を除き、コ
  ーチほかチームのメンバーと情報を共有す

る前に、競技選手の許可を得るべきである。

- 競技選手とよい信頼関係（ラポール）を構
  築することは、彼らが変化するのを手助け
  するうえで、極めて重要である。

- 栄養計画を作成する段階には、アセスメン
  ト、評価、介入、教育、さらにモニタリン
  グと再評価が含まれる。

- ニーズのアセスメントおよび評価、介入、
  教育のための体系的なアプローチを用い、
  その後にモニタリング段階で深い関係を築
  くことは、単に栄養プログラムを成功に導
  くだけでなく、競技選手が競技のキャリア
  を超えて栄養の観点および食べ方を変える
  のをサポートするだろう。

- スポーツ栄養士は、女性競技選手の三主徴
  である乱れた食行動や無月経、骨粗鬆症（あ
  るいは若い競技選手で問題を知らせるシグ
  ナルとなる骨密度の低下）を見つけ出す最
  前線にいるのかもしれない。

参考文献

第1章

Antonio, J., and J.R. Stout. 2001. *Sports supplements.* Hagerstown, MD: Lippincott, Williams & Wilkins.

Applegate, E.A., and L.E. Grivetti. 1997. Search for the competitive edge: A history of dietary fads and supplements. *Journal of Nutrition* 127: 869S-873S.

Balsom, P.D., G.C. Gaitanos, K. Soderlund, and B. Ekblom. 1999. High-intensity exercise and muscle glycogen availability in humans. *Acta Physiologica Scandinavica* 165: 337-345.

Bell, A., K.D. Dorsch, D.R. McCreary, and R. Hovey. 2004. A look at nutritional supplement use in adolescents. *Journal of Adolescent Health* 34: 508-516.

Bigard, A.X., H. Sanchez, G. Claveyrolas, S. Martin, B. Thimonier, and M.J. Arnaud. 2001. Effects of dehydration and rehydration on EMG changes during fatiguing contractions. *Medicine and Science in Sports and Exercise* 33: 1694-1700.

Borsheim, E., K.D. Tipton, S.E. Wolf, and R.R. Wolfe. 2002. Essential amino acids and muscle protein recovery from resistance exercise. *American Journal of Physiology: Endocrinology and Metabolism* 283: E648-657.

Brooks, G.A. 1987. Amino acid and protein metabolism during exercise and recovery. *Medicine and Science in Sports and Exercise* 19: S150-156.

Campbell, B., R.B. Kreider, T. Ziegenfuss, P. La Bounty, M. Roberts, D. Burke, J. Landis, H. Lopez, and J. Antonio. 2007. International Society of Sports Nutrition position stand: Protein and exercise. *Journal of the International Society of Sports Nutrition* 4: 8.

Coggan, A.R., W.M. Kohrt, R.J. Spina, D.M. Bier, and J.O. Holloszy. 1990. Endurance training decreases plasma glucose turnover and oxidation during moderate-intensity exercise in men. *Journal of Applied Physiology* 68: 990-996.

Cupisti, A., C. D'Alessandro, S. Castrogiovanni, A. Barale, and E. Morelli. 2002. Nutrition knowledge and dietary composition in Italian adolescent female athletes and non-athletes. International Journal of Sport Nutrition and Exercise Metabolism 12: 207-219.

Currell, K., and A.E. Jeukendrup. 2008. Superior endurance performance with ingestion of multiple transportable carbohydrates. *Medicine and Science in Sports and Exercise* 40: 275-281.

Delamarche, P., J. Bittel, J.R. Lacour, and R. Flandrois. 1990. Thermoregulation at rest and during exercise in prepubertal boys. *European Journal of Applied Physiology and Occupational Physiology* 60: 436-440.

Drinkwater, B.L., I.C. Kupprat, J.E. Denton, J.L. Crist, and S.M. Horvath. 1977. Response of prepubertal girls and college women to work in the heat. *Journal of Applied Physiology* 43: 1046-1053.

Friedlander, A.L., G.A. Casazza, M.A. Horning, M.J. Huie, and G.A. Brooks. 1997. Traininginduced alterations of glucose flux in men. *Journal of Applied Physiology* 82: 1360-1369.

Grandjean, A.C. 1997. Diets of elite athletes: Has the discipline of sports nutrition made an impact? *Journal of Nutrition* 127: 874S-877S.

Greenleaf, J.E., and B.L. Castle. 1971. Exercise temperature regulation in man during hypohydration and hyperhydration. *Journal of Applied Physiology* 30: 847-853.

Grivetti, L.E., and E.A. Applegate. 1997. From Olympia to Atlanta: A cultural-historical perspective on diet and athletic training. *Journal of Nutrition* 127: 860S-868S.

Hargreaves, M., and L. Spriet. 2006. *Exercise metabolism.* Champaign, IL: Human Kinetics.

Hoffman, J.R., A.D. Faigenbaum, N.A. Ratamess, R. Ross, J. Kang, and G. Tenenbaum. 2008. Nutritional supplementation and anabolic steroid use in adolescents. *Medicine and Science in Sports and Exercise* 40: 15-24.

Hurley, B.F., P.M. Nemeth, W.H. Martin 3rd, J.M. Hagberg, G.P. Dalsky, and J.O. Holloszy. 1986. Muscle triglyceride utilization during exercise: Effect of training. *Journal of Applied Physiology* 60: 562-567.

Jacobson, B.H., C. Sobonya, and J. Ransone. 2001. Nutrition practices and knowledge of college varsity athletes: A follow-up. *Journal of Strength and Conditioning Research* 15: 63-68. Jeukendrup, A. 2003. Modulation of carbohydrate and fat utilization by diet, exercise and environment. *Biochemistry Society Transactions* 31(Pt 6): 1270-1273.

Jeukendrup, A.E., and L. Moseley. 2010. Multiple transportable carbohydrates enhance gastric emptying and fluid delivery. *Scandinavian Journal of Medicine and Science in Sports* 13: 452-457.

Kenney, W.L., and P. Chiu. 2001. Influence of age on thirst and fluid intake. *Medicine and Science in Sports and Exercise* 33: 1524-1532.

Lemon, P.W. 2000. Beyond the zone: Protein needs of active individuals. *Journal of the American College of Nutrition* 19: 513S-521S.

Lemon, P.W., and F.J. Nagle. 1981. Effects of exercise on protein and amino acid metabolism. *Medicine and Science in Sports and Exercise* 13: 141-149.

Lockwood, C.M., J.R. Moon, S.E. Tobkin, A.A. Walter, A.E. Smith, V.J. Dalbo, J.T. Cramer, and J.R. Stout. 2008. Minimal nutrition intervention with high-protein/low-carbohydrate and low-fat, nutrient-dense food supplement improves body composition and exercise benefits in overweight adults: A randomized controlled trial. *Nutrition and Metabolism* 5: 11.

Maughan, R.J., P.L. Greenhaff, J.B. Leiper, D. Ball, C.P. Lambert, and M. Gleeson. 1997. Diet composition and the performance of high-intensity exercise. *Journal of Sports Science and Medicine* 15: 265-275.

McArdle, W.D., F.I. Katch, and V.L. Katch. 2008. *Sports and exercise nutrition.* Philadelphia: Lippincott, Williams & Wilkins.

McNaughton, L.R. 1986. The influence of caffeine ingestion on incremental treadmill running. *British Journal of Sports Medicine* 20: 109-112.

Mittendorfer, B., and S. Klein. 2003. Physiological factors that regulate the use of endogenous fat and carbohydrate fuels during endurance exercise. *Nutrition Research Reviews* 16: 97-108.

Mougios, V. 2006. *Exercise biochemistry.* Champaign, IL: Human Kinetics.

Naitoh, M., and L.M. Burrell. 1998. Thirst in elderly subjects. *Journal of Health, Nutrition, and Aging* 2: 172-177.

Norton, L.E., and D.K. Layman. 2006. Leucine regulates translation initiation of protein synthesis in skeletal muscle after exercise. *Journal of Nutrition* 136: 533S-537S.

O'Dea, J.A. 2003. Consumption of nutritional supplements among adolescents: Usage and perceived benefits. *Health Education Research* 18: 98-107.

Phillips, S.M., S.A. Atkinson, M.A. Tarnopolsky, and J.D. MacDougall. 1993. Gender differences in leucine kinetics and nitrogen balance in endurance athletes. *Journal of Applied Physiology* 75: 2134-2141.

Raymond-Barker, P., A. Petroczi, and E. Quested. 2007. Assessment of nutritional knowledge in female athletes susceptible to the female athlete triad syndrome. *Journal of Occupational Medicine and Toxicology* 2: 10.

Robergs, R.A., D.R. Pearson, D.L. Costill, W.J. Fink, D.D. Pascoe, M.A. Benedict, C.P. Lambert, and J.J. Zachweija. 1991. Muscle glycogenolysis during differing intensities of weightresistance exercise. *Journal of Applied Physiology* 70: 1700-1706.

Schaafsma, G. 2000. The protein digestibility-corrected amino acid score. *Journal of Nutrition* 130: 1865S-1867S.

Schoffstall, J.E., J.D. Branch, B.C. Leutholtz, and D.E. Swain. 2001. Effects of dehydration and rehydration on the one-repetition maximum bench press of weight-trained males. *Journal of Strength and Conditioning Research* 15: 102-108.

Shimomura, Y., Y. Yamamoto, G. Bajotto, J. Sato, T. Murakami, N. Shimomura, H. Kobayashi, and K. Mawatari. 2006. Nutraceutical effects of branched-chain amino acids on skeletal muscle. *Journal of Nutrition* 136: 529S-532S.

Stephens, F.B., M. Roig, G. Armstrong, and P.L. Greenhaff. 2008. Post-exercise ingestion of a unique, high molecular weight glucose polymer solution improves performance during a subsequent bout of cycling exercise. *Journal of Sports Science* 26: 149-154.

Tesch, P.A., L.L. Ploutz-Synder, L. Ystro, M.M. Castro, and G. Dudley. 1998. Skeletal muscle glycogen loss evoked by resistance exercise. *Journal of Strength and Conditioning Research* 12: 67.

Tipton, K.D., A.A. Ferrando, S.M. Phillips, D. Doyle Jr., and R.R. Wolfe. 1999. Postexercise net protein synthesis in human muscle from orally administered amino acids. *American Journal of Physiology* 276: E628-634.

U.S. Food and Drug Administration. 1994. Dietary Supplement Health and Education Act.

van Loon, L.J., A.E. Jeukendrup, W.H. Saris, and A.J. Wagenmakers. 1999. Effect of training status on fuel selection during submaximal exercise with glucose ingestion. *Journal of Applied Physiology* 87: 1413-1420.

Volek, J.S. 2004. Influence of nutrition on responses to resistance training. *Medicine and Science in Sports and Exercise* 36: 689-696.

Wagenmakers, A.J. 1998. Muscle amino acid metabolism at rest and during exercise: Role in human physiology and metabolism. *Exercise and Sport Sciences Reviews* 26: 287-314.

Walsh, R.M., T.D. Noakes, J.A. Hawley, and S.C. Dennis. 1994. Impaired high-intensity cycling performance time at low levels of dehydration. *International Journal of Sports Medicine* 15: 392-398.

Wexler, R.K. 2002. Evaluation and treatment of heat-related illness. *American Family Physician* 65: 2307.

Zinn, C., G. Schofield, and C. Wall. 2006. Evaluation of sports nutrition knowledge of New Zealand premier club rugby coaches. *International Journal of Sport Nutrition and Exercise Metabolism* 16: 214-225.

第2章

Ahlborg, B.G., J. Bergström, J. Brohult, L.G. Ekelund, E. Hultman, and G. Maschino. 1967. Human muscle glycogen content and capacity for prolonged exercise after different diets. *Foersvarsmedicin*

3: 85-99.

Balsom, P.D., G.C. Gaitanis, K. Soderlund, and B. Ekblom. 1999. High-intensity exercise and muscle glycogen availability in humans. *Acta Physiologica Scandinavica* 165: 337-345.

Bergstrom, J., L. Hermansen, E. Hultman, and B. Saltin. 1967. Diet, muscle glycogen and physical performance. *Acta Physiologica Scandinavica* 71: 140-150.

Biolo, G., B.D. Williams, R.Y. Fleming, and R.R. Wolfe. 1999. Insulin action on muscle protein kinetics and amino acid transport after resistance exercise. *Diabetes* 48: 949-957.

Bosch, A.N., S.C. Dennis, and T.D. Noakes. 1994. Influence of carbohydrate ingestion on fuel substrate turnover and oxidation during prolonged exercise. *Journal of Applied Physiology* 76: 2364-2372.

Burke, L.M., G.R. Collier, and M. Hargreaves. 1998. Glycemic index: A new tool in sport nutrition. *International Journal of Sport Nutrition and Exercise Metabolism* 8: 401-415.

Casey, A., A.H. Short, S. Curtis, and P.L. Greenhaff. 1996. The effect of glycogen availability on power output and the metabolic response to repeated bouts of maximal, isokinetic exercise in man. *European Journal of Applied Physiology* 72: 249-255.

Coleman, E. 1994. Update on carbohydrate: Solid versus liquid. *International Journal of Sport Nutrition* 4: 80-88. Conley, M.S., and M.H. Stone. 1996. Carbohydrate for resistance exercise and training. Sports Medicine 21: 7-17. Costill, D. 1988. Carbohydrates for exercise: Dietary demands for optimal performance. *International Journal of Sports Medicine* 9: 1-18.

Coyle, E. 1995. Substrate utilization during exercise in active people. *American Journal of Clinical Nutrition* 61: 968S-979S.

Coyle, E.F., A.R. Coggan, M.K. Hemmert, and J.L. Ivy. 1986. Muscle glycogen utilization during prolonged strenuous exercise when fed carbohydrate. *Journal of Applied Physiology* 61: 165-172.

D'Adamo, P.D. 1990. Larch arabinogalactan. *Journal of Neuropathic Medicine* 6: 33-37.

Essen, B., and J. Henriksson. 1974. Glycogen content of individual muscle fibers in man. *Acta Physiologica Scandinavica* 90: 645-647.

Gollnick, P.D., J. Karlsson, K. Piehl, and B. Saltin. 1974. Selective glycogen depletion in skeletal muscle fibers of man following sustained contractions. *Journal of Physiology* 241: 59-67.

Haff, G.G., A.J. Koch, J.A. Potteiger, K.E. Kuphal, L.M. Magee, S.B. Green, and J.J. Jakicic. 2000. Carbohydrate supplementation attenuates muscle glycogen loss during acute bouts of resistance exercise. *International Journal of Sport Nutrition and Exercise Metabolism* 10: 326-339.

Haff, G.G., M.H. Stone, B.J. Warren, R. Keith, R.L. Johnson, D.C. Nieman, F. Williams JR, and K. Brett Kirksey. 1999. The effect of carbohydrate supplementation on multiple sessions and bouts of resistance exercise. *Journal of Strength and Conditioning Research* 13: 111-117.

Haff, G.G., M.J. Lehmkuhl, L.B. McCoy, and M.H. Stone. 2003. Carbohydrate and resistance training. *Journal of Strength and Conditioning Research* 17: 187-196.

Hargreaves, M. 2000. Carbohydrate replacement during exercise. In: *Nutrition in sport*, edited by R.J. Maughan. Oxford: Blackwell Science.

Hawley, J.A., E.J. Schabort, T.D. Noakes, and S.C. Dennis. 1997. Carbohydrate loading and exercise performance: An update. *Sports Medicine* 24: 73-81.

Hultman, E. 1967. Studies on muscle metabolism of glycogen and active phosphate in man with special reference to exercise and diet. *Scandinavian Journal of Clinical and Laboratory Investigation* 19: 1-63.

Ivy, J. 2001. Dietary strategies to promote glycogen synthesis after exercise. *Canadian Journal of Applied Physiology* 26: S236-S245.

Jeukendrup, A. 2004. Carbohydrate intake during exercise and performance. *Nutrition* 20: 669-677.

Jeukendrup, A.E., F. Brouns, A.J.M. Wagenmakers, and W.H.M. Saris. 1997. Carbohydrateelectrolyte feedings improve 1 h time trial cycling performance. *International Journal of Sports Medicine* 18(2): 125-129.

Jeukendrup, A., and R. Jentjens. 2000. Oxidation of carbohydrate feedings during prolonged exercise: Current thoughts, guidelines and directions for future research. *Sports Medicine* 29: 407-424.

Jeukendrup, A.E., A.J.M. Wagenmakers, J.H. Stegen, A.P. Gijsen, F. Brouns, and W.H. Saris. 1999. Carbohydrate ingestion can completely suppress endogenous glucose production during exercise. *American Journal of Physiology* 276: E672-E683.

Keizer, H., H. Kuipers, and G. van Kranenburg. 1987. Influence of liquid and solid meals on muscle glycogen resynthesis, plasma fuel hormone response, and maximal physical working capacity. *International Journal of Sports Medicine* 8: 99-104.

Kjaer, M. 1998. Hepatic glucose production during exercise. *Advances in Experimental Medicine and Biology* 441: 117-127.

Kulik, J.R., C.D. Touchberry, N. Kawamori, P.A. Blumert, A.J. Crum, and G.G. Haff. 2008. Supplemental carbohydrate ingestion does not improve performance of high-intensity resistance exercise. *Journal of Strength and Conditioning Research* 22: 1101-1107.

Leloir, L.F. 1971. Two decades of research on the biosynthesis of saccharides. *Science* 172: 1299-1303.

Liebman, B. 1998. Sugar: The sweetening of the American diet. *Nutrition Action Health Letter* 25: 1-8.

Lupton, J., and P. Trumbo. 2006. Dietary fiber. In: *Modern nutrition in health and disease,* edited by M. Shils. Philadelphia: Lippincott, Williams & Wilkins.

Marlett, J.A., M.I. McBurney, and J.L. Slavin. 2002. Position of the American Dietetic Association: Health implications of dietary fiber. *Journal of the American Dietetic Association* 102: 993-1000.

Maughan, R.J., P.L. Greenhaff, J.B. Leiper, D. Ball, C.P. Lambert, and M. Gleeson. 1997. Diet composition and the performance of high-intensity exercise. *Journal of Sports Science and Medicine* 15: 265-275.

McArdle, W.D., F.I. Katch, and V.L. Katch. 2009. *Sports and exercise nutrition.* Philadelphia: Lippincott, Williams & Wilkins.

Nardone, A., C. Romano, and M. Schieppati. 1989. Selective recruitment of high-threshold human motor units during voluntary isotonic lengthening of active muscles. *Journal of Physiology* (London) 409: 451-471.

National Academy of Sciences. 2002. *Dietary reference intakes for energy, carbohydrates, fiber, fat, protein and amino acids (macronutrients).* Washington, DC: National Academies Press.

Rauch, H.G., A. St Clair Gibson, E.V. Lambert, and T.D. Noakes. 2005. A signaling role for muscle glycogen in the regulation of pace during prolonged exercise. *British Journal of Sports Medicine* 39: 34-38.

Robergs, R.A., D.R. Pearson, D.L. Costill, W.J. Fink, D.D. Pascoe, M.A. Benedict, C.P. Lambert, and J.J. Zachweija. 1991. Muscle glycogenolysis during differing intensities of weight-resistance exercise. *International Journal of Sport Nutrition and Exercise Metabolism* 10 :326-339.

Rockwell, M.S., J.W. Rankin, and H. Dixon. 2003. Effects of muscle glycogen on performance of repeated sprints and mechanisms of fatigue. *International Journal of Sport Nutrition and Exercise Metabolism* 13: 1-14.

Roediger, W.E. 1989. Utilization of nutrients by isolated epithelial cells of the rat colon. *Gastroenternology* 83: 424-429.

Shulman, R., and D. Rothman. 2001. The "glycogen shunt" in exercising muscle: A role of glycogen in muscle energetics and fatigue. *Proceedings of the National Academy of Sciences* 253 98: 457-461.

Spriet, L.L. 1998. Regulation of fat/carbohydrate interaction in human skeletal muscle during exercise. *Advances in Experimental Medicine and Biology* 441: 249-261.

Tesch, P.A., E.B. Colliander, and P. Kaiser. 1986. Muscle metabolism during intense, heavyresistance exercise. *European Journal of Applied Physiology* 4: 362-366.

Tesch, P.A., L.L. Ploutz-Snyder, L. Ystrom, M.J. Castro, and G.A. Dudley. 1998. Skeletal muscle glycogen loss evoked by resistance exercise. *Journal of Strength and Conditioning Research* 12: 67-73.

Tipton, K.D., B.B. Rasmussen, S.L. Miller, S.E. Wolf, S.K. Owens-Stovall, B.E. Petrini, and R.R. Wolfe. 2001. Timing of amino acid-carbohydrate ingestion alters anabolic response of muscle to resistance exercise. *American Journal of Physiology: Endocrinology and Metabolism* 281: E197-E206.

Tsintzas, K., and C. Williams. 1998. Human muscle glycogen metabolism during exercise: Effect of carbohydrate supplementation. *Sports Medicine* 25: 7-23.

Tsintzas, O.K., C. Williams, L. Boobis, and P. Greenhaff. 1995. Carbohydrate ingestion and glycogen utilization in different fiber types in man. *Journal of Physiology* 489: 243-250.

Van Hall, G. 2000. Lactate as fuel for mitochondrial respiration. *Acta Physiologica Scandinavica* 168: 643-656.

第3章

Allred, C.D., K.F. Allred, Y.H. Ju, S.M. Virant, and W.G. Helferich. 2001. Soy diets containing varying amounts of genistein stimulate growth of estrogen-dependent (MCF-7) tumors in a dose-dependent manner. *Cancer Research* 61(13): 5045-5050.

Andersen, L.L., G. Tufekovic, M.K. Zebis, R.M. Crameri, G. Verlaan, M. Kjaer, C. Suetta, P. Magnusson, and P. Aagaard. 2005. The effect of resistance training combined with timed ingestion of protein on muscle fiber size and muscle strength. *Metabolism: Clinical and Experimental* 54(2): 151-156.

Antonio, J., and J.R. Stout, eds. 2001. *Sports supplements.* Philadelphia: Lippincott, Williams & Wilkins.

Badger, T.M., M.J. Ronis, and R. Hakkak. 2001. Developmental effects and health aspects of soy protein isolate, casein, and whey in male and female rats. *International Journal of Toxicology* 20(3): 165-174.

Baumrucker, C.R., M.H. Green, and J.W. Blum. 1994. Effects of dietary rhIGF-I in neonatal calves on the appearance of glucose, insulin, D-xylose, globulins and gamma-glutamyl transferase in blood. *Domestic Animal Endocrinology* 11(4): 393-403.

Beaufrere, B., M. Dangin, and Y. Boirie. 2000. The fast and slow protein concept. In: *Proteins, peptides and amino acids in enteral nutrition,* edited by P. Furst and V. Young, 121-133. Basel: Karger.

Berdanier, C.D. 2000. *Advanced nutrition: Micronutrients.* 2nd ed. Boca Raton, FL: CRC Press.

Bigard, A.X., P. Lavier, L. Ullmann, H. Legrand, P. Douce, and C.Y. Guezennec. 1996. Branched-chain amino acid supplementation during repeated prolonged skiing exercises at altitude. *International Journal of Sport Nutrition* 6(3): 295-306.

Bloomer, R.J., A.C. Fry, M.J. Falvo, and C.A. Moore. 2007. Protein carbonyls are acutely elevated following single set anaerobic exercise in resistance trained men. *Journal of Science and Medicine in Sport* 10(6): 411-417.

Bloomer, R.J., A.H. Goldfarb, L. Wideman, M.J. McKenzie, and L.A. Consitt. 2005. Effects of acute aerobic and anaerobic exercise on blood markers of oxidative stress. *Journal of Strength and Conditioning Research* 19(2): 276-285.

Boirie, Y., M. Dangin, P. Gachon, M.P. Vasson, J.L. Maubois, and B. Beaufrere. 1997. Slow and fast dietary proteins differently modulate postprandial protein accretion. *Proceedings of the National Academy of Sciences* 94(26) (Dec 23): 14930-14935.

Borsheim, E., A. Aarsland, and R.R. Wolfe. 2004. Effect of an amino acid, protein, and carbohydrate mixture on net muscle protein balance after resistance exercise. *International Journal of Sport Nutrition and Exercise Metabolism* 14(3): 255-271.

Borsheim, E., K.D. Tipton, S.E. Wolf, and R.R. Wolfe. 2002. Essential amino acids and muscle protein recovery from resistance exercise. *American Journal of Physiology: Endocrinology and Metabolism* 283(4): E648-E657.

Brown, E.C., R.A. DiSilvestro, A. Babaknia, and S.T. Devor. 2004. Soy versus whey protein bars: Effects on exercise training impact on lean body mass and antioxidant status. *Nutrition Journal* 8(3): 22.

Bucci, L., and L. Unlu. 2000. Proteins and amino acid supplements in exercise and sport. In: *Energy-yielding macronutrients and energy metabolism in sports nutrition,* edited by J. Driskell and I. Wolinsky. Boca Raton, FL: CRC Press.

Campbell, B., R.B. Kreider, T. Ziegenfuss, P. La Bounty, M. Roberts, D. Burke, J. Landis, H. Lopez, and J. Antonio. 2007. International society of sports nutrition position stand: Protein and exercise. *Journal of the International Society of Sports Nutrition* 4: 8.

Candow, D.G., N.C. Burke, T. Smith-Palmer, and D.G. Burke. 2006. Effect of whey and soy protein supplementation combined with resistance training in young adults. *International Journal of Sport Nutrition and Exercise Metabolism* 16: 233-244.

Candow, D.G., J.P. Little, P.D. Chilibeck, S. Abeysekara, G.A. Zello, M. Kazachkov, S.M. Cornish, and P.H. Yu. 2008. Low-dose creatine combined with protein during resistance training in older men. *Medicine and Science in Sports and Exercise* 40(9): 1645-1652.

Carli, G., M. Bonifazi, L. Lodi, C. Lupo, G. Martelli, and A. Viti. 1992. Changes in the exerciseinduced hormone response to branched chain amino acid administration. *European Journal of Applied Physiology and Occupational Physiology* 64(3): 272-277.

Coombes, J.S., and L.R. McNaughton. 2000. Effects of branched-chain amino acid supplementation on serum creatine kinase and lactate dehydrogenase after prolonged exercise. *Journal of Sports Medicine and Physical Fitness* 40(3): 240-246.

Cribb, P.J., A.D. Williams, and A. Hayes. 2007. A creatine-protein-carbohydrate supplement enhances responses to resistance training. *Medicine and Science in Sports and Exercise* 39(11): 1960-1968.

De Feo, P., C. Di Loreto, P. Lucidi, G. Murdolo, N. Parlanti, A. De Cicco, F. Piccioni, and F. Santeusanio. 2003. Metabolic response to exercise. Journal of Endocrinological Investigation 26(9): 851-854.

Dewell, A., C.B. Hollenbeck, and B. Bruce. 2002. The effects of soy-derived phytoestrogens on serum lipids and lipoproteins in moderately hypercholesterolemic postmenopausal women. *Journal of Clinical Endocrinology and Metabolism* 87(1): 118-121.

Di Pasquale, M. 2000. Proteins and amino acids in exercise and sport. In: *Energy-yielding macronutrients and energy metabolism in exercise and sport,* edited by J. Driskell and I. Wolinsky. Boca Raton, FL: CRC Press.

Drăgan, I., V. Stroescu, I. Stoian, E. Georgescu, and R. Baloescu. 1992. Studies regarding the efficiency of Supro isolated soy protein in Olympic athletes. *Revue Roumaine de Physiologie* 29(3-4): 63-70.

Esmarck, B., J.L. Andersen, S. Olsen, E.A. Richter, M. Mizuno, and M. Kjaer. 2001. Timing of postexercise protein intake is important for muscle hypertrophy with resistance training in elderly humans. *Journal of Physiology* 535(Pt 1): 301-311.

FitzGerald, R.J., and H. Meisel. 2000. Milk protein-derived peptide inhibitors of angiotensinI-converting enzyme. British *Journal of Nutrition* 84 Suppl 1: S33-S37.

Florisa, R., I. Recio, B. Berkhout, and S. Visser. 2003. Antibacterial and antiviral effects of milk proteins and derivatives thereof. *Current Pharmaceutical Design* 9(16): 1257-1275.

Friedman, J.E., and P.W. Lemon. 1989. Effect of chronic endurance exercise on retention of dietary protein. *International Journal of Sports Medicine* 10(2): 118-123.

Fruhbeck, G. 1998. Protein metabolism: Slow and fast dietary proteins. *Nature* 391: 843, 845.

Gattas, V.G. 1990. Protein-energy requirements of prepubertal school-age boys determined by using the nitrogen-balance response to a mixed-protein diet. *American Journal of Clinical Nutrition* 52(6): 1037-1042.

Gattas, V., G.A. Barrera, J.S. Riumallo, and R. Uauy. 1992. Protein-energy requirements of boys 12-14 y old determined by using the nitrogen-balance response to a mixed-protein diet. *American Journal of Clinical Nutrition* 56(3): 499-503.

Gleeson, M., G.I. Lancaster, and N.C. Bishop. 2001. Nutritional strategies to minimise exercise-induced immunosuppression in athletes. *Canadian Journal of Applied Physiology* 26 Suppl: S23-35.

Green, A.L., E. Hultman, I.A. Macdonald, D.A. Sewell, and P.L. Greenhaff. 1996. Carbohydrate ingestion augments skeletal muscle creatine accumulation during creatine supplementation in humans. *American Journal of Physiology* 271(5 Pt 1): E821-E826.

Hayes, A., and P.J. Cribb. 2008. Effect of whey protein isolate on strength, body composition and muscle hypertrophy during resistance training. *Current Opinion in Clinical Nutrition and Metabolic Care* 11(1): 40-44.

Hendler, S.S., and D. Rorvik, eds. 2001. *PDR for nutritional supplements.* 1st ed. Montvale, NJ: Thomson PDR.

Horton, B.S. 1995. Commercial utilization of minor milk components in the health and food industries. *Journal of Dairy Science* 78(11): 2584-2589.

Howarth, K.R., K.A. Burgomaster, S.M. Phillips, and M.J. Gibala. 2007. Exercise training increases branched-chain oxoacid dehydrogenase kinase content in human skeletal muscle. *American Journal of Physiology: Regulatory, Integrative and Comparative Physiology* 293(3): R1335-1341.

Hulmi, J.J., V. Kovanen, H. Selanne, W.J. Kraemer, K. Hakkinen, and A.A. Mero. 2009. Acute and long-term effects of resistance exercise with or without protein ingestion on muscle hypertrophy and gene expression. *Amino Acids* 37: 297-308.

Jenkins, D.J., C.W. Kendall, E. Vidgen, V. Vuksan, C.J. Jackson, L.S. Augustin, B. Lee, et al. 2000. Effect of soy-based breakfast cereal on blood lipids and oxidized low-density lipoprotein. *Metabolism: Clinical and Experimental* 49(11): 1496-1500.

Kalman, D., S. Feldman, M. Martinez, D.R. Krieger, and M.J. Tallon. 2007. Effect of protein source and resistance training on body composition and sex hormones. *Journal of the International Society of Sports Nutrition* 4: 4.

Kendrick, I.P., R.C. Harris, H.J. Kim, C.K. Kim, V.H. Dang, T.Q. Lam, T.T. Bui, M. Smith, and J.A. Wise. 2008. The effects of 10 weeks of resistance training combined with beta-alanine supplementation on whole body strength, force production, muscular endurance and body composition. *Amino Acids* 34(4): 547-554.

Kerksick, C., T. Harvey, J. Stout, B. Campbell, C. Wilborn, R. Kreider, D. Kalman, et al. 2008. International society of sports nutrition position stand: Nutrient timing. *Journal of the International*

Society of Sports Nutrition 5: 17.

Kerksick, C.M., C.J. Rasmussen, S.L. Lancaster, B. Magu, P. Smith, C. Melton, M. Greenwood, A.L. Almada, C.P. Earnest, and R.B. Kreider. 2006. The effects of protein and amino acid supplementation on performance and training adaptations during ten weeks of resistance training. *Journal of Strength and Conditioning Research* 20(3): 643-653.

Kerksick, C.M., C. Rasmussen, S. Lancaster, M. Starks, P. Smith, C. Melton, M. Greenwood, A. Almada, and R. Kreider. 2007. Impact of differing protein sources and a creatine containing nutritional formula after 12 weeks of resistance training. *Nutrition* 23(9): 647-656.

Korhonen, H., and A. Pihlanto. 2003. Food-derived bioactive peptides?opportunities for designing future foods. *Current Pharmaceutical Design* 9(16): 1297-1308.

Kraemer, W.J., N.A. Ratamess, J.S. Volek, K. Hakkinen, M.R. Rubin, D.N. French, A.L. Gomez, et al. 2006. The effects of amino acid supplementation on hormonal responses to resistance training overreaching. *Metabolism: Clinical and Experimental* 55(3): 282-291.

Kreider, R.B., and S.M. Kleiner. 2000. Protein supplements for athletes: Need vs. convenience. *Your Patient and Fitness* 14(6): 12-18.

Kreider, R.B., B. Leutholtz, F.I. Katch, and V.L. Katch, eds. 2009. *Exercise and sport nutrition: Principles, promises, science, and recommendations.* Santa Barbara, CA: Fitness Technologies Press.

Kurzer, M.S. 2002. Hormonal effects of soy in premenopausal women and men. *Journal of Nutrition* 132(3): 570S-573S.

Lands, L.C., V.L. Grey, and A.A. Smountas. 1999. Effect of supplementation with a cysteine donor on muscular performance. *Journal of Applied Physiology* 87(4): 1381-1385.

Lemon, P. 2001. Protein requirements for strength athletes. In: *Sports supplements,* edited by J. Antonio and J.R. Stout, 301. Philadelphia: Lippincott, Williams & Wilkins.

Mero, A. 1999. Leucine supplementation and intensive training. *Sports Medicine* 27(6): 347-358.

Mero, A., H. Miikkulainen, J. Riski, R. Pakkanen, J. Aalto, and T. Takala. 1997. Effects of bovine colostrum supplementation on serum IGF-I, IgG, hormone, and saliva IgA during training. *Journal of Applied Physiology* 83(4): 1144-1151.

Messina, M. 1999. Soy, soy phytoestrogens (isoflavones), and breast cancer. *American Journal of Clinical Nutrition* 70(4): 574-575.

Messina, M., and V. Messina. 2000. Soyfoods, soybean isoflavones, and bone health: A brief overview. *Journal of Renal Nutrition* 10(2): 63-68.

Nelson, A.G., D.A. Arnall, J. Kokkonen, R. Day, and J. Evans. 2001. Muscle glycogen supercompensation is enhanced by prior creatine supplementation. *Medicine and Science in Sports and Exercise* 33(7): 1096-1100.

Nicholls, J., B.L. Lasley, S.T. Nakajima, K.D. Setchell, and B.O. Schneeman. 2002. Effects of soy consumption on gonadotropin secretion and acute pituitary responses to gonadotropinreleasing hormone in women. *Journal of Nutrition* 132(4): 708-714.

Pelligrini, A. 2003. Antimicrobial peptides from food proteins. *Current Pharmaceutical Design* 9(16): 1225-1238.

Pino, A.M., L.E. Valladares, M.A. Palma, A.M. Mancilla, M. Yanez, and C. Albala. 2000. Dietary isoflavones affect sex hormone-binding globulin levels in postmenopausal women. *Journal of Clinical Endocrinology and Metabolism* 85(8): 2797-2800.

Potter, S.M. 1995. Overview of proposed mechanisms for the hypocholesterolemic effect of soy. *Journal of Nutrition* 125(3 Suppl): 606S-611S.

Puntis, J.W., P.A. Ball, M.A. Preece, A. Green, G.A. Brown, and I.W. Booth. 1989. Egg and breast milk based nitrogen sources compared. *Archives of Disease in Childhood* 64(10): 1472-1477.

Rowlands, D.S., K. Rossler, R.M. Thorp, D.F. Graham, B.W. Timmons, S.R. Stannard, and M.A. Tarnopolsky. 2008. Effect of dietary protein content during recovery from high-intensity cycling on subsequent performance and markers of stress, inflammation, and muscle damage in well-trained men. *Applied Physiology, Nutrition, and Metabolism* 33(1): 39-51.

Roy, B.D. 2008. Milk: The new sports drink? A review. *Journal of the International Society of Sports Nutrition* 5: 15.

Shirreffs, S.M., P. Watson, and R.J. Maughan. 2007. Milk as an effective post-exercise rehydration drink. British *Journal of Nutrition* 98: 173-180.

Solerte, S.B., C. Gazzaruso, R. Bonacasa, M. Rondanelli, M. Zamboni, C. Basso, E. Locatelli, N. Schifino, A. Giustina, and M. Fioravanti. 2008. Nutritional supplements with oral amino acid mixtures increases whole-body lean mass and insulin sensitivity in elderly subjects with sarcopenia. *American Journal of Cardiology* 101(11A): 69E-77E.

Takatsuka, N., C. Nagata, Y. Kurisu, S. Inaba, N. Kawakami, and H. Shimizu. 2000. Hypocholesterolemic effect of soymilk supplementation with usual diet in premenopausal normolipidemic japanese women. *Preventive Medicine* 31(4): 308-314.

Tang, J.E., J.J. Manolakos, G.W. Kujbida, P.J. Lysecki, D.R. Moore, and S.M. Phillips. 2007. Minimal whey protein with carbohydrate stimulates muscle protein synthesis following resistance exercise in trained young men. *Applied Physiology, Nutrition, and Metabolism* 32(6): 1132-1138.

Tarnopolsky, M.A., J.D. MacDougall, and S.A. Atkinson. 1988. Influence of protein intake and training status on nitrogen balance and lean body mass. *Journal of Applied Physiology* 64(1): 187-193.

Tikkanen, M.J., and H. Adlercreutz. 2000. Dietary soy-derived isoflavone phytoestrogens: Could they have a role in coronary heart disease prevention? *Biochemical Pharmacology* 60(1): 1-5.

Tipton, K.D., T.A. Elliott, M.G. Cree, A.A. Aarsland, A.P. Sanford, and R.R. Wolfe. 2007. Stimulation of net muscle protein synthesis by whey protein ingestion before and after exercise. *American Journal of Physiology: Endocrinology and Metabolism* 292(1): E71-E76.

Tipton, K.D., T.A. Elliott, M.G. Cree, S.E. Wolf, A.P. Sanford, and R.R. Wolfe. 2004. Ingestion of casein and whey proteins result in muscle anabolism after resistance exercise. *Medicine and Science in Sports and Exercise* 36(12): 2073-2081.

Tipton, K.D., and A.A. Ferrando. 2008. Improving muscle mass: Response of muscle metabolism to exercise, nutrition and anabolic agents. *Essays in Biochemistry* 44: 85-98.

Tipton, K.D., A.A. Ferrando, S.M. Phillips, D. Doyle Jr., and R.R. Wolfe. 1999. Postexercise net protein synthesis in human muscle from orally administered amino acids. *American Journal of Physiology* 276(4 Pt 1): E628-E634.

Tipton, K.D., B.B. Rasmussen, S.L. Miller, S.E. Wolf, S.K. Owens-Stovall, B.E. Petrini, and R.R. Wolfe. 2001. Timing of amino acid-carbohydrate ingestion alters anabolic response of muscle to resistance exercise. *American Journal of Physiology: Endocrinology and Metabolism* 281(2): E197-E206.

Toba, Y., Y. Takada, Y. Matsuoka, Y. Morita, M. Motouri, T. Hirai, T. Suguri, et al. 2001. Milk basic protein promotes bone formation and suppresses bone resorption in healthy adult men. *Bioscience, Biotechnology, and Biochemistry* 65(6): 1353-1357.

Tomas, F.M., S.E. Knowles, P.C. Owens, C.S. Chandler, G.L. Francis, L.C. Read, and F.J. Ballard. 1992. Insulin-like growth factor-I (IGF-I) and especially IGF-I variants are anabolic in dexamethasone-treated rats. *Biochemical Journal* 282(Pt 1): 91-97.

Wagenmakers, A.J. 1998. Muscle amino acid metabolism at rest and during exercise: Role in human physiology and metabolism. *Exercise and Sport Sciences Reviews* 26: 287-314.

Watson, P., T.D. Love, R.J. Maughan, and S.M. Shirreffs. 2008. A comparison of the effects of milk and a carbohydrate-electrolyte drink on the restoration of fluid balance and exercise capacity in a hot, humid environment. *European Journal of Applied Physiology* 104(4): 633-642.

Williams, M.H. 2002. *Nutrition for health, fitness, and sport.* 6th ed. New York: McGraw-Hill.

Willoughby, D.S., J.R. Stout, and C.D. Wilborn. 2007. Effects of resistance training and protein plus amino acid supplementation on muscle anabolism, mass, and strength. Amino Acids 32(4): 467-477.

Wong, C.W., A.H. Liu, G.O. Regester, G.L. Francis, and D.L. Watson. 1997. Influence of whey and purified whey proteins on neutrophil functions in sheep. *Journal of Dairy Research* 64(2): 281-288.

Zawadzki, K.M., B.B. Yaspelkis 3rd, and J.L. Ivy. 1992. Carbohydrate-protein complex increases the rate of muscle glycogen storage after exercise. *Journal of Applied Physiology* 72(5): 1854-1859.

第4章

Ahrén, B., A. Mari, C.L. Fyfe, F. Tsofliou, A.A. Sneddon, K.W. Wahle, M.S. Winzell, G. Pacini, and L.M. Williams. 2009. Effects of conjugated linoleic acid plus n-3 polyunsaturated fatty acids on insulin secretion and estimated insulin sensitivity in men. *European Journal of Clinical Nutrition* 63(6): 778-786.

Andersson, A., A. Sjodin, A. Hedman, R. Olsson, and B. Vessby. 2000. Fatty acid profile of skeletal muscle phospholipids in trained and untrained young men. *American Journal of Physiology: Endocrinology and Metabolism* 279(4): E744-E751.

Aoyama, T., N. Nosaka, and M. Kasai. 2007. Research on the nutritional characteristics of medium-chain fatty acids. *Journal of Medical Investigation* 54(3-4): 385-388.

Archer, S., D. Green, M. Chamberlain, A. Dyer, and K. Liu. 1998. Association of dietary fish and n-3 fatty acid intake with hemostatic factors in the coronary artery risk development in young adults (CARDIA) study. *Arteriosclerosis, Thrombosis, and Vascular Biology* 18: 1119-1123.

Arterburn, L.M., E.B. Hall, and H. Oken. 2006. Distribution, interconversion, and dose response of n-3 fatty acids in humans. *American Journal of Clinical Nutrition* 83(6 Suppl): 1467S-1476S.

Bastard, J.P., M. Maachi, C. Lagathu, M.J. Kim, M. Caron, H. Vidal, J. Capeau, and B. Feve. 2006. Recent advances in the relationship between obesity, inflammation, and insulin resistance. *European Cytokine Network* 17(1): 4-12.

Boudreau, M.D., P.S. Chanmugam, S.B. Hart, S.H. Lee, and D.H. Hwang. 1991. Lack of dose response by dietary n-3 fatty acids at a constant ratio of n-3 to n-6 fatty acids in suppressing eicosanoid biosynthesis from arachidonic acid. *American Journal of Clinical Nutrition* 54(1): 111-117.

Breslow, J. 2006. n-3 fatty acids and cardiovascular disease. *American Journal of Clinical Nutrition* 83(6 Suppl): 1477S-1482S.

Brooks, G.A. 1997. Importance of the "crossover" concept in exercise metabolism. *Clinical and Experimental Pharmacology and Physiology* 24(11): 889-895.

Browning, L. 2003. n-3 Polyunsaturated fatty acids, inflammation and obesity-related disease. *Proceedings of the Nutrition Society* 62(2): 447-453.

Calabrese, C., S. Myer, S. Munson, P. Turet, and T.C. Birdsall. 1999. A cross-over study of the effect of a single oral feeding of medium chain triglyceride oil vs. canola oil on postingestion plasma triglyceride levels in healthy men. *Alternative Medicine Review* 4(1): 23-28.

Calder, P. 2006. n-3 polyunsaturated fatty acids, inflammation, and inflammatory diseases. *American*

Journal of Clinical Nutrition 83(6 Suppl): 1505S-1519S.

Cannon, J.G., M.A. Fiatarone, M. Meydani, J. Gong, L. Scott, J.B. Blumberg, and W.J. Evans. 1995. Aging and dietary modulation of elastase and interleukin-1 beta secretion. *American Journal of Physiology* 268(1 Pt 2): R208-213.

Childs, C.E., M. Romeu-Nadal, G.C. Burdge, and P.C. Calder. 2008. Gender differences in the n-3 fatty acid content of tissues. *Proceedings of the Nutrition Society* 67(1): 19-27.

Curtis, C.L., C.E. Hughes, C.R. Flannery, C.B. Little, J.L. Harwood, and B. Caterson. 2000. n-3 fatty acids specifically modulate catabolic factors involved in articular cartilage degradation. *Journal of Biological Chemistry* 275(2): 721-724.

Delarue, J., O. Matzinger, C. Binnert, P. Schneiter, R. Chiolero, and L. Tappy. 2003. Fish oil prevents the adrenal activation elicited by mental stress in healthy men. *Diabetes and Metabolism* 29(3): 289-295.

Dorgan, J.F., J.T. Judd, C. Longcope, C. Brown, A. Schatzkin, B.A. Clevidence, W.S. Campbell, P.P. Nair, C. Franz, L. Kahle, and P.R. Taylor. 1996. Effects of dietary fat and fiber on plasma and urine androgens and estrogens in men: A controlled feeding study. *American Journal of Clinical Nutrition* 64(6): 850-855.

Ehringer, W., D. Belcher, S.R. Wassall, and W. Stillwell. 1990. A comparison of the effects of linolenic (18:3 omega 3) and docosahexaenoic (22:6 omega 3) acids on phospholipid bilayers. *Chemistry of Physics and Lipids* 54(2): 79-88.

Endres, S., R. Ghorbani, V. Kelley, K. Georgilis, G.J. Lonnemann, J. van der Meer, J. Cannon, T. Rogers, M. Klempner, and P. Weber. 1989. The effect of dietary supplementation with n-3 polyunsaturated fatty acids on the synthesis of interleukin-1 and tumor necrosis factor by mononuclear cells. *New England Journal of Medicine* 320(5): 265-271.

Fernandes, G., R. Lawrence, and D. Sun. 2003. Protective role of n-3 lipids and soy protein in osteoporosis. *Prostaglandins, Leukotrienes and Essential Fatty Acids* 68(6): 361-372.

Fleming, J., M.J. Sharman, N.G. Avery, D.M. Love, A.L. Gomez, T.P. Scheett, W.J. Kraemer, and J.S. Volek. 2003. Endurance capacity and high-intensity exercise performance responses to a high fat diet. *International Journal of Sport Nutrition and Exercise Metabolism* 13(4): 466-478.

Flickinger, B.D., and N. Matsuo. 2003. Nutritional characteristics of DAG oil. *Lipids* 38(2): 129-132.

Hamalainen, E.K., H. Adlercreutz, P. Puska, and P. Pietinen. 1983. Decrease of serum total and free testosterone during a low-fat high-fibre diet. *Journal of Steroid Biochemistry* 18(3): 369-370.

Hargreaves, M., J. Hawley, and A. Jeukendrup. 2004. Pre-exercise carbohydrate and fat ingestion: Effects on metabolism and performance. *Journal of Sports Science and Medicine* 22: 31-38.

Hawley, J.A., S.C. Dennis, F.H. Lindsay, and T.D. Noakes. 1995. Nutritional practices of athletes: Are they sub-optimal? *Journal of Sports Science and Medicine* 13: S75-S81.

Helge, J.W., B.J. Wu, M. Willer, J.R. Daugaard, L.H. Storlien, and B. Kiens. 2001. Training affects muscle phospholipid fatty acid composition in humans. *Journal of Applied Physiology* 90(2): 670-677.

Hoffman, D.R., R.C. Theuer, Y.S. Castaneda, D.H. Wheaton, R.G. Bosworth, A.R. O'Connor, S.E. Morale, L.E. Wiedemann, and E.E. Birch. 2004. Maturation of visual acuity is accelerated in breast-fed term infants fed baby food containing DHA-enriched egg yolk. *Journal of Nutrition* 134(9): 2307-2313.

Horowitz, J.F., R. Mora-Rodriguez, L.O. Byerley, and E.F. Coyle. 2000. Preexercise mediumchain triglyceride ingestion does not alter muscle glycogen use during exercise. *Journal of Applied Physiology* 88(1): 219-225.

Horvath, P.J., C.K. Eagen, N.M. Fisher, J.J. Leddy, and D.R. Pendergast. 2000. The effects of varying dietary fat on performance and metabolism in trained male and female runners. *Journal of the American College of Nutrition* 19(1): 52-60.

Innis, S. 2008. Dietary omega 3 fatty acids and the developing brain. *Brain Research* 1237: 35-43.

Institute of Medicine. 2002. *Dietary reference intakes for energy, carbohydrate, fiber, fat, fatty acids, cholesterol, protein, and amino acids,* 335-432. Washington, DC: National Academies Press.

Institute of Medicine. 2005. *Dietary reference intakes for energy, carbohydrate, fiber, fat, fatty acids, cholesterol, protein, and amino acids.* Washington, DC: National Academies Press.

Jeukendrup, A.E., J.J. Thielen, A.J. Wagenmakers, F. Brouns, and W.H. Saris. 1998. Effect of medium-chain triacylglycerol and carbohydrate ingestion during exercise on substrate utilization and subsequent cycling performance. *American Journal of Clinical Nutrition* 67(3): 397-404.

Kapoor, R., and Y.S. Huang. 2006. Gamma linolenic acid: An antiinflammatory omega-6 fatty acid. *Current Pharmaceutical Biotechnology* 7(6): 531-534.

Klein, S., E.F. Coyle, and R.R. Wolfe. 1994. Fat metabolism during low-intensity exercise in endurance-trained and untrained men. *American Journal of Physiology* 267(6) Pt 1: E934-940.

Kremer, J., W. Jubiz, A. Michalek, R. Rynes, L. Bartholomew, J. Bigaouette, M. Timchalk, D. Beeler, and L. Lininger. 1987. Fish-oil fatty acid supplementation in active rheumatoid arthritis: A double-blinded, controlled, crossover study. *Annals of Internal Medicine* 106: 497-503.

Lenn, J., T. Uhl, C. Mattacola, G. Boissonneault, J. Yates, W. Ibrahim, and G. Bruckner. 2002. The effects of fish oil and isoflavones on delayed onset muscle soreness. *Medicine and Science in Sports and Exercise* 34(10): 1605-1613.

Lindgren, B.F., E. Ruokonen, K. Magnusson-Borg, and J. Takala. 2001. Nitrogen sparing effect of structured triglycerides containing both medium-and long-chain fatty acids in critically ill patients; a double blind randomized controlled trial. *Clinical Nutrition* 20(1): 43-48.

Logan, A. 2003. Neurobehavioral aspects of omega-3 fatty acids: Possible mechanisms and therapeutic value in major depression. *Alternative Medicine Review* 8(4): 410-425.

Lowery, L. 1999. Effects of conjugated linoleic acid on body composition and strength in novice male bodybuilders. In: *International Conference on Weight Lifting and Strength Training conference book,* edited by K. Hakkinen, 241-242. Lahti, Finland: Gummerus.

Lowery, L. 2004. Dietary fat and sports nutrition: A primer. *Journal of Sports Science and Medicine* 3: 106-117.

Mann, N.J., L.G. Johnson, G.E. Warrick, and A.J. Sinclair. 1995. The arachidonic acid content of the Australian diet is lower than previously estimated. *Journal of Nutrition* 125(10): 2528-2535.

Mathews, E.M., and D.R. Wagner. 2008. Prevalence of overweight and obesity in collegiate American football players, by position. *Journal of American College Health* 57(1): 33-38.

McDonald, B. 2004. The Canadian experience: Why Canada decided against an upper limit for cholesterol. *Journal of the American College of Nutrition* 23(6 Suppl): 616S-620S.

Mensink, R.P. 2005. Effects of stearic acid on plasma lipid and lipoproteins in humans. *Lipids* 40(12): 1201-1205.

Meyer, B.J., N.J. Mann, J.L. Lewis, G.C. Milligan, A.J. Sinclair, and P.R. Howe. 2003. Dietary intakes and food sources of omega-6 and omega-3 polyunsaturated fatty acids. *Lipids* 38(4): 391-398.

Mickleborough, T.D., R.L. Murray, A.A. Ionescu, and M.R. Lindley. 2003. Fish oil supplementation reduces severity of exercise-induced bronchoconstriction in elite athletes. *American Journal of Respiratory and Critical Care Medicine* 168(10): 1181-1189.

Morcos, N.C., and K. Camilo. 2001. Acute and chronic toxicity study of fish oil and garlic combination. *International Journal for Vitamin and Nutrition Research* 71(5): 306-312.

Muskiet, F.A., M.R. Fokkema, A. Schaafsma, E.R. Boersma, and M.A. Crawford. 2004. Is docosahexaenoic acid (DHA) essential? Lessons from DHA status regulation, our ancient diet, epidemiology and randomized controlled trials. *Journal of Nutrition* 134(1): 183-186.

Pariza, M., Y. Park, and M. Cook. 2001. The biologically active isomers of conjugated linoleic acid. *Progress in Lipid Research* 40: 283-298.

Park, Y., K.J. Albright, W. Liu, J.M. Storkson, M.E. Cook, and M.W. Pariza. 1997. Effect of conjugated linoleic acid on body composition in mice. *Lipids* 32(8): 853-858.

Perez-Jimenez, F., J. Lopez-Miranda, and P. Mata. 2002. Protective effect of dietary monounsaturated fat on arteriosclerosis: Beyond cholesterol. *Atherosclerosis* 163(2): 385-398.

Phillips, T., A.C. Childs, D.M. Dreon, S. Phinney, and C. Leeuwenburgh. 2003. A dietary supplement attenuates IL-6 and CRP after eccentric exercise in untrained males. *Medicine and Science in Sports and Exercise* 35(12): 2032-2037.

Piper, S.N., K.D. Rohm, J. Boldt, B. Odermatt, W.H. Maleck, and S.W. Suttner. 2008. Hepatocellular integrity in patients requiring parenteral nutrition: Comparison of structured MCT/LCT vs. a standard MCT/LCT emulsion and a LCT emulsion. *European Journal of Anaesthesiology* 25(7): 557-565.

Raatz, S.K., D. Bibus, W. Thomas, and P. Kris-Etherton. 2001. Total fat intake modifies plasma fatty acid composition in humans. *Journal of Nutrition* 131(2): 231-234.

Rasmussen, O.W., C.H. Thomsen, K.W. Hansen, M. Vesterlund, E. Winther, and K. Hermansen. 1995. Favourable effect of olive oil in patients with non-insulin-dependent diabetes. The effect on blood pressure, blood glucose and lipid levels of a high-fat diet rich in monounsaturated fat compared with a carbohydrate-rich diet. *Ugeskr Laeger* 157(8): 1028-1032.

Reed, M.J., R.W. Cheng, M. Simmonds, W. Richmond, and V.H. James. 1987. Dietary lipids: An additional regulator of plasma levels of sex hormone binding globulin. *Journal of Clinical Endocrinology and Metabolism* 64(5): 1083-1085.

Richter, W. 2003. Long-chain omega-3 fatty acids from fish reduce sudden cardiac death in patients with coronary heart disease. *European Journal of Medical Research* 8(8): 332-336.

Riechman, S.E., R.D. Andrews, D.A. Maclean, and S. Sheather. 2007. Statins and dietary and serum cholesterol are associated with increased lean mass following resistance training. *Journals of Gerontology: Biological Sciences and Medical Sciences* 62(10): 1164-1171.

Sidossis, L.S., A. Gastaldelli, S. Klein, and R.R. Wolfe. 1997. Regulation of plasma fatty acid oxidation during low- and high-intensity exercise. *American Journal of Physiology* 272(6) Pt 1: E1065-1070.

Simopoulos, A. 2002. The importance of the ratio of omega-6/omega-3 essential fatty acids. *Biomedicine and Pharmacotherapy* 56(8): 365-379.

Simopoulos, A. 2007. Omega-3 fatty acids and athletics. *Current Sports Medicine Reports* 6(4): 230-236.

Stepto, N. 2002. Effect of short term fat adaptation on high intensity training. *Medicine and Science in Sports and Exercise* 34: 449-455.

Su, H.M., L. Bernardo, M. Mirmiran, X.H. Ma, P.W. Nathanielsz, and J.T. Brenna. 1999. Dietary 18:3n-3 and 22:6n-3 as sources of 22:6n-3 accretion in neonatal baboon brain and associated organs. *Lipids* 34 Suppl: S347-S350.

Su, K.P., S.Y. Huang, C.C. Chiu, and W.W. Shen. 2003. Omega-3 fatty acids in major depressive disorder. A preliminary double-blind, placebo-controlled trial. *European Neuropsychopharmacology* 13(4): 267-271.

Takeuchi, H., S. Sekine, K. Kojima, and T. Aoyama. 2008. The application of medium-chain fatty acids: Edible oil with a suppressing effect on body fat accumulation. *Asia Pacific Journal of Clinical Nutrition* 17 Suppl 1: 320-323.

Terpstra, A.H. 2004. Effect of conjugated linoleic acid on body composition and plasma lipids in humans: An overview of the literature. *American Journal of Clinical Nutrition* 79(3): 352-361.

Thomsen, C., O.W. Rasmussen, K.W. Hansen, M. Vesterlund, and K. Hermansen. 1995. Comparison of the effects on the diurnal blood pressure, glucose, and lipid levels of a diet rich in monounsaturated fatty acids with a diet rich in polyunsaturated fatty acids in type 2 diabetic subjects. *Diabetic Medicine* 12(7): 600-606.

U.S. Department of Health and Human Services and U.S. Department of Agriculture. 2005. *Dietary guidelines for Americans.* Washington, DC: U.S. Government Printing Office.

van Loon, L.J., R. Koopman, R. Manders, W. van der Weegen, G.P. van Kranenburg, and H.A. Keizer. 2004. Intramyocellular lipid content in type 2 diabetes patients compared with overweight sedentary men and highly trained endurance athletes. *American Journal of Physiology: Endocrinology and Metabolism* 287(3): E558-E565.

Van Zant, R.S., J.M. Conway, and J.L. Seale. 2002. A moderate carbohydrate and fat diet does not impair strength performance in moderately trained males. *Journal of Sports Medicine and Physical Fitness* 42(1): 31-37.

Venkatraman, J.T., X. Feng, and D. Pendergast. 2001. Effects of dietary fat and endurance exercise on plasma cortisol, prostaglandin E2, interferon-gamma and lipid peroxides in runners. *Journal of the American College of Nutrition* 20(5) (Oct): 529-536.

Venkatraman, J.T., J. Leddy, and D. Pendergast. 2000. Dietary fats and immune status in athletes: Clinical implications. *Medicine and Science in Sports and Exercise* 32(7 Suppl): S389-S395.

Vistisen, B., L. Nybo, X. Xu, C.E. Hoy, and B. Kiens. 2003. Minor amounts of plasma mediumchain fatty acids and no improved time trial performance after consuming lipids. *Journal of Applied Physiology* 95(6): 2434-2443. Vogt, M., A. Puntschart, H. Howald, B. Mueller, C. Mannhart, L. Gfeller-Tuescher, P. Mullis, and H. Hoppeler. 2003.

Effects of dietary fat on muscle substrates, metabolism, and performance in athletes. *Medicine and Science in Sports and Exercise* 35(6) (Jun): 952-960.

Wang, Y.W., and P.J. Jones. 2004. Conjugated linoleic acid and obesity control: Efficacy and mechanisms. *International Journal of Obesity and Related Metabolic Disorders* 28(8): 941-955.

Weisinger, H.S., A.J. Vingrys, and A.J. Sinclair. 1996. The effect of docosahexaenoic acid on the electroretinogram of the guinea pig. *Lipids* 31(1): 65-70.

Whigham, L.D., A.C. Watras, and D.A. Schoeller. 2007. Efficacy of conjugated linoleic acid for reducing fat mass: A meta-analysis in humans. *American Journal of Clinical Nutrition* 85(5): 1203-1211.

Williams, M. 2005. *Nutrition for health, fitness and sport.* New York: McGraw-Hill.

Zderic, T.W., C.J. Davidson, S. Schenk, L.O. Byerley, and E.F. Coyle. 2004. High-fat diet elevates resting intramuscular triglyceride concentration and whole body lipolysis during exercise. *American Journal of Physiology: Endocrinology and Metabolism* 286(2): E217-E225.

第5章

Armstrong, L.E., C.M. Maresh, J.W. Castellani, M.F. Bergerson, R.W. Kenefick, K.E. LaGasse, and D. Riebe. 1994. Urinary indices of hydration status. *International Journal of Sport Nutrition* 4(3): 265-279.

Ballauff, A., M. Kersting, and F. Manz. 1988. Do children have an adequate intake? Water balance studies carried out at home. *Annals of Nutrition and Metabolism* 32: 332-339.

Bar-Or, O. 1980. Climate and the exercising child. *International Journal of Sports Medicine* 1: 53-65.

Bar-Or, O. 1989. Temperature regulation during exercise in children and adolescents. In: *Perspectives in exercise science and sports medicine: Youth, exercise and sport,* edited by C.V. Gisolfi and D.R. Lamb. Carmel, IN: Benchmark Press.

Bar-Or, O. 1996. Thermoregulation in females from a life span perspective. In: *Perspectives in exercise science and sports medicine: Exercise and the female. A life span approach,* edited by O. Bar-Or, D.R. Lamb, and P.M. Clarkson. Carmel, IN: Cooper Publishing Group.

Bar-Or, O., S. Barr, M. Bergeron, R. Carey, P. Clarkson, L. Houtkooper, A. Rivera-Brown, T. Rowland, and S. Steen. 1997. Youth in sport: Nutritional needs. *Gatorade Sport Science Institute Sports Science Exchange Roundtable* 8(4).

Bar-Or, O., C.J.R. Blimkie, J.A. Hay, J.D. MacDougall, D.S. Ward, and W.M. Wilson. 1992. Voluntary dehydration and heat tolerance in patients with cystic fibrosis. *Lancet* 339: 696-699.

Beetham, R. 2000. Biochemical investigation of suspected rhabdomyolysis. *Annals of Clinical Biochemistry* 37: 581-587.

Bergeron, M.F., D.B. McKeag, D.J. Casa, P.M. Clarkson, R.W. Dick, E.R. Elchner, C.A. Horswill, A.C. Luke, F. Mueller, T.A. Munce, W.O. Roberts, and T.W. Rowland. 2005. Youth football: Heat stress and injury risk. *Medicine and Science in Sports and Exercise* 37: 1421-1430.

Burrell, L.M., J.M. Palmer, and P.H. Baylis. 1992. Atrial natriuretic peptide inhibits fluid intake in hyperosmolar subjects. *Clinical Science* 83: 35-39.

Campbell, W.W., and R.A. Geik. 2004. Nutritional considerations for the older adult. *Nutrition* 20: 603-608.

Cheuvront, S.N., R. Carter III, S.J. Montain, and M.N. Sawka. 2004. Daily body mass variability and stability in active men undergoing exercise-heat stress. *International Journal of Sport Nutrition and Exercise Metabolism* 14: 532-540.

Crowe, M.J., M.L. Forsling, B.J. Rolls, P.A. Phillips, J.G.G. Ledingham, and R.F. Smith. 1987. Altered water secretion in healthy elderly men. *Age and Aging* 16: 285-293.

Dunford, M. 2006. *Sports nutrition: A practice manual for professionals.* Chicago: American Dietetic Association.

Dunford, M., and J.A. Doyle. 2008. *Nutrition for sport and exercise.* Belmont, CA: Thompson Higher Education.

Epstein, M., and N.K. Hollenberg. 1976. Age as a determinant of renal sodium concentration. *Journal of Laboratory and Clinical Medicine* 87: 411-417.

Falk, B., O. Bar-Or, and J.D. MacDougall. 1992. Thermoregulatory responses of pre-mid- and late-pubertal boys. *Medicine and Science in Sports and Exercise* 24: 688-694.

Godek, S.F., A.R. Bartolozzi, R. Burkholder, E. Sugarman, and C. Peduzzi. 2008. Sweat rates and fluid turnover in professional football players: A comparison of National Football League lineman and backs. *Journal of Athletic Training* 43(2): 184-189.

Greiwe, J.S., K.S. Staffey, D.R. Melrose, M.D. Narve, and R.G. Knowlton. 1998. Effects of dehydration on isometric muscular strength and endurance. *Medicine and Science in Sports and Exercise* 30: 284-288.

Hayes, L.D., and C.I. Morse. 2010. The effects of progressive dehydration on strength and power: Is there a dose response? *European Journal of Applied Physiology* 108: 701-707.

Hew-Butler, T., C. Almond, J.C. Ayus, J. Dugas, W. Meeuwisse, T. Noakes, S. Reid, A. Siegel, D. Speedy, K. Stuempfle, J. Verbalis, and L. Weschler. 2005. Consensus statement of the 1st International

Exercise-Associated Hyponatremia Consensus Development Conference, Cape Town, South Africa. *Clinical Journal of Sports Medicine* 15(4): 206-211.

Institute of Medicine. 1994. *Fluid replacement and heat stress.* Washington, DC: Committee on Military Nutrition Research, Food and Nutrition Board, Institute of Medicine.

Institute of Medicine. 2005. *Dietary reference intakes for water, sodium, chloride, potassium and sulfate,* 73-185. Washington, DC: National Academies Press.

Jeukendrup, A.E., R. Jentjens, and L. Moseley. 2005. Nutritional considerations in triathlon. *Sports Medicine* 35: 163-181.

Judelson, D.A., C.M. Maresh, J.M. Anderson, D.J. Casa, W.J. Kraemer, and J.S. Volek. 2007a. Hydration and muscular performance: Does fluid balance affect strength, power and high-intensity endurance? *Sports Medicine* 37: 907-921.

Judelson, D.A., C.M. Maresh, M.J. Farrell, L.M. Yamamoto, L.E. Armstrong, W.J. Kraemer, J.S. Volek, B.A. Spiering, D.J. Casa, and J.M. Anderson. 2007b. Effect of hydration state on strength, power, and resistance exercise performance. *Medicine and Science in Sports and Exercise* 39: 1817-1824.

Judelson, D.A., C.M. Maresh, L.M. Yamamoto, M.F. Farrell, L.E. Armstrong, W.J. Kraemer, J.S. Volek, B.A. Spiering, D.J. Casa, and J.M. Anderson. 2008. Effect of hydration state on resistance exercise-induced endocrine markers of anabolism, catabolism and metabolism. *Journal of Applied Physiology* 105: 816-824.

Kenney, W.L., and P. Chiu. 2001. Influence of age on thirst and fluid intake. *Medicine and Science in Sports and Exercise* 33(9): 1524-1532.

Kenney, W.L., and S.R. Fowler. 1988. Methylcholine-activated eccrine sweat gland density and output as a function of age. *Journal of Applied Physiology* 65: 1082-1086.

Kenney, W.L., C.G. Tankersley, D.L. Newswanger, D.E. Hyde, S.M. Puhl, and S.L. Turner. 1990. Age and hypohydration independently influence the peripheral vascular system response to heat stress. *Journal of Applied Physiology* 68: 1902-1908.

Kiningham, R.B., and D.W. Gorenflo. 2001. Weight loss methods of high school wrestlers. *Medicine and Science in Sports and Exercise* 33(5): 810-813.

Kirchengast, S., and M. Gartner. 2002. Changes in fat distribution (WHR) and body weight across the menstrual cycle. *Collegium Antropologicum* 26 Suppl: 47-57.

Knochel, J.P. 1992. Hypophosphatemia and rhabdomyolysis. *American Journal of Medicine* 92: 455-457.

Laursen, P.B., R. Suriano, M.J. Quod, H. Lee, C.R. Abbiss, K. Nosaka, D.T. Martin, and D. Bishop. 2006. Core temperature and hydration status during an Ironman triathlon. *British Journal of Sports Medicine* 40: 320-325.

Maughan, R., and S.M. Shirreffs. 2008. Development of individual hydration strategies for athletes . *International Journal of Sport Nutrition and Exercise Metabolism* 18: 457-472.

McArdle, W.D., F.I. Katch, and V.L. Katch. 2006. Factors affecting physiological function: The environment and special aids to performance. In: *Essentials of exercise physiology.* Baltimore: McGraw-Hill.

Meyer, F., O. Bar-Or, J.D. MacDougall, and J.F. Heigenhauser. 1992. Sweat electrolyte loss during exercise in the heat: Effects of gender and maturation. *Medicine and Science in Sports and Exercise* 24: 776-781.

Montain, S. 2008. Strategies to prevent hyponatremia during prolonged exercise. *Current Sports Medicine Reports* 7(4): S28-S35.

Noonan, B., G. Mack, and N. Stachenfeld. 2007. The effects of hockey protective equipment on high-intensity intermittent exercise. *Medicine and Science in Sports and Exercise* 39(8): 1327-1335.

Olsson, K., and B. Saltin. 2008. Variation in total body water with muscle glycogen changes in man. *Acta Physiologica Scandinavica* 80: 11-18.

Petrie, H.J., E.A. Stover, and C.A. Horswill. 2004. Nutritional concerns for the child and adolescent competitor. *Nutrition* 20: 620-631.

Phillips, P.A., M. Bretherton, C.I. Johnston, and L. Gray. 1993a. Reduced osmotic thirst in healthy elderly men. *American Journal of Physiology* 261: R166-R171.

Phillips, P.A., M. Bretherton, J. Risvanis, D. Casley, C. Johnston, and L. Gray. 1993b. Effects of drinking on thirst and vasopressin in dehydrated elderly men. *American Journal of Physiology* 264: R877-R881.

Ray, M.L., M.W. Bryan, T.M. Ruden, S.M. Baier, R.L. Sharp, and D.S. King. 1998. Effect of sodium in a rehydration beverage when consumed as a fluid or meal. *Journal of Applied Physiology* 85: 1329-1336.

Reaburn, P. 2000. Nutrition and the ageing athlete. In: *Clinical sports nutrition,* edited by L. Burke and V. Deakin. Melbourne: McGraw-Hill.

Rehrer, N.J., F. Brouns, E.J. Beckers, F. ten Hoor, and W.H. Saris. 1990. Gastric emptying with repeated drinking during running and bicycling. *International Journal of Sports Medicine* 11(3): 238-243.

Rolls, B.J., and P.A. Phillips. 1990. Aging and disturbances of thirst and fluid balance. *Nutrition Reviews* 48(3): 137-144.

Rosenbloom, C.A., and A. Dunaway. 2007. Nutrition recommendations for masters athletes. *Clinical Sports Medicine* 26: 91-100.

Rosenfeld, D., D. Livne, O. Nevo, L. Dayan, V. Milloul, S. Lavi, and G. Jacob. 2008. Hormonal and volume dysregulation in women with premenstrual syndrome. *Hypertension* 51(4): 1225-1230.

Sawka, M.N., L.M. Burke, E.R. Eichner, R.J. Maughan, S.J. Montain, and N.S. Stachenfeld. 2007. Exercise and fluid replacement position stand. *Medicine and Science in Sports and Exercise* 39(2): 377-389.

Sawka, M.N., and K.B. Pandolf. 1990. Effects of body water loss in physiological function and exercise performance. In: *Perspectives in exercise science and sports medicine: Fluid homeostasis during exercise,* edited by D.R. Lamb and C.V. Gisolfi. Indianapolis: Benchmark Press.

Sawka, M.N., C.B. Wenger, and K.B. Pandolf. 1996. Thermoregulatory responses to acute exercise-heat stress and heat acclimation. In: *Handbook of physiology, section 4: Environmental physiology,* edited by C.M. Blatteis and M.J. Fregly. New York: Oxford University Press for the American Physiological Society.

Seckl, J.R., T.D.M. Williams, and S.L. Lightman. 1986. Oral hypertonic saline causes transient fall of vasopressin in humans. *American Journal of Physiology* 251: R214-R217.

Seifert, J., J. Harmon, and P. DeClercq. 2006. Protein added to a sports drink improves fluid retention. *International Journal of Sport Nutrition and Exercise Metabolism* 16(4): 420-429.

Speedy, D.B., T.D. Noakes, and C. Schneider. 2001. Exercise-associated hyponatremia: A review. *Emergency Medicine Journal* 13: 17-27.

Tarnopolsky, M.A. 2008. Nutritional consideration in the aging athlete. *Clinical Journal of Sports Medicine* 18(6): 531-538.

Thompson, C.J., J. Burd, and P.H. Baylis. 1987. Acute suppression of plasma vasopressin and thirst after drinking in hypernatremic humans. *American Journal of Physiology* 240: R1138-R1142.

Unnithan, V.B., and S. Goulopoulou. 2004. Nutrition for the pediatric athlete. *Current Sports Medicine Reports* 3: 206-211.

Yamamoto, L.M., D.A. Judelson, M.F. Farrell, E.C. Lee, L.E. Armstrong, D.J. Casa, W.J. Kraemer, J.S.

Volek, and C.M. Maresh. 2008. Effects of hydration state and resistance exercise on markers of muscle damage. *Journal of Strength and Conditioning Research* 22(5): 1387-1393.

第6章

Aguilo, A., P. Tauler, A. Sureda, N. Cases, J. Tur, and A. Pons. 2007. Antioxidant diet supplementation enhances aerobic performance in amateur sportsmen. *Journal of Sports Science*s 25(11): 1203-1210.

Beals, K.A., and M.M. Manore. 1998. Nutritional status of female athletes with subclinical eating disorders. *Journal of the American Dietetic Association* 98(4): 419-425.

Belko, A.Z., M.P. Meredith, H.J. Kalkwarf, E. Obarzanek, S. Weinberg, R. Roach, G. McKeon, and D.A. Roe. 1985. Effects of exercise on riboflavin requirements: Biological validation in weight reducing women. *American Journal of Clinical Nutrition* 41(2): 270-277.

Belko, A.Z., E. Obarzanek, R. Roach, M. Rotter, G. Urban, S. Weinberg, and D.A. Roe. 1984. Effects of aerobic exercise and weight loss on riboflavin requirements of moderately obese, marginally deficient young women. *American Journal of Clinical Nutrition* 40(3): 553-561.

Benson, J., D.M. Gillen, K. Bourdet, and A.R. Loosli. 1985. Inadequate nutrition and chronic calorie restriction in adolescent ballerinas. *Physician and SportsMedicine* 13: 79-90.

Beshgetoor, D., and J.F. Nichols. 2003. Dietary intake and supplement use in female master cyclists and runners. *International Journal of Sport Nutrition and Exercise Metabolism* 13(2): 166-172.

Bischoff-Ferrari, H.A., T. Dietrich, E.J. Orav, F.B. Hu, Y. Zhang, E.W. Karlson, and B. DawsonHughes. 2004. Higher 25-hydroxyvitamin D concentrations are associated with better lower-extremity function in both active and inactive persons aged > or =60 y. *American Journal of Clinical Nutrition* 80(3): 752-758.

Bredle, D.L., J.M. Stager, W.F. Brechue, and M.O. Farber. 1988. Phosphate supplementation, cardiovascular function, and exercise performance in humans. *Journal of Applied Physiology* 65(4): 1821-1826.

Brilla, L.R., and T.F. Haley. 1992. Effect of magnesium supplementation on strength training in humans. *Journal of the American College of Nutrition* 11(3): 326-329.

Brownlie, T. 4th, V. Utermohlen, P.S. Hinton, and J.D. Haas. 2004. Tissue iron deficiency without anemia impairs adaptation in endurance capacity after aerobic training in previously untrained women. *American Journal of Clinical Nutrition* 79(3): 437-443.

Brun, J.F., C. Dieu-Cambrezy, A. Charpiat, C. Fons, C. Fedou, J.P. Micallef, M. Fussellier, L. Bardet, and A. Orsetti. 1995. Serum zinc in highly trained adolescent gymnasts. *Biological Trace Element Research* 47(1-3): 273-278.

Brutsaert, T.D., S. Hernandez-Cordero, J. Rivera, T. Viola, G. Hughes, and J.D. Haas. 2003. Iron supplementation improves progressive fatigue resistance during dynamic knee extensor exercise in iron-depleted, nonanemic women. *American Journal of Clinical Nutrition* 77(2): 441-448.

Cannell, J.J., B.W. Hollis, M.B. Sorenson, T.N. Taft, and J.J. Anderson. 2009. Athletic performance and vitamin D. *Medicine and Science in Sports and Exercise* 41(5): 1102-1110.

Cannell, J.J., B.W. Hollis, M. Zasloff, and R.P. Heaney. 2008. Diagnosis and treatment of vitamin D deficiency. *Expert Opinion on Pharmacotherapy* 9(1): 107-118.

Ciocoiu, M., M. Badescu, and I. Paduraru. 2007. Protecting antioxidative effects of vitamins E and C in experimental physical stress. *Journal of Physiology and Biochemistry* 63(3): 187-194.

Cohen, J.L., L. Potosnak, O. Frank, and H. Baker. 1985. A nutritional and hematological assessment of elite ballet dancers. *Physician and SportsMedicine* 13: 43-54.

Cook, J.D., M.B. Reddy, J. Burri, M.A. Juillerat, and R.F. Hurrell. 1997. The influence of different cereal grains on iron absorption from infant cereal foods. *American Journal of Clinical Nutrition* 65(4): 964-969.

Deuster, P.A., and J.A. Cooper. 2006. Choline. In: *Sports nutrition,* edited by J.A. Driskell and I. Wolinsky. Boca Raton, FL: CRC Press.

Deuster, P.A., E. Dolev, S.B. Kyle, R.A. Anderson, and E.B. Schoomaker. 1987. Magnesium homeostasis during high-intensity anaerobic exercise in men. *Journal of Applied Physiology* 62(2): 545-550.

Deuster, P.A., S.B. Kyle, P.B. Moser, R.A. Vigersky, A. Singh, and E.B. Schoomaker. 1986. Nutritional survey of highly trained women runners. *American Journal of Clinical Nutrition* 44(6): 954-962.

Doyle, M.R., M.J. Webster, and L.D. Erdmann. 1997. Allithiamine ingestion does not enhance isokinetic parameters of muscle performance. *International Journal of Sport Nutrition* 7(1): 39-47.

Dressendorfer, R.H., and R. Sockolov. 1980. Hypozincemia in runners. *Physician and Sports Medicine* 8: 97-100.

Economos, C.D., S.S. Bortz, and M.E. Nelson. 1993. Nutritional practices of elite athletes. Practical recommendations. *Sports Medicine (Auckland, NZ)* 16(6): 381-399.

Edgerton, V.R., Y. Ohira, J. Hettiarachchi, B. Senewiratne, G.W. Gardner, and R.J. Barnard. 1981. Elevation of hemoglobin and work tolerance in iron-deficient subjects. *Journal of Nutritional Science and Vitaminology* 27(2): 77-86.

Evans, G.W. 1989. The effect of chromium picolinate on insulin-controlled parameters in humans. *International Journal of Bioscience and Medical Research* 11: 163-180.

Faber, M., and A.J. Benade. 1991. Mineral and vitamin intake in field athletes (discus-, hammer-, javelin-throwers and shotputters). *International Journal of Sports Medicine* 12(3): 324-327.

Filaire, E., and G. Lac. 2002. Nutritional status and body composition of juvenile elite female gymnasts. *Journal of Sports Medicine and Physical Fitness* 42(1): 65-70.

Fletcher, R.H., and K.M. Fairfield. 2002. Vitamins for chronic disease prevention in adults. Clinical applications. *Journal of the American Medical Association* 287: 3127-3129.

Fogelholm, G.M., J.J. Himberg, K. Alopaeus, C.G. Gref, J.T. Laakso, J.J. Lehto, and H. Mussalo-Rauhamaa. 1992. Dietary and biochemical indices of nutritional status in male athletes and controls. *Journal of the American College of Nutrition* 11(2): 181-191.

Fogelholm, M., I. Ruokonen, J.T. Laakso, T. Vuorimaa, and J.J. Himberg. 1993. Lack of association between indices of vitamin B1, B2, and B6 status and exercise-induced blood lactate in young adults. *International Journal of Sport Nutrition* 3(2): 165-176.

Gaeini, A.A., N. Rahnama, and M.R. Hamedinia. 2006. Effects of vitamin E supplementation on oxidative stress at rest and after exercise to exhaustion in athletic students. *Journal of Sports Medicine and Physical Fitness* 46(3): 458-461.

Galbo, H., J.J. Holst, N.J. Christensen, and J. Hilsted. 1976. Glucagon and plasma catecholamines during beta-receptor blockade in exercising man. *Journal of Applied Physiology* 40(6): 855-863.

Gardner, G.W., V.R. Edgerton, B. Senewiratne, R.J. Barnard, and Y. Ohira. 1977. Physical work capacity and metabolic stress in subjects with iron deficiency anemia. *American Journal of Clinical Nutrition* 30(6): 910-917.

Golf, S.W., D. Bohmer, and P.E. Nowacki. 1993. Is magnesium a limiting factor in competitive exercise? A summary of relevant scientific data. In: *Magnesium,* edited by S. Golf, D. Dralle, and L. Vecchiet, 209-220. London: John Libbey.

Guilland, J.C., T. Penaranda, C. Gallet, V. Boggio, F. Fuchs, and J. Klepping. 1989. Vitamin status of young athletes including the effects of supplementation. *Medicine and Science in Sports and Exercise*

21(4): 441-449.

Haas, J.D., and T. Brownlie 4th. 2001. Iron deficiency and reduced work capacity: A critical review of the research to determine a causal relationship. *Journal of Nutrition* 131(2S-2): 676S, 688S; discussion 688S-690S.

Hallberg, L., M. Brune, M. Erlandsson, A.S. Sandberg, and L. Rossander-Hulten. 1991. Calcium: Effect of different amounts on nonheme- and heme-iron absorption in humans. *American Journal of Clinical Nutrition* 53(1): 112-119.

Hallberg, L., L. Hulten, and E. Gramatkovski. 1997. Iron absorption from the whole diet in men: How effective is the regulation of iron absorption? *American Journal of Clinical Nutrition* 66(2): 347-356.

Haymes, E.M. 2006. Iron. In: *Sports nutrition,* edited by J.A. Driskell and I. Wolinsky, 203216. Boca Raton, FL: CRC Press.

Heath, E.M. 2006. Niacin. In: *Sports nutrition,* edited by J.A. Driskell and I. Wolinsky, 69-80.

Boca Raton, FL: CRC Press. Herrmann, M., R. Obeid, J. Scharhag, W. Kindermann, and W. Herrmann. 2005. Altered vitamin B12 status in recreational endurance athletes. *International Journal of Sport Nutrition and Exercise Metabolism* 15(4): 433-441.

Hickson, J.F. Jr., J. Schrader, and L.C. Trischler. 1986. Dietary intakes of female basketball and gymnastics athletes. *Journal of the American Dietetic Association* 86(2): 251-253.

Hinton, P.S., C. Giordano, T. Brownlie, and J.D. Haas. 2000. Iron supplementation improves endurance after training in iron-depleted, nonanemic women. *Journal of Applied Physiology* 88(3): 1103-1111.

Holick, M.F. 2007. Vitamin D deficiency. *New England Journal of Medicine* 357(3): 266-281.

Hoogendijk, W.J., P. Lips, M.G. Dik, D.J. Deeg, A.T. Beekman, and B.W. Penninx. 2008. Depression is associated with decreased 25-hydroxyvitamin D and increased parathyroid hormone levels in older adults. *Archives of General Psychiatry* 65(5): 508-512.

Institute of Medicine, Food and Nutrition Board. 1997. *Dietary reference intakes for calcium, phosphorus, magnesium, vitamin D, and fluoride.* Washington, DC: National Academies Press.

Institute of Medicine, Food and Nutrition Board. 1998. *Dietary references intakes for thiamin, riboflavin, niacin, vitamin B12, folate, pantothenic acid, biotin, and choline.* Washington, DC: National Academy Press.

Institute of Medicine, Food and Nutrition Board. 2000. *Dietary reference intakes for vitamin C, vitamin E, selenium, and carotenoids.* Washington, DC: National Academy Press.

Institute of Medicine, Food and Nutrition Board. 2001. *Dietary reference intakes for vitamin A, vitamin K, arsenic, boron, chromium, copper, iodine, iron, manganese, molybdenum, nickel, silicon, vanadium, and zinc.* Washington, DC: National Academy Press.

Institute of Medicine, Food and Nutrition Board. 2003. *Dietary reference intakes: Applications in dietary planning.* Washington, DC: National Academy Press.

Institute of Medicine, Food and Nutrition Board. 2005. *Dietary reference intakes for water, potassium, chloride, and sodium.* Washington, DC: National Academy Press.

Isaacson, A., and A. Sandow. 1963. Effects of zinc on responses of skeletal muscle. *Journal of General Physiology* 46: 655-677.

Johnston, C.S., P.D. Swan, and C. Corte. 1999. Substrate utilization and work efficiency during submaximal exercise in vitamin C depleted-repleted adults. *International Journal for Vitamin and Nutrition Research* 69(1): 41-44.

Keith, R.E. 2006. Ascorbic acid. In: *Sports nutrition,* edited by J.A. Driskell and I. Wolinsky, 29-46. Boca Raton, FL: CRC Press.

Keith, R.E., and L.A. Alt. 1991. Riboflavin status of female athletes consuming normal diets. *Nutrition*

Research 11: 727-734.

Keith, R.E., K.A. O'Keeffe, L.A. Alt, and K.L. Young. 1989. Dietary status of trained female cyclists. *Journal of the American Dietetic Association* 89(11): 1620-1623.

Keys, A., A.F. Henschel, O. Michelsen, and J.M. Brozek. 1943. The performance of normal young men on controlled thiamin intakes. *Journal of Nutrition* 26: 399-415.

Khaled, S., J.F. Brun, J.P. Micallel, L. Bardet, G. Cassanas, J.F. Monnier, and A. Orsetti. 1997. Serum zinc and blood rheology in sportsmen (football players). *Clinical Hemorheology and Microcirculation* 17(1): 47-58.

Kirchner, E.M., R.D. Lewis, and P.J. O'Connor. 1995. Bone mineral density and dietary intake of female college gymnasts. *Medicine and Science in Sports and Exercise* 27(4): 543-549.

Kreider, R.B., G.W. Miller, M.H. Williams, C.T. Somma, and T.A. Nasser. 1990. Effects of phosphate loading on oxygen uptake, ventilatory anaerobic threshold, and run performance. *Medicine and Science in Sports and Exercise* 22(2): 250-256.

Krotkiewski, M., M. Gudmundsson, P. Backstrom, and K. Mandroukas. 1982. Zinc and muscle strength and endurance. *Acta Physiologica Scandinavica* 116(3): 309-311.

Lawrence, J.D., R.C. Bower, W.P. Riehl, and J.L. Smith. 1975. Effects of alpha-tocopherol acetate on the swimming endurance of trained swimmers. *American Journal of Clinical Nutrition* 28(3): 205-208.

Leklem, J.E. 1990. Vitamin B-6: A status report. *Journal of Nutrition* 120(Suppl 11): 1503-1507.

Lemmel, G. 1938. Vitamin C deficiency and general capacity for work. *Munchener Medizinische Wochenschrift* 85: 1381.

Loosli, A.R., and J. Benson. 1990. Nutritional intake in adolescent athletes. *Pediatric Clinics of North America* 37(5): 1143-1152.

Loosli, A.R., J. Benson, D.M. Gillen, and K. Bourdet. 1986. Nutritional habits and knowledge in competitive adolescent female gymnasts. *Physician and SportsMedicine* 14: 118-121.

Lukaski, H. 1999. Chromium as a supplement. *Annual Review of Nutrition* 19: 279-302.

Lukaski, H. 2004. Vitamin and mineral status: Effects on physical performance. *Nutrition* 20(7-8): 632-644.

Lukaski, H.C. 2005. Low dietary zinc decreases erythrocyte carbonic anhydrase activities and impairs cardiorespiratory function in men during exercise. *American Journal of Clinical Nutrition* 81(5): 1045-1051.

Lukaski, H.C. 2006. Zinc. In: *Sports nutrition,* edited by J.A. Driskell and I. Wolinsky, 217234. Boca Raton, FL: CRC Press.

Lukaski, H.C. 2007. Effects of chromium(III) as a nutritional supplement. In: *The nutritional biochemistry of chromium(III),* edited by J.B. Vincent, 71-84. New York: Elsevier.

Lukaski, H.C., C.B. Hall, and W.A. Siders. 1991. Altered metabolic response of iron-deficient women during graded, maximal exercise. *European Journal of Applied Physiology and Occupational Physiology* 63(2): 140-145.

Lukaski, H.C., B.S. Hoverson, S.K. Gallagher, and W.W. Bolonchuk. 1990. Physical training and copper, iron, and zinc status of swimmers. *American Journal of Clinical Nutrition* 51(6): 1093-1099.

Lukaski, H.C., and F.H. Nielsen. 2002. Dietary magnesium depletion affects metabolic responses during submaximal exercise in postmenopausal women. *Journal of Nutrition* 132(5): 930-935.

Magkos, F., and M. Yannakoulia. 2003. Methodology of dietary assessment in athletes: Concepts and pitfalls. *Current Opinion in Clinical Nutrition and Metabolic Care* 6(5): 539-549.

Manore, M.M. 2000. Effect of physical activity on thiamine, riboflavin, and vitamin B-6 requirements.

American Journal of Clinical Nutrition 72(2 Suppl): 598S-606S.

Marzani, B., M. Balage, A. Venien, T. Astruc, I. Papet, D. Dardevet, and L. Mosoni. 2008. Antioxidant supplementation restores defective leucine stimulation of protein synthesis in skeletal muscle from old rats. *Journal of Nutrition* 138(11): 2205-2211.

Matter, M., T. Stittfall, J. Graves, K. Myburgh, B. Adams, P. Jacobs, and T.D. Noakes. 1987. The effect of iron and folate therapy on maximal exercise performance in female marathon runners with iron and folate deficiency. *Clinical Science* 72(4): 415-422.

McClung, J.P., L.J. Marchitelli, K.E. Friedl, and A.J. Young. 2006. Prevalence of iron deficiency and iron deficiency anemia among three populations of female military personnel in the US army. *Journal of the American College of Nutrition* 25(1): 64-69.

Monsen, E.R. 1988. Iron nutrition and absorption: Dietary factors which impact iron bioavailability. *Journal of the American Dietetic Association* 88(7): 786-790.

Montoye, H.J., P.J. Spata, V. Pinckney, and L. Barron. 1955. Effects of vitamin B12 supplementation on physical fitness and growth of young boys. *Journal of Applied Physiology* 7(6): 589-592.

Murray, R., W.P. Bartoli, D.E. Eddy, and M.K. Horn. 1995. Physiological and performance responses to nicotinic-acid ingestion during exercise. *Medicine and Science in Sports and Exercise* 27(7): 1057-1062.

Niekamp, R.A., and J.T. Baer. 1995. In-season dietary adequacy of trained male cross-country runners. *International Journal of Sport Nutrition* 5(1): 45-55.

Nielsen, F.H., and H.C. Lukaski. 2006. Update on the relationship between magnesium and exercise. *Magnesium Research* 19(3): 180-189.

Pernow, B., and B. Saltin. 1971. Availability of substrates and capacity for prolonged heavy exercise in man. *Journal of Applied Physiology* 31(3): 416-422.

Peters, A.J., R.H. Dressendorfer, J. Rimar, and C.L. Keen. 1986. Diet of endurance runners competing in a 20-day road race. *Physician and SportsMedicine* 14: 63-70.

Pfeifer, M., B. Begerow, and H.W. Minne. 2002. Vitamin D and muscle function. *Osteoporosis International* 13(3): 187-194.

Plotnikoff, G.A., and J.M. Quigley. 2003. Prevalence of severe hypovitaminosis D in patients with persistent, nonspecific musculoskeletal pain. *Mayo Clinic Proceedings* 78(12): 1463-1470.

Read, M.H., and S.L. McGuffin. 1983. The effect of B-complex supplementation on endurance performance. *Journal of Sports Medicine and Physical Fitness* 23(2): 178-184.

Richardson, J.H., and P.D. Drake. 1979. The effects of zinc on fatigue of striated muscle. *Journal of Sports Medicine and Physical Fitness* 19(2): 133-134.

Rodriguez, N.R., N.M. DiMarco, and S. Langley. 2009. Position of the American Dietetic Association, Dietitians of Canada, and the American College of Sports Medicine: Nutrition and athletic performance. *Journal of the American Dietetic Association* 109(3): 509-527.

Rokitzki, L., E. Logemann, G. Huber, E. Keck, and J. Keul. 1994. Alpha-tocopherol supplementation in racing cyclists during extreme endurance training. *International Journal of Sport Nutrition* 4(3) (Sep): 253-264.

Rowland, T.W., M.B. Deisroth, G.M. Green, and J.F. Kelleher. 1988. The effect of iron therapy on the exercise capacity of nonanemic iron-deficient adolescent runners. *American Journal of Diseases of Children* 142(2): 165-169.

Schoene, R.B., P. Escourrou, H.T. Robertson, K.L. Nilson, J.R. Parsons, and N.J. Smith. 1983. Iron repletion decreases maximal exercise lactate concentrations in female athletes with minimal iron-deficiency anemia. *Journal of Laboratory and Clinical Medicine* 102(2): 306-312.

Sharman, I.M., M.G. Down, and N.G. Norgan. 1976. The effects of vitamin E on physiological function and athletic performance of trained swimmers. *Journal of Sports Medicine and Physical Fitness* 16(3): 215-225.

Sharman, I.M., M.G. Down, and R.N. Sen. 1971. The effects of vitamin E and training on physiological function and athletic performance in adolescent swimmers. *British Journal of Nutrition* 26(2): 265-276.

Shephard, R.J., R. Campbell, P. Pimm, D. Stuart, and G.R. Wright. 1974. Vitamin E, exercise, and the recovery from physical activity. *European Journal of Applied Physiology and Occupational Physiology* 33(2): 119-126.

Short, S.H., and W.R. Short. 1983. Four-year study of university athletes' dietary intake. *Journal of the American Dietetic Association* 82(6): 632-645.

Siegenberg, D., R.D. Baynes, T.H. Bothwell, B.J. Macfarlane, R.D. Lamparelli, N.G. Car, P. MacPhail, U. Schmidt, A. Tal, and F. Mayet. 1991. Ascorbic acid prevents the dosedependent inhibitory effects of polyphenols and phytates on nonheme-iron absorption. *American Journal of Clinical Nutrition* 53(2): 537-541.

Simon-Schnass, I., and H. Pabst. 1988. Influence of vitamin E on physical performance. *International Journal for Vitamin and Nutrition Research* 58(1): 49-54.

Singh, A., P.A. Deuster, and P.B. Moser. 1990. Zinc and copper status in women by physical activity and menstrual status. *Journal of Sports Medicine and Physical Fitness* 30(1): 29-36.

Singh, A., F.M. Moses, and P.A. Deuster. 1992. Chronic multivitamin-mineral supplementation does not enhance physical performance. *Medicine and Science in Sports and Exercise* 24: 726-732.

Soric, M., M. Misigoj-Durakovic, and Z. Pedisic. 2008. Dietary intake and body composition of prepubescent female aesthetic athletes. *International Journal of Sport Nutrition and Exercise Metabolism* 18(3): 343-354.

South, P.K., and D.D. Mille. 1998. Iron binding by tannic acid: Effects of selected ligands. *Food Chemistry* 63(2): 167-172.

Speich, M., A. Pineau, and F. Ballereau. 2001. Minerals, trace elements and related biological variables in athletes and during physical activity. *Clinical Chimica Acta* 312: 1-11.

Stacewicz-Sapuntzakis, M., and G. Borthakur. 2006. Vitamin A. In: *Sports nutrition,* edited by J.A. Driskell and I. Wolinsky, 163-174.

Boca Raton, FL: CRC Press. Steen, S.N., K. Mayer, K.D. Brownell, and T.A. Wadden. 1995. Dietary intake of female collegiate heavyweight rowers. *International Journal of Sport Nutrition* 5(3): 225-231.

Steen, S.N., and S. McKinney. 1986. Nutritional assessment of college wrestlers. *Physician and SportsMedicine* 14: 101-116.

Stofan, J.R., J.J. Zachwieja, C.A. Horswill, R. Murray, S.A. Anderson, and E.R. Eichner. 2005. Sweat and sodium losses in NCAA football players: A precursor to heat cramps? *International Journal of Sport Nutrition and Exercise Metabolism* 15(6): 641-652.

Suboticanec, K., A. Stavljenic, W. Schalch, and R. Buzina. 1990. Effects of pyridoxine and riboflavin supplementation on physical fitness in young adolescents. *International Journal for Vitamin and Nutrition Research* 60(1): 81-88.

Telford, R.D., E.A. Catchpole, V. Deakin, A.G. Hahn, and A.W. Plank. 1992. The effect of 7 to 8 months of vitamin/mineral supplementation on athletic performance. *International Journal of Sport Nutrition* 2(2): 135-153.

Tin-May-Than, Ma-Win-May, Khin-Sann-Aung, and M. Mya-Tu. 1978. The effect of vitamin B12 on physical performance capacity. *British Journal of Nutrition* 40(2): 269-273.

van der Beek, E.J., W. van Dokkum, J. Schrijver, A. Wesstra, C. Kistemaker, and R.J. Hermus. 1990. Controlled vitamin C restriction and physical performance in volunteers. *Journal of the American College of Nutrition* 9(4): 332-339.

van der Beek, E.J., W. van Dokkum, M. Wedel, J. Schrijver, and H. van den Berg. 1994. Thiamin, riboflavin and vitamin B6: Impact of restricted intake on physical performance in man. *Journal of the American College of Nutrition* 13(6): 629-640.

Van Loan, M.D., B. Sutherland, N.M. Lowe, J.R. Turnlund, and J.C. King. 1999. The effects of zinc depletion on peak force and total work of knee and shoulder extensor and flexor muscles. *International Journal of Sport Nutrition* 9(2): 125-135.

Vincent, J.B. 2003. The potential value and toxicity of chromium picolinate as a nutritional supplement, weight loss agent and muscle development agent. *Sports Medicine* 33(3): 213-30.

Virk, R.S., N.J. Dunton, J.C. Young, and J.E. Leklem. 1999. Effect of vitamin B-6 supplementation on fuels, catecholamines, and amino acids during exercise in men. *Medicine and Science in Sports and Exercise* 31(3): 400-408.

Volek, J.S., R. Silvestre, J.P. Kirwan, M.J. Sharman, D.A. Judelson, B.A. Spiering, J.L. Vingren, C.M. Maresh, J.L. Vanheest, and W.J. Kraemer. 2006. Effects of chromium supplementation on glycogen synthesis after high-intensity exercise. *Medicine and Science in Sports and Exercise* 38(12): 2102-2109.

Volpe, S.L. 2007. Micronutrient requirements for athletes. *Clinics in Sports Medicine* 26(1): 119-130.

Wald, G., L. Brougha, and R. Johnson. 1942. Experimental human vitamin A deficiency and ability to perform muscular exercise. *American Journal of Physiology* 137: 551-554.

Watt, T., T.T. Romet, I. McFarlane, D. McGuey, C. Allen, and R.C. Goode. 1974. Letter: Vitamin E and oxygen consumption. *Lancet* 2(7876): 354-355.

Webster, M.J. 1998. Physiological and performance responses to supplementation with thiamin and pantothenic acid derivatives. *European Journal of Applied Physiology and Occupational Physiology* 77(6): 486-491.

Weight, L.M., K.H. Myburgh, and T.D. Noakes. 1998. Vitamin and mineral supplementation: Effect on the running performance of trained athletes. *American Journal of Clinical Nutrition* 47: 192-195.

Welch, P.K., K.A. Zager, J. Endres, and S.W. Poon. 1987. Nutrition education, body composition and dietary intake of female college athletes. *Physician and SportsMedicine* 15: 63-74.

Williams, M.H. 2004. Dietary supplements and sports performance: Introduction and vitamins. *Journal of the International Society of Sports Nutrition* 1(2): 1-6.

Williams, M.H. 2005. Dietary supplements and sports performance: Minerals. *Journal of the International Society of Sports Nutrition* 2(1): 43-49.

Wood, B., A. Gijsbers, A. Goode, S. Davis, J. Mulholland, and K. Breen. 1980. A study of partial thiamin restriction in human volunteers. *American Journal of Clinical Nutrition* 33(4): 848-861.

Woolf, K., and M.M. Manore. 2006. B-vitamins and exercise: Does exercise alter requirements? *International Journal of Sport Nutrition and Exercise Metabolism* 16(5): 453-484.

Ziegler, P.J., J.A. Nelson, and S.S. Jonnalagadda. 1999. Nutritional and physiological status of U.S. national figure skaters. *International Journal of Sport Nutrition* 9(4): 345-360.

第7章

Armstrong, L.E. 2002. Caffeine, body fluid-electrolyte balance, and exercise performance. *International*

Journal of Sport Nutrition and Exercise Metabolism 12: 189-206.

Balsom, P.D., K. Soderlund, and B. Ekblom. 1994. Creatine in humans with special reference to creatine supplementation. *Sports Medicine* 18(4): 268-280.

Besset, A., A. Bonardet, G. Rondouin, B. Descomps, and P. Passouant. 1982. Increase in sleep related GH and Prl secretion after chronic arginine aspartate administration in man. *Acta Endocrinologica (Copenhagen)* 99: 18-23.

Biolo, G., S.P. Maggi, B.D. Williams, K.D. Tipton, and R.R. Wolfe. 1995. Increased rates of muscle protein turnover and amino acid transport after resistance exercise in humans. *American Journal of Physiology* 268(3 Pt 1): E514-E20.

Biolo, G., K.D. Tipton, S. Klein, and R.R. Wolfe. 1997. An abundant supply of amino acids enhances the metabolic effect of exercise on muscle protein. *American Journal of Physiology* 273(1 Pt 1): E122-E129.

Boirie, Y., M. Dangin, P. Gachon, M.P. Vasson, J.L. Maubois, and B. Beaufrere. 1997. Slow and fast dietary proteins differently modulate postprandial protein accretion. *Proceedings of the National Academy of Sciences* 94(26): 14930-14935.

Branch, J.D. 2003. Effect of creatine supplementation on body composition and performance: A meta-analysis. *International Journal of Sport Nutrition and Exercise Metabolism* 13(2): 198-226.

Brose, A., G. Parise, and M.A. Tarnopolsky. 2003. Creatine supplementation enhances isometric strength and body composition improvements following strength exercise training in older adults. *Journals of Gerontology: Series A, Biological Sciences and Medical Sciences* 58(1): B11-B19.

Brown, G.A., M.D. Vukovich, E.R. Martini, M.L. Kohut, W.D. Franke, D.A. Jackson, and D.S. King. 2000. Endocrine responses to chronic androstenedione intake in 30- to 56-year-old men. *Journal of Clinical Endocrinology and Metabolism* 85: 4074-4080.

Brown, G.A., M.D. Vukovich, R.L. Sharp, T.A. Reifenrath, K.A. Parsons, and D.S. King. 1999. Effect of oral DHEA on serum testosterone and adaptations to resistance training in young men. *Journal of Applied Physiology* 87: 2274-2283.

Buford, T.W., R.B. Kreider, J.R. Stout, M. Greenwood, B. Campbell, M. Spano, T. Ziegenfuss, H. Lopez, J. Landis, and J. Antonio. 2007. International society of sports nutrition position stand: Creatine supplementation and exercise. *Journal of the International Society of Sports Nutrition* 4: 6.

Campbell, B., R.B. Kreider, T. Ziegenfuss, P. La Bounty, M. Roberts, D. Burke, J. Landis, H. Lopez, and J. Antonio. 2007. International society of sports nutrition position stand: Protein and exercise. *Journal of the International Society of Sports Nutrition* 4: 8.

Campbell, B., M. Roberts, C. Kerksick, C. Wilborn, B. Marcello, L. Taylor, E. Nassar, B. Leutholtz, R. Bowden, C. Rasmussen, M. Greenwood, and R. Kreider. 2006. Pharmacokinetics, safety, and effects on exercise performance of l-arginine alpha-ketoglutarate in trained adult men. *Nutrition* 22: 872-881.

Candow, D.G., P.D. Chilibeck, D.G. Burke, K.S. Davison, and T. Smith-Palmer. 2001. Effect of glutamine supplementation combined with resistance training in young adults. *European Journal of Applied Physiology* 86: 142-149.

Castell, L.M., and E.A. Newsholme. 1997. The effects of oral glutamine supplementation on athletes after prolonged, exhaustive exercise. *Nutrition* 13(7-8): 738-742.

Chrusch, M.J., P.D. Chilibeck, K.E. Chad, K.S. Davison, and D.G. Burke. 2001. Creatine supplementation combined with resistance training in older men. *Medicine and Science in Sports and Exercise* 33(12): 2111-2117.

Clarkson, P.M. 1993. Nutritional ergogenic aids: Caffeine. *International Journal of Sport Nutrition* 3: 103-111.

Costill, D.L., G.P. Dalsky, and W.J. Fink. 1978. Effects of caffeine ingestion on metabolism and exercise performance. *Medicine and Science in Sports* 10: 155-158.

Cribb, P.J., A.D. Williams, M.F. Carey, and A. Hayes. 2006. The effect of whey isolate and resistance training on strength, body composition, and plasma glutamine. *International Journal of Sport Nutrition and Exercise Metabolism* 16(5): 494-509.

Dangin, M., Y. Boirie, C. Garcia-Rodenas, P. Gachon, J. Fauquant, P. Callier, O. Ballevre, and B. Beaufrere. 2001. The digestion rate of protein is an independent regulating factor of postprandial protein retention. *American Journal of Physiology: Endocrinology and Metabolism* 280(2): E340-348.

Demling, R.H., and L. DeSanti. 2000. Effect of a hypocaloric diet, increased protein intake and resistance training on lean mass gains and fat mass loss in overweight police officers. *Annals of Nutrition and Metabolism* 44(1): 21-29.

Driskell, J., and I. Wolinsky. 2000. *Energy-yielding macronutrients and energy metabolism in sports nutrition.* Boca Raton, FL: CRC Press.

Dunnett, M., and R.C. Harris. 1999. Influence of oral beta-alanine and L-histidine supplementation on the carnosine content of the gluteus medius. *Equine Veterinary Journal Supplement* 30: 499-504.

Earnest, C.P., P.G. Snell, R. Rodriguez, A.L. Almada, and T.L. Mitchell. 1995. The effect of creatine monohydrate ingestion on anaerobic power indices, muscular strength and body composition. *Acta Physiologica Scandinavica* 153(2): 207-209.

Eckerson, J.M., J.R. Stout, G.A. Moore, N.J. Stone, K. Nishimura, and K. Tamura. 2004. Effect of two and five days of creatine loading on anaerobic working capacity in women. *Journal of Strength and Conditioning Research* 18: 168.

Elam, R.P., D.H. Hardin, R.A. Sutton, and L. Hagen. 1989. Effects of arginine and ornithine on strength, lean body mass and urinary hydroxyproline in adult males. *Journal of Sports Medicine and Physical Fitness* 29: 52-56.

Esmarck, B., J.L. Andersen, S. Olsen, E.A. Richter, M. Mizuno, and M. Kjaer. 2001. Timing of postexercise protein intake is important for muscle hypertrophy with resistance training in elderly humans. *Journal of Physiology* 535(Pt 1): 301-311.

Falkoll, P., R. Sharp, S. Baier, D. Levenhagen, C. Carr, and S. Nissen. 2004. Effect of betahydroxy-beta-methylbutyrate, arginine, and lysine supplementation on strength, functionality, body composition, and protein metabolism in elderly women. *Nutrition* 20(5): 445-451.

Forslund, A.H., A.E. El-Khoury, R.M. Olsson, A.M. Sjodin, L. Hambraeus, and V.R. Young. 1999. Effect of protein intake and physical activity on 24-h pattern and rate of macronutrient utilization. *American Journal of Physiology* 276(5 Pt 1): E964-E976.

Friedman, J.E., and P.W. Lemon. 1989. Effect of chronic endurance exercise on retention of dietary protein. *International Journal of Sports Medicine* 10(2): 118-123.

Gallagher, P.M., J.A. Carrithers, M.P. Godard, K.E. Schulze, and S.W. Trappe. 2000a. Betahydroxy-beta-methylbutyrate ingestion, part I: Effects on strength and fat free mass. *Medicine and Science in Sports and Exercise* 32(12): 2109-2115.

Gallagher, P.M., J.A. Carrithers, M.P. Godard, K.E. Schulze, and S.W. Trappe. 2000b. Betahydroxy-beta-methylbutyrate ingestion, part II: Effects on hematology, hepatic and renal function. *Medicine and Science in Sports and Exercise* 32(12): 2116-2119.

Graham, T.E., and L.L. Spriet. 1991. Performance and metabolic responses to a high caffeine dose during prolonged exercise. *Journal of Applied Physiology* 71: 2292-2298.

Greenwood, M., J. Farris, R. Kreider, L. Greenwood, and A. Byars. 2000. Creatine supplementation patterns and perceived effects in select division I collegiate athletes. *Clinical Journal of Sport Medicine* 10(3): 191-194.

Greenwood, M., D.S. Kalman, and J. Antonio, eds. 2008. *Nutritional supplements in sports and exercise.* New York: Humana Press.

Greenwood, M., R.B. Kreider, C. Melton, C. Rasmussen, S. Lancaster, E. Cantler, P. Milnor, and A. Almada. 2003. Creatine supplementation during college football training does not increase the incidence of cramping or injury. *Molecular and Cellular Biochemistry* 244: 83-88.

Harris, R.C., C.A. Hill, H.J. Kim, L. Boobis, C. Sale, D.B. Harris, and J.A. Wise. 2005. Betaalanine supplementation for 10 weeks significantly increased muscle carnosine levels. *FASEB Journal* 19: A1125.

Harris, R.C., M.J. Tallon, M. Dunnett, L. Boobis, J. Coakley, H.J. Kim, J.L. Fallowfield, C.A. Hill, C. Sale, and J.A. Wise. 2006. The absorption of orally supplied β-alanine and its effect on muscle carnosine synthesis in human vastus lateralis. *Amino Acids* 30(3): 279-289.

Heymsfield, S.B., C. Arteaga, C. McManus, J. Smith, and S. Moffitt. 1983. Measurement of muscle mass in humans: Validity of the 24-hour urinary creatinine method. *American Journal of Clinical Nutrition* 37(3): 478-494.

Hirvonen, J., S. Rehunen, H. Rusko, and M. Harkonen. 1987. Breakdown of high-energy phosphate compounds and lactate accumulation during short supramaximal exercise. *European Journal of Applied Physiology and Occupational Physiology* 56(3): 253-259.

Hoffman, J.R., J. Cooper, M. Wendell, J. Im, and J. Kang. 2004. Effects of b-hydroxy-bmethylbutyrate on power performance and indices of muscle damage and stress during high intensity training. *Journal of Strength and Conditioning Research* 18(94): 745-752.

Hoffman, J.R., N.A. Ratamess, A.D. Faigenbaum, R. Ross, J. Kang, J.R. Stout, and J.A. Wise. 2008a. Short duration beta-alanine supplementation increases training volume and reduces subject feelings of fatigue in college football players. *Nutrition Research* 28(1): 31-35.

Hoffman, J., N. Ratamess, J. Kang, G. Mangine, A. Faigenbaum, and J. Stout. 2006. Effect of creatine and beta-alanine supplementation on performance and endocrine responses in strength/power athletes. *International Journal of Sport Nutrition and Exercise Metabolism* 16(4): 430-446.

Hoffman, J., N.A. Ratamess, R. Ross, J. Kang, J. Magrelli, K. Neese, A.D. Faigenbaum, and J.A. Wise. 2008b. Beta-alanine and the hormonal response to exercise. *International Journal of Sports Medicine* 29(12): 952-958.

Hoffman, J.R., and J.R. Stout. 2008. Performance enhancing supplements. In: *Essentials of strength training and conditioning,* edited by T.R. Baechle and R.W. Earle. Champaign, IL: Human Kinetics.

Jones, A.M., T. Atter, and K.P. Georg. 1999. Oral creatine supplementation improves multiple sprint performance in elite ice-hockey players. *Journal of Sports Medicine and Physical Fitness* 39(3): 189-196.

Joyner, M.J. 2000. Over-the-counter supplements and strength training. *Exercise and Sport Sciences Reviews* 28: 2-3.

Kendrick, I.P., R.C. Harris, H.J. Kim, C.K. Kim, V.H. Dang, T.Q. Lam, T.T. Bui, M. Smith, and J.A. Wise. 2008. The effects of 10 weeks of resistance training combined with beta-alanine supplementation on whole body strength, force production, muscular endurance and body composition. *Amino Acids* 34(4): 547-554.

Kerksick, C.M., C.J. Rasmussen, S.L. Lancaster, B. Magu, P. Smith, C. Melton, M. Greenwood, A.L. Almada, C.P. Earnest, and R.B. Kreider. 2006. The effects of protein and amino acid supplementation on performance and training adaptations during ten weeks of resistance training. *Journal of Strength and Conditioning Research* 20(3): 643-653.

King, D.S., R.L. Sharp, M.D. Vukovich, G.A. Brown, T.A. Reifenrath, N.L. Uhl, K.A. Parsons, et al. 1999. Effect of oral androstenedione on serum testosterone and adaptations to resistance training in young men: A randomized controlled trial. *Journal of the American Medical Association* 281: 2020-2028.

Kirksey, K.B., M.H. Stone, B.J. Warren, R.L. Johnson, M. Stone, G.G. Haff, F.E. Williams, and C. Proulx. 1999. The effects of 6 weeks of creatine monohydrate supplementation on performance measures and body composition in collegiate track and field athletes. *Journal of Strength and Conditioning Research* 13: 148.

Knitter, A.E., L. Panton, J.A. Rathmacher, A. Petersen, and R. Sharp. 2000. Effects of betahydroxy-beta-methylbutyrate on muscle damage after a prolonged run. *Journal of Applied Physiology* 89(4): 1340-1344.

Kreider, R.B. 2003a. Effects of creatine supplementation on performance and training adaptations. *Molecular and Cellular Biochemistry* 244(1-2): 89-94.

Kreider, R.B. 2003b. Species-specific responses to creatine supplementation. *American Journal of Physiology*: Regulatory, Integrative and Comparative Physiology 285(4): R725-R726.

Kreider, R.B., M. Ferreira, M. Wilson, and A.L. Almada. 1999. Effects of calcium betahydroxy-beta-methylbutyrate (HMB) supplementation during resistance-training on markers of catabolism, body composition and strength. *International Journal of Sports Medicine* 20(8): 503-9.

Kreider, R.B., M. Ferreira, M. Wilson, P. Grindstaff, S. Plisk, J. Reinardy, E. Cantler, and A.L. Almada. 1998. Effects of creatine supplementation on body composition, strength, and sprint performance. *Medicine and Science in Sports and Exercise* 30(1): 73-82.

Kreider, R.B., R. Klesges, K. Harmon, P. Grindstaff, L. Ramsey, D. Bullen, L. Wood, Y. Li, and A. Almada. 1996. Effects of ingesting supplements designed to promote lean tissue accretion on body composition during resistance training. *International Journal of Sport Nutrition* 6(3): 234-246.

Kreider, R.B., B.C. Leutholtz, and M. Greenwood. 2004. Creatine. In: *Nutritional ergogenic aids,* edited by I. Wolinsky and J. Driskel, 81-104. Boca Raton, FL: CRC Press.

Kreider, R.B., C. Melton, C.J. Rasmussen, M. Greenwood, S. Lancaster, E.C. Cantler, P. Milnor, and A.L. Almada. 2003. Long-term creatine supplementation does not significantly affect clinical markers of health in athletes. *Molecular and Cellular Biochemistry* 244: 95-104.

Lamont, L.S., D.G. Patel, and S.C. Kalhan. 1990. Leucine kinetics in endurance-trained humans. *Journal of Applied Physiology* 69(1): 1-6.

Lemon, P.W. 1991. Protein and amino acid needs of the strength athlete. *International Journal of Sport Nutrition* 1(2): 127-145.

Lemon, P.W. 1998. Effects of exercise on dietary protein requirements . *International Journal of Sport Nutrition* 8(4): 426-447.

Lemon, P.W., M.A. Tarnopolsky, J.D. MacDougall, and S.A. Atkinson. 1992. Protein requirements and muscle mass/strength changes during intensive training in novice bodybuilders. *Journal of Applied Physiology* 73(2): 767-775.

Meredith, C.N., M.J. Zackin, W.R. Frontera, and W.J. Evans. 1989. Dietary protein requirements and body protein metabolism in endurance-trained men. *Journal of Applied Physiology* 66(6): 2850-2856.

Mero, A.A., K.L. Keskinen, M.T. Malvela, and J.M. Sallinen. 2004. Combined creatine and sodium bicarbonate supplementation enhances interval swimming. *Journal of Strength and Conditioning Research* 18(2): 306-310.

Mujika, I., S. Padilla, J. Ibanez, M. Izquierdo, and E. Gorostiaga. 2000. Creatine supplementation and sprint performance in soccer players. *Medicine and Science in Sports and Exercise* 32(2): 518-525.

Nissen, S., T.D. Faidley, D.R. Zimmerman, R. Izard, and C.T. Fisher. 1994. Colostral milk fat percentage and pig performance are enhanced by feeding the leucine metabolite betahydroxy-beta-methyl butyrate to sows. *Journal of Animal Science* 72(9): 2331-2337.

Nissen, S., R. Sharp, M. Ray, J.A. Rathmacher, D. Rice, J.C. Fuller Jr., A.S. Connelly, and N. Abumrad. 1996. Effect of leucine metabolite beta-hydroxy-beta-methylbutyrate on muscle metabolism during resistance-exercise training. *Journal of Applied Physiology* 81(5): 2095-2104.

Noonan, D., K. Berg, R.W. Latin, J.C. Wagner, and K. Reimers. 1998. Effects of varying dosages of oral creatine relative to fat free body mass on strength and body composition. *Journal of Strength and Conditioning Research* 12: 104.

O'Connor, D.M., and M.J. Crowe. 2003. Effects of beta-hydroxy-beta-methylbuterate and creatine monohydrate supplementation on the aerobic and anaerobic capacity of highly trained athletes. *Journal of Sports Medicine and Physical Fitness* 43: 64-68.

Ostojic, S.M. 2004. Creatine supplementation in young soccer players. *International Journal of Sport Nutrition and Exercise Metabolism* 14(1): 95-103.

Peeters, B., C. Lantz, and J. Mayhew. 1999. Effects of oral creatine monohydrate and creatine phosphate supplementation on maximal strength indices, body composition, and blood pressure. *Journal of Strength and Conditioning Research* 13: 3.

Peterson, A.L., M.A. Qureshi, P.R. Ferket, and J.C. Fuller Jr. 1999a. Enhancement of cellular and humoral immunity in young broilers by the dietary supplementation of beta-hydroxybeta-methylbutyrate. *Immunopharmacology and Immunotoxicology* 21(2): 307-330.

Peterson, A.L., M.A. Qureshi, P.R. Ferket, and J.C. Fuller Jr. 1999b. In vitro exposure with beta-hydroxy-beta-methylbutyrate enhances chicken macrophage growth and function. *Veterinary Immunology and Immunopathology* 67(1): 67-78.

Phillips, S.M., S.A. Atkinson, M.A. Tarnopolsky, and J.D. MacDougall. 1993. Gender differences in leucine kinetics and nitrogen balance in endurance athletes. *Journal of Applied Physiology* 75(5): 2134-2141.

Phillips, S.M., K.D. Tipton, A. Aarsland, S.E. Wolf, and R.R. Wolfe. 1997. Mixed muscle protein synthesis and breakdown after resistance exercise in humans. *American Journal of Physiology* 273(1 Pt 1): E99-E107.

Phillips, S., K. Tipton, A. Ferrando, and R. Wolfe. 1999. Resistance training reduces the acute exercise-induced increase in muscle protein turnover. *American Journal of Physiology* 276(1 Pt 1): E118-E124.

Preen, D., B. Dawson, C. Goodman, S. Lawrence, J. Beilby, and S. Ching. 2001. Effect of creatine loading on long-term sprint exercise performance and metabolism. *Medicine and Science in Sports and Exercise* 33(5): 814-821.

Rasmussen, B.B., E. Volpi, D.C. Gore, and R.R. Wolfe. 2000. Androstenedione does not stimulate muscle protein anabolism in young healthy men. *Journal of Clinical Endocrinology and Metabolism* 85: 55-59.

Rennie, M.J., H. Wackerhage, E.E. Spangenburg, and F.W. Booth. 2004. Control of the size of the human muscle mass. *Annual Review of Physiology* 66: 799-828.

Rohle, D., C. Wilborn, L. Taylor, C. Mulligan, R. Kreider, and D. Willoughby. 2007. Effects of eight weeks of an alleged aromatase inhibiting nutritional supplement 6-OXO (androst4-ene-3,6,17-trione) on serum hormone profiles and clinical safety markers in resistancetrained, eugonadal males. *Journal of the International Society of Sports Nutrition* 19(4): 13.

Skare, O.C., Skadberg, and A.R. Wisnes. 2001. Creatine supplementation improves sprint performance in male sprinters. *Scandinavian Journal of Medicine and Science in Sports* 11(2): 96-102.

Slater, G., D. Jenkins, P. Logan, H. Lee, M. Vukovich, J.A. Rathmacher, and A.G. Hahn. 2001. Beta-hydroxy-beta-methylbutyrate (HMB) supplementation does not affect changes in strength or body composition during resistance training in trained men. *International Journal of Sport Nutrition and Exercise Metabolism* 11(3): 384-396.

Stone, M.H., K. Sanborn, L.L. Smith, H.S. O'Bryant, T. Hoke, A.C. Utter, R L. Johnson, R. Boros, J. Hruby, K.C. Pierce, M.E. Stone, and B. Garner. 1999. Effects of in-season (5 weeks) creatine and pyruvate supplementation on anaerobic performance and body composition in american football players. *International Journal of Sport Nutrition* 9(2): 146-165.

Stout, J.R., J.T. Cramer, M. Mielke, J. O'Kroy, D.J. Torok, and R.F. Zoeller. 2006. Effects of twenty-eight days of beta-alanine and creatine monohydrate supplementation on the physical working capacity at neuromuscular fatigue threshold. *Journal of Strength and Conditioning Research* 20(4): 928-931.

Stout, J., J. Eckerson, K. Ebersole, G. Moore, S. Perry, T. Housh, A. Bull, J. Cramer, and A. Batheja. 2000. Effect of creatine loading on neuromuscular fatigue threshold. *Journal of Applied Physiology* 88(1): 109-112.

Stout, J.R., J. Eckerson, and D. Noonan. 1999. Effects of 8 weeks of creatine supplementation on exercise performance and fat-free weight in football players during training. *Nutrition Research* 19: 217.

Stout, J.R., B.S. Graves, A.E. Smith, M.J. Hartman, J.T. Cramer, T.W. Beck, and R.C. Harris. 2008. The effect of beta-alanine supplementation on neuromuscular fatigue in elderly (55-92 years): A double-blind randomized study. *Journal of the International Society of Sports Nutrition* 5: 21.

Tarnopolsky, M. 2004. Protein requirements for endurance athletes. *Nutrition* 20(7-8): 662-668.

Tarnopolsky, M.A., S.A. Atkinson, J.D. MacDougall, A. Chesley, S. Phillips, and H.P. Schwarcz. 1992. Evaluation of protein requirements for trained strength athletes. *Journal of Applied Physiology* 73(5): 1986-1995.

Tarnopolsky, M.A., and D.P. MacLennan. 2000. Creatine monohydrate supplementation enhances high-intensity exercise performance in males and females. *International Journal of Sport Nutrition and Exercise Metabolism* 10(4): 452-463.

Theodorou, A.S., C.B. Cooke, R.F. King, C. Hood, T. Denison, B.G. Wainwright, and K. Havenetidis. 1999. The effect of longer-term creatine supplementation on elite swimming performance after an acute creatine loading. *Journal of Sports Science*s 17(11): 853-859.

Tipton, K.D., T.A. Elliot, M.G. Cree, S.E. Wolf, A.P. Sanford, and R.R. Wolf. 2004. Ingestion of casein and whey proteins result in muscle anabolism after resistance exercise. *Medicine and Science in Sports and Exercise* 36(12): 2073-2081.

Tipton, K.D., A.A. Ferrando, S.M. Phillips, D. Doyle Jr., and R.R. Wolfe. 1999. Postexercise net protein synthesis in human muscle from orally administered amino acids. *American Journal of Physiology* 276(4 Pt 1): E628-E634.

Vandenberghe, K., M. Goris, P. Van Hecke, M. Van Leemputte, L. Vangerven, and P. Hespel. 1997. Long-term creatine intake is beneficial to muscle performance during resistance training. *Journal of Applied Physiology* 83(6): 2055-2063.

Van Koevering, M.T., H.G. Dolezal, D.R. Gill, F.N. Owens, C.A. Strasia, D.S. Buchanan, R. Lake, and S. Nissen. 1994. Effects of beta-hydroxy-beta-methyl butyrate on performance and carcass quality of feedlot steers. *Journal of Animal Science* 72(8): 1927-1935.

van Loon, L.J., A.M. Oosterlaar, F. Hartgens, M.K. Hesselink, R.J. Snow, and A.J. Wagenmakers.

2003. Effects of creatine loading and prolonged creatine supplementation on body composition, fuel selection, sprint and endurance performance in humans. *Clinical Science* 104(2): 153-162.

van Someren, K.A., A.J. Edwards, and G. Howatson. 2003. The effects of HMB supplementation on indices of exercise induced muscle damage in man. *Medicine and Science in Sports and Exercise* 35(5): 270.

van Someren, K.A., A.J. Edwards, and G. Howatson. 2005. Supplementation with betahydroxy-beta-methylbutyrate (HMB) and alpha-ketoisocaproic acid (KIC) reduces signs and symptoms of exercise-induced muscle damage in man. *International Journal of Sport Nutrition and Exercise Metabolism* 15(4): 413-424.

Volek, J.S., N.D. Duncan, S.A. Mazzetti, R.S. Staron, M. Putukian, A.L. Gomez, D.R. Pearson, W.J. Fink, and W.J. Kraemer. 1999. Performance and muscle fiber adaptations to creatine supplementation and heavy resistance training. *Medicine and Science in Sports and Exercise* 3(8): 1147-1156.

Volek, J.S., W.J. Kraemer, J.A. Bush, M. Boetes, T. Incledon, K.L. Clark, and J.M. Lynch. 1997. Creatine supplementation enhances muscular performance during high-intensity resistance exercise. *Journal of the American Dietetic Association* 97(7): 765-770.

Vukovich, M.D., N.B. Stubbs, and R.M. Bohlken. 2001. Body composition in 70-year-old adults responds to dietary beta-hydroxy-beta-methylbutyrate similarly to that of young adults. *Journal of Nutrition* 131(7): 2049-2052.

Wagenmakers, A.J. 1999. Tracers to investigate protein and amino acid metabolism in human subjects. *Proceedings of the Nutrition Society* 58(4): 987-1000.

Welbourne, T.C. 1995. Increased plasma bicarbonate and growth hormone after an oral glutamine load. *American Journal of Clinical Nutrition* 61: 1058-1061.

Willoughby, D.S., and J. Rosene. 2001. Effects of oral creatine and resistance training on myosin heavy chain expression. *Medicine and Science in Sports and Exercise* 33(10): 1674-1681.

Willoughby, D.S., J.R. Stout, and C.D. Wilborn. 2007. Effects of resistance training and protein plus amino acid supplementation on muscle anabolism, mass, and strength. *Amino Acids* 32(4): 467-477.

Willoughby, D.S., C. Wilborn, L. Taylor, and B. Campbell. 2007. Eight weeks of aromatase inhibition using the nutritional supplement Novedex XT: Effects in young, eugonadal men. *International Journal of Sport Nutrition and Exercise Metabolism* 17: 92-108.

Wiroth, J.B., S. Bermon, S. Andrei, E. Dalloz, X. Hebuterne, and C. Dolisi. 2001. Effects of oral creatine supplementation on maximal pedalling performance in older adults. *European Journal of Applied Physiology* 84(6): 533-539.

Zoeller, R.F., J.R. Stout, J.A. O'kroy, D.J. Torok, and M. Mielke. 2007. Effects of 28 days of beta-alanine and creatine monohydrate supplementation on aerobic power, ventilatory and lactate thresholds, and time to exhaustion. *Amino Acids* 33(3): 505-510.

第 8 章

Acheson, K.J., Y. Schutz, T. Bessard, K. Anantharaman, J.P. Flatt, and E. Jequier. 1988. Glycogen storage capacity and de novo lipogenesis during massive carbohydrate overfeeding in man. *American Journal of Clinical Nutrition* 48(2): 240-247.

American College of Sports Medicine, American Dietetic Association, and Dietitians of Canada. 2000. Joint position statement: Nutrition and athletic performance. *Medicine and Science in Sports and Exercise* 32(12): 2130-2145.

Aulin, K.P., K. Soderlund, and F. Hultman. 2000. Muscle glycogen resynthesis rate in humans after supplementation of drinks containing carbohydrates with low and high molecular masses. *European Journal of Applied Physiology* 81: 346-351.

Baker, L.B., T.A. Munce, and W.L. Kenney. 2005. Sex differences in voluntary fluid intake by older adults during exercise. *Medicine and Science in Sports and Exercise* 37: 789-796.

Banister, E.W., M.E. Allen, I.B. Mekjavic, A.K. Singh, B. Legge, and B.J.C. Mutch. 1983. The time course of ammonia and lactate accumulation in blood during bicycle exercise. *European Journal of Applied Physiology* 51: 195-202.

Barr, S.I. 1999. Effects of dehydration on exercise performance. *Canadian Journal of Applied Physiology* 24(2): 164-172.

Bassit, R.A., L.A. Sawada, R.F.P. Bacarau, F. Navarro, and L.F.B.P. Costa Rosa. 2000. The effect of BCAA supplementation upon the immune response of triathletes. *Medicine and Science in Sports and Exercise* 32: 1214-1219.

Bell, D.G., and T.M. McLellan. 2003. Effect of repeated caffeine ingestion on repeated exhaustive exercise aerobic endurance. *Medicine and Science in Sports and Exercise* 35(8): 1348-1354.

Berardi, J.M., T.B. Price, E.E. Noreen, and P.W. Lemon. 2006. Postexercise muscle glycogen recovery enhanced with a carbohydrate-protein supplement. *Medicine and Science in Sports and Exercise* 38(60): 1106-1113.

Bernadot, D. 2006. Advanced sports nutrition. Champaign, IL: Human Kinetics. Betts, J.A., C. Williams, L. Boobis, and K. Tsintzas. 2008. Increased carbohydrate oxidation after ingesting carbohydrate with added protein. *Medicine and Science in Sports and Exercise* 40(5): 903-912.

Blomstrand, E., E. Celsing, and E.A. Newsholme. 1988. Changes in plasma concentrations of aromatic and branched-chain amino acids during sustained exercise in man and their possible role in fatigue. *Acta Physiologica Scandinavica* 133(1): 115-121.

Blomstrand, E., P. Hassmen, S. Ek, B. Ekblom, and E.A. Newsholme. 1997. Influence of ingesting a solution of branched-chain amino acids on perceived exertion during exercise. *Acta Physiologica Scandinavica* 159(1): 41-49.

Blomstrand, E., P. Hassmen, B. Ekblom, and E.A. Newsholme. 1991. Administration of branched-chain amino acids during sustained exercise; effect on performance and on plasma concentration of some amino acids. *European Journal of Applied Physiology* 63: 83-88.

Brouns, F. 1991. Heat-sweat-dehydration-rehydration: A praxis oriented approach. *Journal of Sports Science* 9: 143-152.

Butterfield, G.E., and D.H. Calloway. 1984. Physical activity improves protein utilization in young men. *British Journal of Nutrition* 51: 171-184.

Carli, G., M. Bonifazi, L. Lodi, C. Lupo, G. Martelli, and A. Viti. 1992. Changes in the exerciseinduced hormone response to branched chain amino acid administration. *European Journal of Applied Physiology and Occupational Physiology* 64: 272-277.

Castell, L.M. 2003. Glutamine supplementation in vitro and vivo, in exercise and in immunodepression. *Sports Medicine* 33: 323-345.

Coggan, A.R., and E.F. Coyle. 1991. Carbohydrate ingestion during prolonged exercise: Effects on metabolism and performance. *Exercise and Sport Sciences Reviews* 19: 1-40.

Coombes, J.S., and L.R. McNaughton. 2000. Effects of branched-chain amino acid supplementation on serum creatine kinase and lactate dehydrogenase after prolonged exercise. *Journal of Sports Medicine and Physical Fitness* 40: 240-246.

Cureton, K.J., G.L. Warren, M.L. Millard-Stafford, J.E. Wingo, J. Trilk, and M. Buyckx. 2007.

Caffeinated sports drink: Ergogenic effects and possible mechanisms. *International Journal of Sport Nutrition and Exercise Metabolism* 17: 35-55.

Currell, K., and A.E. Jeukendrup. 2008. Superior aerobic endurance performance with ingestion of multiple transportable carbohydrates. *Medicine and Science in Sports and Exercise* 40(2): 275-281.

Demura, S., T. Yamada, and N. Terasawa. 2007. Effect of coffee ingestion on physiological responses and ratings of perceived exertion during submaximal aerobic endurance exercise. *Perceptual and Motor Skills* 105(3 Pt 2): 1109-1116.

Doherty, M., and P.M. Smith. 2004. Effects of caffeine ingestion on exercise testing: A metaanalysis. *International Journal of Sport Nutrition and Exercise Metabolism* 14(6): 626-646.

Dulloo, A.G., C.A. Geissler, T. Horton, A. Collins, and D.S. Miller. 1989. Normal caffeine consumption: Influence on thermogenesis and daily energy expenditure in lean and postobese human volunteers. *American Journal of Clinical Nutrition* 49(1): 44-50.

Dunford, M. 2006. *Sports nutrition: A practice manual for professionals. 4th ed.* American Dietetic Association. Chicago, IL.

Fredholm, B., K. Battig, J. Holmen, A. Nehlig, and E.E. Zvartau. 1999. Actions of caffeine in the brain with special reference to factors that contribute to its widespread use. *Pharmacological Reviews* 51(1): 83-133.

Fujisawa, T., J. Riby, and N. Kretchmer. 1991. Intestinal absorption of fructose in the rat. *Gastroenterology* 101: 360-367.

Gleeson, M. 2005. Interrelationship between physical activity and branched-chain amino acids. *Journal of Nutrition* 135: 1591S-1595S.

Goodpaster, B.H., D.L. Costill, W.J. Fink, T.A. Trappe, A.C. Jozi, R.D. Starling, and S.W. Trappe. 1996. The effects of pre-exercise starch ingestion on aerobic endurance performance. *International Journal of Sports Medicine* 17(5): 366-372.

Graham, T.E. 2001. Caffeine and exercise: Metabolism, aerobic endurance and performance. *Sports Medicine* 31: 785-807.

Graham, T.E., and L.L. Spriet. 1996. Caffeine and exercise performance. *Gatorade Sports Science Exchange* 9(1): 1-5.

Green, M.S., B.T. Corona, J.A. Doyle, and C.P. Ingalls. 2008. Carbohydrate-protein drinks do not enhance recovery from exercise-induced muscle injury. *International Journal of Sport Nutrition and Exercise Metabolism* 18: 1-18.

Greer, B.K., J.L. Woodard, J.P. White, E.M. Arguello, and E.M. Haymes. 2007. Branchedchain amino acid supplementation and indicators of muscle damage after aerobic endurance exercise. *International Journal of Sport Nutrition and Exercise Metabolism* 17: 595-607.

Halton, T.L., and F.B. Hu. 2004. The effects of high protein diets on thermogenesis, satiety and weight loss: A critical review. *Journal of the American College of Nutrition* 23(5): 373-385.

Hargreaves, M. 2004. Muscle glycogen and metabolic regulation. *Proceedings of the Nutrition Society* 63(2): 217-220.

Hassmen, P., E. Blomstrand, B. Ekblom, and E.A. Newsholme. 1994. Branched-chain amino acid supplementation during 30-km competitive run: Mood and cognitive performance. *Nutrition* 10(5): 405-410.

Hawley, J.A., and T. Reilly. 1997. Fatigue revisited. *Journal of Sports Science* 15: 245-246.

Hoffman, J.R., J. Kang, N.A. Ratamess, P.F. Jennings, G.T. Mangine, and A.D. Faigenbaum. 2007. Effect of nutritionally enriched coffee consumption on aerobic and anaerobic exercise performance. *Journal of Strength and Conditioning Research* 21(2): 456-459.

Jentjens, R.L., J. Achten, and A.E. Jeukendrup. 2004. High oxidation rates from combined carbohydrates ingested during exercise. *Medicine and Science in Sports and Exercise* 36: 1551-1558.

Jeukendrup, A., and M. Gleeson. 2004. *Sports nutrition: An introduction to energy production and performance.* Champaign, IL: Human Kinetics.

Johannsen, N.M., and R.L. Sharp. 2007. Effect of preexercise ingestion of modified cornstarch on substrate oxidation during aerobic endurance exercise. *International Journal of Sport Nutrition Exercise Metabolism* 17(3): 232-243.

Jozsi, A.C., T.A. Trappe, R.D. Starling, B.H. Goodpaster, S.W. Trappe, W.J. Fink, and D.L. Costill. 1996. The influence of starch structure on glycogen resynthesis and subsequent cycling performance . *International Journal of Sports Medicine* 17(5): 373-378.

Kiens, B., A.B. Raben, A.K. Valeur, and E.A. Richter. 1990. Benefit of dietary simple carbohydrates on the early post-exercise muscle glycogen repletion in male athletes. *Medicine ad Science in Sports and Exercise* 22: S88.

Koopman, R., D.L.E. Pannemans, A.E. Jeukendrup, A.P. Gijsen, J.M.G. Senden, D. Halliday, W.H. Saris, L.J. van Loon, and A.J. Wagenmakers. 2004. Combined ingestion of protein and carbohydrate improves protein balance during ultra-aerobic endurance exercise. *American Journal of Physiology, Endocrinology and Metabolism* 287: E712-E720.

Lamont, L.S., A.J. McCullough, and S.C. Kalhan. 1999. Comparison of leucine kinetics in aerobic endurance-trained and sedentary humans. *Journal of Applied Physiology* 86: 320-325.

Latner, J.D., and M. Schwartz. 1999. The effects of a high-carbohydrate, high-protein or balanced lunch upon later food intake and hunger ratings. *Appetite* 33(1): 119-128.

Leiper, J.B., K.P. Aulin, and K. Soderlund. 2000. Improved gastric emptying rate in humans of a unique glucose polymer with gel-forming properties. *Scandinavian Journal of Gastroenterology* 35: 1143-1149.

Lemon, P.W.R. 1998. Effects of exercise on dietary protein requirements. *International Journal of Sport Nutrition* 8: 426-447.

Lemon, P.W., and D.N. Proctor. 1991. Protein intake and athletic performance. *Sports Medicine* 12: 313-325.

Luden, N.D., M.J. Saunders, and M.K. Todd. 2007. Postexercise carbohydrate-proteinantioxidant ingestion decreases plasma creatine kinase and muscle soreness. *International Journal of Sport Nutrition and Exercise Metabolism* 17: 109-123.

Maughan, R.J. 1991. Fluid and electrolyte loss and replacement in exercise. *Journal of Sports Science* 9: 117-142.

Maughan, R.J., and R. Murray. 2001. Gastric emptying and intestinal absorption of fluids, carbohydrates, and electrolytes. In: *Sports drinks: Basic science and practical aspects.* New York: CRC Press.

McLellan, T.M., G.D. Bell, and G.H. Kamimori. 2004. Caffeine improves physical performance during 24 h of active wakefulness. *Aviation, Space, and Environmental Medicine* 75(8): 666-672.

Millard-Stafford, M.L., K.J. Cureton, J.E. Wingo, J. Trilk, G.J. Warren, and M. Buyckx. 2007. Hydration during exercise in warm, humid conditions: Effect of a caffeinated sports drink. *International Journal of Sport Nutrition and Exercise Metabolism* 17: 163-177.

Morgan, R.M., M.J. Patterson, and M.A. Nimmo. 2004. Acute effects of dehydration on sweat composition in men during prolonged exercise in the heat. *Acta Physiologica Scandinavica* 182(1): 37-43.

Murray, R., and W.L. Kenney. 2008. Sodium balance and exercise. *Current Sports Medicine Reports* 7(4): S1-S2.

Murray, R., G.L. Paul, J.G. Seifert, D.E. Eddy, and G.A. Halaby. 1989. The effects of glucose, fructose, and sucrose ingestion during exercise. *Medicine and Science in Sports and Exercise* 21: 275-282.

National Collegiate Athletic Association. 2009-10 NCAA banned drugs. June 10, 2009. Accessed August 25, 2010.

Noakes, T.D. 1993. Fluid replacement during exercise. In: *Exercise and sport sciences reviews 21,* edited by J.O. Holloszy. Baltimore: Williams & Wilkins.

Ohtani, M., M. Sugita, and K. Maryuma. 2006. Amino acid mixture improves training efficiency in athletes. *Journal of Nutrition* 136: 538S-543S.

Otukonyong, E.E., and D.D. Oyebola. 1994. Electrolyte loss during exercise in apparently healthy Nigerians. *Central African Journal of Medicine* 40(3): 74-77.

Paddon-Jones, D., M. Sheffield-Moore, X.J. Zhang, E. Volpi, S.E. Wolf, A. Aarsland, A.A. Ferrando, and R.R. Wolfe. 2004. Amino acid ingestion improves protein synthesis in the young and elderly. *American Journal of Physiology: Endocrinology and Metabolism* 286: E321-E328.

Paik, I.Y., M.H. Jeong, H.E. Jin, Y.I. Kim, A.R. Suh, S.Y. Cho, H.T. Roh, C.H. Jin, and S.H. Suh. 2009. Fluid replacement following dehydration reduces oxidative stress during recovery. *Biochemical and Biophysical Research Communications.* [e-pub ahead of print]

Pederson, D.L., S.J. Lessard, V.G. Coffey, E.G. Churchley, A.M. Wootton, T. Ng, M.J. Watt, and J.A. Hawley. 2008. High rates of muscle glycogen resynthesis after exhaustive exercise when carbohydrate is coingested with caffeine. *Journal of Applied Physiology* 105(1): 7-13.

Rehrer, N.J. 2001. Fluid and electrolyte balance in ultra-aerobic endurance sport. *Sports Medicine* 31(10): 701-715.

Requena, B., M. Zabala, P. Padial, and B. Feriche. 2005. Sodium bicarbonate and sodium citrate: Ergogenic aids? *Journal of Strength and Conditioning Research* 19(1): 213-224.

Roberts, M., C. Lockwood, V.J. Dalbo, P. Tucker, A. Frye, R. Polk, J. Volek, and C. Kerksick. 2009. Ingestion of a high molecular weight modified waxy maize starch alters metabolic responses to prolonged exercise in trained cyclists. FASEB abstract.

Rowlands, D.S., R.M. Thorp, K. Rossler, D.F. Graham, and M.J. Rockell. 2007. Effect of protein-rich feeding on recovery after intense exercise. *International Journal of Sport Nutrition and Exercise Metabolism* 17: 521-543.

Sanders, B., T.D. Noakes, and S.C. Dennis. 1999. Water and electrolyte shifts with partial fluid replacement during exercise. *European Journal of Applied Physiology* 80: 318-323.

Sawka, M.N., L.M. Burke, R.E. Eichner, R.J. Maughan, S.J. Montain, and N.S. Stachenfeld. 2007. American College of Sports Medicine position stand: Exercise and fluid replacement. *Medicine and Science Sports and Exercise* 39: 377-390.

Seifert, J., J. Harmon, and P. DeClercq. 2006. Protein added to a sports drink improves fluid retention. *International Journal of Sport Nutrition and Exercise Metabolism* 16(4): 420-429.

Shirreffs, S.M., L.E. Armstrong, and S.N. Cheuvront. 2004. Fluid and electrolyte needs for preparation and recovery from training and competition. *Journal of Sports Science* 22: 57-63.

Shirreffs, S.M., L.F. Aragon-Vargas, M. Keil, T.D. Love, and S. Phillips. 2007. Rehydration after exercise in the heat: A comparison of 4 commonly used drinks. *International Journal of Sport Nutrition and Exercise Metabolism* 17: 244-258.

Shirreffs, S.M., and R.J. Maughan. 1998. Volume repletion after exercise-induced volume depletion in humans: Replacement of water and sodium losses. *American Journal of Physiology* 274: F868-F875.

Smith, A., A. Kendrick, A. Maben, and J. Salmon. 1994. Effects of breakfast and caffeine on cognitive performance, mood and cardiovascular functioning. *Appetite* 22(1): 39-55.

Struder, H.K., W. Hollman, P. Platen, R. Wostmann, A. Ferrauti, and K. Weber. 1997. Effect of exercise intensity on free tryptophan to branched-chain amino acids ratio and plasma prolactin during aerobic endurance exercise. *Canadian Journal of Applied Physiology* 22(3): 280-291.

Tipton, K.D., and R.R. Wolfe. 1998. Exercise-induced changes in protein metabolism. *Acta Physiologica Scandinavica* 162: 377-387.

Tipton, K.D., and R.R. Wolfe. 2004. Protein and amino acids for athletes. *Journal of Sports Science* 22: 65-79.

Turinsky, J., and C.L. Long. 1990. Free amino acids in muscle: Effect of muscle fiber population and denervation. *American Journal of Physiology* 258: E485-E491.

U.S. Anti-Doping Agency. n.d. DRO drug reference online. www.usada.org/dro/search/ search.aspx.

Van Hall, G., J.S. Raaymakers, W.H. Saris, and A.J. Wagenmakers. 1995. Ingestion of branched-chain amino acids and tryptophan during sustained exercise in man: Failure to affect performance. *Journal of Physiology* 486(Pt 3): 789-94.

Van Hall, G., S.M. Shirreffs, and J.A. Calbet. 2000. Muscle glycogen resynthesis during recovery from cycle exercise: No effect of additional protein ingestion. *Journal of Applied Physiology* 88(5): 1631-1636.

Van Nieuwenhoven, M.A., R.B. Brummer, and F. Brouns. 2000. Gastrointestinal function during exercise: Comparison of water, sports drink, and sports drink with caffeine. *Journal of Applied Physiology* 89: 1079-1085.

Vist, G.E., and R.J. Maughan. 1994. Gastric emptying of ingested solutions in man: Effect of beverage glucose concentration. *Medicine and Science in Sports and Exercise* 10: 1269-1273.

Wolfe, R.R., M.H. Wolfe, E.R. Nadel, and J.H. Shaw. 1984. Isotopic determination of amino acid-urea interactions in exercise in humans. *Journal of Applied Physiology* 56: 221-229.

Yeo, S.E., R.L. Jentjens, G.A. Wallis, and A.E. Jeukendrup. 2005. Caffeine increases exogenous carbohydrate oxidation during exercise. *Journal of Applied Physiology* 99: 844-850.

Zawadzki, K.M., B.B. Yaspelkis 3rd, and J.L. Ivy. 1992. Carbohydrate-protein complex increases the rate of muscle glycogen storage after exercise. *Journal of Applied Physiology* 72(5): 1854-1859.

第9章

American College of Sports Medicine, American Dietetic Association, and Dietitians of Canada. 2000. Joint position statement: Nutrition and athletic performance. *Medicine and Science in Sports and Exercise* 32(12): 2130-2145.

Baty, J.J., H. Hwang, Z. Ding, J.R. Bernard, B. Wang, B. Kwon, and J.L. Ivy. 2007. The effect of a carbohydrate and protein supplement on resistance exercise performance, hormonal response, and muscle damage. *Journal of Strength and Conditioning Research* 21(2): 321-329.

Beelen, M., R. Koopman, A.P. Gijsen, H. Vandereyt, A.K. Kies, H. Kuipers, W.H. Saris, and L.J. Van Loon. 2008. Protein coingestion stimulates muscle protein synthesis during resistancetype exercise. *American Journal of Physiology: Endocrinology and Metabolism* 295(1): E70-77.

Berardi, J.M., E.E. Noreen, and P.W. Lemon. 2008. Recovery from a cycling time trial is enhanced with carbohydrate-protein supplementation vs. isoenergetic carbohydrate supplementation. *Journal of the International Society of Sports Nutrition* 5: 24.

Berardi, J.M., T.B. Price, E.E. Noreen, and P.W. Lemon. 2006. Postexercise muscle glycogen recovery enhanced with a carbohydrate-protein supplement. *Medicine and Science in Sports and Exercise* 38(6): 1106-1113.

Bergstrom, J., L. Hermansen, E. Hultman, and B. Saltin. 1967. Diet, muscle glycogen and physical performance. *Acta Physiologica Scandinavica* 71(2): 140-150.

Bergstrom, J., and E. Hultman. 1966. Muscle glycogen synthesis after exercise: An enhancing factor localized to the muscle cells in man. *Nature* 210(5033): 309-310.

Biolo, G., K.D. Tipton, S. Klein, and R.R. Wolfe. 1997. An abundant supply of amino acids enhances the metabolic effect of exercise on muscle protein. *American Journal of Physiology* 273(1 Pt 1): E122-129.

Bird, S.P., K.M. Tarpenning, and F.E. Marino. 2006a. Effects of liquid carbohydrate/essential amino acid ingestion on acute hormonal response during a single bout of resistance exercise in untrained men. *Nutrition* 22(4): 367-375.

Bird, S.P., K.M. Tarpenning, and F.E. Marino. 2006b. Independent and combined effects of liquid carbohydrate/essential amino acid ingestion on hormonal and muscular adaptations following resistance training in untrained men. *European Journal of Applied Physiology* 97(2): 225-238.

Bird, S.P., K.M. Tarpenning, and F.E. Marino. 2006c. Liquid carbohydrate/essential amino acid ingestion during a short-term bout of resistance exercise suppresses myofibrillar protein degradation. *Metabolism: Clinical and Experimental* 55(5): 570-577.

Boirie, Y., M. Dangin, P. Gachon, M.P. Vasson, J.L. Maubois, and B. Beaufrere. 1997. Slow and fast dietary proteins differently modulate postprandial protein accretion. *Proceedings of the National Academy of Sciences* 94(26): 14930-14935.

Borsheim, E., M.G. Cree, K.D. Tipton, T.A. Elliott, A. Aarsland, and R.R. Wolfe. 2004. Effect of carbohydrate intake on net muscle protein synthesis during recovery from resistance exercise. *Journal of Applied Physiology* 96(2): 674-678.

Borsheim, E., K.D. Tipton, S.E. Wolf, and R.R. Wolfe. 2002. Essential amino acids and muscle protein recovery from resistance exercise. *American Journal of Physiology: Endocrinology and Metabolism* 283(4): E648-657.

Bosch, A.N., S.C. Dennis, and T.D. Noakes. 1993. Influence of carbohydrate loading on fuel substrate turnover and oxidation during prolonged exercise. *Journal of Applied Physiology* 74(4): 1921-1927.

Bucci, L., and U. Lm. 2000. Proteins and amino acid supplements in exercise and sport. In: *Energy-yield macronutrients and energy metabolism in sports nutrition,* edited by J. Driskell and I. Wolinsky, 191-212. Boca Raton, FL: CRC Press.

Buford, T.W., R.B. Kreider, J.R. Stout, M. Greenwood, B. Campbell, M. Spano, T. Ziegenfuss, H. Lopez, J. Landis, and J. Antonio. 2007. International society of sports nutrition position stand: Creatine supplementation and exercise. *Journal of the International Society of Sports Nutrition* 4: 6.

Burke, L.M. 2001. Nutritional needs for exercise in the heat. *Comparative Biochemistry and Physiology* 128: 735-748.

Burke, L.M., B. Kiens, and J.L. Ivy. 2004. Carbohydrates and fat for training and recovery. *Journal of Sports Science* 22: 15-30.

Bussau, V.A., T.J. Fairchild, A. Rao, P. Steele, and P.A. Fournier. 2002. Carbohydrate loading in human muscle: An improved 1 day protocol. *European Journal of Applied Physiology* 87(3): 290-295.

Candow, D.G., N.C. Burke, T. Smith-Palmer, and D.G. Burke. 2006. Effect of whey and soy protein supplementation combined with resistance training in young adults. *International Journal of Sport Nutrition and Exercise Metabolism* 16(3): 233-244.

Coburn, J.W., D.J. Housh, T.J. Housh, M.H. Malek, T.W. Beck, J.T. Cramer, G.O. Johnson, and P.E. Donlin. 2006. Effects of leucine and whey protein supplementation during eight weeks of unilateral resistance training. *Journal of Strength and Conditioning Research* 20(2): 284-291.

Conlee, R.K., R.M. Lawler, and P.E. Ross. 1987. Effects of glucose or fructose feeding on glycogen repletion in muscle and liver after exercise or fasting. *Annals of Nutrition and Metabolism* 31: 126-132.

Coyle, E.F., A.R. Coggan, M.K. Hemmert, and J.E. Ivy. 1986. Muscle glycogen utilization during prolonged strenuous exercise when fed carbohydrate. *Journal of Applied Physiology* 61(1): 165-172.

Coyle, E.F., A.R. Coggan, M.K. Hemmert, R.C. Lowe, and T.J. Walters. 1985. Substrate usage during prolonged exercise following a preexercise meal. *Journal of Applied Physiology* 59(2): 429-433.

Cribb, P.J., and A. Hayes. 2006. Effects of supplement timing and resistance exercise on skeletal muscle hypertrophy. *Medicine and Science in Sports and Exercise* (11): 1918-1925.

Cribb, P.J., A.D. Williams, and A. Hayes. 2007. A creatine-protein-carbohydrate supplement enhances responses to resistance training. *Medicine and Science in Sports and Exercise* 39(11): 1960-1968.

Cribb, P.J., A.D. Williams, C.G. Stathis, M.F. Carey, and A. Hayes. 2007. Effects of whey isolate, creatine, and resistance training on muscle hypertrophy. *Medicine and Science in Sports and Exercise* 39(2): 298-307.

Currell, K., and A.E. Jeukendrup. 2008. Superior endurance performance with ingestion of multiple transportable carbohydrates. *Medicine and Science in Sports and Exercise* 40(2): 275-281.

Dangin, M., Y. Boirie, C. Garcia-Rodenas, P. Gachon, J. Fauquant, P. Callier, O. Ballevre, and B. Beaufrere. 2001. The digestion rate of protein is an independent regulating factor of postprandial protein retention. *American Journal of Physiology: Endocrinology and Metabolism* 280(2): E340-348.

Dennis, S.C., T.D. Noakes, and J.A. Hawley. 1997. Nutritional strategies to minimize fatigue during prolonged exercise: Fluid, electrolyte and energy replacement. *Journal of Sports Science* 15(3): 305-313.

Earnest, C.P., S.L. Lancaster, C.J. Rasmussen, C.M. Kerksick, A. Lucia, M.C. Greenwood, A.L. Almada, P.A. Cowan, and R.B. Kreider. 2004. Low vs. high glycemic index carbohydrate gel ingestion during simulated 64-km cycling time trial performance. *Journal of Strength and Conditioning Research* 18(3): 466-472.

Erickson, M.A., R.J. Schwarzkopf, and R.D. Mckenzie. 1987. Effects of caffeine, fructose, and glucose ingestion on muscle glycogen utilization during exercise. *Medicine and Science in Sports and Exercise* 19(6): 579-583.

Febbraio, M.A., A. Chiu, D.J. Angus, M.J. Arkinstall, and J.A. Hawley. 2000a. Effects of carbohydrate ingestion before and during exercise on glucose kinetics and performance. *Journal of Applied Physiology* 89(6): 2220-2226.

Febbraio, M.A., J. Keenan, D.J. Angus, S.E. Campbell, and A.P. Garnham. 2000b. Preexercise carbohydrate ingestion, glucose kinetics, and muscle glycogen use: Effect of the glycemic index. *Journal of Applied Physiology* 89(5): 1845-1851.

Febbraio, M.A., and K.L. Stewart. 1996. CHO feeding before prolonged exercise: Effect of glycemic index on muscle glycogenolysis and exercise performance. *Journal of Applied Physiology* 81(3): 1115-1120.

Fielding, R.A., D.L. Costill, W.J. Fink, D.S. King, M. Hargreaves, and J.E. Kovaleski. 1985. Effect of carbohydrate feeding frequencies and dosage on muscle glycogen use during exercise. *Medicine and Science in Sports and Exercise* 17(4): 472-476.

Foster, C., D.L. Costill, and W.J. Fink. 1979. Effects of preexercise feedings on endurance performance.

Medicine and Science in Sports and Exercise 11: 1-5.

Gleeson, M., D.C. Nieman, and B.K. Pedersen. 2004. Exercise, nutrition and immune function. *Journal of Sports Science* 22: 115-125.

Goforth, H.W., D. Laurent, W.K. Prusaczyk, K.E. Schneider, K.F. Petersen, and G.I. Shulman. 2003. Effects of depletion exercise and light training on muscle glycogen supercompensation in men. *American Journal of Physiology: Endocrinology and Metabolism* 285: 1304-1311.

Haff, G.G., A.J. Koch, J.A. Potteiger, K.E. Kuphal, L.M. Magee, S.B. Green, and J.J. Jakicic. 2000. Carbohydrate supplementation attenuates muscle glycogen loss during acute bouts of resistance exercise. *International Journal of Sport Nutrition and Exercise Metabolism* 10(3): 326-339.

Hargreaves, M., D.L. Costill, A. Coggan, W.J. Fink, and I. Nishibata. 1984. Effect of carbohydrate feedings on muscle glycogen utilization and exercise performance. *Medicine and Science in Sports and Exercise* 16(3): 219-222.

Hartman, J.W., J.E. Tang, S.B. Wilkinson, M.A. Tarnopolsky, R.L. Lawrence, A.V. Fullerton, and S.M. Phillips. 2007. Consumption of fat-free fluid milk after resistance exercise promotes greater lean mass accretion than does consumption of soy or carbohydrate in young, novice, male weightlifters. *American Journal of Clinical Nutrition* 86: 373-81.

Hawley, J.A., A.N. Bosch, S.M. Weltan, S.C. Dennis, and T.D. Noakes. 1994. Glucose kinetics during prolonged exercise in euglycaemic and hyperglycaemic subjects. *Pflugers Archives* 426(5): 378-386.

Hawley, J.A., and L.M. Burke. 1997. Effect of meal frequency and timing on physical performance. *British Journal of Nutrition* 77(Suppl 1): S91-S103.

Hawley, J.A., E.J. Schabort, T.D. Noakes, and S.C. Dennis. 1997. Carbohydrate-loading and exercise performance. An update. *Sports Medicine* 24(2): 73-81.

Hoffman, J.R., N.A. Ratamess, C.P. Tranchina, S.L. Rashti, J. Kang, and A.D. Faigenbaum. 2009. Effect of protein-supplement timing on strength, power, and body-composition changes in resistance-trained men. *International Journal of Sport Nutrition and Exercise Metabolism* 19(2): 172-185.

Ivy, J.L. 1998. Glycogen resynthesis after exercise: Effect of carbohydrate intake. *International Journal of Sports Medicine* 19 Suppl 2: S142-145.

Ivy, J.L., H.W. Goforth Jr., B.M. Damon, T.R. Mccauley, E.C. Parsons, and T.B. Price. 2002. Early postexercise muscle glycogen recovery is enhanced with a carbohydrate-protein supplement. *Journal of Applied Physiology* 93(4): 1337-1344.

Ivy, J.L., P.T. Res, R.C. Sprague, and M.O. Widzer. 2003. Effect of a carbohydrate-protein supplement on endurance performance during exercise of varying intensity. *International Journal of Sport Nutrition and Exercise Metabolism* 13(3): 382-395.

Jentjens, R., J. Achten, and A.E. Jeukendrup. 2004. High rates of exogenous carbohydrate oxidation from multiple transportable carbohydrates ingested during prolonged exercise. *Medicine and Science in Sports and Exercise* 36(9): 1551-1558.

Jentjens, R., and A.E. Jeukendrup. 2003. Determinants of post-exercise glycogen synthesis during short-term recovery. *Sports Medicine* 33: 117-144.

Jentjens, R., and A.E. Jeukendrup. 2005. High exogenous carbohydrate oxidation rates from a mixture of glucose and fructose ingested during prolonged cycling exercise. *British Journal of Nutrition* 93(4): 485-492.

Jentjens, R.L., L. Moseley, R.H. Waring, L.K. Harding, and A.E. Jeukendrup. 2004. Oxidation of combined ingestion of glucose and fructose during exercise. *Journal of Applied Physiology* 96(4): 1277-1284.

Jentjens, R., C. Shaw, T. Birtles, R.H. Waring, L.K. Harding, and A.E. Jeukendrup. 2005. Oxidation of combined ingestion of glucose and sucrose during exercise. *Metabolism: Clinical and Experimental* 54: 610-618.

Jentjens, R., M.C. Venables, and A.E. Jeukendrup. 2004. Oxidation of exogenous glucose, sucrose, and maltose during prolonged cycling exercise. *Journal of Applied Physiology* 96: 1285-1291.

Jentjens, R.L.P.G., L. Van Loon, C.H. Mann, A.J.M. Wagenmakers, and A.E. Jeukendrup. 2001. Addition of protein and amino acids to carbohydrates does not enhance postexercise muscle glycogen synthesis. *Journal of Applied Physiology* 91: 839-846.

Jeukendrup, A.E. 2004. Carbohydrate intake during exercise and performance. *Nutrition* 20(7-8): 669-677.

Jeukendrup, A.E., and R. Jentjens. 2000. Oxidation of carbohydrate feedings during prolonged exercise: Current thoughts, guidelines and directions for future research. *Sports Medicine* 29(6): 407-424.

Jeukendrup, A.E., R.L. Jentjens, and L. Moseley. 2005. Nutritional considerations in triathlon. *Sports Medicine* 35(2): 163-181.

Karlsson, J., and B. Saltin. 1971. Diet, muscle glycogen, and endurance performance. *Journal of Applied Physiology* 31(2): 203-206.

Kavouras, S.A., J.P. Troup, and J.R. Berning. 2004. The influence of low versus high carbohydrate diet on a 45-min strenuous cycling exercise. *International Journal of Sport Nutrition and Exercise Metabolism* 14(1): 62-72.

Keizer, H., H. Kuipers, and G. Van Kranenburg. 1987. Influence of liquid and solid meals on muscle glycogen resynthesis, plasma fuel hormone response, and maximal physical working capacity. *International Journal of Sports Medicine* 8: 99-104.

Kerksick, C., T. Harvey, J. Stout, B. Campbell, C. Wilborn, R. Kreider, D. Kalman, T. Ziegenfuss, H. Lopez, J. Landis, J. Ivy, and J. Antonio. 2008. International society of sports nutrition position stand: Nutrient timing. *Journal of the International Society of Sports Nutrition* 5(1): 17.

Kerksick, C.M., C.J. Rasmussen, S.L. Lancaster, B. Magu, P. Smith, C. Melton, M. Greenwood, A.L. Almada, C.P. Earnest, and R.B. Kreider. 2006. The effects of protein and amino acid supplementation on performance and training adaptations during ten weeks of resistance training. *Journal of Strength and Conditioning Research* 20(3): 643-653.

Kerksick, C.M., C. Rasmussen, S. Lancaster, M. Starks, P. Smith, C. Melton, M. Greenwood, A. Almada, and R. Kreider. 2007. Impact of differing protein sources and a creatine containing nutritional formula after 12 weeks of resistance training. *Nutrition* 23(9): 647-656.

Koopman, R., D.L. Pannemans, A.E. Jeukendrup, A.P. Gijsen, J.M. Senden, D. Halliday, W.H. Saris, L.J. Van Loon, and A.J. Wagenmakers. 2004. Combined ingestion of protein and carbohydrate improves protein balance during ultra-endurance exercise. *American Journal of Physiology: Endocrinology and Metabolism* 287(4): E712-720.

Kraemer, W.J., D.L. Hatfield, B.A. Spiering, J.L. Vingren, M.S. Fragala, J.Y. Ho, J.S. Volek, J.M. Anderson, and C.M. Maresh. 2007. Effects of a multi-nutrient supplement on exercise performance and hormonal responses to resistance exercise. *European Journal of Applied Physiology* 101(5): 637-646.

Kreider, R.B. 2003. Effects of creatine supplementation on performance and training adaptations. *Molecular and Cellular Biochemistry* 244(1-2): 89-94.

Levenhagen, D.K., J.D. Gresham, M.G. Carlson, D.J. Maron, M.J. Borel, and P.J. Flakoll. 2001. Postexercise nutrient intake timing in humans is critical to recovery of leg glucose and protein homeostasis. *American Journal of Physiology: Endocrinology and Metabolism* 280(6): E982-993.

McConell, G., R.J. Snow, J. Proietto, and M. Hargreaves. 1999. Muscle metabolism during prolonged exercise in humans: Influence of carbohydrate availability. *Journal of Applied Physiology* 87(3): 1083-1086.

Miller, S.L., K.D. Tipton, D.L. Chinkes, S.E. Wolf, and R.R. Wolfe. 2003. Independent and combined effects of amino acids and glucose after resistance exercise. *Medicine and Science in Sports and Exercise* 35(3): 449-455.

Neufer, P.D., D.L. Costill, M.G. Flynn, J.P. Kirwan, J.B. Mitchell, and J. Houmard. 1987. Improvements in exercise performance: Effects of carbohydrate feedings and diet. *Journal of Applied Physiology* 62(3): 983-988.

Nicholas, C.W., P.A. Green, and R.D. Hawkins. 1997. Carbohydrate intake and recovery of intermittent running capacity. *International Journal of Sport Nutrition* 7: 251-260.

Nicholas, C.W., C. Williams, H.K. Lakomy, G. Phillips, and A. Nowitz. 1995. Influence of ingesting a carbohydrate-electrolyte solution on endurance capacity during intermittent, high-intensity shuttle running. *Journal of Sports Science*s 13(4): 283-290.

Patterson, S.D., and S.C. Gray. 2007. Carbohydrate-gel supplementation and endurance performance during intermittent high-intensity shuttle running. *International Journal of Sport Nutrition and Exercise Metabolism* 17(5): 445-455.

Phillips, S.M., K.D. Tipton, A.A. Ferrando, and R.R. Wolfe. 1999. Resistance training reduces the acute exercise-induced increase in muscle protein turnover. *American Journal of Physiology* 276: E118-E124.

Pitkanen, H.T., T. Nykanen, J. Knuutinen, K. Lahti, O. Keinanen, M. Alen, P.V. Komi, and A.A. Mero. 2003. Free amino acid pool and muscle protein balance after resistance exercise. *Medicine and Science in Sports and Exercise* 35(5): 784-792.

Rasmussen, B.B., K.D. Tipton, S.L. Miller, S.E. Wolf, and R.R. Wolfe. 2000. An oral essential amino acid-carbohydrate supplement enhances muscle protein anabolism after resistance exercise. *Journal of Applied Physiology* 88(2): 386-392.

Reed, M.J., J.T. Brozinick, M.C. Lee, and J.L. Ivy. 1989. Muscle glycogen storage postexercise: Effect of mode of carbohydrate administration. *Journal of Applied Physiology* 66(2): 720-726.

Saunders, M.J., M.D. Kane, and M.K. Todd. 2004. Effects of a carbohydrate-protein beverage on cycling endurance and muscle damage. *Medicine and Science in Sports and Exercise* 36(7): 1233-1238.

Saunders, M.J., N.D. Luden, and J.E. Herrick. 2007. Consumption of an oral carbohydrateprotein gel improves cycling endurance and prevents postexercise muscle damage. *Journal of Strength and Conditioning Research* 21(3): 678-684.

Sherman, W.M., G. Brodowicz, D.A. Wright, W.K. Allen, J. Simonsen, and A. Dernbach. 1989. Effects of 4 h preexercise carbohydrate feedings on cycling performance. *Medicine and Science in Sports and Exercise* 21(5): 598-604.

Sherman, W.M., D.L. Costill, W.J. Fink, F.C. Hagerman, L.E. Armstrong, and T.F. Murray. 1983. Effect of a 42.2-km footrace and subsequent rest or exercise on muscle glycogen and enzymes. *Journal of Applied Physiology* 55: 1219-1224.

Sherman, W.M., D.L. Costill, W.J. Fink, and J.M. Miller. 1981. Effect of exercise-diet manipulation on muscle glycogen and its subsequent utilization during performance. *International Journal of Sports Medicine* 2(2): 114-118.

Tarnopolsky, M.A., M. Bosman, J.R. Macdonald, D. Vandeputte, J. Martin, and B.D. Roy. 1997. Postexercise protein-carbohydrate and carbohydrate supplements increase muscle glycogen in men and women. *Journal of Applied Physiology* 83(6): 1877-1883.

Tarnopolsky, M.A., M. Gibala, A.E. Jeukendrup, and S.M. Phillips. 2005. Nutritional needs of elite endurance athletes. Part I: Carbohydrate and fluid requirements. *European Journal of Sport Science* 5(1): 3-14.

Tarnopolsky, M.A., G. Parise, N.J. Yardley, C.S. Ballantyne, S. Olatinji, and S.M. Phillips. 2001. Creatine-dextrose and protein-dextrose induce similar strength gains during training. *Medicine and Science in Sports and Exercise* 33(12): 2044-2052.

Tipton, K.D., T.A. Elliott, M.G. Cree, A. Aarsland, A.P. Sanford, and R.R. Wolfe. 2007. Stimulation of net muscle protein synthesis by whey protein ingestion before and after exercise. *American Journal of Physiology: Endocrinology and Metabolism* 292: E71-E76.

Tipton, K.D., T.A. Elliott, M.G. Cree, S.E. Wolf, A.P. Sanford, and R.R. Wolfe. 2004. Ingestion of casein and whey proteins results in muscle anabolism after resistance exercise. *Medicine and Science in Sports and Exercise* 36(12): 2073-2081.

Tipton, K.D., A.A. Ferrando, S.M. Phillips, D.J. Doyle, and R.R. Wolfe. 1999a. Postexercise net protein synthesis in human muscle from orally administered amino acids. *American Journal of Physiology* 276(4 Pt 1): E628-634.

Tipton, K.D., B.E. Gurkin, S. Matin, and R.R. Wolfe. 1999b. Nonessential amino acids are not necessary to stimulate net muscle protein synthesis in healthy volunteers. *Journal of Nutrition*al Biochemistry 10: 89-95.

Tipton, K.D., B.B. Rasmussen, S.L. Miller, S.E. Wolf, S.K. Owens-Stovall, B.E. Petrini, and R.R. Wolfe. 2001. Timing of amino acid-carbohydrate ingestion alters anabolic response of muscle to resistance exercise. *American Journal of Physiology: Endocrinology and Metabolism* 281(2): E197-206.

Tipton, K.D., and R.R. Wolfe. 2001. Exercise, protein metabolism, and muscle growth. *International Journal of Sport Nutrition and Exercise Metabolism* 11(1): 109-132.

Van Loon, L.J., W.H. Saris, M. Kruijshoop, and A.J. Wagenmakers. 2000. Maximizing postexercise muscle glycogen synthesis: Carbohydrate supplementation and the application of amino acid or protein hydrolysate mixtures. *American Journal of Clinical Nutrition* 72(1): 106-111.

Wallis, G.A., D.S. Rowlands, C. Shaw, R. Jentjens, and A.E. Jeukendrup. 2005. Oxidation of combined ingestion of maltodextrins and fructose during exercise. *Medicine and Science in Sports and Exercise* 37(3): 426-432.

White, J.P., J.M. Wilson, K.G. Austin, B.K. Greer, N. St John, and L.B. Panton. 2008. Effect of carbohydrate-protein supplement timing on acute exercise-induced muscle damage. *Journal of the International Society of Sports Nutrition* 5: 5.

Widrick, J.J., D.L. Costill, W.J. Fink, M.S. Hickey, G.K. Mcconell, and H. Tanaka. 1993. Carbohydrate feedings and exercise performance: Effect of initial muscle glycogen concentration. *Journal of Applied Physiology* 74(6): 2998-3005.

Wilkinson, S.B., M.A. Tarnopolsky, M.J. Macdonald, J.R. Macdonald, D. Armstrong, and S.M. Phillips. 2007. Consumption of fluid skim milk promotes greater muscle protein accretion after resistance exercise than does consumption of an isonitrogenous and isoenergetic soyprotein beverage. *American Journal of Clinical Nutrition* 85(4): 1031-1040.

Willoughby, D.S., J.R. Stout, and C.D. Wilborn. 2007. Effects of resistance training and protein plus amino acid supplementation on muscle anabolism, mass, and strength. *Amino Acids* 32(4): 467-477.

Wright, D.A., W.M. Sherman, and A.R. Dernbach. 1991. Carbohydrate feedings before, during, or in combination improve cycling endurance performance. *Journal of Applied Physiology* 71(3): 1082-1088.

Yaspelkis, B.B., J.G. Patterson, P.A. Anderla, Z. Ding, and J.L. Ivy. 1993. Carbohydrate supplementation spares muscle glycogen during variable-intensity exercise. *Journal of Applied Physiology* 75(4): 1477-1485.

Zawadzki, K.M., B.B. Yaspelkis, and J.L. Ivy. 1992. Carbohydrate-protein complex increases the rate of muscle glycogen storage after exercise. *Journal of Applied Physiology* 72(5): 1854-1859.

第10章

Andersen, L.L., G. Tufekovic, M.K. Zebis, R.M. Crameri, G. Verlaan, M. Kjaer, C. Suetta, P. Magnusson, and P. Aagaard. 2005. The effect of resistance training combined with timed ingestion of protein on muscle fiber size and muscle strength. *Metabolism* 54(2): 151-156.

Anderson, J.W., E.C. Konz, R.C. Frederich, and C.L. Wood. 2001. Long-term weight-loss maintenance: A meta-analysis of US studies. *American Journal of Clinical Nutrition* 74(5): 579-584.

Ball, S.D., K.R. Keller, L.J. Moyer-Mileur, Y.W. Ding, D. Donaldson, and W.D. Jackson. 2003. Prolongation of satiety after low versus moderately high glycemic index meals in obese adolescents. *Pediatrics* 111(3): 488-494.

Barkeling, B., S. Rossner, and H. Bjorvell. 1990. Effects of a high-protein meal (meat) and a high-carbohydrate meal (vegetarian) on satiety measured by automated computerized monitoring of subsequent food intake, motivation to eat and food preferences. *International Journal of Obesity* 14(9): 743-751.

Biolo, G., S.P. Maggi, B.D. Williams, K.D. Tipton, and R.R. Wolfe. 1995. Increased rates of muscle protein turnover and amino acid transport after resistance exercise in humans. *American Journal of Physiology* 268(3 Pt 1): E514-520.

Borsheim, E., A. Aarsland, and R.R. Wolfe. 2004. Effect of an amino acid, protein, and carbohydrate mixture on net muscle protein balance after resistance exercise. *International Journal of Sport Nutrition and Exercise Metabolism* 14(3): 255-271.

Borsheim, E., K.D. Tipton, S.E. Wolf, and R.R. Wolfe. 2002. Essential amino acids and muscle protein recovery from resistance exercise. *American Journal of Physiology: Endocrinology, and Metabolism* 283(4): E648-657.

Bouche, C., S.W. Rizkalla, J. Luo, H. Vidal, A. Veronese, N. Pacher, C. Fouquet, V. Lang, and G. Slama. 2002. Five-week, low-glycemic index diet decreases total fat mass and improves plasma lipid profile in moderately overweight nondiabetic men. *Diabetes Care* 25(5): 822-828.

Branch, J.D. 2003. Effect of creatine supplementation on body composition and performance: A meta-analysis. *International Journal of Sport Nutrition and Exercise Metabolism* 13(2): 198-226.

Bray, G.A. 2000. Afferent signals regulating food intake. *Proceedings of the Nutrition Society* 59(3): 373-384.

Bray, G.A. 2003. Risks of obesity. *Endocrinology and Metabolism Clinics of North America* 32(4): 787-804, viii.

Brehm, B.J., and D.A. D'Alessio. 2008. Benefits of high-protein weight loss diets: Enough evidence for practice? *Current Opinions in Endocrinology, Diabetes, and Obesity* 15(5): 416-421.

Brose, A., G. Parise, and M.A. Tarnopolsky. 2003. Creatine supplementation enhances isometric strength and body composition improvements following strength exercise training in older adults. *Journals of Gerontology: Series A, Biological Sciences and Medical Sciences* 58(1): 11-19.

Brynes, A.E., J. Adamson, A. Dornhorst, and G.S. Frost. 2005. The beneficial effect of a diet with low glycaemic index on 24 h glucose profiles in healthy young people as assessed by continuous glucose monitoring. *British Journal of Nutrition* 93(2): 179-182.

Campbell, B., R. Kreider, T. Ziegenfuss, P. La Bounty, M. Roberts, D. Burke, J. Landis, H. Lopez, and J. Antonio. 2007. International Society of Sports Nutrition position stand: Protein and exercise. *Journal of the International Society of Sports Nutrition* 4: 8.

Candow, D.G., N.C. Burke, T. Smith-Palmer, and D.G. Burke. 2006. Effect of whey and soy protein supplementation combined with resistance training in young adults. *International Journal of Sport Nutrition and Exercise Metabolism* 16(3): 233-244.

Chrusch, M.J., P.D. Chilibeck, K. Chad, K. Davison, and D.G. Burke. 2001. Creatine supplementation combined with resistance training in older men. *Medicine and Science in Sports and Exercise* 33(12): 2111-2117.

Cook, C.M., and M.D. Haub. 2007. Low-carbohydrate diets and performance. *Current Sports Medicine Reports* 6(4): 225-229.

Cox, K.L., V. Burke, A.R. Morton, L.J. Beilin, and I.B. Puddey. 2003. The independent and combined effects of 16 weeks of vigorous exercise and energy restriction on body mass and composition in free-living overweight men--a randomized controlled trial. *Metabolism: Clinical and Experimental* 52(1): 107-115.

Cribb, P.J., A.D. Williams, C.G. Stathis, M.F. Carey, and A. Hayes. 2007. Effects of whey isolate, creatine, and resistance training on muscle hypertrophy. *Medicine and Science in Sports and Exercise* 39(2): 298-307.

Das, S.K., C.H. Gilhooly, J.K. Golden, A.G. Pittas, P.J. Fuss, R.A. Cheatham, S. Tyler, M. Tsay, M.A. McCrory, A.H. Lichtenstein, G.E. Dallal, C. Dutta, M.V. Bhapkar, J.P. Delany, E. Saltzman, and S.B. Roberts. 2007. Long-term effects of 2 energy-restricted diets differing in glycemic load on dietary adherence, body composition, and metabolism in CALERIE: A 1-y randomized controlled trial. *American Journal of Clinical Nutrition* 85(4): 1023-1030.

Demling, R.H., and L. DeSanti. 2000. Effect of a hypocaloric diet, increased protein intake and resistance training on lean mass gains and fat mass loss in overweight police officers. *Annals of Nutrition and Metabolism* 44(1): 21-29.

Dengel, D.R., J.M. Hagberg, P.J. Coon, D.T. Drinkwater, and A.P. Goldberg. 1994a. Comparable effects of diet and exercise on body composition and lipoproteins in older men. *Medicine and Science in Sports and Exercise* 26(11): 1307-1315.

Dengel, D.R., J.M. Hagberg, P.J. Coon, D.T. Drinkwater, and A.P. Goldberg. 1994b. Effects of weight loss by diet alone or combined with aerobic exercise on body composition in older obese men. *Metabolism* 43(7): 867-871.

de Rougemont, A., S. Normand, J.A. Nazare, M.R. Skilton, M. Sothier, S. Vinoy, and M. Laville. 2007. Beneficial effects of a 5-week low-glycaemic index regimen on weight control and cardiovascular risk factors in overweight non-diabetic subjects. *British Journal of Nutrition* 98(6): 1288-1298.

Earnest, C.P., P.G. Snell, R. Rodriguez, A.L. Almada, and T.L. Mitchell. 1995. The effect of creatine monohydrate ingestion on anaerobic power indices, muscular strength and body composition. *Acta Physiologica Scandinavica* 153(2): 207-209.

Eston, R.G., S. Shephard, S. Kreitzman, A. Coxon, D.A. Brodie, K.L. Lamb, and V. Baltzopoulos. 1992. Effect of very low calorie diet on body composition and exercise response in sedentary women. *European Journal of Applied Physiology and Occupational Physiology* 65(5): 452-458.

Forbes, G.B. 2000. Body fat content influences the body composition response to nutrition and exercise. *Annals of the New York Academy of Sciences* 904: 359-365.

Frimel, T.N., D.R. Sinacore, and D.T. Villareal. 2008. Exercise attenuates the weight-lossinduced reduction in muscle mass in frail obese older adults. *Medicine and Science in Sports and Exercise*

40(7): 1213-1219.

Gilden Tsai, A., and T.A. Wadden. 2006. The evolution of very-low-calorie diets: An update and meta-analysis. *Obesity (Silver Spring)* 14(8): 1283-1293.

Gornall, J., and R.G. Villani. 1996. Short-term changes in body composition and metabolism with severe dieting and resistance exercise. *International Journal of Sport Nutrition* 6(3): 285-294.

Gotshalk, L.A., J.S. Volek, R.S. Staron, C.R. Denegar, E.C. Hagerman, and W.J. Kraemer. 2002. Creatine supplementation improves muscular performance in older men. *Medicine and Science in Sports and Exercise* 34(3): 537-543.

Halton, T.L., and F.B. Hu. 2004. The effects of high protein diets on thermogenesis, satiety and weight loss: A critical review. *Journal of the American College of Nutrition* 23(5): 373-385.

Horswill, C.A., R.C. Hickner, J.R. Scott, D.L. Costill, and D. Gould. 1990. Weight loss, dietary carbohydrate modifications, and high intensity, physical performance. *Medicine and Science in Sports and Exercise* 22(4): 470-476.

Hunter, G.R., N.M. Byrne, B. Sirikul, J.R. Fernandez, P.A. Zuckerman, B.E. Darnell, and B.A. Gower. 2008. Resistance training conserves fat-free mass and resting energy expenditure following weight loss. *Obesity* 16(5): 1045-1051.

Jeukendrup, A., and M. Gleeson. 2004. *Sport nutrition: An introduction to energy production and performance.* Champaign, IL: Human Kinetics.

Johnston, C.S., C.S. Day, and P.D. Swan. 2002. Postprandial thermogenesis is increased 100% on a high-protein, low-fat diet versus a high-carbohydrate, low-fat diet in healthy, young women. *Journal of the American College of Nutrition* 21(1): 55-61.

Kelly, V., and D. Jenkins. 1998. Effect of oral creatine supplementation on near-maximal strength and repeated sets of high intensity bench press exercise. *Journal of Strength and Conditioning Research* 12(2): 109-115.

Kerksick, C.M., C.J. Rasmussen, S.L. Lancaster, B. Magu, P. Smith, C. Melton, M. Greenwood, A.L. Almada, C.P. Earnest, and R.B. Kreider. 2006. The effects of protein and amino acid supplementation on performance and training adaptations during ten weeks of resistance training. *Journal of Strength and Conditioning Research* 20(3): 643-653.

Kraemer, W.J., J.S. Volek, K.L. Clark, S.E. Gordon, T. Incledon, S.M. Puhl, N.T. TriplettMcBride, J.M. McBride, M. Putukian, and W.J. Sebastianelli. 1997. Physiological adaptations to a weight-loss dietary regimen and exercise programs in women. *Journal of Applied Physiology* 83(1): 270-279.

Kreider, R.B., M. Ferreira, M. Wilson, P. Grindstaff, S. Plisk, J. Reinardy, E. Cantler, and A. Almada. 1998. Effects of creatine supplementation on body composition, strength, and sprint performance. *Medicine and Science in Sports and Exercise* 30(1): 73-82.

Kreider, R.B., R. Klesges, K. Harmon, P. Grindstaff, L. Ramsey, D. Bullen, L. Wood, Y. Li, and A. Almada. 1996. Effects of ingesting supplements designed to promote lean tissue accretion on body composition during resistance training. *International Journal of Sport Nutrition* 6(3): 234-246.

Krotkiewski, M., K. Landin, D. Mellstrom, and J. Tolli. 2000. Loss of total body potassium during rapid weight loss does not depend on the decrease of potassium concentration in muscles. Different methods to evaluate body composition during a low energy diet. *International Journal of Obesity and Related Metabolic Disorders* 24(1): 101-107.

Kushner, R.F., and B. Doerfler. 2008. Low-carbohydrate, high-protein diets revisited. Current Opinion in Gastroenterology 24(2): 198-203. Lambert, C.P., L.L. Frank, and W.J. Evans. 2004. Macronutrient considerations for the sport of bodybuilding. *Sports Medicine* 34(5): 317-327.

Latner, J.D., and M. Schwartz. 1999. The effects of a high-carbohydrate, high-protein or balanced lunch upon later food intake and hunger ratings. *Appetite* 33(1): 119-128.

Layman, D.K., R.A. Boileau, D.J. Erickson, J.E. Painter, H. Shiue, C. Sather, and D.D. Christou. 2003. A reduced ratio of dietary carbohydrate to protein improves body composition and blood lipid profiles during weight loss in adult women. *Journal of Nutrition* 133(2): 411-417.

Livesey, G. 2001. A perspective on food energy standards for nutrition labelling. *British Journal of Nutrition* 85(3): 271-287.

Meredith, C.N., W.R. Frontera, K.P. O'Reilly, and W.J. Evans. 1992. Body composition in elderly men: Effect of dietary modification during strength training. *Journal of the American Geriatrics Society* 40(2): 155-162.

Moayyedi, P. 2008. The epidemiology of obesity and gastrointestinal and other diseases: An overview. *Digestive Diseases and Sciences* 53(9): 2293-2299.

Mourier, A., A.X. Bigard, E. de Kerviler, B. Roger, H. Legrand, and C.Y. Guezennec. 1997. Combined effects of caloric restriction and branched-chain amino acid supplementation on body composition and exercise performance in elite wrestlers. *International Journal of Sports Medicine* 18(1): 47-55.

National Task Force on the Prevention and Treatment of Obesity and National Institutes of Health. 1993. Very low-calorie diets. *Journal of the American Medical Association* 270(8): 967-974.

Nieman, D.C., D.W. Brock, D. Butterworth, A.C. Utter, and C.C. Nieman. 2002. Reducing diet and/or exercise training decreases the lipid and lipoprotein risk factors of moderately obese women. *Journal of the American College of Nutrition* 21(4): 344-350.

Noble, C.A., and R.F. Kushner. 2006. An update on low-carbohydrate, high-protein diets. Current Opinion in Gastroenterology 22(2): 153-159.

Rasmussen, B.B., K.D. Tipton, S.L. Miller, S.E. Wolf, and R.R. Wolfe. 2000. An oral essential amino acid-carbohydrate supplement enhances muscle protein anabolism after resistance exercise. *Journal of Applied Physiology* 88(2): 386-392.

Reaven, G.M. 2008. Insulin resistance: The link between obesity and cardiovascular disease. *Endocrinology and Metabolism Clinics of North America* 37(3): 581-601, vii-viii.

Redman, L.M., L.K. Heilbronn, C.K. Martin, A. Alfonso, S.R. Smith, and E. Ravussin. 2007. Effect of calorie restriction with or without exercise on body composition and fat distribution. *Journal of Clinical Endocrinology and Metabolism* 92(3): 865-872.

Rennie, M.J., and K.D. Tipton. 2000. Protein and amino acid metabolism during and after exercise and the effects of nutrition. *Annual Review of Nutrition* 20: 457-483.

Rodriguez, N.R., N.M. DiMarco, S. Langley; American Dietetic Association; and Dietitians of Canada; American College of Sports Medicine. 2009. Position of the American Dietetic Association, Dietitians of Canada, and the American College of Sports Medicine: Nutrition and athletic performance. *Journal of the American Dietetic Association* 109(3): 509-527.

Saris, W.H., A. Astrup, A.M. Prentice, H.J. Zunft, X. Formiguera, W.P. Verboeket-van de Venne, A. Raben, S.D. Poppitt, B. Seppelt, S. Johnston, T.H. Vasilaras, and G.F. Keogh. 2000. Randomized controlled trial of changes in dietary carbohydrate/fat ratio and simple vs complex carbohydrates on body weight and blood lipids: The CARMEN study. The Carbohydrate Ratio Management in European National diets. *International Journal of Obesity and Related Metabolic Disorders* 24(10): 1310-1318.

Sichieri, R., A.S. Moura, V. Genelhu, F. Hu, and W.C. Willett. 2007. An 18-mo randomized trial of a low-glycemic-index diet and weight change in Brazilian women. *American Journal of Clinical Nutrition* 86(3): 707-713.

Skov, A.R., S. Toubro, B. Ronn, L. Holm, and A. Astrup. 1999. Randomized trial on protein vs carbohydrate in ad libitum fat reduced diet for the treatment of obesity. *International Journal of Obesity and Related Metabolic Disorders* 23(5): 528-536.

Sloth, B., I. Krog-Mikkelsen, A. Flint, I. Tetens, I. Bjorck, S. Vinoy, H. Elmstahl, A. Astrup, V. Lang, and A. Raben. 2004. No difference in body weight decrease between a low-glycemicindex and a high-glycemic-index diet but reduced LDL cholesterol after 10-wk ad libitum intake of the low-glycemic-index diet. *American Journal of Clinical Nutrition* 80(2): 337-347.

Stevenson, E., C. Williams, M. Nute, P. Swaile, and M. Tsui. 2005. The effect of the glycemic index of an evening meal on the metabolic responses to a standard high glycemic index breakfast and subsequent exercise in men. *International Journal of Sport Nutrition and Exercise Metabolism* 15(3): 308-322.

Stiegler, P., and A. Cunliffe. 2006. The role of diet and exercise for the maintenance of fatfree mass and resting metabolic rate during weight loss. *Sports Medicine* 36(3): 239-262.

Stone, M.H., K. Sanborn, L.L. Smith, H.S. O'Bryant, T. Hoke, A.C. Utter, R.L. Johnson, R. Boros, J. Hruby, K.C. Pierce, M.E. Stone, and B. Garner. 1999. Effects of in-season (5 weeks) creatine and pyruvate supplementation on anaerobic performance and body composition in American football players. *International Journal of Sport Nutrition* 9(2): 146-165.

Stout, J., J. Eckerson, and D. Noonan. 1999. Effects of 8 weeks of creatine supplementation on exercise performance and fat-free weight in football players during training. *Nutrition Research* 19(2): 217-225.

Strasser, B., A. Spreitzer, and P. Haber. 2007. Fat loss depends on energy deficit only, independently of the method for weight loss. *Annals of Nutrition and Metabolism* 51(5): 428-432.

Strychar, I. 2006. Diet in the management of weight loss. *Canadian Medical Association Journal* 174(1): 56-63.

Tappy, L. 1996. Thermic effect of food and sympathetic nervous system activity in humans. *Reproduction, Nutrition, Development* 36(4): 391-397.

Terjung, R.L., P. Clarkson, E.R. Eichner, P.L. Greenhaff, P.J. Hespel, R.G. Israel, W.J. Kraemer, R.A. Meyer, L.L. Spriet, M.A. Tarnopolsky, A.J. Wagenmakers, and M.H. Williams. 2000. American College of Sports Medicine roundtable. The physiological and health effects of oral creatine supplementation. *Medicine and Science in Sports and Exercise* 32(3): 706-717.

Tipton, K.D., E. Borsheim, S.E. Wolf, A.P. Sanford, and R.R. Wolfe. 2003. Acute response of net muscle protein balance reflects 24-h balance after exercise and amino acid ingestion. *American Journal of Physiology: Endocrinology, and Metabolism* 284(1): E76-89.

Tipton, K.D., T.A. Elliott, M.G. Cree, A.A. Aarsland, A.P. Sanford, and R.R. Wolfe. 2007. Stimulation of net muscle protein synthesis by whey protein ingestion before and after exercise. *American Journal of Physiology: Endocrinology, and Metabolism* 292(1): E71-76.

Tipton, K.D., T.A. Elliott, M.G. Cree, S.E. Wolf, A.P. Sanford, and R.R. Wolfe. 2004. Ingestion of casein and whey proteins result in muscle anabolism after resistance exercise. *Medicine and Science in Sports and Exercise* 36(12): 2073-2081.

Tipton, K.D., A.A. Ferrando, S.M. Phillips, D. Doyle Jr., and R.R. Wolfe. 1999a. Postexercise net protein synthesis in human muscle from orally administered amino acids. *American Journal of Physiology* 276(4 Pt 1): E628-634.

Tipton, K.D., B.E. Gurkin, S. Matin, and R.R. Wolfe. 1999b. Nonessential amino acids are not necessary to stimulate net muscle protein synthesis in healthy volunteers. *Journal of Nutritional Biochemistry* 10(2): 89-95.

Tipton, K.D., B.B. Rasmussen, S.L. Miller, S.E. Wolf, S.K. Owens-Stovall, B.E. Petrini, and R. Wolfe. 2001. Timing of amino acid-carbohydrate ingestion alters anabolic response of muscle to resistance exercise. *American Journal of Physiology: Endocrinology, and Metabolism* 281(2): E197-206.

Valtuena, S., S. Blanch, M. Barenys, R. Sola, and J. Salas-Salvado. 1995. Changes in body composition and resting energy expenditure after rapid weight loss: Is there an energymetabolism adaptation in obese patients? *International Journal of Obesity and Related Metabolic Disorders* 19(2): 119-125.

Vandenberghe, K., M. Goris, P. Van Hecke, M. Van Leemputte, L. Vangerven, and P. Hespel. 1997. Long-term creatine intake is beneficial to muscle performance during resistance training. *Journal of Applied Physiology* 83(6): 2055-2063.

van Loon, L.J., A.M. Oosterlaar, F. Hartgens, M.K. Hesselink, R.J. Snow, and A.J. Wagenmakers. 2003. Effects of creatine loading and prolonged creatine supplementation on body composition, fuel selection, sprint and endurance performance in humans. *Clinical Science* (London) 104(2): 153-162.

Vgontzas, A.N. 2008. Does obesity play a major role in the pathogenesis of sleep apnoea and its associated manifestations via inflammation, visceral adiposity, and insulin resistance? *Archives of Physiology and Biochemistry* 114(4): 211-223.

Volek, J.S., N.D. Duncan, S.A. Mazzetti, R.S. Staron, M. Putukian, A.L. Gomez, D.R. Pearson, W.J. Fink, and W.J. Kraemer. 1999. Performance and muscle fiber adaptations to creatine supplementation and heavy resistance training. *Medicine and Science in Sports and Exercise* 31(8): 1147-1156.

Wadden, T.A., and D.L. Frey. 1997. A multicenter evaluation of a proprietary weight loss program for the treatment of marked obesity: A five-year follow-up. *International Journal of Eating Disorders* 22(2): 203-212.

World Health Organization. 2000. Obesity: Preventing and managing the global epidemic. Report of a WHO consultation. *World Health Organization Technical Report Series* 894, i-xii: 1-253.

Willoughby, D.S., and J. Rosene. 2001. Effects of oral creatine and resistance training on myosin heavy chain expression. *Medicine and Science in Sports and Exercise* 33(10): 16741681.

Zahouani, A., A. Boulier, and J.P. Hespel. 2003. Short- and long-term evolution of body composition in 1389 obese outpatients following a very low calorie diet (Program 18 VLCD). *Acta Diabetologica* 40(Suppl 1): S149-150.

第 11 章

Ball, S.D., and T.S. Altena. 2004. Comparison of the BOD POD and dual energy x-ray absorptiometry in men. *Physiological Measures* 25: 671-678.

Bentzur, K.M., L. Kravitz, and D.W. Lockner. 2008. Evaluation of the BOD POD for estimating percent body fat in collegiate track and field female athletes: A comparison of four methods. *Journal of Strength and Conditioning Research* 22: 1985-1991.

Chang, C.J., C.H. Wu, C.S. Chang, W.J. Yao, Y.C.-Yang, J.S.-Wu, and F.H.-Lu. 2003. Low body mass index but high percent body fat in Taiwanese subjects: Implications of obesity cutoffs. *International Journal of Obesity* 27: 253-259.

Hollis, J.F., C.M. Gullion, V.J. Stevens, P.J. Brantley, L.J. Appel, J.D. Ard, C.M. Champagne, A. Dalcin, T.P. Erlinger, K. Funk, D. Laferriere, P. Lin, C.M. Loria, C. Samuel-Hodge, W.M. Vollmer, and L.P. Svetkey. 2008. Weight loss during the intensive intervention phase of the weight-loss maintenance trial. *American Journal of Preventive Medicine* 35: 118-126.

Jones, L.M., M. Legge, and A. Goulding. 2003. Healthy body mass index values often underestimate body fat in men with spinal cord injury. *Archives of Physical Medicine and Rehabilitation* 84: 1068-1071.

Lee, S.Y., and D. Gallagher. 2008. Assessment methods in human body composition. *Current Opinion in*

Nutrition and Metabolic Care 11: 566-572.

Lukaski, H.C. 1993. Soft tissue composition and bone mineral status: Evaluation by dual energy x-ray absorptiometry. *Journal of Nutrition* 123: 438-443.

Lukaski, H.C., P.E. Johnson, W.W. Bolonchuk, and G.I. Lykken. 1985. Assessment of fat-free mass using bioelectrical impedance measurements of the human body. *American Journal of Clinical Nutrition* 41: 810.

McArdle, W.D., F.I. Katch, and V.L. Katch. 2005. *Essentials of exercise physiology.* Baltimore: Lippincott, Williams & Wilkins.

McCrory, M.A., P.A. Mole, T.D. Gomez, K.G. Dewey, and E.M. Bernauer. 1998. Body composition by air-displacement plethysmography by using predicted and measured thoracic gas volumes. *Journal of Applied Physiology* 84: 1475-1479.

Moon, J.R., A.E. Smith, K.L. Kendall, J.L. Graef, D.H. Fukuda, T.W. Beck, J.T. Cramer, M.L. Rea, and J.R. Stout. 2009. Concerns and limitations of dual-energy x-ray absorptiometry (DXA) for the evaluation of fat and fat-free mass in older men and women. NSCA Conference Abstracts.

Moon, J.R., S.E. Tobkin, P.B. Costa, M. Smalls, W.K. Mieding, J.A. O'Kroy, R.F. Zoeller, and J.R. Stout. 2008. Validity of the BOD POD for assessing body composition in athletic high school boys. *Journal of Strength and Conditioning Research* 22: 263-268.

Ortiz-Hernandez, L., N.P. Lopez Olmedo, M.T. Genis Gomez, D.P. Melchor Lopez, and J. Valdes Flores. 2008. Application of body mass index to schoolchildren of Mexico City. *Annals of Nutrition and Metabolism* 53: 205-214.

Piers, L.S., M.J. Soares, S.L. Frandsen, and K. O'Dea. 2000. Indirect estimates of body composition are useful in groups but unreliable in individuals. *International Journal of Obesity* 24: 1145-1152.

Romero-Corral, A., V.K. Somers, J. Sierra-Johnson, R.J. Thomas, M.L. Collazo-Clavell, J. Korinek, T.G. Allison, J.A. Batsis, F.H. Sert-Kuniyoshi, and F. Lopez-Jimenez. 2008. Accuracy of body mass index in diagnosing obesity in the adult general population. *International Journal of Obesity* 32: 959-966.

Saunders, M.J., J.E. Blevins, and C. Broeder. 1998. Effects of hydration changes on bioelectrical impedance in endurance trained individuals. *Medicine and Science in Sports and Exercise* 30: 885-892.

Sinha, R., W.H. Chow, M. Kulldorff, J. Denobile, J. Butler, M. Garcia-Closas, R. Weil, R.N. Hoover, and N. Rothman. 1999. Well-done, grilled red meat increases the risk of colorectal adenomas. *Cancer Research* 59: 4320-4324.

Sun, G., C.R. French, G.R. Martin, B. Younghusband, R.C. Green, Y. Xie, M. Mathews, J.R. Barron, D.G. Fitzpatrick, W. Gulliver, and H. Zhang. 2005. Comparison of multifrequency bioelectrical impedance analysis with dual-energy X-ray absorptiometry for assessment of percentage body fat in a large, healthy population. *American Journal of Clinical Nutrition* 81: 74-78.

Tylavsky, F., T. Lohman, B.A. Blunt, D.A. Schoeller, T. Fuerst, J.A. Cauley, M.C. Nevitt, M. Visser, and T.B. Harris. 2008. QDR 4500A DXA overestimates fat-free mass compared with criterion methods. *Journal of Applied Physiology* 94: 959-965.

United States Department of Health and Human Services, and Centers for Disease Control and Prevention. 2009. Body mass index. www.cdc.gov/nccdphp/dnpa/healthyweight/ assessing/bmi/index.htm.

United States Department of Health and Human Services, and Centers for Disease Control and Prevention. 2010. National Health and Nutrition Examination Survey. www.cdc.gov/ nchs/nhanes/new_nhanes.htm.

Witt, K., and E. Bush. 2005. College athletes with an elevated body mass index often have a high upper arm muscle area, but not elevated triceps and subscapular skinfolds. *Journal of the American Dietetic Association* 105: 599-602.

World Health Organization. 2010. BMI classification. www.who.int/bmi/index. jsp?introPage=intro_3. html.

第12章

American College of Sports Medicine, American Dietetic Association, and Dietitians of Canada. 2000. Joint position statement: Nutrition and athletic performance. *Medicine and Science in Sports and Exercise* 32(12): 2130-2145.

American Dietetic Association. n.d. Become a registered dietitian. www.eatright.org/students/education/ starthere.aspx.

American Psychiatric Association. 1994. Diagnostic and statistical manual of mental disorders, DSM-IV. 4th ed. Washington, DC: American Psychiatric Association.

Antonio, J., M. Gann, D. Kalman, F. Katch, S. Kleiner, R. Kreider, and D. Willoughby. 2005. ISSN roundtable: FAQs about the ISSN. *Journal of the International Society of Sports Nutrition* 2(2): 1-3.

Baum, A. 2006. Eating disorders in male athletes. *Sports Medicine* 36(1): 1-6.

Becker, C.B., S. Bull, K. Schaumberg, A. Cauble, and A. Franco. 2008. Effectiveness of peer-led eating disorder prevention: A replication trial. *Journal of Consulting and Clinical Psychology* 76(2): 347-354.

Bonci, C.M., L.J. Bonci, L.R. Granger, C.L. Johnson, R.M. Malina, L.W. Miline, R.R. Ryan, and E.M. Vanderbunt. 2008. National Athletic Trainers' Association position statement: Preventing, detecting and managing disordered eating in athletes. *Journal of Athletic Training* 43(1): 80-108.

Burke, L.M., G.R. Cox, N.K. Cummings, and B. Desbrow. 2001. Guidelines for daily carbohydrate intake: Do athletes achieve them? *Sports Medicine* 31: 267-299.

Campbell, B., R.B. Kreider, T. Ziegenfuss, P. La Bounty, M. Roberts, D. Burke, J. Landis, H. Lopez, and J. Antonio. 2007. International society of sports nutrition position stand: Protein and exercise. *Journal of the International Society of Sports Nutrition* 4: 8.

Casa, D.J., L.E. Armstrong, S.K. Hilllman, S.J. Montain, R.V. Reiff, B.S.E. Rich, W.O. Roberts, and J.A. Stone. 2000. National Athletic Trainers' Association position statement: Fluid replacement for athletes. *Journal of Athletic Training* 35(2): 212-224.

Dandoval, W., K. Heller, and W. Wiese. 1994. Stages of change model for nutritional counseling. *Topics in Clinical Nutrition* 9: 64-69.

Dionne, M.M., and F. Yeudall. 2005. Monitoring of weight in weight loss programs: A double-edged sword. *Journal of Nutrition Education Behavior* 37: 315-318.

Esmarck, B., J.L. Anderson, S. Olsen, E.A. Richter, M. Mizuno, and M. Kjaer. 2001. Timing of postexercise protein intake is important for muscle hypertrophy with resistance training in elderly humans. *Journal of Physiology* 535(Pt 1): 301-131.

Glazer, J.L. 2008. Eating disorders among male athletes. *Current Sports Medicine Reports* 7(6): 332-337.

Institute of Medicine. 2004. Dietary reference intakes: Water, potassium, sodium, chloride, and sulfate. www.nap.edu/catalog.php?record_id=10925#toc.

Jeukendrup, A.E., R. Jentjens, and L. Moseley. 2005. Nutritional considerations in triathlon. *Sports Medicine* 35: 163-181.

Karp, J.R., J.D. Johnston, S. Tecklenburg, T.D. Mickleborough, A.D. Fly, and J.M. Stager. 2006. Chocolate milk as a post-exercise recovery aid. *International Journal of Sport Nutrition and Exercise*

Metabolism 16: 78-91.

Kerksick, C., J. Stout, B. Campbell, C. Wilborn, R. Kreider, D. Kalman, T. Ziegenfuss, H. Lopez, J. Landis, J. Ivy, and J. Antonio. 2008. International society of sports nutrition position stand: Nutrient timing. *Journal of the International Society of Sports Nutrition* 5: 17.

Lacey, K., and E. Pritchett. 2003. Nutrition care process model: ADA adopts roadmap to quality care and outcomes management. *Journal of the American Dietetic Association* 103: 1061-1072.

Louisiana Board of Examiners in Dietetics and Nutrition. 2009. Rules and regulations title 46, professional and occupational standards part LXX: Registered dieticians. www.lbedn. org/rules.pdf.

McArdle, W.D., F. Katch, and V. Katch. 2005. *Sports and exercise nutrition. 3rd ed.* Baltimore: Lippincott, Williams & Wilkins.

Michael, P., and E. Pritchett. 2002. Complying with Health Insurance Portability and Accountability Act: What it means to dietetic practitioners. *Journal of the American Dietetic Association* 102: 1402-1403.

Nattiv, A., A.B. Loucks, M.M. Manore, C.F. Sanborn, J. Sundgot-Borgen, and M.P. Warren. 2007. American College of Sports Medicine position stand: The female athlete triad. *Medicine Science Sports and Exercise* 39(10): 1867-1882.

Phillips, S. 2006. Dietary protein for athletes. *Applied Physiology, Nutrition, and Metabolism* 31: 647-654.

Prochaska, J.O., J.C. Norcross, and C.C. DiClemente. 1994. *Changing for good.* New York: William Morrow.

Rosenbloom, C. 2005. Sports nutrition: Applying ADA's nutrition care process and model to achieve quality care and outcomes for athletes. *SCAN Pulse* 24:10-17.

Rosenbloom, C. 2007. Sports nutrition: Applying the science. *Nutrition Today* 42: 248-254.

Santana, J.C., J. Dawes, J. Antonio, and D. Kalman. 2007. The role of the fitness professional in providing sports/exercise nutrition advice. *Strength and Conditioning Journal* 29(3): 69-71.

Sawka, M.N., L.M. Burke, E.R. Eichner, R.J. Maughan, S.J. Montain, and N.S. Stachenfeld. 2007. Exercise and fluid replacement position stand. *Medicine and Science in Sports and Exercise* 39(2): 377-389. Sundgot-Borgen, J., and M.K. Tortsveit. 2004. Prevalence of eating disorders in elite athletes is higher than in the general population. *Clinical Journal of Sports Medicine* 14(1): 25-32.

Thiel, A. 1993. Subclinical eating disorders in male athletes: A study of the low weight category of rowers and wrestlers. *Acta Psychiatrica Scandinavica* 88: 259.

Tipton, K.D., T.A. Elliott, M.G. Cree, A. Aarsland, A.P. Sanford, and R.R. Wolfe. 2007. Stimulation of net muscle protein synthesis by whey protein ingestion before and after exercise. *American Journal of Physiology: Endocrinology and Metabolism* 292: E71-E76.

Tipton, K.D., B.B. Rasmussen, S.L. Miller, S.E. Wolf, S.K. Owens-Stovall, B.E. Petrini, and R.R. Wolfe. 2001. Timing of amino acid-carbohydrate ingestion alters anabolic response of muscle to resistance exercise. *American Journal of Physiology: Endocrinology and Metabolism* 281(2): E197-206.

Zawila, L.G., C. Steib, and B. Hoogenboom. 2003. The female collegiate cross country runner: Nutritional knowledge and attitudes. *Journal of Athletic Training* 38(1): 67-74.

索引

編者紹介

Bill I. Campbell, PhD, CSCS, FISSN は、南フロリダ大学運動・パフォーマンス栄養研究室（スポーツ栄養研究のイノベーションに関わる）の assistant professor である。研究者および著者として、Campbell はスポーツ栄養およびスポーツパフォーマンス向上に関する100を超える科学的論文を発表している。加えて、Campbell は、健康およびフィットネス雑誌（印刷版・電子版）に50以上の記事を発表している。彼はプロスポーツチーム組織やスポーツエンターテイメント企業の有償コンサルタントであり、5カ国および4大陸にわたってスポーツ栄養および運動パフォーマンスに関する講義を行っている。彼は ISSN（国際スポーツ栄養協会）のタンパク質と運動についてのポジションスタンドにおいて主著者であった。これは競技選手および身体活動の高い人々におけるタンパク質摂取とサプリメントについての一般的な

疑問や神話に言及したものである。Campbell は National Strength and Conditioning Association（NSCA）、American College of Sports Medicine（ACSM）、International Society of Sports Nutrition（ISSN）の会員である。Campbell は ISSN のフェローであり、アドバイザリーボード（評議委員会）の一員でもある。彼は運動、栄養、予防医学における博士号を Baylor 大学より2007年に取得。同年、研究および教育に関して Outstanding Doctoral Student Award を受賞した。2009年には、南フロリダ大学より、Outstanding Undergraduate Teaching Award を受賞した。

Marie A. Spano, MS, RD, LD, CSCS, CSSD, FISSN は、米国を代表するスポーツ栄養士である。彼女は、オリンピック選手やプロ選手、レクリエーションとしてスポーツを行う人が競技パフォーマンスを最大化するために個別化された栄養計画を実施するのを助けるために科学と現場的実践を組み合わせている。また栄養コミュニケーションの専門家としても、Spano は食品・飲料・サプリメント会社に対して広報およびコミュニケーション戦略に関するコンサルティングを行っている。Spano は、科学的な情報をさまざまな視聴者や読者に届くような、また理解できるような形でコミュニケーションを行うという挑戦を楽しんでいる。NBC、ABC、FOX、CBS（米国のテレビ局）系列に出演しているほか、雑誌記事や業界誌の記事、書籍の章（分担執筆）、電子マガジン、マーケティング素材など数百の執筆を行っている。大学の3

つの競技選手であった Spano は、栄養学の修士号をジョージア大学で、また運動およびスポーツ科学の学士号をノースカロライナ大学グリーンズボロ校（UNCG）で取得、ディビジョンⅠのクロスカントリー選手でもあった。彼女の大学生競技選手としての経験は、あらゆるレベル、とくに学生アスリートとともに働く際の見地をもたらした。競技での需要、さらにケガや睡眠、回復の心理学的な側面、完全な栄養が競技選手の健康全般やパフォーマンスに影響を及ぼし得るかについての直接的な理解を有している。Spano は National Strength and Conditioning Association（NSCA）、American Dietetic Association（ADA）、International Society of Sports Nutrition（ISSN）、Sports, Cardiovascular, and Wellness Nutrition（SCAN）の会員である。彼女は現在、ISSN の副会長であり、NSCA の栄養学に関する Special Interest Group のメンバーである。

編者・執筆者

Jose Antonio, PhD, CSCS, FACSM, FISSN, FNSCA
Nova Southeastern University, Fort Lauderdale, Florida

Bill I. Campbell, PhD, CSCS, FISSN
University of South Florida, Tampa

Donovan L. Fogt, PhD
The University of Texas at San Antonio

Chad M. Kerksick, PhD; ATC; CSCS,*D; NSCA-CPT,*D
University of Oklahoma, Norman

Richard B. Kreider, PhD, FACSM, FISSN
Texas A&M University, College Station

Paul La Bounty, PhD, MPT, CSCS
Baylor University, Waco, Texas

Lonnie Lowery, PhD, RD, LD
Winona State University, Winona, Minnesota

Henry C. Lukaski, PhD, FACSM, FCASN
USDA, ARS Grand Forks Human Nutrition Research Center, Grand Forks, North Dakota

Amanda Carlson Phillips, MS, RD, CSSD
Athletes' Performance, Tempe, Arizona

Bob Seebohar, MS, RD, CSCS, CSSD
Fuel4mance, LLC, Littleton, Colorado

Marie A. Spano, MS, RD, LD, CSCS, CSSD, FISSN
Spano Sports Nutrition Consulting, Atlanta, Georgia

Colin Wilborn, PhD, ATC, CSCS, FISSN
University of Mary Hardin-Baylor, Belton, Texas

監修者紹介

辰田　和佳子（たつた・わかこ）

1975年生まれ。管理栄養士、公認スポーツ栄養士。日本大学スポーツ科学部競技スポーツ学科准教授。修士（スポーツ科学）。国立スポーツ科学センター スポーツ医学部契約研究員、中央大学非常勤講師などを経て現職。
著書に『戦う身体を作るアスリートの食事と栄養』（ナツメ社）など。現在は、障がい者の身体活動に関する研究を行うほか、ナショナルチームや学生競技者へのサポート活動を行っている。

翻訳・編集／浅野将志
校正協力／今中祐子、小嶋理恵子

ブックデザイン／青野哲之（ハンプティー・ダンプティー）

NSCA
スポーツ栄養ガイド

2019年7月30日　第1版第1刷発行

編　者	Bill I. Campbell
	Marie A. Spano
監　修	辰田和佳子
発行者	松葉谷勉
発行所	有限会社ブックハウス・エイチディ
	〒164-8604　東京都中野区弥生町1丁目30番17号
	電話03-3372-6251
印刷所	シナノ印刷株式会社